CHAÎNE DE BLOCS DE SOUVERAINETÉ

DE SOUVERAINETÉ

www.royalcollins.com

Projet de recherche prioritaire du Laboratoire clé de la
stratégie des mégadonnées

Projet de recherche prioritaire du laboratoire clé de
Pékin pour la recherche scientifique urbaine basée
sur les mégadonnées

Projet financé par le Fonds éditorial des laboratoires d'idées
de la Fondation de Beijing pour les échanges
culturels internationaux entre les villes

Rédigé par le Laboratoire clé de la stratégie des mégadonnées
Rédacteur en chef   LIAN YUMING

CHAÎNE DE BLOCS DE SOUVERAINETÉ

Une nouvelle force pour changer le monde de demain

Books Beyond Boundaries

ROYAL COLLINS

CHAÎNE DE BLOCS DE SOUVERAINETÉ 2.0 :
Une nouvelle force pour changer le monde de demain

Rédigé par le Laboratoire clé de la stratégie des mégadonnées
Rédacteur en chef : LIAN YUMING

Première édition française 2022
Par le groupe Royal Collins Publishing Group Inc.
BKM Royalcollins Publishers Private Limited
www.royalcollins.com

Siège social : 550-555 boul. René-Lévesque O Montréal (Québec) H2Z1B1 Canada
Bureau indien : 805 Hemkunt House, 8th Floor, Rajendra Place, New Delhi 110 008

ISBN : 978-1-4878-1009-2

Soutiens spéciaux

École internationale de commerce de l'Université du Zhejiang

Académie de la Fintech de l'Université du Zhejiang

Soutien académique

Base de recherche du Laboratoire clé de la stratégie des
mégadonnées à l'Université du Zhejiang

À PROPOS DE L'INSTITUT DE RECHERCHE

Le Laboratoire clé de la stratégie des mégadonnées, créé en avril 2015, est une plate-forme de recherche interdisciplinaire, professionnelle, internationale et ouverte mise en place conjointement par le gouvernement populaire municipal de Guiyang et la Commission scientifique et technique de Beijing. Il est également le nouveau think-tank de haut niveau pour le développement des mégadonnées en Chine.

Sous l'égide de l'Institut international de développement urbain de Beijing et de l'Institut d'étude des stratégies de développement axées sur l'innovation de Guiyang, le Laboratoire clé de la stratégie des mégadonnées a créé ses centres de recherche à Beijing et à Guiyang, ainsi que des bases de recherche au Comité national chinois pour les termes en sciences et technologies, à l'Université du Zhejiang, à l'Université de science politique et de droit de Chine, à l'Académie scientifique et technologique de Shanghai et au GTCOM (Global Tone Communication Technology), et a approuvé la création de plates-formes de recherche respectivement sur l'innovation de la théorie de blocs de données et de son application, sur l'innovation de l'application des mégadonnées dans la prise de décisions en matière d'espace urbain, et sur l'innovation des mégadonnées relatives à la culture de la province du Guizhou. Tout cela constitue un nouveau système de recherche dit « deux centres, cinq bases et trois plates-formes » incarnant une nouvelle structure favorisant l'innovation synergique régionale.

Au cours de ces dernières années, le Laboratoire clé de la stratégie des mégadonnées s'est engagé dans l'étude théorique du nouvel ordre de la civilisation numérique et a publié une « trilogie de la civilisation numérique », à savoir les *Données en bloc*, le *Droit des données* et la *Chaîne de blocs de souveraineté*. La *Terminologie des mégadonnées* et le *Dictionnaire encyclopédique des mégadonnées*, compilés et publiée par le Laboratoire, constituent les premiers ouvrages de référence professionnels multilingues qui étudient de manière complète et systématique la terminologie des mégadonnées.

À PROPOS DU RÉDACTEUR EN CHEF

Lian Yuming, expert en urbanisme et stratégie de mégadonnées, professeur, est président de l'Institut international du développement urbain de Beijing.

Il est né à Xiangyuan, province du Shanxi, en 1964. Il est diplômé de licence de droit de l'Université du Shanxi, et docteur en génie de l'Université des géosciences de Chine (Beijing).

En 2001, il fonde l'Institut international du développement urbain de Beijing et propose la théorie de chaîne de valeur urbaine, qui est reconnue comme l'une des trois grandes théories de la concurrence. Il a été planificateur en chef pour le développement de la zone fonctionnelle des Jeux Olympiques de Beijing de 2008, planificateur principal pour la construction environnementale de la zone olympique centrale de Beijing et conseiller en sécurité santé pour les Jeux Olympiques et les Jeux Paralympiques de Beijing. Ses principaux ouvrages sont la « Trilogie du nouvel urbanisme » : l'*Éveil des villes*, la *Stratégie des villes* et l'*Intelligence des villes*.

En 2014, il fonde l'Institut d'étude des stratégies de développement axées sur l'innovation de Guiyang et devient conseiller stratégique en chef du gouvernement municipal de Guiyang, directeur du Laboratoire clé de la stratégie en mégadonnées et directeur du Centre d'études du droit des données de l'Université de science politique et de droit de Chine. Il dirige une « trilogie de la civilisation numérique », à savoir les *Données en bloc*, le *Droit des données* et la *Chaîne de blocs de souveraineté*. La *Terminologie des mégadonnées* et le *Dictionnaire encyclopédique des mégadonnées* édités par Lian Yuming, constituent les premiers ouvrages de référence professionnels multilingues qui étudient de manière complète et systématique la terminologie des mégadonnées.

Il est membre du 13ᵉ Comité national de la CCPPC (Conférence consultative politique du Peuple chinois), membre de la Commission des motions, membre du 11ᵉ et du 12ᵉ comités de Beijing de la CCPPC, vice-président du 11ᵉ, du 12ᵉ, du 13ᵉ et du 14ᵉ comités du district de Chaoyang (Beijing) de la CCPPC. Il a remporté les prestigieux titres de « Travailleur modèle de Beijing », « Médaille du travail de la capitale » et « Talent scientifique, technique et de gestion émérite de Beijing ».

COMITÉ DE RÉDACTION

PRÉFACE DU RÉDACTEUR EN CHEF

La chaîne de blocs est un bien supra-public fondé sur la civilisation numérique

Le président XI Jinping a décrit l'ère dans laquelle nous vivons comme « une période de grands changements sans précédent depuis un siècle ». Le changement, sa direction, et ce qu'il en adviendra sont autant de sujets d'incertitude, voire d'imprévisibilité. Ce qui est certain, en revanche, c'est que deux forces sont en train de changer nos vies et le monde, et donc l'ordre de la civilisation. Ces deux forces sont la monnaie numérique, qui entraînera des changements radicaux dans la sphère économique, et l'identité numérique, qui remodèlera le modèle de gouvernance dans la sphère sociale.

Premièrement, l'évolution technologique, en particulier la nouvelle génération de technologies de l'information, favorisera la popularité et l'application généralisées de la monnaie numérique et de l'identité numérique. Qu'il s'agisse de la monnaie numérique ou de l'identité numérique, sa popularité et son application vont inévitablement briser les « silos de données », en rassemblant des données ponctuelles éparses et des données segmentées sur une plate-forme spécifique, et ce en produisant un effet d'agrégation continu. Cet effet d'agrégation passe par l'intégration multidimensionnelle des données, l'analyse des corrélations et l'exploitation de ces données, pour révéler « l'essence de la loi des choses », de manière à rendre les recherches et prévisions plus complètes, plus rapides, plus précises et plus efficaces. Nous appelons cet effet d'agrégation « données en bloc ». L'agrégation continue de données en bloc formera à son tour une organisation de données en bloc, et cette nouvelle organisation déconstruira et reconstruira le modèle organisationnel, déclenchant un nouveau changement de paradigme.

Deuxièmement, ce qu'est le changement de paradigme déclenché par l'organisation des données en bloc et quels changements révolutionnaires il entraînera réellement. Pour le résumer en une phrase, il s'agit d'une révolution dans la gouvernance qui va changer le monde de demain. En effet, l'organisation de la chaîne de blocs, pilotée par la monnaie numérique et l'identité numérique, est essentiellement un modèle organisationnel décentralisé et distribué sous le contrôle d'algorithmes impartiaux, que nous appelons une organisation de gouvernance décentralisée et partagée. Cette organisation utilise trois technologies de base, à savoir les grands livres distribués, les contrats intelligents et la technologie cross-chain, pour établir un mécanisme fiable et inviolable de consensus, de partage et de gouvernance. Ce mécanisme est programmé et codé pour solidifier le flux de données encodé par la superposition du temps, de l'espace et de l'évènement, formant un système technique contraignant qui peut être enregistré, tracé, authentifié, évalué, négocié et réglementé, construisant ainsi un système de confiance numérique, ce que nous appelons chaîne de blocs. Lorsque les monnaies numériques et les identités numériques rencontrent la chaîne de blocs et y sont associées, cela marque l'entrée dans un nouveau monde où le réseau est notre ordinateur. Avec l'aide des réseaux et des terminaux, la chaîne de blocs donnera du pouvoir, de l'autonomie et des moyens aux monnaies numériques et aux identités numériques, construisant ainsi un cadre réglementaire pour une économie numérique crédible, une société programmable et un gouvernement traçable, et formant un nouvel ordre numérique. Ce que cet ordre numérique déclenche, c'est une reconfiguration de la civilisation. Si le cœur de l'Internet est la liaison, qui entraîne le transfert d'informations et la valorisation du transfert, le cœur de la chaîne de blocs est la reconstruction, qui déclenche le changement d'ordre et favorise le bond en avant de la civilisation dans le changement. En ce sens, l'Internet est une forme avancée de la civilisation industrielle, et la chaîne de blocs est un symbole important de la civilisation numérique. Reconnaître cela nous aidera à saisir plus profondément l'essence de la chaîne de blocs.

Troisièmement, la véritable définition de la chaîne de blocs est un grand livre basé sur des intérêts et des valeurs communs. La vocation de ce grand livre est de passer de la dépendance des gens envers les gens et des gens envers les choses à la dépendance des gens envers les chiffres. Les données deviennent le point de départ logique de la chaîne de blocs. Maximiser la valeur des données devient l'objectif ultime. Les droits sur les données, les droits de partage et la souveraineté des données deviennent les questions centrales. Afin d'utiliser au mieux les données et de protéger le droit aux données, il est inévitable de construire un système de protection des droits basé sur le droit aux données, que nous appelons le système du droit aux données. Sur la base du système de droits des données, un ensemble de normes juridiques régissant la propriété des données, les droits des données, l'utilisation des données et la protection des données est élaboré, ce qui constitue la loi sur les droits des données. Lorsque le principe juridique des droits numériques et la chaîne de blocs se rejoignent, la chaîne de blocs passe de simple application technologique à un principe institutionnel. Cette chaîne de blocs, fondée sur des dispositifs institutionnels et des systèmes de gouvernance, est appelée chaîne de blocs de souveraineté. La chaîne de blocs de souveraineté a changé les règles de l'Internet et a poussé celui-ci à faire un saut de l'Internet de l'information et de l'Internet de la valeur à l'Internet de l'ordre qui, du point de vue de la communauté de la destinée humaine, est une communauté mondiale de l'ordre, que nous appelons un bien public mondial. Ce type de bien public transcende les régions, les frontières, le temps, l'espace et les groupes spécifiques, et met l'accent sur la coopération conjointe, la fourniture conjointe, la construction conjointe et l'ordre commun entre les régions. Il est différent du bien public pur ou du bien quasi-public de l'ère de la civilisation industrielle, mais possède les qualités et les attributs du bien public dans le cadre du système de marché, et nous l'appelons un produit hyper-public basé sur la civilisation numérique. Nous pouvons considérer la chaîne de blocs selon l'approche d'une sorte d'innovation technologique, une application de scénario, une infrastructure et un modèle de gouvernance, mais essentiellement la chaîne de blocs est une sorte d'ordre numérique, et cet ordre est un tournant important pour permettre à la civilisation industrielle de passer à la civilisation numérique.

Ces dernières années, le Laboratoire clé de la stratégie des mégadonnées s'est consacré à la recherche théorique sur le nouvel ordre de la civilisation numérique, et a successivement lancé trois réalisations théoriques majeures, à savoir la chaîne de blocs, la loi des droits numériques et la chaîne de blocs de souveraineté, qui sont connues sous le nom de « trilogie de la civilisation numérique ». L'idée centrale de cette « trilogie » est constituée des trois piliers permettant de construire un nouvel ordre de civilisation numérique. Les données en blocs, le droit des données numériques et la chaîne de blocs de souveraineté sont les trois questions centrales du nouvel ordre de la civilisation numérique, et elles sont devenues les principales pierres angulaires pour faire progresser l'humanité de la civilisation industrielle à la civilisation numérique. Les données en bloc résolvent le problème de la convergence. Dès lors que tout est compatible avec les données, la convergence devient possible. C'est la signification de la « numérisation de tout et la sagesse dans la convergence ». Le droit des données résout le problème du partage. L'essence du droit des données numériques est le droit de partager, et le droit de partager est une construction institutionnelle basée sur une culture altruiste. En particulier, l'hypothèse de la « personne de données » fournit une base théorique pour la construction culturelle et institutionnelle de l'altruisme. Si la théorie de l'altruisme est valable, alors le droit au partage en tant que droit humain fondamental devient possible. Cette possibilité permettra de révéler l'essence des droits numériques et de construire le système des droits numériques et son système juridique sur la base de cette essence, favorisant ainsi l'établissement d'un nouvel ordre de civilisation numérique. Le droit au partage devrait devenir un nouveau jalon dans l'histoire des droits de l'homme. La chaîne de blocs de souveraineté aborde la question de la technologie pour le bien, c'est-à-dire, quelle est le fondement de la technologie. La technologie met en évidence la valeur culturelle de l'évolution vers le bien. La technologie au service du bien est le signe d'une société numérique universelle, inclusive et universellement accessible. Au cœur de la technologie pour le bien se trouve la règle de la conscience, qui est l'âme et l'essence de la philosophie de l'esprit de Wang Yangming. La « conscience globale » deviendra la valeur commune de la communauté de la destinée humaine. Si les trois valeurs d'intégration, de partage et de conscience sont établies théoriquement, les obstacles culturels à la progression de l'humanité vers la civilisation numérique seront brisés, et la communauté de la destinée humaine sera stable et de grande envergure.

De la monnaie numérique à l'identité numérique en passant par la chaîne de blocs, le droit des données numériques et la chaîne de blocs de souveraineté, les deux premières sont connues comme les deux forces qui vont changer le monde et les trois dernières comme les trois piliers qui vont reconfigurer le nouvel ordre de la civilisation numérique. Le scientifique Stephen Hawking a déclaré que nous

nous trouvions à l'entrée d'un nouveau monde magnifique, un monde passionnant et en même temps incertain. Le monde de la chaîne de blocs est beau, passionnant et en même temps incertain. Cette incertitude présente à la fois des défis et de grandes opportunités.

LIAN YUMING
Le 14 décembre 2020, à Xiong'an

TABLE DES MATIÈRES

Avant-propos   **1**

Chapitre I   Biens supra-publics   **11**

Section I Biens publics mondiaux   12

   I. Foi, monnaie et règles   12

   II. Redéfinition des biens publics   17

   III. Nouveaux biens publics mondiaux   27

Section II La révolution Internet   34

   I. La connectivité : l'essence de l'Internet   35

   II. Sans limites, sans prix et désordonnée   41

   III. Gouvernance et ordre sur Internet   45

Section III La pensée chaîne de blocs   51

   I. Reconfiguration : intégration et innovation des chaînes

     et des réseaux   51

   II. Consensus, gouvernance et partage   57

   III. Chaîne de blocs : un bien supra-public   62

Chapitre II   Monnaie numérique   **69**

Section I Fintech et l'avenir du crédit   70

   I. Des coquillages à la monnaie numérique   71

   II. La fintech bouleverse l'histoire   75

   III. De l'étalon-or à la chaîne de blocs   81

Section II Ancrages de la monnaie numérique   87
    I. Bitcoin : un système de monnaie électronique de type
      « peer-to-peer »   88
    II. Dimcoin : une expérience d'innovation financière   96
    III. RMB numérique : une monnaie numérique souveraine   102
Section III Rééquilibrer le système monétaire international   109
    I. Le paysage mondial des monnaies numériques   110
    II. Route de la soie numérique et internationalisation du RMB   119
    III. Importance mondiale de la BAII   126

Chapitre III   Identité numérique   133
Section I Évolution de l'identité   134
    I. L'anxiété liée à l'identité   134
    II. Identité et confiance   141
    III. Chaîne d'identité de confiance   146
Section II Citoyenneté numérique   152
    I. Hypothèses relatives aux données personnelles   153
    II. Programme de citoyenneté numérique   159
    III. Éducation à la citoyenneté numérique   165
Section III Gouvernance future de l'identité   172
    I. Pyramide de la hiérarchie numérique   172
    II. Système de gouvernance des jumeaux numériques   179
    III. Communauté de gouvernance sociale numérique   182

Chapitre IV   Ordre numérique   191
Section I Désordre numérique   192
    I. Émergence de la complexité   192
    II. Chute de la responsabilité   197
    III. Léviathan numérique   204
Section II Remixage et ordre   208
    I. Le pouvoir du remixage   209
    II. La déconstruction et la reconstruction de l'ordre   214
    III. La chaîne de blocs permet un nouvel ordre   218
Section III La technologie au service du bien   226
    I. La règle de la conscience et de l'altruisme   226

II. De l'innocence et de la neutralité à la bonté 233

III. Vers une justice numérique 238

Chapitre V   La reconstruction de la civilisation **247**

Section I Le paradigme de la civilisation 248

I. Du choc des civilisations à la convergence des civilisations 248

II. Internet : une forme avancée de civilisation industrielle 254

III. Chaîne de blocs : un symbole important de la civilisation
numérique 260

Section II La trilogie de la civilisation numérique 266

I. Les données en blocs : une solution pour la convergence 267

II. La loi des nombres : un poids jurisprudentiel partagé 272

III. La chaîne de blocs de souveraineté : un code commun pour
une technologie au service du bien 276

Section III Demain pour l'humanité 280

I. L'orientation de la civilisation dans l'ère post-épidémique 281

II. La nouvelle révolution technologique et le nouvel humanisme 285

III. Le droit de partager et la nouvelle éthique 290

Bibliographie *295*

Index terminologique *319*

Postface *325*

AVANT-PROPOS

Le monde traverse une période de grands changements sans précédent depuis un siècle, et entre dans une période de changements turbulents. Le plus important pour l'avenir est d'observer la grande tendance, la grande vérité et les grands événements. La grande tendance du XXIᵉ siècle est la migration complète de l'humanité du monde physique vers le monde numérique ; la grande vérité est la technologie en tant que « puissant levier de l'histoire » et « force révolutionnaire au sens le plus élevé », ainsi que la transformation complète des modes de survie, de production, de vie et d'émotion par les sciences et technologies ; les grands événements portent sur le fait que la nouvelle génération de technologies de l'information représentée par l'Internet évolue rapidement, que les technologies de base, stratégiques, frontalières et disruptives itèrent et évoluent rapidement, et que les technologies avancées telles que la 5G, les mégadonnées, le cloud computing, la chaîne de blocs, l'intelligence artificielle et la technologie quantique débordent notablement de vitalité innovante. La pandémie mondiale du coronavirus a accéléré ces grands changements. Il s'agira d'un changement global et d'un passage de l'individu à la société, de règles écrites à leur internalisation en pensée, des systèmes à l'ordre, de la culture à la civilisation.

La chaîne de blocs est la « clé » des « éléments critiques » qui influenceront l'avenir de cette grande transformation. En 2016, la *Harvard Business Review* a déclaré que « la chaîne de blocs est la technologie la plus susceptible d'avoir un impact profond sur l'économie et la société au cours de la prochaine décennie. » La recherche de McKinsey & Company a conclu que « la technologie chaîne de blocs est la technologie centrale qui a le plus grand potentiel pour déclencher la cinquième vague de révolutions disruptives, après la vapeur, l'électricité, l'information et la technologie Internet. » Pourquoi la chaîne de blocs ? Comme le dit Don Tapscott, père de l'économie numérique et auteur de *La révolution de chaîne de blocs*, « le changement le plus remarquable de la dernière décennie n'est pas la façon dont la technologie de chaîne de blocs a changé, mais la façon dont les gens ont changé leur façon de penser. » La chaîne de blocs change la façon dont nous envisageons la technologie numérique. De plus, en reposant sur les règles de la confiance consensuelle, de l'immuabilité et de la décentralisation, elle est en train de changer la logique sous-jacente et le paradigme de pensée de la façon dont nous comprenons le monde et le construisons ; c'est la fondation des fondations, la norme des normes, la clé des clés et un bien supra-public à l'ère de la civilisation numérique.

Les monnaies numériques, les identités numériques et l'ordre numérique contribuent à l'avènement d'une nouvelle ère de civilisation numérique. Les deux questions « Où va le monde » et « qu'allons-nous faire » sont une proposition à laquelle il faut répondre à différentes époques. Résoudre « le déficit de gouvernance, le déficit de confiance, le déficit de paix et le déficit de développement » est la proposition du moment dans le monde d'aujourd'hui. Alors que nous entrons dans l'ère numérique, il est encore plus urgent de résoudre ces quatre déficits, et la monnaie numérique, l'identité numérique et l'ordre numérique devraient devenir des forces importantes dans la reconstruction de l'ordre de gouvernance mondiale. La monnaie numérique va déclencher un changement complet dans le domaine économique, l'identité numérique va reconstruire le modèle de gouvernance dans le domaine social, et l'ordre numérique va devenir le premier ordre de l'ère numérique. Lorsque l'Internet souverain rencontre la chaîne de blocs de souveraineté, que les monnaies numériques entrent dans l'histoire et que l'identité numérique peut se construire dans un futur proche, cela marque l'avènement d'une toute nouvelle planète numérique. Dans ce nouveau monde, les individus, les entreprises et les nations doivent se débarrasser de leurs anciennes perspectives pour suivre les changements de l'époque et se permettre de « migrer » avec succès vers le nouveau monde. L'ordre numérique remodèle le monde et une civilisation numérique est en train d'émerger.

Monnaie Numérique

La naissance de la monnaie est un événement majeur dans l'histoire de la civilisation humaine. Elle est l'un des symboles les plus importants de la progression de l'humanité vers une société civilisée, au même titre que d'autres réalisations de la civilisation humaine telles que l'écriture, la langue et le droit. Quel que soit le stade de développement de l'humanité, l'argent a toujours été le symbole et le point d'ancrage de l'existence, de la stabilité et du développement de la société humaine. À l'époque moderne, la monnaie est devenue la base de la finance, la finance est devenue l'héritière de l'économie, et la stabilité et l'évolution de la monnaie sont devenues une condition préalable importante pour la prospérité économique et le développement social.

La monnaie numérique est la forme que prend la monnaie de l'avenir. La monnaie est le moyen par lequel les relations d'échange ont lieu entre les nations et les personnes. Les sociétés primitives échangeaient des matériaux rares comme les fourrures et les coquillages, mais l'absence d'un moyen d'échange uniforme limitait le développement de la productivité. Les sociétés agricoles ont commencé à utiliser des métaux précieux tels que les pièces d'or, d'argent ou de cuivre comme intermédiaires monétaires. Après l'avènement des sociétés industrielles, les métaux précieux tels que l'or sont devenus difficiles à utiliser comme monnaie pour supporter l'énorme échelle des transactions, et la monnaie papier est apparue. Ensuite, le développement rapide des portefeuilles électroniques et des paiements par téléphone mobile a permis à l'électronisation de l'argent d'arriver à maturité. Avec le développement de la technologie financière, les monnaies numériques, représentées par le Bitcoin, le Diem et le renminbi numérique (DC/EP), ont commencé à émerger, inaugurant l'ère numérique de la monnaie. Depuis sa création, chaque évolution de la monnaie a représenté un énorme progrès pour la société humaine. L'émergence de la monnaie numérique n'est pas un hasard. Elle n'est pas seulement le dernier produit de la révolution technologique de l'ère numérique, mais aussi une expression concentrée des lois internes de l'évolution monétaire, et un tournant majeur dans l'histoire de l'évolution monétaire. En termes de forme, la monnaie numérique est différente des « choses » du troc, des coquillages, du cuivre, de l'argent et de l'or, du papier-monnaie, du dollar américain, de la monnaie électronique, etc. Elle réduit considérablement le coût de la production et de maintenance en termes de fabrication, de transport, de stockage, de commerce, de circulation et de sécurité, et est supérieure aux monnaies précédentes. Il s'agit d'une forme avancée d'argent qui a évolué. À l'heure actuelle, les monnaies numériques s'affranchissent des contraintes géographiques, nationales, culturelles et de crédit et sont acceptées et utilisées au niveau international. Que la monnaie mondiale de l'avenir soit finalement une monnaie numérique ou non, il ne fait aucun doute que les monnaies numériques basées sur la chaîne de blocs constituent une orientation importante pour l'évolution de la monnaie.

Les monnaies numériques unifient les « poids et mesures du monde ». Sans une monnaie unifiée, il n'y a pas d'uniformité des poids et mesures, et une monnaie unifiée est la clé pour résoudre la coopération et les conflits économiques dans le monde. Il y a plus de 2 000 ans, Le premier Empereur des Qin a unifié les six royaumes et a été le premier à unifier l'utilisation de pièces de monnaie rondes à trou carré, ce qui a grandement favorisé le développement du commerce et des échanges humains et a jeté des bases solides pour la civilisation chinoise. 2 000 ans plus tard, les flux humains, logistiques, d'informations et de données sont profondément mondialisés, mais comme les poids et mesures n'ont pas encore été unifiés, la société dans son ensemble a investi plus de temps dans la spéculation monétaire que dans la création de richesses. Ainsi, comme les poids et mesures n'ont pas encore été normalisés, la société a passé beaucoup plus de temps à spéculer sur l'argent qu'à créer des richesses. Il est devenu urgent d'unifier les « poids et mesures du monde » au moyen de monnaies numériques. Aujourd'hui, la Chine a déjà posé des bases solides dans le monde de la chaîne de blocs, la banque centrale chinoise ayant été la première à breveter la technologie chaîne de blocs, un point de départ bien plus précoce et plus élevé qu'à l'époque d'Internet dans les années 1990. Dans cet échiquier, le coup DC/EP de la banque centrale chinoise est considéré comme le « premier mouvement du joueur noir », mais la bataille pour l'unification des « poids et mesures du monde » ne fait que commencer.

Les monnaies numériques sont en train de remodeler le système monétaire international. Depuis le XIXᵉ siècle, avec l'expansion et l'approfondissement de la mondialisation, les relations entre les pays sont devenues de plus en plus étroites, entraînant une convergence croissante des normes monétaires nationales. Au XXᵉ siècle, les pays ont pratiquement réalisé la transition de l'étalon-argent, de l'étalon composé à l'étalon-or. Au XXIᵉ siècle, le système monétaire international dirigé par le dollar américain et soutenu par l'euro et la livre sterling a pris forme. En tant que produit du développement rapide de l'innovation technologique financière, en particulier la technologie chaîne de blocs, la monnaie numérique deviendra certainement un outil clé pour promouvoir la réforme du système monétaire international et le changement du système de gouvernance financière mondiale, et déclenchera un remaniement du système monétaire international. D'une part, dans un monde idéal, une monnaie numérique décentralisée peut être émise indépendamment de tout pays ou institution, et en tant que monnaie de réserve internationale, elle peut fondamentalement résoudre le « dilemme de Triffin »[1] et fournir des idées et des fantasmes pour la construction d'une monnaie mondiale super-souveraine. D'autre part, dans le monde réel, les monnaies numériques agissent comme des monnaies souveraines de crédit et finiront par donner naissance à des monnaies numériques souveraines, c'est-à-dire des monnaies numériques légales, qui pallieront les insuffisances et les déficiences des monnaies de crédit souveraines traditionnelles et des monnaies numériques non souveraines, et deviendront un élément important des jeux monétaires et financiers internationaux. Il est prévisible que la construction d'un système de monnaie numérique souveraine deviendra une question centrale dans la réforme du système monétaire international. Il convient de noter qu'à mesure que le commerce mondial passe progressivement du commerce des biens au commerce des services, le commerce numérique est sur le point de devenir le principal champ de bataille de la concurrence mondiale de l'économie numérique, et la monnaie numérique est déjà devenue incontournable pour tous les acteurs, ce qui déclenchera une véritable restructuration du système monétaire international.

Identité Numérique

« Qui suis-je ? D'où est-ce que je viens ? Où est-ce que je vais ? » : Telles sont les trois questions ultimes de la philosophie. La première, « Qui suis-je ? », renvoie à la question de l'identité. L'identité sert à distinguer le « je » des autres sujets. D'une manière générale, l'identité a deux fonctions principales : l'une consiste à distinguer

---

1. Ni un système de monnaie de réserve unique ni un système de monnaie de réserve multiple ne peuvent résoudre fondamentalement le « dilemme de Triffin » : lorsque la monnaie d'un pays fait office de monnaie de réserve internationale, en tant que monnaie mondiale, la demande de monnaie du pays émetteur par les autres pays oblige le pays à enregistrer un déficit commercial afin de faire face au transfert de monnaie à l'étranger ; dans le même temps, en tant que monnaie de réserve mondiale, la monnaie du pays émetteur ne peut être utilisée qu'à des fins commerciales. En même temps, en tant que monnaie nationale, le pays doit enregistrer un excédent commercial afin d'assurer la stabilité de la valeur de sa monnaie. Cela signifie que le pays émetteur a un paradoxe dans son objectif de maintenir la masse monétaire internationale et la stabilité de la monnaie.

et l'autre à prouver. Avant l'ère de l'Internet, nous utilisions généralement du papier pour prouver que « je suis moi » ; à l'ère de l'Internet, la manière de prouver l'identité est passée du papier aux justificatifs électroniques. Avec l'innovation et la percée de la technologie numérique, les êtres humains migrent du monde physique vers le monde numérique, et le processus de mise en correspondance du monde physique et du monde numérique est « l'authentification de l'identité ». L'amélioration de l'efficacité de l'identification et la réduction du coût de la confiance sont des forces motrices importantes pour le développement de l'économie numérique, la construction d'un gouvernement numérique, la gouvernance sociale numérique et le progrès de la civilisation numérique.

L'identité numérique est l'entrée dans le monde des jumeaux numériques. Depuis les temps anciens, l'humanité a toujours vénéré une culture de la confiance, et la Chine est connue dans le monde entier comme une nation de confiance. Dans la nouvelle ère, le développement rapide d'une nouvelle génération de technologies numériques a conduit à l'émergence d'un monde de jumeaux numériques, où les exigences de confiance dans le développement de la société humaine sont devenues de plus en plus strictes et où la crise de confiance est devenue de plus en plus grave. Dans le monde des jumeaux numériques, outre la question de savoir « qui je suis », il y a aussi la question tout aussi importante de savoir « qui vous êtes », qui est le côté positif et négatif de l'identification et de l'authentification. Les mécanismes de confiance sont un moteur important de l'évolution de l'identité. La base économique détermine la superstructure, et si les monnaies numériques déclenchent des changements radicaux dans la sphère économique, elles entraîneront des changements dans la gouvernance sociale et les systèmes de gouvernance nationaux, poussant les formes sociales à évoluer vers de nouvelles structures et déclenchant une anxiété quant à l'identité. Sous le rôle de la chaîne de blocs, les mécanismes de confiance numérique entraîneront l'évolution de l'identité ; sous le rôle de la chaîne de blocs de souveraineté, les mécanismes de confiance institutionnalisée entraîneront un bond en avant de l'identité. Sur la base des mécanismes de confiance et de consensus, un système de confiance numérique sera programmé et codé et ainsi construit, faisant d'une chaîne d'identité numérique de confiance la logique principale de la gouvernance sociale et de la gouvernance étatique.

La citoyenneté numérique est une « clé d'or » de la gouvernance sociale. Si l'Internet résout le problème de la numérisation des « médias » et l'Internet des objets la numérisation des « objets », la chaîne de blocs sera la numérisation des

« personnes ». L'International Data Corporation (IDC) prévoit que d'ici 2022, 150 millions de personnes auront une identité numérique sous chaîne de blocs. Le « citoyen numérique » est une représentation institutionnalisée de la « personne de données » à l'ère numérique, qui augmentera l'inclusivité, la formalisation et la transparence du système de gouvernance sociale. Qu'il s'agisse du programme de la nation numérique de l'Estonie, du programme d'identité numérique du Royaume-Uni, de l'étude approfondie du ministère de la sécurité publique sur l'identité numérique fiable et de la création conjointe du comité de promotion de l'identité numérique des citoyens, ou du projet pilote de « citoyen numérique » de Fujian et du projet d'« identité sur la chaîne » de Guiyang, tous ces projets amélioreront efficacement le système de gouvernance sociale. Le projet pilote « citoyen numérique » à Fujian et le projet « Identité sur la chaîne » à Guiyang permettront d'améliorer efficacement la « culture numérique » de l'ensemble de la société et de jeter les bases de la modernisation de la gouvernance sociale.

Une communauté de gouvernance sociale numérique est le sens propre d'une société numérique. À l'ère du numérique, l'environnement de la gouvernance est complexe, les exigences de la gouvernance sont diversifiées et l'optique de la gouvernance est via le réseau, de sorte que la construction d'un système de gouvernance par jumeau numérique basé sur la technologie de la gouvernance qui est collaborative, équilibrée en termes d'information et axée sur les données est devenue l'avant-garde du développement de la gouvernance sociale. Pour construire une tour de Babel de la gouvernance sociale numérique, une communauté de gouvernance sociale numérique est la meilleure voie. Nous devons intégrer l'inclusion, la synergie et la diversité numériques dans le processus de construction de la nouvelle infrastructure numérique, construire une société numérique où chacun est responsable, où chacun fait sa part et où qui profite à tous, et promouvoir l'arrivée réelle d'un modèle de gouvernance sociale de construction, de gouvernance et de partage communs.

Ordre Numérique

Nous sommes actuellement dans une ère sans précédent de grands changements et de transformations. Après les civilisations agraire et industrielle, l'humanité va construire un nouvel ordre – l'ordre numérique – et une nouvelle forme de civilisation – la civilisation numérique. Ce saut civilisationnel est comme une tempête qui a balayé toute l'écologie et l'ordre anciens, formant des changements subversifs pour l'existence et le développement de la société. Si la chaîne de blocs est l'innovation technologique la plus excitante et la plus attendue du début du XXI⁰ siècle, la chaîne de blocs de souveraineté deviendra certainement l'innovation institutionnelle la plus excitante et la plus attendue du XXI⁰ siècle. Sous l'impulsion de la chaîne de blocs de souveraineté, l'ordre numérique brisera tous les anciens paradigmes et redéfinira un nouvel avenir, déclenchant une déconstruction et une reconstruction sans précédent de l'ensemble du modèle de développement, des formes organisationnelles, des méthodes de distribution, des dogmes juridiques, etc.

Le piège du léviathan numérique : il y a plus de 30 ans, l'avènement du World Wide Web a créé la pierre angulaire technologique la plus importante pour l'émergence de la numérisation mondiale. Au cours des 30 dernières années, la vague numérique a balayé tous les coins de la société, avec des « silos numériques », un « contrecoup technologique », une « guerre froide numérique » et un « recul numérique ». La « guerre froide numérique », le « capitalisme de surveillance » et la « manipulation des plate-formes numériques » nous ont conduits dans une « jungle noire », déséquilibrant des commandes numériques. Alors qu'une nouvelle génération de technologies numériques transforme profondément le monde, la transformation de l'ordre social humain se trouve à un point d'inflexion historique et critique : l'ancien équilibre et l'ancien ordre se désintègrent progressivement, et un nouveau système et un nouvel ordre émergent. À l'heure où l'ordre ancien se brise, où la complexité émerge et où les responsabilités tombent pour engendrer le désordre numérique, où l'ancien monde alterne avec le nouveau et où de nouvelles règles restent à établir, il faut éviter de glisser vers un nouveau type de crise – le Léviathan numérique – et travailler à réduire les différents risques dans le processus de transformation numérique.

La chaîne de blocs reconstruit un nouvel ordre. Le désordre numérique est un phénomène qui a une forte propension à se produire lors des périodes de crise, apportant à la fois de nouveaux défis et de nouvelles opportunités pour la reconstruction de l'ordre. La confiance est la base de l'établissement de l'ordre social, et la chaîne de blocs est un outil pour réaliser la confiance numérique, une infrastructure et un pont de confiance pour la co-construction et le partage de la gouvernance dans la société numérique. Dans ce contexte, la reconstruction d'un ordre plus transparent, plat et équitable en s'appuyant sur la chaîne de blocs est devenue un choix inévitable. La reconstruction de l'ordre nécessite d'adhérer au consensus, à la pensée de la gouvernance commune et à la pensée du partage de la chaîne de blocs, d'exploiter pleinement les caractéristiques techniques de la chaîne de blocs, de clarifier l'orientation de la valeur de la chaîne de blocs de souveraineté et de parvenir à un équilibre entre l'efficacité et l'équité en favorisant le développement de l'économie numérique, en facilitant la transformation du gouvernement et en renforçant l'efficacité de la gouvernance sociale.

La technologie donne le pouvoir d'agir pour le bien. Les personnes sont la mesure de la technologie, et les valeurs déterminent l'orientation de la technologie. Dans la « jungle noire », la technologie devrait être orientée vers la fourniture de services sûrs, sains et durables aux êtres humains, et répondre en permanence aux attentes et aux aspirations des hommes à une vie meilleure, et la technologie pour le bien devrait faire l'objet d'un consensus entre les gouvernements, les entreprises et le public. Pour les entreprises numériques, qu'il s'agisse de la maxime de Google « ne pas faire le mal » ou de la vision de Tencent « la technologie au service du bien », c'est un bon choix de « faire le bien ». La technologie au service du bien est le signe d'une société numérique universelle, inclusive et adaptative, et constitue une exigence inhérente à la réalisation de la justice numérique et à la construction d'une communauté numérique de destin. Au cœur de tout cela se trouve la règle de la conscience, qui est l'âme et l'essence de la philosophie de l'esprit de Wang Yangming. La « conscience globale » deviendra également l'orientation des valeurs communes de la communauté de la destinée humaine.

Aujourd'hui, le rythme de l'itération technologique est plus rapide qu'à n'importe quel autre moment de l'histoire, les changements économiques et sociaux sont plus spectaculaires qu'à n'importe quel moment du passé, l'humanité est plus interdépendante que jamais et nous entrons dans une ère de symbiose dans laquelle les civilisations se développent et s'intègrent. À cette époque, la chaîne de blocs de souveraineté a porté la confiance entre les gens à un niveau supérieur, et la société humaine fait progressivement germer la « sagesse de groupe », les peuples de traditions culturelles, de croyances religieuses et d'idéologies différentes parvenant progressivement à un consensus sur un nouveau système de valeurs commun pour l'humanité, déclenchant la reconstruction de la civilisation de l'intérieur et remodelant l'ordre de la civilisation. À cette époque, la technologie et l'humanisme se font écho, et la chaîne de blocs de souveraineté conduit une civilisation purement technologique à une civilisation numérique complète, favorisant la restructuration de la civilisation et réalisant la refonte de la civilisation. À notre époque, l'intégration des civilisations est devenue la tendance du moment, une valeur mondiale visant à relever les défis humains communs a pris forme, et une nouvelle ère de civilisation numérique fondée sur la construction d'une monnaie numérique, d'une société numérique et d'un ordre numérique est sur le point d'émerger.

Si nous disons que l'Internet et la chaîne de blocs fusionnent pour former le réseau de la chaîne mutuelle et que l'Internet des objets et la combinaison de la chaîne de blocs forment ensemble le réseau de la chaîne des choses pour construire une autoroute vers la civilisation numérique, alors, l'utilisateur est une voiture qui roule sur cette route, la chaîne de blocs est le flux de circulation formé par ces voitures, le droit numérique est le navigateur pour guider le flux de circulation selon la destination, et la chaîne de blocs est le code de la route pour rendre ces voitures en circulation légales et ordonnées sur l'autoroute. Si l'on se tourne vers l'avenir, l'intégration et la coexistence de la gouvernance et de la civilisation dans le monde numérique est un projet systémique complexe qui nécessite à la fois des lois strictes et une éthique souple. Sur cette voie, la nouvelle révolution technologique est comme un feu qui réduira le monde entier en cendres si elle n'est pas suivie par l'appréciation mutuelle et l'intégration des civilisations, et si elle n'est pas soutenue par un nouveau concept de droits et d'éthique. La civilisation numérique est une civilisation du partage, une civilisation du bien, une civilisation mondiale et une tendance historique dans le développement de la civilisation humaine. Joignons nos mains, embrassons la responsabilité numérique, embrassons la civilisation numérique, et construisons un nouveau cadre mondial et un nouveau système mondial avec la vision et la prévoyance que le destin de toute l'humanité est partagé, ouvrant de nouveaux horizons de gouvernance et créant un nouvel avenir meilleur.

Chapitre I

BIENS SUPRA-PUBLICS

L'« accès à l'Internet » dans le passé, « l'accès au cloud » aujourd'hui et l'« accès à la chaîne » à l'avenir seront tous des éléments essentiels au développement de la nouvelle économie. L'Internet, le cloud computing et la chaîne de blocs constituent le fondement de la fondation et seront les éléments de base à travers toutes les nouvelles infrastructures, les nouvelles industries, les nouvelles dynamiques et les nouvelles économies.

—YU JIANING

Section I
Biens publics mondiaux

Dans le monde d'aujourd'hui, un changement majeur sans précédent depuis un siècle s'accélère, et le monde connaît un nouveau cycle de révolution technologique, de mutations industrielles et de transformations sociales. Dans le même temps, l'instabilité et l'incertitude sont devenues plus importantes, et le déficit de confiance, le déficit de paix, le déficit de développement et le déficit de gouvernance sont devenus des défis sérieux pour l'humanité tout entière. *Le rapport 2021 sur les risques mondiaux* publié par le Forum économique mondial souligne que la rupture des relations interétatiques, l'inégalité numérique et la concentration du pouvoir numérique figureront parmi les dix principaux risques mondiaux de la prochaine décennie.[1] Les problèmes mondiaux nécessitent une gouvernance mondiale, et le système international est au cœur de la gouvernance mondiale. Une série d'arrangements institutionnels du multilatéralisme sont les biens publics fournis au monde par les participants à la gouvernance mondiale. Actuellement, une série de « Sortie de la conversion de groupe » irresponsable de la part de quelques pays occidentaux entraîne un déclin accéléré de la fonction des biens publics mondiaux. Comme l'a déclaré l'historien israélien Yuval Harari, « si nous choisissons de faire cavalier seul, la crise du nouveau coronavirus sera encore plus longue et peut-être plus catastrophique à l'avenir. Si nous optons pour une grande solidarité mondiale, nous pourrons vaincre non seulement ce coronavirus, mais aussi toutes les futures maladies infectieuses et crises qui frappent l'humanité. »[2] Face à une menace commune à toute l'humanité, nous avons plus que jamais besoin d'un nouveau type de bien public mondial, dont les bénéficiaires puissent s'étendre à toutes les nations, à tous les peuples et à toutes les générations, une force qui sera le moteur du monde de demain.

I. Foi, monnaie et règles

L'arrivée soudaine du nouveau coronavirus continue de faire des ravages dans le monde, plongeant l'humanité dans une crise mondiale d'une ampleur, d'une profondeur et d'une intensité telles que chaque individu et chaque pays vivant

---

1. World Economic Forum, « The Global Risks Report 2021 », World Economic Forum, 2021. https://www.weforum.org/reports/the-global-risks-report-2021.
2. Yuval Noah Harari, « The World After Coronavirus », Financial Times, 2020. https://www.ft.com/content/19d90308-6858-11ea-a3c9-1fe6fedcca75.

sur la planète pourraient être victime de cette crise. Quelles sont les causes fondamentales de la crise ? Elle ne réside pas dans la force économique ou la compétitivité technologique, mais dans la distorsion en interne des valeurs, dans la négligence de l'importance du consensus et dans le reflux de la mondialisation par l'autoconservation et les barrières, l'intérêt personnel et la lutte. La phrase gravée sur la pierre devant le bâtiment du siège de l'UNESCO, « Les guerres prenant naissance dans l'esprit des hommes, c'est dans l'esprit des hommes que doivent être élevées les défenses de la paix », indique l'essence du problème. Comment « construire les défenses de la paix » ? Comment pouvons-nous guérir la « maladie » qui s'est emparée du monde ? Réfléchir à la construction d'un consensus de pensée basé sur des croyances différentes est, je le crains, le remède singulier que nous pouvons trouver pour le moment. La foi, l'argent et les règles constituent un consensus mondial de pensée, les trois pierres angulaires sur lesquelles l'humanité a construit sa civilisation moderne et son paysage social. La foi, en tant qu'état d'esprit et de conscience d'êtres humains cherchant à se transcender, est un élément fondamental qui doit exister dans un groupe social, le guidant pour atteindre ses objectifs dans un monde fondé sur des règles, grâce à des efforts incessants. Si la foi est un choix intérieur instinctif et évolutif de l'humanité, alors l'argent est un objet hors du corps créé de toutes pièces. La monnaie, depuis ses débuts sous forme de troc et de transactions en papier-monnaie jusqu'aux transactions électroniques actuelles sans papier, constitue une condition de soutien essentielle au parallélisme ordonné de la société humaine. L'argent est indispensable, et les règles sont partout. Elles vont des lois, qui sont les règles de fonctionnement universelles de la société et ont une force contraignante, aux coutumes et traditions convenues entre les gens, en passant par les codes de conduite professionnels qui sont requis dans tous les domaines de la vie. Les règles sont comme un mur qui n'a pas seulement l'effet superficiel de limiter le comportement humain, mais qui a aussi l'objectif plus profond de faciliter le développement coopératif de la société humaine. La coopération est l'un des aspects les plus importants de la société humaine, qui nous a conduits là où nous sommes aujourd'hui. Les humains ne peuvent pas lutter seuls contre des bêtes solitaires comme les tigres et les léopards, et encore moins contre des animaux « en bande » comme les loups et les lions. Les Néandertaliens étaient physiquement et individuellement plus forts que nous, les Homo sapiens, et le facteur clé du développement de l'Homo sapiens à ce jour a été la coopération. On peut dire que plus le champ de la coopération humaine est large et étendu, plus nous progressons rapidement et plus nous pouvons générer de l'énergie grâce à une coopération fondée sur des règles.

La croyance. La relation de l'homme avec lui-même et la nature sont les deux principaux moteurs de l'évolution de la civilisation. Ces deux relations impliquent deux aspects : d'une part, les interactions et les contraintes matérielles, et d'autre part, la conscience et son rôle dynamique, c'est-à-dire la foi, dans le sens de croyance commune. Sans la foi, l'humanité ne serait qu'un amas de chair sans âme et l'État ne serait qu'une froide « machine ». Sans une compréhension de base du monde commun, il est difficile de former un consensus qui transcende les facteurs économiques, culturels, politiques et autres, sans parler des « règles du jeu » acceptées au niveau mondial.[3] « L'humanité n'a jamais été une existence purement matérielle et matérialiste ; elle est aussi une existence éthique qui réfléchit constamment au sens de son existence. »[4] L'éthique et la foi sont toutes deux des contraintes externes imposées au comportement de l'individu par une autodiscipline intérieure. La foi est libre et, étant donné sa nature même, l'être humain a la faculté de réfléchir. Et les êtres humains sont conscients de leur conscience, et aucun temps, aucun lieu, aucune personne ou organisation ne peut forcer les autres à se conformer ou à se convertir à une foi particulière, et encore moins utiliser la foi comme excuse pour utiliser des méthodes barbares contre les autres. L'interconfessionnel doit promouvoir la compréhension mutuelle par le dialogue et la consultation, en trouvant des points communs, en comblant les fossés et en résolvant les malentendus, ce qui constitue également la base consensuelle des biens publics mondiaux. Au fil de l'évolution de la civilisation humaine, qui est passée de la fragmentation et de l'isolement de l'Antiquité au développement progressif de communautés à une époque récente[5], la foi s'est transformée en un mécanisme de « partage des risques » qui établit un équilibre entre le droit de prendre des décisions et la responsabilité d'en assumer les conséquences.[6] Selon le sociologue allemand Ulrich Beck et le sociologue britannique Anthony Giddens,

---

3. Wieland J., « Global Standards as Global Public Goods and Social Safeguards » // Josef Wieland, *Governance Ethics : Global Value Creation, Economic Organization and Normativity*, Boston, MA : Springer, 2014, vol. 48, p. 65-72.

4. LIU Kui, « Risque global, sagesse éthique et le tournant éthique dans la foi contemporaine », *Études en éthique*, n° 3, 2012, p. 25.

5. FENG Ziyi, « La mondialisation, le développement et la construction de la civilisation », *Sciences sociales du Shandong*, n° 5, 2014, p. 5.

6. Nassim Nicholas Taleb [États-Unis], *Le risque asymétrique*, traduit par ZHOU Luohua, Presse CITIC, 2019, p. 261.

l'humanité contemporaine est en transition d'une civilisation industrielle à une civilisation du risque, et la mondialisation et le pluralisme du risque ont fait que la civilisation et la foi sont confrontées à une grave situation de crise, et ont posé un sérieux défi à la distribution efficace et de haute qualité des biens publics mondiaux. En particulier, avec le développement rapide de la technologie numérique et le flux rapide d'éléments de données, la profondeur et l'étendue des interactions humaines se sont rapidement développées, et l'influence mondiale des civilisations s'est étendue de façon spectaculaire, donnant lieu à des croyances émergentes telles que les croyances écologiques, les croyances en la vie et les croyances numériques. De nos jours, des personnes de toutes les couleurs, nationalités, ethnies et origines culturelles sont inévitablement prises dans cette vague inéluctable et galopante de mondialisation numérique, et les questions centrales des préoccupations humaines communes se déplacent progressivement vers des croyances de nature anthropologique. À l'avenir, la technologie numérique continuera à briser toutes sortes de paradigmes, et le nombre d'impermanence, de désordre, de chaos et de variables continuera à augmenter, et la diffusion, la dispersion et le désordre ne s'arrêteront pas. Il s'agit même d'une situation de « nouveau et différent ». À ce moment-là, le plus grand test de l'humanité sera la foi. La foi est la véritable source de la maîtrise de soi, un concept spirituel fondamental qui empêche l'humanité de dépasser les limites, lui permet de modérer ses désirs matériels et son avidité, maintient une rationalité spirituelle dans la société et fournit à l'humanité un moyen permanent de survivre, en l'aidant à comprendre la place qui lui revient dans l'immensité de l'univers.

De l'argent. L'argent est un important outil de collaboration et constitue essentiellement une « relation sociale ». Sans l'argent, il n'aurait pas été facile de relier en douceur les individus, les groupes, les nations et l'humanité dans son ensemble. Avec l'essor de la technologie et de l'économie numériques, la demande du public en matière de commodité, de sécurité, d'universalité et de confidentialité des moyens de paiements augmente. Les banques centrales ou les autorités monétaires de nombreux pays et régions suivent de près les réalisations du développement des technologies financières et explorent activement la forme numérique de la monnaie légale, et la monnaie numérique légale passe de la théorie à la réalité. D'un point de vue économique, la monnaie est une marchandise qui est séparée du processus d'échange de marchandises et fixée comme un équivalent général. Ce n'est qu'après l'apparition de la monnaie que le mécanisme économique est en mesure de fonctionner. Dans le processus des échanges économiques, les êtres humains réalisent le flux transfrontalier des échanges par le biais de certaines plates-formes de règlement, de méthodes de règlement et d'intermédiaires de règlement, créant ainsi le besoin d'internationalisation des devises. Des transactions point à point entre les pays, à un système commercial mondial en toile d'araignée, à un système mondialisé où les facteurs de production circulent à travers les frontières du monde entier, elle a considérablement élargi et approfondi la connotation et l'extension de l'internationalisation de la monnaie. « Le système monétaire international, en tant que règle, accord ou pratique dans le domaine des relations monétaires internationales, a le caractère d'un bien public mondial. »[7] Les États-Unis, en tant qu'acteur dominant du système monétaire international, disposent d'un pouvoir de décision et de diffusion des idées considérable sur certaines des règles du système monétaire international, et reçoivent la plupart des bénéfices de la fourniture de ce bien public, ce qui leur confère un pouvoir mondial monopolistique dans la sphère financière internationale. Cependant, en tant que bien public mondial, le système monétaire international nécessite de plus en plus la coopération des pays développés et en développement pour équilibrer les intérêts des différents acteurs de l'offre.

Règles. « L'être humain doit avoir certaines règles pour organiser sa vie sociale. Les règles comprennent les règlements écrits, les habitudes d'action, l'éthique et la morale, et les systèmes de valeurs des personnes. »[8] Une civilisation de règles est la base logique pour promouvoir le développement de la civilisation humaine matérielle et spirituelle, et un ordre dérivé conforme aux lois du développement historique. Sans ce système de règles, il n'aurait pas été possible de préserver et de développer ces deux premières civilisations. Les règles sont aussi une sorte de « pensée du fond »[9] un fond qui empêche la société humaine de s'effondrer et la civilisation humaine de s'effondrer. Si le monde doit vivre dans un marché mondial et une société globale, il a besoin d'un ensemble mondialisé d'éthique, de règles sociales et d'ordre civilisationnel. À l'heure actuelle, les différentes organisations internationales existent souvent en tant que symboles des règles de l'engagement

---

7. DU Chaoyun et YE Fang, « Changements dans le système monétaire international sous le dilemme de l'action collective – selon la perspective des biens publics mondiaux », *Études financières internationales*, n° 10, 2010, p. 22.

8. ZHAO Cheng, « La mondialisation et la civilisation des règles », *Journal de l'école du parti du Comité central du Parti communiste chinois*, n° 5, 2007, p. 96.

9. HE Huaihong, *Y a-t-il un avenir pour l'humanité*, Presse de l'Université normale du Guangxi, 2020, p. 136.

international, ce que nous appelons les biens publics mondiaux. « Les Nations unies sont porteuses des règles politiques internationales, la Banque mondiale est porteuse des règles financières internationales, et l'Organisation mondiale du commerce est porteuse des règles économiques internationales. »[10] Les règles sont devenues une existence sociale d'une importance relativement indépendante, conduisant le progrès de la civilisation humaine telle que la civilisation institutionnelle et politique, tout en favorisant l'intégration des êtres humains avec le ciel et la terre, avec tous les êtres et avec eux-mêmes, permettant non seulement à l'esprit d'avoir un soutien plus fort aux règles, mais aidant également les êtres humains à se concentrer davantage sur l'abondance de la vie. En novembre 2018, le président XI Jinping, lors de la réunion des dirigeants de l'APEC à Port Moresby, a déclaré que « le renforcement de la gouvernance mondiale fondée sur des règles est une condition préalable nécessaire à un développement stable. Les règles doivent être formulées conjointement par la communauté internationale. »[11] La mondialisation est la tendance générale et aucun pays au monde ne peut revenir à un état fermé. Une fois l'état de fermeture brisé, l'éveil de la conscience humaine, l'échange d'idées et le changement social deviendront la norme. La société humaine doit prendre une conscience mondiale, les préoccupations internationales, le mondialisme et la responsabilité mondiale comme base de valeur, et participer activement à la formulation, au respect et à l'observation de diverses règles mondiales, de sorte qu'elles puissent devenir des biens publics mondiaux répondant aux besoins humains fondamentaux, recueillir un large consensus social et promouvoir un développement harmonieux dans le monde.

II. Redéfinition des biens publics

Issus du domaine de l'économie publique, les biens publics sont non exclusifs et non concurrentiels dans leur nature technique, et sont en fait le produit de la satisfaction des besoins communs de la société, ou plus encore, ils sont une « infrastructure » construite pour répondre à la conception institutionnelle et aux mécanismes de prise de décision des besoins communs de la société (Tableau 1.1). Il y a plus de 300 ans, David Hume, le célèbre philosophe, économiste et historien britannique, notait que « l'accomplissement de certaines tâches ne profite guère

---

10. CHEN Zhong, « Une réflexion existentielle sur "Ce qui est possible avec des règles" », *Sud-est académique,* n° 3, 2004, p. 19.

11. XI Jinping, « Construire ensemble un meilleur avenir – Discours liminaire au sommet des chefs d'entreprise de l'APEC », Xinhua, 2018, http://www.xinhuanet.com/world/2018-11/17/c_1123728402.htm

à l'individu, mais à la société dans son ensemble, et ne peut donc être réalisé que par une action collective ».[12] L'approfondissement de la mondialisation a rendu les biens communs mondiaux, tels que le cyberespace, l'espace extra-atmosphérique et la haute mer, de plus en plus importants pour la survie et le développement de la société humaine, et les domaines d'application des biens publics (Tableau 1.2) se sont élargis. Ces problèmes mondiaux ont certaines externalités positives, c'est-à-dire que tous les pays peuvent en bénéficier, ce qui facilite les comportements de « faire de l'auto-stop » et crée un dilemme d'action collective[13], rendant les pays individuels peu désireux et incapables de les résoudre. Les problèmes mondiaux nécessitent une coopération mondiale. Le monde étant de plus en plus connecté comme un tout organique, les avantages des biens publics au sein des États souverains commencent à s'étendre à l'échelle régionale et mondiale[14], créant ainsi un nouveau domaine de recherche sur les biens publics – les biens publics mondiaux. Les biens publics mondiaux ne sont pas seulement le reflet de l'offre et de la demande, mais aussi le résultat de la prévention et de la résolution des conflits et des risques[15], « qui ne peuvent être fournis de manière adéquate que par la coopération et l'action collective entre les pays développés et les pays en développement »[16], que nous appelons biens publics mondiaux (Tableau 1.3). Les biens publics mondiaux sont devenus une force importante de changement dans le monde grâce à la coopération interactive, au dialogue et à la négociation, et en

---

12. David Hume [Angleterre], *Un traité de la nature humaine,* traduit par GUAN Wenyun, Presse commerciale, 1983, p. 578-579.

13. Plus le groupe est grand, moins il est susceptible de fournir le niveau optimal de biens collectifs, et les très grands groupes ne se fourniront généralement pas la moindre quantité de biens collectifs en l'absence d'incitations externes coercitives ou indépendantes. En effet, d'une part, plus le groupe est important, plus la part des bénéfices totaux du groupe reçue par ceux qui promeuvent les intérêts du groupe est faible, et moins il est probable qu'il y ait une interaction oligopole-vendeur-monopole qui puisse aider à obtenir le bien collectif. D'autre part, plus le nombre de membres du groupe est important, plus les coûts d'organisation sont élevés, de sorte que les barrières à franchir avant d'acquérir un quelconque bien collectif sont plus grandes. (Manson Olson [États-Unis], *La logique de l'action collective,* traduit par CHEN Yu, GUO Yufeng et LI Chongxin, Maison d'édition du peuple de Shanghai, 2018, p. 45-46.)

14. Les biens publics peuvent être divisés en quatre niveaux : mondial, régional, national et local, les deux premiers étant des biens publics internationaux et les deux derniers des biens publics nationaux. (ZHA Xiaogang et ZHOU Zheng, « Modalités et principes pour la fourniture efficace de biens publics à plusieurs niveaux », *Perspectives internationales,* n° 6, 2014, p. 97.)

15. LIU Shangxi, LI Chengwei, « Redéfinir les biens publics en fonction du risque public », *Études fiscales,* n° 8, 2018, p. 6.

16. Development Committee, « Poverty Reduction and Global Public Goods : Issues for the World Bank in Supporting Global Collective Action », World Bank, 2000, (16).

examinant la certitude et le processus des biens publics à la lumière de l'incertitude mondiale.

Tableau 1.1   Différentes définitions des « biens publics »

Année	Chercheur	Définition
1954	Paul. A Samuelson	Un bien public est un bien ou un service dont la consommation par chaque individu ne conduit pas à une réduction de la consommation obtenue par les autres pour ce bien ou ce service. Il s'agit d'un besoin commun à l'ensemble de la société, comme la défense, les routes, les lois, l'environnement, etc.
1954	Richard Abel Musgrave	Un bien purement public a un caractère indivisible du point de vue de sa pertinence pour la survie ou l'attaque, et une fois qu'il est fourni à certains membres de la société, il s'avère impossible ou inefficace d'exclure les autres de sa consommation.
1956	Charles Tiebout	Un bien public est un produit qui peut être produit mais pour lequel aucun prix raisonnable ne peut être demandé au consommateur.
1980	Anthony B. Atkinson Joseph E. Stiglitz	Un bien public est un bien dont l'augmentation de la consommation par une personne ne réduit pas d'autant la consommation des autres, à condition que la dépense totale pour ce bien reste inchangée.
1989	Y. Barzel	Un bien public est un bien pour lequel il existe un rendement net négatif, pour lequel il n'est pas possible ou efficace de définir des droits de propriété et pour lequel les gens choisissent de ne pas définir de droits de propriété. Un bien privé est un élément pour lequel il existe un bénéfice net, où les droits de propriété sont réalisables ou efficaces, et où les gens choisissent de définir les droits de propriété.
1995	Mancur Olson	Tout bien est un bien public si une personne dans un groupe est en mesure de le consommer et qu'il ne peut pas exclure correctement d'autres personnes de la consommation de ce bien.
1999	B. R. Kngma	Un bien public est un bien qui est consommé par plus d'une personne ; un bien qui est consommé par une seule personne est appelé un bien privé.

Année	Chercheur	Définition
1999	James M. Buchanan, Jr.	Un bien public est un bien ou un service que toute collectivité ou association décide, pour quelque raison que ce soit, de fournir par l'intermédiaire d'une organisation collective.
2002	Georges Enderle	Une compréhension plus large des biens publics est proposée en termes d'éthique économique, c'est-à-dire les comprendre comme des conditions de la vie de la société et des individus et de la possibilité de poursuivre une activité économique, et définir les biens publics en termes de principes de non-exclusion et de non-adversarialité.
-	Wikipedia	Les biens publics sont une classification des biens en économie qui, en termes de demande, sont « non concurrentiels », ou « non exclusifs », « non compétitifs » et « non rivaux ». En termes de fourniture, il est « non exclusif », c'est-à-dire qu'il ne peut exclure l'utilisation individuelle ou le bénéfice du non-paiement, et son utilisation par une personne ne réduit pas sa disponibilité pour les autres. Ne réduit pas sa disponibilité pour les autres, ou le bien peut être utilisé par plus d'une personne à la fois, contrairement à un bien partagé tel qu'un stock de poissons sauvages dans l'océan, qui n'est pas exclusif, mais qui est dans une certaine mesure compétitive, comme si le stock était épuisé si trop de poissons étaient récoltés.

Tableau 1.2   Le développement des biens publics

Année	Auteur	Développement du concept
1739	David Hume	L'exemple célèbre de la stagnation de la pelouse publique dans *La théorie de la nature humaine*, qui soutient que le bien public ne peut être maximisé en comptant uniquement sur les individus pour les biens consommés par le groupe en commun.
1776	Adam Smith	Dans *La richesse des nations*, divisant les produits en biens publics et privés, soutenant que le gouvernement doit assumer la responsabilité de fournir des produits tels que la défense, la justice et les travaux publics, et fournissant une première classification des biens publics.
1954	Paul. A. Samuelson	Dans *La théorie pure des dépenses publiques*, les biens publics sont clairement définis comme des biens dont la consommation par chaque individu ne réduit pas la consommation de ces biens par une autre personne, et trois caractéristiques fondamentales des biens publics sont définies, à savoir l'indivisibilité de l'utilité, la non-concurrence de la consommation et la non-exclusivité des avantages.
1965	Mancur Lloyd Olson	Dans *La logique de l'action collective*, il définit un bien public ou collectif comme un bien dont la consommation par un individu d'un groupe n'empêche pas qu'il soit consommé par d'autres en même temps, et analyse le problème des incitations à la coopération internationale sous l'angle des biens publics internationaux, en introduisant le concept de "biens collectifs internationaux".
1973	Charles P. Kindleberger	Dans *La dépression économique mondiale de 1929-1939*, la théorie des biens publics a été introduite dans le domaine des relations internationales de manière plus complète, en faisant valoir que le fonctionnement stable du système économique international exige qu'un pays supporte les "coûts publics" et que les biens publics existent dans la sphère internationale ainsi que dans l'économie de marché ouverte nationale. Il existe trois grands types de biens publics dans les relations internationales : un régime commercial libre et ouvert fondé sur les principes de la nation la plus favorisée, de la non-discrimination et de la réciprocité inconditionnelle ; une monnaie internationale stable ; et la fourniture d'une sécurité internationale.

Année	Auteur	Développement du concept
1981	Robert Gilpin	Dans le domaine des relations internationales, la perspective des biens publics a été développée par Robert Gilpin dans la « thèse de la stabilité hégémonique », selon laquelle les États hégémoniques atteignent la stabilité et la prospérité au sein du système en fournissent des biens publics internationaux tels que la sécurité, la finance, le commerce et l'aide internationale à la communauté internationale et en faisant accepter l'ordre international par les autres États.
1998	Todd Sandler	Le concept de « biens publics internationaux » est utilisé dans *La théorie et la structure de l'économie politique internationale* pour discuter de questions pertinentes d'économie politique internationale telles que l'environnement international, la santé, etc., du point de vue des biens publics, et dans *Les défis mondiaux* pour discuter de questions internationales et mondiales telles que l'environnement, le terrorisme, les institutions, etc.
1999	Inge Kaul	Dans *Biens publics mondiaux : la coopération internationale au XXIe siècle*, une définition plus complète des biens publics mondiaux est donnée, à savoir les biens qui profitent à de multiples personnes, et pas seulement à un groupe de population ou à une génération, et qui ne répondent pas aux besoins du présent aux dépens des générations futures, aujourd'hui ou à l'avenir.
2000	The World Bank	Définit les biens publics mondiaux comme les biens, les ressources, les services, les réglementations et les institutions politiques qui ont de fortes externalités transfrontalières, qui sont importants pour le développement et l'éradication de la pauvreté et qui ne peuvent être fournis de manière adéquate que par la coopération et l'action collective entre les pays développés et les pays en développement.
2007	Scott-Barrett	Dans *La dynamique de la coopération – Pourquoi les biens publics mondiaux sont-ils fournis*, les biens publics mondiaux sont classés en cinq catégories, à savoir le single best effort, le weakest link, l'effort conjoint, la limitation mutuelle et la coordination, sur la base de l'élément fonctionnel que constitue le besoin de coopération internationale.

Tableau 1.3 Classification des biens publics mondiaux

Classification	Champs	Exemple
Infrastructure Biens publics mondiaux	Infrastructures routières, infrastructures de transport, installations de communication, installations internet, plateformes logicielles	« Une ceinture, une route », ponts et réseaux de pipelines transfrontaliers, réseaux de routes aéroportuaires, satellites de communication internationaux, services postaux internationaux.
Institutionnel Biens publics mondiaux	Élaboration de normes pour différents types de produits	Normes de communication, normes sanitaires, données gouvernementales et normes statistiques
	Mécanismes décisionnels de la coopération internationale humaine	Nations unies, Banque mondiale, Fonds monétaire international, G20, APEC, Organisation de coopération et de développement économiques, Organisation mondiale du commerce, Banque asiatique d'investissement dans les infrastructures.
Culture Biens publics mondiaux	Idées	Communauté de la destinée humaine, nouveau concept de sécurité asiatique
	Connaissances	Connaissances non commerciales, connaissances exclusives
Gouvernance Biens publics mondiaux	Gouvernance économique mondiale	Stabilité financière mondiale, système commercial mondial
	Gouvernance environnementale mondiale	Contrôle des émissions de gaz à effet de serre, préservation de la biodiversité, protection de la couche d'ozone
	Gouvernance des réseaux mondiale	Forum sur la gouvernance de l'Internet des Nations unies, International Internet Society, International Internet Engineering Task Force, Sommet mondial sur la société de l'information
	Gouvernance de la sécurité mondiale	Paix dans le monde, lutte contre le terrorisme mondial et la criminalité transnationale
	Gouvernance mondiale de la santé	Vaccin chinois contre le Covid-19, contrôle de la propagation des maladies infectieuses, recherche médicale

La publicité. La publicité est un attribut fondamental des biens publics mondiaux et un objectif de la gouvernance, et tous les individus, organisations sociales, États, etc. entrent dans la catégorie de la publicité. La publicité est un concept associé à « l'autre ». Dans une société pluripersonnelle, la vie de chaque individu dépend des biens et services fournis par « l'autre ». Il s'agit d'une « loi générale » fondée sur l'interdépendance et la coopération des différentes divisions du travail, et le résultat des actions des innombrables individus qui suivent cette loi est une action collective globale. Ces dernières années, la prolifération mondiale de crises publiques complexes, telles que la guerre nucléaire, la cyberguerre, la guerre financière et le pouvoir non souverain, a brouillé les frontières de la publicité, notamment entre l'international et le national, le privé et le public, la paix et la guerre.[17] L'ordre mondial, les relations internationales et le comportement des États forment un ensemble extrêmement complexe. L'objet unique de la gouvernance, centré sur l'État souverain, n'est plus adapté aux problèmes mondiaux actuels, d'où le dilemme de l'action collective et la nécessité d'un bien public mondial avec une base de publicité plus large, résultant d'un dialogue et d'une consultation à l'échelle mondiale.[18] Comme l'a dit Aristote, « l'homme s'occupe de toutes ses affaires personnelles et néglige les affaires publiques, et il s'intéresse à tout ce qui est public, mais tout au plus à ce qui le concerne plus ou moins personnellement »[19], ce qui reflète le résultat tragique de l'incapacité à résoudre ensemble les problèmes mondiaux. Cela est dû au fait que les États souverains, en tant que représentants de la pluralité des entités pourvoyeuses, ont pour objectif de maximiser les intérêts nationaux et ont du mal à comprendre et à accepter avec précision les préférences de valeur des autres pays, et que le mondialisme, le pluralisme, la compatibilité civilisationnelle et la tolérance libérale sont confrontés à divers chocs, ce qui entraîne le manque de biens publics. Les biens publics mondiaux, en revanche, se forment par le biais d'une consultation et d'une coopération démocratiques transnationales pour constituer une nouvelle autorité politique, qui est tout à fait publique par nature et compense efficacement la publicité manquante.

---

17. John Eriksson et Giampiero Giacomello, « The Information Revolution, Security, and International Relations : (IR) Relevant Theory », *International Political Science Review*, n° 3, vol. 27, 2006, p. 227.

18. Jenks B, « The United Nations and Global Public Goods : Historical Contributions and Future Challenges » // Carbonnier, G, *International Development Policy : Aid, Emerging Economies and Global Policies,* London : Palgrave Macmillan, 2012, p. 32.

19. Aristote [Grec], *Politique,* Presse commerciale, 1983, p. 48.

Non-exclusivité. « La non-exclusivité signifie qu'il est possible de bénéficier de la consommation d'un bien sans avoir à le payer, ou qu'il est difficile, ou si c'est possible, coûteux, d'amener un non-payeur à ne pas consommer un bien. »[20] Il n'est pas réutilisable au sens technique du terme. « Bien que le principe d'exclusivité soit techniquement réalisable, le coût de l'exclusivité est extrêmement élevé. »[21] En d'autres termes, la consommation de biens publics par quiconque au sein du collectif n'est pas exclue sur la base d'une position idéologique, de conscience, éthique ou de classe[22]. L'offre de biens publics mondiaux est dominée par les États hégémoniques, les puissances émergentes, les organisations internationales et autres[23]. Les États souverains n'ont ni le pouvoir ni l'intérêt de résoudre les problèmes mondiaux[24], en particulier, nombre d'entre elles ne se sont manifestement pas adaptées à l'évolution des temps et des circonstances et ne sont pas préparées à faire face à un monde qui exige une cogestion internationale[25]. « À court terme du moins, le fédéralisme mondial ne sera guère le moyen de gouverner la mondialisation économique. »[26] En particulier, depuis l'apparition de l'épidémie de pneumonie du Covid-19, on a assisté à un changement spectaculaire du pouvoir entre les pays, entraînant un certain degré de contraction de l'offre et de la consommation de biens publics mondiaux, ce qui a non seulement affecté l'ordre normal de développement économique mondial, mais pourrait également déclencher une restructuration de l'ordre mondial.

Non concurrence. La non-concurrence signifie qu'une personne consomme un bien sans empan de gouverner la mondialisation économique.[27] Lorsque le nombre de consommateurs augmente, le coût marginal du bien public non

---

20. LI Zenggang, « Biens publics mondiaux : Définitions, classifications et leur mise à disposition », *Revue économique,* n° 1, 2006, p. 131.

21. QIN Ying, « Sur la nature des biens publics – et les limites de la théorie des biens publics », *L'Economiste,* n° 3, 2006, p. 77.

22. Mancur Olson, *The Logic of Collective Action : Public Goods and the Theory of Groups,* Cambridge : Harvard University Press, 1965, p. 14.

23. LI Zenggang, « Biens publics mondiaux : Définitions, classifications et leur mise à disposition », *Revue économique,* n° 1, 2006, p. 131.

24. LIU Zhenye, « Organisations internationales multilatérales et organisations non gouvernementales : Déficiences et compléments de légitimité », *Enseignement et recherche,* n° 8, 2007, p. 59.

25. David J. Rothkopf, « Cyberpoliti : The Changing Nature of Power in the Information Age », *Journal of International Affairs,* n° 2, vol. 51, 1998, p. 358.

26. Joseph S. Nye [États-Unis], John D. Donahue [États-Unis], eds, *La gouvernance dans un monde globalisé,* traduit par WANG Yong et al., World Knowledge Press, 2003, p. 59.

27. Paul A. Samuelson, « The Pure Theory of Public Expenditure », *The Review of Economics and Statistics,* n° 4, vol. 36, 1954, p. 387.

seulement n'augmente pas, mais diminue progressivement, voire tend vers zéro. Par exemple, l'État continuera à fournir le bien public qu'est la défense nationale, qu'il soit coûteux ou non de le faire, à tout individu. En d'autres termes, si la consommation d'un consommateur rend impossible la consommation d'un autre consommateur, on parle alors de bien public concurrentiel. Afin d'accroître leur influence et leur attractivité internationales, les États émergents et hégémoniques se feront concurrence pour fournir des biens publics mondiaux afin de défendre leur position internationale dans un monde d'anarchie. L'offre de biens publics mondiaux sera pleine d'incertitude et de concurrence, en particulier lorsque les biens publics mondiaux fournis par les deux pays sont similaires en termes de fonction, de nature et de cible. À long terme, l'offre de biens publics mondiaux peut devenir incontrôlable de manière désordonnée et conduire à une crise mondiale.

Anti-fragilité. Le philosophe DE Friedrich Wilhelm Nietzsche a dit : « Ce qui ne me tue pas ne fait que me rendre plus fort. » Nassim Nicholas Tabler, « le père du cygne noir », définit la contre-vulnérabilité comme une caractéristique qui aime le stress, le mal, le chaos, les accidents, le désordre, qui accepte les conséquences imprévisibles et toutes les incertitudes, et qui survit à toutes sortes de défaillances et d'attaques, mais qui augmente rapidement. En d'autres termes, la contre-vulnérabilité permet aux biens publics mondiaux d'émerger, de bénéficier et de prospérer après avoir subi des déséquilibres d'ordre, des risques et des chocs désordonnés. La capacité des biens publics mondiaux à transcender les générations géographiques et temporelles est fondamentalement ancrée dans l'anti-fragilité. Seul un bien public anti-fragilité peut être un bien public mondial. En étant consommés et utilisés, les biens publics mondiaux se renouvellent et s'améliorent constamment, devenant plus forts et plus robustes. En effet, les acteurs de l'offre doivent accroître la résilience, la plasticité et l'inclusivité des biens publics mondiaux face aux risques dans un environnement complexe et changeant, afin de répondre au mieux aux besoins fondamentaux des consommateurs et de renforcer la légitimité de la gouvernance mondiale. L'avenir, la seule certitude, est l'incertitude. L'incertitude est la loi universelle du monde et le cœur de la science. Lorsque nous recherchons la stabilité, nous n'obtenons rien de plus qu'un ordre et une douceur superficielle, alors que lorsque nous embrassons le hasard et la vulnérabilité, nous sommes capables d'aller au cœur du problème, de saisir l'essence et de maîtriser la situation. Aucun pays ou nation, aucun individu ou société n'est à l'abri ou seul de l'impact des risques mondiaux. Un monde de hasard, d'incertitude et d'imprévisibilité n'est pas aussi robuste que nous le pensons, et la contre-vulnérabilité des biens publics mondiaux peut nous aider à faire face aux risques et défis inconnus. Cependant, dans la crainte d'échapper à la vulnérabilité et le désir d'ordre, certains êtres humains ont créé des systèmes qui perturbent souvent la logique cachée des choses, conduisant à des « cygnes noirs » qui s'envolent à leur gré et à des « rhinocéros gris » qui se déchaînent dans le paysage. Le fait que les institutions et les mécanismes permettant de traiter et de gérer ces problèmes n'aient pas encore été mis en place à l'échelle mondiale rend de nombreux problèmes autrement simples de plus en plus complexes et coûteux à résoudre, et nous oblige objectivement à fournir de nouveaux types de biens publics mondiaux.

III. Nouveaux biens publics mondiaux

Nous sommes confrontés à un monde de hasard, d'incertitude et d'imprévisibilité qui n'est pas aussi robuste pour que nous prévenions la dégradation progressive de l'environnement, les pandémies, la crise débilitante des réfugiés et les problèmes de gouvernance mondiale comme le protectionnisme commercial et l'unilatéralisme. D'autre part, l'évolution vers la fermeture des États, l'exclusivité des nations et le choc croissant des civilisations a considérablement réduit l'incitation de quelques pays à fournir des biens publics mondiaux. L'autorité d'organisations internationales telles que les Nations unies (UN), l'Organisation mondiale du commerce (WTO) et l'Organisation mondiale de la santé (WHO) a été remise en question par les grandes puissances, et leur capacité de coordination et d'organisation a été affaiblie, ce qui a rendu ces biens publics mondiaux traditionnels impuissants face aux nouveaux problèmes de gouvernance mondiale. L'espace Internet traditionnel a transcendé la responsabilité souveraine des États nationaux et est devenu un bien public mondial avec une signification de « noyau public », entraînant le développement de biens numériques[28] au sens traditionnel en biens publics numériques. La chaîne de blocs, en tant qu'innovation technologique qui exprime directement l'essence du système, c'est-à-dire la forme du système qui s'exprime directement par des moyens techniques sans aucun agent, a amélioré l'efficacité

---

28. Un produit numérique est un produit dont le contenu informatif est basé sur un format numérique et peut être livré par voie électronique. La principale caractéristique des produits numériques est leur numérisation. Le coût marginal des produits numériques est nul, le coût d'origine diminue rapidement, et l'Internet fournit une plateforme pour les produits numériques, ce qui détermine que les produits numériques sont « gratuits ». (JIAO Weiling et PEI Lei, « Recherche sur les raisons, les modèles et les contre-mesures rentables des produits numériques "gratuits" », *Modern Intelligence,* n° 8, 2017, p. 27-28.)

et l'efficience de la fourniture de biens publics mondiaux grâce à sa confiance, sa sécurité et son immuabilité, et a permis à des pays plus puissants et émergents de participer de manière proactive à la fourniture de biens publics mondiaux. Le développement de l'ère numérique n'a pas seulement apporté un nouvel espace pour le développement économique et social de l'homme, mais a également accru de nouvelles inégalités et le chaos. Une nouvelle génération de biens publics numériques est la clé pour résoudre les nouveaux problèmes internationaux transnationaux et mondiaux non traditionnels tels que la cybersécurité, le changement climatique et la politique de l'eau. À l'avenir, la nouvelle génération de biens publics mondiaux reconfigurera la nouvelle génération de système de gouvernance mondiale, de système institutionnel et de système de valeurs, ce qui aura un impact incommensurable sur la civilisation humaine.

L'ère de la supra souveraineté. Avec l'accélération de la mondialisation et du développement numérique, les transactions transnationales dans la société humaine sont de plus en plus normalisées, standardisées et institutionnalisées, et l'État perd progressivement son statut privilégié d'institution souveraine pour devenir l'un des nombreux acteurs participant à cette société numérique où la complexité émerge fréquemment. Cette « érosion » du pouvoir de l'État est un phénomène que nous appelons « supra souveraineté »[29]. Si l'humanité a développé un modèle de comportement standardisé, efficace et définitif basé sur la mécanique newtonienne, l'essor de la mécanique quantique entraînera un changement radical de la cognition et des schémas d'action humains, remodelant le concept de gouvernance et les plans d'action des États[30]. Comme pour les précédentes révolutions industrielles, la révolution numérique représentée par Internet, les mégadonnées et la chaîne de blocs a franchi les frontières physiques telles que les pôles, les grands fonds et l'espace, permettant à la souveraineté nationale traditionnelle de s'étendre à l'intérieur et à l'extérieur, exacerbant les inégalités de souveraineté et poussant une fois de plus la mondialisation vers un tout nouveau stade de développement. Les relations mondiales de production et la superstructure seront également transformées, sous la forme d'un puissant

---

29. Qu'il s'agisse de questions de haute politique, telles que la paix et la sécurité internationales, ou de questions dites de basse politique, telles que l'économie mondiale, la protection des droits de l'homme et les questions environnementales, l'arène internationale de l'après-guerre froide a été caractérisée par une logique inhérente de gouvernance qui transcende la souveraineté nationale.

30. REN Jiantao, « Quintessence : la révolution technologique et le grand changement dans la gouvernance nationale », *Sciences sociales de Jiangsu*, n° 5, 2020, p. 75.

mécanisme supra-souverain (Tableau 1.4), c'est-à-dire un mécanisme innovant permettant de traiter les questions de gouvernance mondiale entre pays, nations et secteurs. Les sommets du G20 sont nés après la crise financière de 2008. Les Nations unies, l'APEC et les sommets du G20 représentent le mécanisme et la construction du système de super-souveraineté qui est progressivement devenue la caractéristique essentielle et le thème central des opérations mondiales dans la nouvelle ère. Le monde entre dans une ère de super-souveraineté sans précédent qui nécessite de nouveaux types de biens publics mondiaux pour maintenir l'ordre mondial, qui est le résultat de négociations, d'accords et de leur supervision et mise en œuvre par divers États souverains. Dans cette ère de supra souveraineté, le transfert du pouvoir mondial ne se fera plus par la violence de la guerre, et l'offre effective de nouveaux biens publics mondiaux deviendra un moyen important de gagner le leadership dans le monde[31], poussant les pays à fournir davantage de nouveaux biens publics mondiaux et amenant l'offre de biens publics mondiaux à un état d'équilibre de Lindahl. Sans ces nouveaux biens publics mondiaux, la sécurité humaine et le développement futur deviendront insaisissables.

Tableau 1.4   Mécanismes de sursaturation dans le contexte de la mondialisation

Principales catégories	Nom du mécanisme
Mécanismes intégrés	Nations Unies
Mécanismes économiques	OMC, FMI, Banque mondiale
Mécanismes régionaux	UE, NAFTA, APEC
Mécanismes spécialisés	Organisation internationale de l'énergie, Organisation des pays exportateurs de pétrole
Organisations sectorielles	Association internationale de l'industrie du fer et de l'acier
Normes internationales, organismes de certification	ISO14000
Forums du sommet	Sommet du G20

---

31. Marie T. Henehan, John Vasquez, « The Changing Probability of International War, 1986-1992 ». // Raimo Vayrynen ed., *The Waning of Major War : Theories and Debates,* London and New York : Routledge, 2006, p. 288.

Biens publics numériques. Le terme « biens publics numériques » a émergé en avril 2017 et, en 2018-2019, les Nations Unies ont appelé à une vaste coalition multipartite lors du Groupe de haut niveau du Secrétaire général sur la coopération numérique pour développer les biens publics numériques et créer un monde plus équitable. En juin 2020, l'ONU a publié son rapport « Feuille de route pour la coopération numérique », qui définit pour la première fois les biens publics numériques[32], en précisant qu'ils sont non concurrentiels, reproductibles et ont des externalités positives.[33] En septembre 2021, la Conférence des Nations unies sur le commerce et le développement a publié son *Rapport 2021 sur l'économie numérique*, qui souligne encore que les biens publics numériques, et les données de la nature des biens publics, sont essentiels pour libérer tout le potentiel des technologies numériques[34]. L'histoire nous a montré que les grands changements technologiques peuvent entraîner des changements de paradigme social et économique[35] et même des changements éthiques. La 5G, la chaîne de blocs, l'Edge computing et d'autres technologies sont toutes nées dans l'espace Internet,

---

32. Les biens publics numériques signifient que tous les acteurs, y compris les États membres, le système des Nations unies, le secteur privé et les autres parties prenantes, doivent promouvoir les logiciels libres, les données ouvertes, les modèles d'intelligence artificielle ouverts, les normes ouvertes et les contenus ouverts qui respectent la vie privée et les autres lois, normes et meilleures pratiques internationales et nationales applicables et qui ne sont pas nuisibles si l'on veut tirer parti des avantages d'une connectivité accrue à l'Internet. (Rapport du Secrétaire général de l'ONU, « Une feuille de route pour la coopération numérique : mise en œuvre des recommandations du Groupe de haut niveau sur la coopération numérique », site web de l'ONU, 2020, https://www.un.org/zh/content/digital-cooperation-roadmap/.)

33. La nature non concurrentielle des biens publics numériques signifie que l'utilisation des biens publics numériques par le consommateur n'augmente pas le coût marginal d'utilisation du produit par le consommateur, qu'ils sont non concurrentiels dans l'espace et dans le temps et que plusieurs personnes peuvent utiliser les mêmes biens publics numériques dans le même espace et le même temps. La reproductibilité signifie que la plus grande valeur de tous les biens publics numériques réside dans le fait qu'ils peuvent être facilement partagés, copiés, stockés et transmis. Le coût marginal de production des biens publics numériques est faible, voire nul, et l'économie numérique fondée sur les biens publics numériques a un effet d'échelle considérable. (ZHANG Fan et LIU Xinmei, « Une analyse comparative des caractéristiques des produits de réseau, des produits d'information, des produits de connaissance et des produits numériques », *Recherche sur la gestion des sciences et des technologies,* n° 8, 2007, p. 252.) Les externalités positives font référence au fait que la valeur marginale des biens publics numériques suit l'expansion de leur utilisation et s'auto-renforce constamment. L'utilité gagnée par les consommateurs qui consomment un bien public numérique continue d'augmenter à mesure que le nombre d'autres consommateurs qui achètent ce bien augmente, ce que nous appelons communément la loi de Metcalfe.

34. États-Unis, « DIGITAL ECONOM REPORT 2021: Cross-border data flows and development-For whom the data flow », UNCTAD, https://unctad.org/system/files/official-document/der2019_en.pdf

35. George Zakadarsky [Angleterre], *Le destin ultime de l'humanité – Du paléolithique au futur de l'intelligence artificielle,* traduit par CHEN Chao, Presse CITIC, 2017, p. 296.

où la tension durable entre la souveraineté nationale territoriale et l'absence de frontières[36] entraîne l'évolution d'Internet vers un cinquième espace[37]. D'un modèle d'autorégulation[38] au moment de sa création, à un accent mis sur la gouvernance de l'Internet par les États souverains, l'Internet a évolué pour devenir une arène importante de la vie humaine. Si les biens publics sont les conditions de base de l'existence et du bon fonctionnement du marché, les biens publics numériques tels que l'identité numérique, la monnaie numérique et l'infrastructure numérique fournissent une infrastructure partagée qui brise les frontières des pays, des régions et des groupes, transcendant les limites traditionnelles de la souveraineté et renforçant les capacités rigides de gouvernance mondiale[39]. En d'autres termes, la non-exclusivité et la non-rivalité incarnées dans le volet consommation des biens publics numériques suivent la tendance au développement de la consommation humaine de biens publics du niveau national au niveau mondial, que nous préférons appeler transparence, partage et diversité. En avril 2021, le président XI Jinping a souligné lors de la cérémonie d'ouverture du Forum de Boao pour l'Asie que « la diversité est une caractéristique fondamentale du monde, et est le charme de la civilisation humaine. »[40] Le concept de coopération ouverte et de bénéfice mutuel n'est pas seulement la base consensuelle de la chaîne de blocs, mais aussi une voie importante pour promouvoir le développement des biens publics numériques, rompant largement avec la manière linéaire traditionnelle de penser la concurrence. Si les biens publics mondiaux sont les valeurs positives créées en permanence par les humains grâce à une grande collaboration au-delà de l'espace et du temps, les biens publics numériques sont le nouveau type de réalisations et de conteneurs du temps créés par les humains, qui illustrent précisément l'évolution de l'ordre numérique et reconstruisent la civilisation et l'avenir de l'humanité.

---

36. YANG Feng, « Gouvernance mondiale de l'Internet, biens publics et voie chinoise », *Enseignement et recherche*, n° 9, 2016, p. 51.

37. ZHANG Xiaojun, « Le dilemme et l'issue de la gouvernance internationale dans le cyberespace – sur la base de la construction d'un mécanisme de gouvernance globale hybride sur le terrain », *Revue de droit*, n° 4, 2015, p. 50.

38. Kevin A. Meehanp. « The Continuing Conundrum of International Internet Jurisdiction ». *Intl & Comp. L. Rev*, n° 2, vol. 31, 2008, p. 353.

39. ZHANG Jinming et XU Yanling, « Les implications de la construction d'une communauté de destin humain à l'ère de la révolution intelligente », *Southeast Academic*, n° 3, 2021, p. 54-63.

40. XI Jinping, « Surmonter ensemble les difficultés, créer un avenir avec le destin – Discours-programme vidéo à la cérémonie d'ouverture de la conférence annuelle du Forum de Boao pour l'Asie 2021 », Xinhua, 2021, http://www.xinhuanet.com/mrdx/2021-04/21/c_. 139896352.htm.

Le rôle de la Chine en tant que grande puissance dans la fourniture de biens publics mondiaux. En tant qu'initiatrice de nouveaux types de biens publics mondiaux, la Chine a considéré de manière proactive le renforcement de sa capacité à fournir des biens publics mondiaux comme une opportunité de mener la transformation de la gouvernance mondiale[41]. Par le biais du mécanisme du multilatéralisme, elle a non seulement proposé des biens publics mondiaux fondés sur des valeurs, tels que la communauté de destin humaine, mais elle prend également des mesures pratiques pour apporter des solutions plus chinoises à la gouvernance mondiale à une époque de grands changements (Tableau 1.5), en assumant des responsabilités mondiales au-delà des frontières étroites des intérêts. La route de la soie numérique, le centre national de données, « FAST » et *l'initiative mondiale pour la sécurité des données* sont autant de biens publics numériques typiques pour lesquels la Chine, en tant que fournisseur émergent, a apporté plus de certitude et des éléments constructifs à la gouvernance mondiale. À l'aube d'un monde numérique globalisé, tant les consommateurs que les fournisseurs doivent développer et faire bon usage des biens publics numériques. Il est indéniable que la mondialisation s'accompagne toujours d'une histoire de déséquilibre et de reconstruction, de découplage et d'éclatement, avec une intensification du jeu

Tableau 1.5   Principaux biens publics mondiaux fournis par la Chine depuis 2012

	Hautement compétitif	Moins compétitif
Priorité forte	Les biens publics dans la catégorie de la sécurité (Mises à niveau des OCS, réseaux de partenariat, etc.)	Les biens publics de développement (Diriger l'initiative « une ceinture et une route », optimiser les mécanismes multilatéraux tels que le G20)
Priorité faible	Les biens publics fondés sur la valeur (Communauté de la destinée humaine, Nouvelles perspectives de sécurité en Asie, etc.)	Les biens publics fondés sur des règles (BAD, AFCA et autres systèmes financiers régionaux)

41. Lors d'un discours prononcé par le président chinois Xi Jinping au Grand Khoural d'État de la Mongolie en août 2014, il a été clair : « Nous invitons tout le monde à monter dans le train du développement de la Chine, que ce soit dans le train rapide ou dans le train facile, nous les accueillons tous. » (XI Jinping, « Faire preuve d'entraide et de solidarité, et construire ensemble une nouvelle ère de développement des relations sino-mongoliennes », *Quotidien du peuple*, le 23 août 2014, p. 2.)

des grandes puissances et une évolution du rôle des fournisseurs. La fourniture
effective de biens publics mondiaux par la Chine est une garantie importante
contre l'utilisation des ressources mondiales par certains pays pour fixer et
ajuster les règles du jeu[42] en fonction de leurs intérêts particuliers. Le nouvel
ordre mondial, dont l'infrastructure est constituée de biens publics mondiaux, a
à son tour augmenté l'offre de biens publics mondiaux, faisant du monde une
partie inséparable du monde humain avec de nouveaux biens publics mondiaux
autres que ceux classés par les Nations unies[43]. L'humanité vit désormais sur la
même planète, partageant risques, opportunités et interdépendance. À l'avenir,
le monde continuera à fusionner et à devenir plus interconnecté, la coopération
internationale deviendra plus importante que jamais, et la mondialisation elle-
même évoluera vers un bien public mondial.

Le monde d'aujourd'hui reste dans un état turbulent d'irrégularité, d'insécurité
et d'instabilité, et les biens publics mondiaux ont rendu ce monde hors de contrôle
plus ordonné, plus sûr et plus stable. Ce nouvel ordre symbiotique, fondé sur le
multilatéralisme, a une finalité supérieure : assurer la liberté de toute l'humanité
et encourager notre participation aux luttes communes. Ces efforts visent tous la
solidarité et la stabilité, et les biens publics mondiaux ont rendu ce monde hors
de contrôle plus ordonné, plus sûr et plus stable lors de la cérémonie de clôture
de la conférence des Nations unies de 1945, « Nous avons testé le principe de
la coopération dans cette guerre et nous l'avons trouvé efficace. » Lorsque le
monde sera menacé par un astéroïde géant, les nations du monde coopéreront
pour le mettre en sécurité. Si la majorité des nations du monde devaient être
aussi irresponsables que la « Sortie de discussion de groupe » des États-Unis
d'Amérique et le « Brexit » de la Grande-Bretagne de l'Union européenne, cela
conduirait à la désintégration et à l'effondrement du système de gouvernance
mondiale. Le pouvoir et la qualité de la coopération internationale entre pays
souverains affecteront et même détermineront la sécurité, la santé et le bonheur

---

42. HU Daiguang, « Le pour et le contre de la mondialisation économique et ses contre-mesures »,
Actualités de référence, 26 juin 2000, p. 3.

43. La « Feuille de route pour la mise en œuvre de la Déclaration du Millénaire » des Nations
unies indique que, sur la scène mondiale, il est nécessaire de se concentrer sur la fourniture de dix
catégories de biens publics : les droits de l'homme fondamentaux, le respect de la souveraineté nationale,
la santé publique mondiale, la sécurité mondiale, la paix mondiale, les systèmes de communication et
de transport transfrontaliers, la coordination des infrastructures institutionnelles transfrontalières, la
gestion centralisée des connaissances, la gestion centralisée des biens communs mondiaux et l'efficacité
des forums internationaux de négociations multilatérales.

de toute l'humanité, et se concentreront sur la capacité à fournir des biens publics mondiaux. « Grâce à un large consensus et au partage des valeurs, la chaîne de blocs favorisera la formation d'une nouvelle métrique des valeurs pour la société humaine à l'ère de la civilisation numérique, donnant naissance à un nouveau système d'intégrité, un nouveau système de valeurs et un nouveau système de règles »[44], fournissant un soutien technique, un soutien à la réflexion, un soutien au modèle et un soutien institutionnel pour la fourniture de biens publics mondiaux. « À l'ère de la mondialisation, le modèle de l'ascension d'une grande puissance n'est plus une guerre mondiale, mais une reconnaissance par la fourniture de biens publics mondiaux et la prestation de services sociaux de haute qualité. Dans un monde où la technologie évolue rapidement, la Chine doit continuer à fournir non seulement des biens publics traditionnels, mais aussi de nouveaux biens publics mondiaux en tenant compte de l'avenir. »[45] Le futuriste américain et rédacteur en chef fondateur du magazine *Wired*, Kevin Kelly, a dit un jour que l'innovation se produit souvent en marge. Les biens publics numériques émergent à la marge. Plus ils seront marginaux, plus ils constitueront un terrain fertile pour de nouveaux types de biens publics mondiaux. « Le but véritable et légitime de la science ne serait que ceci : accorder à l'humanité de nouvelles découvertes et de nouveaux pouvoirs. »[46] Les biens publics numériques ne sont rien d'autre que cela : apporter un changement technologique profond, un changement de pensée et un changement de comportement à la civilisation humaine, pour devenir une nouvelle force de changement dans le monde de demain.

Section II
La révolution Internet

L'Internet, l'une des plus grandes inventions du XXe siècle, a modifié les axes spatiaux, temporels et intellectuels du monde humain. Aucune autre invention technologique n'a changé le monde humain aussi profondément ; la lumière électrique a transformé l'éclairage, le téléphone a amélioré la communication,

---

44. Laboratoire clé de la stratégie des mégadonnées, *Chaîne de blocs de souveraineté 1.0 : Internet de l'ordre et Communauté de destin pour l'humanité*, Presse de l'université de Zhejiang, 2020, p. 49.

45. XU Jinming, « La signification théorique profonde de la fourniture de biens publics mondiaux », *Revue des sciences sociales de Chine*, 13 septembre 2018, p. 4.

46. Bacon [Angleterre], *Les nouveaux outils*, traduit par XU Baoyu, Presse commerciale, 1984, p. 58.

l'automobile a raccourci les distances... mais aucune n'a pénétré chaque pouce de la vie sociale humaine aussi loin et aussi largement que l'Internet. Ce n'est plus une ère d'isolement les uns des autres, mais une ère d'interconnexion, « Jamais auparavant les nations, les institutions et les individus n'ont été aussi étroitement connectés. »[47] Depuis sa création, l'Internet a connu une croissance exponentielle en tant que bien public mondial, grâce à sa forte motivation endogène pour le développement mondial. Que ce soit dans le cadre d'un seul pays ou de la communauté internationale dans son ensemble, les progrès de la civilisation et les contradictions engendrées par l'Internet, caractérisé par l'ouverture, la liberté, l'égalité, l'extensivité, la connectivité, la globalité et le libre accès, sont incontestablement perturbateurs.

I. La connectivité : l'essence de l'Internet

Après avoir traversé l'ère des technologies industrielles et des technologies de l'information, l'humanité entre maintenant dans l'ère des technologies intelligentes. La première révolution informatique a permis le travail manuel assisté par la machine, la deuxième révolution informatique a permis le travail d'information assisté par la machine et la troisième révolution informatique a permis le travail intelligent assisté par la machine. Les humains se trouvent au sommet de la chaîne alimentaire non pas parce qu'ils sont les plus forts, mais parce qu'ils ont appris à collaborer les uns avec les autres et à se connecter les uns aux autres pour générer une intelligence de groupe. « Nos formes de vie, nos mondes sociaux, nos économies et nos traditions religieuses présentent tous une interconnexion extrêmement complexe. »[48] Comme le disait l'écrivain argentin Jorge Luis Borges, tout est interconnecté. Personne n'est une île, la plupart des événements et des phénomènes sont soit interconnectés, soit causaux, soit interactifs avec les autres composantes du puzzle cosmique complexe, et nous vivons dans un petit monde où tout est interconnecté dans le monde de l'Internet. Pas de connexion, pas d'interconnexion. L'Internet a évolué de la connectivité de bureau (Internet 1.0) à la connectivité mobile (Internet 2.0), puis à la connectivité omniprésente (Internet 3.0). « L'évolution de l'Internet est aussi l'évolution de la connectivité, et les hauts et les bas des applications Internet sont, dans une large mesure, le changement

---

47. Ian Goldin, *Divided Nations : Why global governance is failing, and what we can do about it*, Oxford : Oxford University Press, 2013, S.5.

48. Albert Laszlo Barabasi [États-Unis], *Liens : Nouvelle pensée dans les affaires, la science et la vie*, traduit par SHEN Huawei, Maison d'édition du peuple de Zhejiang, 2013, p. 7.

des modèles de connectivité. » Dans *Hors de contrôle*[49], Kevin Kelly présente l'idée
que la nature d'Internet est que tout peut être reproduit, ce qui entraîne, comme il
le fait dans son interprétation des deux caractéristiques de la technologie mobile
représentée par les smartphones – on-the-go et always-on – que ce que les gens
veulent, c'est une expérience de connectivité instantanée. Cette idée nous aide à
comprendre le caractère essentiel de la « connectivité ». Aujourd'hui, les gens sont
habitués à se connecter en ligne pour tout obtenir – films, musique, voyages, etc. Ils
ne paient plus pour posséder ces choses, mais veulent plutôt pouvoir s'y connecter,
choisissant cette dernière option parce qu'elle est plus pratique, moins coûteuse
et a une plus grande perception de valeur. La connexion est plus importante que
la propriété, et l'Internet a apporté plus de temps, de coûts et de valeur que la
propriété. L'idéal d'Henry Ford, qui consistait à « rendre les voitures abordables
pour tous », peut désormais se transformer en « rendre les voitures accessibles à
tous », et « connecter » les voitures est bien plus important que de les « posséder ».

La connectivité est au cœur des réseaux sociaux. L'essence de l'Internet est
de tout connecter, et sa valeur fondamentale réside dans le fait de tout connecter.
Avant l'Internet, le moyen de combiner les ressources de manière optimale et
rapide était l'argent dans divers instruments financiers. L'argent lui-même était un
marqueur et une mesure des ressources. Divers instruments financiers traditionnels
géraient les échanges et les flux d'argent dans le but d'optimiser l'allocation des
ressources. Ces opérations évitaient les inconvénients et les embarras de notre
troc rendaient possible une large division socialisée du travail et de la coopération.
Aujourd'hui, toutes les ressources, y compris l'argent, sont numérisées, puis
réparties et valorisées de manière optimale, plus rapidement et de manière répétée,
grâce à la connectivité de l'Internet. Qu'il s'agisse de B2B, B2C, O2O ou P2P, le
cœur de tout réside dans le « 2 », c'est-à-dire la connexion. Les gens sont reliés
les uns aux autres par des relations, proches ou lointaines, fortes ou faibles, et
ces relations elles-mêmes peuvent devenir une composante importante de la
société en réseau, en interagissant avec chaque individu du réseau. « Dans une
communauté virtuelle, les membres sont connectés comme un seul homme dans
un but commun, soutenu par des outils technologiques, formant un réseau social
à petite échelle. Dans les relations en réseau de cette communauté, les membres
sont étroitement liés par des <liens articulés> et les relations elles-mêmes sont plus

---

49. PENG Lan, « Connexions et contre-connexions : le balancement des lois de l'Internet », *Journalisme international*, n° 2, 2019, p. 21.

importantes que les membres ou les individus. »[50] L'Internet a changé la façon dont les humains produisent, vivent, interagissent et pensent en « connectant tout ». La puissance de ce processus est concentrée dans ce que Kevin Kelly appelle « l'acte central de l'ère de l'Internet, qui consiste à tout connecter ensemble. Tout, petit ou grand, est lié à de vastes réseaux à de multiples niveaux. Sans ces vastes réseaux, il n'y a pas de vie, pas d'intelligence, et pas d'évolution. »[51] L'Internet a permis à tout le monde d'être connecté, à tout ce qui est en réseau et à toutes les industries d'être connectées, et comme les connexions deviennent des réseaux, elles transforment tout en nœuds lorsqu'elles connectent tous ensemble. « Les liens basés sur l'Internet font que tous les nœuds qui y sont connectés existent en tant que relation, et la valeur d'un individu dépend de sa position dans le réseau et des autres nœuds qui lui sont connectés. »[52] Sous le rôle de « connexion », l'Internet a continué à construire une variété de relations entre les personnes, les personnes et les choses, les personnes et la société, et les personnes et les scènes, devenant une force énorme qui change le monde. « Les êtres humains sont connectés sur un vaste réseau social, et notre interconnexion n'est pas seulement une partie innée et essentielle de nos vies, c'est une force éternelle. »[53] Sans la connectivité, nous ne serions pas en mesure d'accéder à la vaste base de données qu'est le web ; sans elle, le web deviendrait un désert d'informations pour le monde connecté.

La connectivité est la porte d'entrée de l'interconnexion mondiale. La vague d'industrialisation qui a balayé le monde au cours des derniers siècles a été fondée sur la division du travail à la chaîne, une période au cours de laquelle les connaissances scientifiques de toutes sortes se sont enrichies et développées, toutes influencées par l'idée de la division du travail. L'Internet a aplati le monde, reliant des personnes de différentes nationalités, couleurs et croyances d'une manière unique. « L'Internet permet aux pays et aux sociétés de se renforcer mutuellement et de créer de nouvelles infrastructures »[54]. Pendant la « guerre

---

50. XIAO Jun *et al.*, *Communautés virtuelles interculturelles : connexion, confiance et identité*, Presse de littérature des sciences sociales, 2016, p. 16-17.

51. Kevin Kelly [États-Unis], *Hors de contrôle : le destin ultime et la fin de l'humanité*, traduit par ZHANG Xingzhou, CHEN Xinwu, WANG Qin et autres, Electronic Industry Press, édition 2016, p. 316.

52. WU Xiaokun, « Reconstruire les ‹connexions sociales› : comment Internet affecte l'ordre fondateur de la société chinoise », *Dongyue Luncong*, n° 7, 2019, p. 35.

53. Nicholas Kristalski [États-Unis], James Fuller [États-Unis], *La grande connexion*, CPPCC, 2013, p. 1.

54. ZHENG Yongnian, *L'autonomisation technologique : l'Internet, l'État et la société en Chine*, traduit par QIU Daolong, Presse orientale, 2014, p. 15-19.

froide », la sécurité mondiale était généralement considérée comme le « bien public » le plus important, mais au XXIe siècle, le bien public le plus important est l'infrastructure. « Le développement des infrastructures mondiales fait passer le monde de la fragmentation à l'interconnexion et de la séparation nationale à l'intégration. L'infrastructure est comme le système nerveux qui relie toutes les organisations de la planète, et le capital et le code sont les cellules sanguines qui le traversent. Cette interconnexion accrue a affaibli le concept de nation, créant une société mondialisée dans laquelle le tout est plus grand que la somme de ses parties. Tout comme le monde était passé d'un système d'empires intégrés verticalement à un système plat d'États-nations indépendants, il évolue maintenant lentement vers une civilisation en réseau mondial dans laquelle les lignes de connectivité sur la carte sont bien plus importantes que les frontières nationales sur la carte traditionnelle. »[55] Actuellement, la mondialisation est entrée dans une toute nouvelle phase de développement – la super-mondialisation – et une super carte de l'interconnexion mondiale est en train de prendre forme. Dans son livre *Super Edition*, le stratège américain Parag Conner prédit l'image future de la concurrence nationale. Il affirme que si la mesure traditionnelle de l'importance stratégique d'un pays réside dans sa taille territoriale et sa puissance militaire, ce critère est aujourd'hui en train de changer, et la force d'un pays est déterminée par l'ampleur du rôle qu'il peut jouer grâce à la connectivité, c'est-à-dire le degré d'interconnexion.

La connexion est la base des fondations de la civilisation. L'essence de l'Internet est la « connectivité », qui brise le temps et l'espace avec une connectivité totale et une distance zéro et reconfigure notre état d'esprit. « Au cœur d'une société civilisée se trouve la nécessité pour les gens d'être connectés les uns aux autres. Ces relations connectées contribueront à endiguer la violence et à devenir une source de confort, de paix et d'ordre. Les gens cessent d'être des solitaires et deviennent des collaborateurs. »[56] En entrant dans l'ère d'Internet, le monde continue de se développer en profondeur, et les gens sont ravis de découvrir que « le moi est devenu plus grand et le monde plus petit ». À l'ère de l'Internet, les individus ont

---

55. Parag Conner [États-Unis], *Super Edition : Chaînes d'approvisionnement mondiales, mégapoles et émergence d'une nouvelle civilisation des affaires*, traduit par CUI Chuangang et ZHOU Daxin, Presse CITIC, 2016, p. 5.

56. Nicholas Kristalski [États-Unis], James Fuller [États-Unis], *La grande connexion : comment se forment les réseaux sociaux et leur impact sur le comportement humain dans la réalité*, traduit par JIAN Xue, Presse de l'Université Renmin de Chine, 2012, p. 313.

acquis un niveau d'autonomie et de mobilité qui n'a jamais été atteint par le passé. Par conséquent, la recherche de connexions dans l'autonomie et la mobilité est devenue le désir le plus profond des individus. De la société agricole à la société industrielle en passant par la société de l'information, les formes d'organisation et les caractéristiques de l'époque ont évolué à chaque étape (Tableau 1.6). En un sens, l'histoire de la société humaine a été un processus d'expansion des types de connexions et de leur portée. « Si la confiance dans les réseaux sociaux était établie à l'ère tribale par les liens du sang, et à l'ère agricole par les connaissances, puis à l'ère industrielle par les contrats. De même, la relation de connexion entre les ordinateurs a connu un processus similaire, passant de périphériques locaux connectés physiquement, à des informations connectées par des réseaux locaux, puis à des étrangers connectés par l'Internet »[57]. Pendant des millions d'années, les

Tableau 1.6   Les trois étapes d'une société civilisée

	Société agricole	Société industrielle	Société de l'information
Modèle économique	Agriculture	Industriel	Industrie de l'information
Genèse	Culture de plantes/ captivité d'animaux	Moteurs à vapeur	Ordinateurs
Formes de production	Production artisanale	Chaîne de montage mécanisée	Réseaux systématiques
Formes d'organisation	Coopération décentralisée	Division du travail	Connexions
Accumulation sociale	Culturel	Connaissances	Information
Caractéristiques de l'époque	Dépendance	Division du travail	Connexions
Problèmes rencontrés	Faible niveau de productivité	Déshumanisation	Vie privée et sécurité/ monopole de l'information

Source : Liang Haihong, *L'âge de la connectivité*, Presse de l'Université de Tsinghua, 2014.

---

57. HE Baohong, *Windward*, Maison d'édition des postes et télécommunications du peuple, 2019, p. 157.

hommes ont vécu dans une société de connaissances par la famille, la région et la foi commune, mais maintenant ils vivent soudainement dans un « village global », où des étrangers parlant des langues différentes, avec des croyances religieuses et des traditions culturelles différentes, doivent également coopérer les uns avec les autres, et une crise de confiance et une anxiété d'identité surgissent. Il est certain que toute réinvention future sera caractérisée par plus de connectivité et moins de déconnexion, et que les frontières ne sont pas l'antidote au risque et à l'incertitude, mais plutôt une plus grande connectivité. Les fondations de l'édifice civilisationnel ne feront que se renforcer au fur et à mesure que de nouvelles civilisations se créent grâce à des réseaux et à des connexions de qualité.

La révolution Internet nous a apporté une nouvelle perspective sur la société humaine, l'une est le nœud et l'autre est la connexion. Les nœuds formés par des entités telles que des individus, des organisations, des entreprises et des pays tissent des îles indépendantes en un réseau tridimensionnel qui communique les uns avec les autres via le chat, les transactions et Internet, qui peuvent tous être considérés comme des connexions. Lorsque nous regardons l'histoire de l'évolution technologique de la société humaine, il n'est pas difficile de constater que le nœud est devenu une percée clé dans le processus d'évolution, comme l'impression, les téléviseurs, les ordinateurs et d'autres inventions qui ont déclenché la révolution de la production. L'évolution des nœuds favorisera la mise à niveau des connexions. Par exemple, l'émergence d'Internet et de l'Internet des objets reposent sur l'utilisation universelle de nouveaux nœuds, et la mise à niveau de la connectivité, à son tour, facilitera l'évolution des nœuds, comme l'émergence actuelle de l'informatique en nuage et de l'intelligence artificielle sous l'influence de l'Internet. « Observée sous cet angle, l'humanité a commencé à faire des découvertes dans ces nœuds au cours des soixante dernières années environ, et est entrée dans une phase de percée technologique de la connectivité il y a environ trente ans. Au cours des trente prochaines années, nous allons probablement réaliser des percées majeures dans les nœuds, ce qui signifie que la révolution Internet, en tant que moyen de connectivité profonde, entraînera à son tour des percées dans les technologies nodales. »[58]

---

58. LIANG Chunxiao, « La révolution Internet remodèle le système économique, le système de connaissances et le système de gouvernance – une observation sur l'impact perturbateur de la révolution des technologies de l'information », dans le Forum 50 de la société de l'information : *Tout redéfinir : Comment voir l'impact de la révolution de l'information ?* China Fortune Press, 2018, p. 17.

II. Sans limites, sans prix et désordonnée

À l'heure actuelle, notre monde est « infiltré » par l'Internet comme jamais auparavant, à tel point que nous ne connaissons peut-être pas exactement toutes ses caractéristiques, son potentiel et ses pièges. Outre la dépendance, l'Internet entraîne des menaces telles que la disparition de la vie privée, les sociétés de surveillance et la cyberguerre. La nature virtuelle, publique et sans frontières du cyberespace confèrent à la cybersécurité le caractère essentiel d'un bien public numérique, ce qui rend difficile d'échapper aux problèmes d'externalités et de parasitisme, et laisse la gouvernance du cyberespace dans un état de chaos et de désordre. N'importe qui, n'importe où, peut publier n'importe quel type d'information en ligne, indépendamment de son authenticité ou de son exactitude. « Dans ce terrain vague, des personnes dépourvues de connaissances, de formation, de vision et de sagesse diffusent partout des informations fausses et trompeuses à coups de souris et de claviers. »[59] L'Internet amplifie la dichotomie entre l'information et le bruit, et le fléau de l'information présente des similitudes avec les infections virales du monde réel, où les utilisateurs sont « infectés » par certaines informations et transmettent ensuite ces informations nuisibles à d'autres personnes via l'Internet. Tim Berners-Lee, « le père du World Wide Web », a écrit dans le journal *The Guardian* qu'il était de plus en plus inquiet des tendances actuelles de l'Internet. Spam, manipulation émotionnelle, polarisation en ligne, fakes news, comptes robots, violations de la vie privée, « les données et informations personnelles ne sont plus sous votre contrôle ». Il souligne que la décentralisation était le critère de base le plus important lorsqu'il a conçu la structure du World Wide Web, mais qu'aujourd'hui l'Internet est devenu centralisé et cloisonné, ce qui n'est pas un problème technique, mais un problème social. Lorsque l'Internet franchit les limites de l'incopiable, les gens sont immergés dans la beauté du libre transfert de l'information, mais ils doivent ensuite faire face aux problèmes causés par l'Internet sans frontières, inestimable et désordonné, qui est la caractéristique essentielle de l'Internet de l'information.

L'Internet n'a pas de frontières, il est « illimité ». Interconnexion mondiale, réseau sans frontières. Le développement de l'Internet ne connaît pas de frontières, tout comme l'électricité n'en connaît pas. Le réseau sans frontières repose sur un équipement Internet puissant, de sorte que toute personne, tout objet ou toute

---

59. Doris Naisbitt [Autriche], John Naisbitt [États-Unis], *Prendre le contrôle des mégatendances*, traduit par XI Jiangyue, Presse CITIC, 2018, p. 256.

ressource peut être connecté de manière fiable, pratique et efficace, quel que soit le lieu, le moment ou le terminal. À mesure que l'Internet brise les limitations de l'espace et du temps, les frontières entre le virtuel et le réel, le numérique et le matériel fondent, et l'espace numérique est devenu un nouvel espace et un nouveau champ pour la vie humaine. Par rapport à l'espace réel, l'espace numérique se caractérise par l'élasticité, l'immédiateté et la réversibilité du temps ainsi que par la compression, la mobilité et le partage de l'espace. L'émergence de l'espace numérique fait apparaître le monde humain sous la forme d'une structure spatiale à deux degrés de réalité et de virtualité. Le monde numérique reflète le pouvoir essentiel de l'ouverture et du partage du réseau, conduisant l'humanité vers une société sans frontières. Dans une société sans frontières, la propriété s'affaiblit de plus en plus et tend à être de plus en plus communautaire et partagée. Le flux d'éléments est de plus en plus rapide, ce qui entraîne une fréquence accrue d'innovations. Les formes d'organisation deviennent de plus en plus flexibles, et la relation entre les personnes et les organisations passe de l'échange au partage[60]. Dans son livre *Without Boundaries*, Emily Naegele Green, experte américaine des tendances interconnectées et présidente du Yankee Group, nous présente « l'ère sans frontières », dans laquelle les organisations interdépartementales, inter organisationnelles et inter domaines sont la nouvelle tendance du futur. La diffusion de la technologie en réseau a brisé et réorganisé un grand nombre de frontières physiques au sein des organisations et entre elles qui étaient créées par des contraintes naturelles, ce qui a conduit à des organisations sans frontières. À mesure que le réseau sans frontières se développe et que le volume de données continue de croître, les ressources se concentrent sur un petit nombre de plate-formes. Une fois cette domination établie, sa croissance est sans limite. Lorsque les géants de l'Internet deviennent des super plates-formes avec leurs réseaux sans frontières et leurs économies d'échelle, les coûts d'essai et d'erreur et les coûts marginaux sont minimes, ce qui crée de la beauté pour les gens tout en entraînant des coûts d'opportunité et des coûts de jeu accrus, qui sont soutenus par des coûts sociaux accrus. À ce stade, la concurrence numérique devient « involutive », avec une forte augmentation du nombre de monopoles présumés tels que les plate-formes de second choix, les droits commerciaux exclusifs, le déni de données et le massacre des mégadonnées. Les super plate-formes utilisent les données qu'elles

---

60. LONG Rongyuan et YANG Guanhua, « Recherche sur les droits numériques, le système des droits numériques et la loi sur les droits numériques », *Science, technologie et droit*, n° 5, 2018, p. 22.

détiennent pour nous rassembler dans un monde virtuel de choses à leur merci, que ce soit par monopole, complicité ou autres scénarios. En conséquence, on assiste à une montée de la « cyber souveraineté » dans le monde entier, où aucun pays ne veut que son marché en ligne soit complètement dominé par des géants, et le boycott des géants de l'Internet est devenu une nouvelle tendance.

L'Internet n'a pas de prix, il est « gratuit ». L'Internet a une valeur, mais pas de prix – comme l'air, il a une valeur d'usage, mais pas de valeur, et ne peut donc pas être exprimé en prix. La gratuité est une caractéristique essentielle de la pensée Internet, ce qui est en accord avec le principe marxiste de la distribution selon les besoins. L'aspect le plus difficile de la distribution traditionnelle basée sur la demande est de définir la « demande » et d'éviter le gaspillage causé par une consommation incontrôlée dans un contexte de ressources limitées. À l'heure actuelle, la distribution de la demande n'est pas encore généralisée dans tous les domaines, mais elle a déjà été réalisée dans une large mesure dans le domaine de la diffusion de l'information. Par exemple, si vous avez besoin d'une adresse électronique, vous pouvez en obtenir une gratuitement ; si vous avez besoin d'un compte WeChat, vous pouvez en obtenir un gratuitement. Il est même possible d'avoir du Wi-Fi gratuit dans toute la ville, fourni par le gouvernement à tout le monde comme un bien public. Chris Anderson, penseur et prophète de l'ère de l'Internet et ancien rédacteur en chef du magazine *Wired*, parle de la nature gratuite de l'Internet dans son livre *Free*, en faisant valoir que la révolution de l'Internet a facilité la convergence organique des microprocesseurs, du réseau à large bande et du stockage, ce qui a fait baisser le coût de ces trois éléments de façon spectaculaire. L'Internet touche des centaines de millions d'utilisateurs pour une fraction du coût, et lorsqu'un logiciel Internet touche un grand nombre d'utilisateurs à des coûts de production quasi nuls et à des coûts de distribution également quasi nuls, son prix converge naturellement vers zéro. C'est pourquoi il affirme que la gratuité est une caractéristique unique de l'ère numérique. Actuellement, nous créons un nouveau type de modèle « gratuit » qui réduit à zéro le coût des produits et des services, un modèle qui entraîne une énorme perturbation du paysage concurrentiel des entreprises et de l'humanité. Il existe une loi en économie selon laquelle, dans un marché parfaitement concurrentiel, le prix cible à long terme d'un produit tend à être le coût marginal de ce produit. Le coût marginal représente l'augmentation du coût total lorsque la production augmente d'une unité. En général, lorsque la production augmente, les coûts totaux diminuent et les coûts marginaux baissent, c'est l'effet d'échelle. L'effet d'échelle est bien établi dans l'économie industrielle, où plus l'échelle est grande, plus le coût est faible et réparti uniformément sur chaque produit. La structure de coût des produits Internet est unique en ce sens que la production du premier produit nécessite un investissement important en R&D et en coûts de création, mais que le coût de réplication est extrêmement faible une fois le premier produit sorti. En d'autres termes, les produits Internet ont des coûts initiaux élevés et des coûts marginaux très faibles, et après qu'un produit Internet ait atteint un certain niveau de ventes, le coût marginal peut être considéré comme nul. C'est ce qui est vraiment libre à l'ère du numérique.

Il n'y a pas d'ordre sur Internet, c'est le « chaos ». Steve Jobs a dit un jour que « l'ordinateur est l'outil le plus extraordinaire que l'homme ait jamais créé, c'est comme un vélo pour nos esprits », un vélo est un outil d'errance et de rébellion, il donne la liberté d'atteindre des destinations sans traces.[61] Grandi dans l'embryon de l'ordinateur, l'Internet est un monde chaotique où les drapeaux de la liberté flottent partout. La nature désordonnée d'Internet est innée et directement liée à l'absence de frontières et de valeurs qui est le plus grand problème qu'il nous apporte. L'Internet est comme un cheval sauvage qui court aussi vite qu'un cheval sauvage dans une nature sans limites, et s'il n'y a plus de rênes, les conséquences sont impensables. Le cheval sauvage devient un bon cheval, qui met davantage l'accent sur l'ordre et l'utilisation de règles pour résoudre les problèmes de liaison, de fonctionnement et de transformation de l'Internet. L'homme peut rapidement générer et reproduire des informations par l'intermédiaire de l'Internet dans tous les coins du monde où il existe un réseau, mais il n'a jamais pu résoudre le problème du transfert de valeur[62] et du transfert de crédit. L'Internet a éliminé l'asymétrie de l'information par des moyens techniques, y compris l'asymétrie de l'information dans l'espace, l'asymétrie de l'information dans le temps et l'asymétrie de l'information entre les personnes, rendant l'efficacité de l'acquisition de l'information, de la communication, de la collaboration et du commerce électronique extrêmement rapide, brisant progressivement la dépression de

---

61. WU Xiaobo, *Biographie de Tencent 1998-2016 : l'évolution des sociétés Internet chinoises*, Presse de l'université de Zhejiang, 2017, p. 16.

62. Par transfert de valeur, en bref, nous voulons transférer une partie de la valeur de l'adresse A à l'adresse B. Il faut alors que l'adresse A réduise explicitement cette partie de la valeur et que l'adresse B augmente explicitement cette partie de la valeur. Cette opération doit être approuvée par A et B. Le résultat ne doit pas non plus pouvoir être manipulé par A ou B. Les protocoles Internet actuels ne peuvent pas prendre en charge cette action, de sorte qu'une approbation par un tiers est nécessaire pour le transfert de valeur. Par exemple, le transfert d'argent de A à B sur Internet nécessite souvent la garantie de crédit d'une institution tierce.

l'efficacité basée sur l'asymétrie de l'information, et faisant même entrer l'humanité dans une ère de « surcharge d'information ». Pour dire les choses simplement, Internet a résolu l'asymétrie de l'information, mais pas l'asymétrie de la valeur et l'asymétrie du crédit. L'évolution du réseau suit le chemin de la croissance → point d'arrêt → équilibre : d'abord, le réseau croît de manière exponentielle ; ensuite, il atteint un point d'arrêt, lorsqu'il s'est développé au-delà de sa capacité et que sa taille doit être réduite (légèrement ou significativement) ; enfin, le réseau atteint un état d'équilibre et croît raisonnablement en qualité (plutôt qu'en quantité).[63] À l'heure actuelle, les besoins de la société humaine sont en expansion et le besoin d'ordre implicite dans la nature humaine devient de plus en plus urgent. D'une part, cela se traduit par le fait que les frontières de l'Internet de l'information et de l'Internet des valeurs continueront à s'étendre en fonction des changements technologiques ; d'autre part, le besoin d'un niveau d'exigence plus élevé, tel que la confiance et l'ordre, augmente de jour en jour.

III. Gouvernance et ordre sur Internet

À l'heure actuelle, l'épidémie du siècle se mêle aux grands changements du siècle et catalyse la transition et l'alternance de l'ancien et du nouvel ordre mondial. Tout comme la crise financière internationale a modifié le paysage mondial en 2008, les modèles économiques, d'intérêt, de sécurité et de gouvernance qui s'étaient formés pendant un siècle à l'ère industrielle sont en train de se transformer à un rythme accéléré en raison de la propagation de la nouvelle épidémie, faisant de 2020 une année charnière importante pour le passage de l'humanité de la civilisation industrielle à la civilisation numérique. Lorsque l'épidémie du Coronavirus qui fait rage rencontre l'ère numérique, la « vie dans les nuages » entre également dans un temps fort, plus de 900 millions d'internautes chinois devenant des « cloud residents » au sens propre du terme.[64] Dans le même temps, la cybercriminalité est également entrée dans une période de forte incidence et de prolifération. Les caractéristiques naturelles de l'Internet, telles que le caractère virtuel et anonyme, transfrontalier et sans frontières, ouvert et interactif,

---

63. Jeff Stieber [États-Unis], *Breakpoints – L'apocalypse évolutive d'Internet*, traduit par SHI Rong, Presse de l'Université Renmin de Chine, 2015, p. 20.

64. Le Centre d'information du réseau Internet de Chine (CNNIN) a publié le 47e *Rapport statistique sur l'état de développement de l'Internet chinois*, indiquant qu'en décembre 2020, le nombre d'internautes en Chine a atteint 989 millions, soit un cinquième des internautes du monde, et que le taux de pénétration de l'Internet a atteint 70,4 %.

offrent aux criminels un « foyer » possible pour commettre anonymement des cyberattaques, des cyberfraudes, du cybermarketing et d'autres activités illégales et criminelles. Une série d'incidents tels que la polarisation de l'Internet, le fléau de l'information, la violence virtuelle, le virus ShockNet, Wikileaks, Prismgate et l'alliance Five Eyes ont une fois de plus mis la question de la « gouvernance mondiale de l'Internet » au premier plan. Le cyberespace, comme le monde réel, a besoin de règles et d'ordre. À l'heure actuelle, le cyberespace souffre de règles bancales, d'un ordre déraisonnable, d'un développement inégal et d'autres critiques. Il est également confronté au véritable dilemme de la déformation structurelle, de la domination hégémonique et de la pauvreté institutionnelle, et les voix pour promouvoir le changement du système mondial de gouvernance de l'Internet se font de plus en plus entendre. « L'Internet n'est pas un lieu hors la loi, et la communauté internationale a besoin d'un système juste d'état de droit pour la gouvernance de l'Internet. »[65] L'Internet connaît le même processus d'évolution qu'un organisme vivant : naissance, croissance, maturité et prospérité, dégradation et déclin, transformation et renaissance.[66]

Le cyberespace a grand besoin d'un « filet » d'ordre. Comme dans l'espace physique, les êtres humains sont confrontés à des problèmes tels que l'allocation des ressources, la division des intérêts, l'établissement de l'ordre et les jeux de pouvoir tout en menant des activités et en poursuivant la civilisation dans le cyberespace. La révolution Internet a exacerbé la vulnérabilité de la société humaine, qui est devenue plus dépendante d'un cyber environnement sûr et stable. En raison de l'absence d'un régime Internet mondial, l'environnement écologique du réseau continue de se détériorer, avec une tendance à la fragmentation et au regroupement de la gouvernance et un déficit de gouvernance croissant. À l'heure actuelle, le domaine Internet présente un « méta-état » chaotique, du concept à la pratique. La cause première du déficit croissant de la gouvernance mondiale de l'Internet est l'absence d'institutions mondiales, avec peu de normes et de règles claires ou ambiguës dans le cyberespace, et les normes et règles actuelles sont principalement ancrées au niveau national.[67] Les régimes de gouvernance établis

---

65. ZHI Zhenfeng, « L'approche de la gouvernance mondiale de l'Internet par la règle de droit », *Droit et développement social*, n° 1, 2017, p. 91.

66. Jennifer Winter [États-Unis], Ryota Ono [Japon], *L'Internet du futur*, traduit par ZHENG Changqing, Presse de l'industrie électronique, 2018, p. 136.

67. Kristan Stoddart, « UK Cyber Security and Critical National Infrastructure Protection », *International Affairs*, n° 5, vol. 92, 2016.

sont principalement de nature régionale, non contraignante et technique, tandis que les régimes mondiaux, contraignants, font défaut. « La dynamique de l'élaboration de règles régionales contraste avec la lenteur des progrès au niveau mondial »[68], « Il est peu probable qu'un seul régime global émerge dans un avenir prévisible »[69]. Dans l'évolution et le développement de la mondialisation, il est difficile pour certaines normes régionales et fonctionnelles de gouvernance de l'Internet de répondre efficacement à des problèmes tels que le désordre et le chaos dans l'espace Internet qui n'est pas délimité par des frontières. Dans la fourniture de biens publics pour la gouvernance mondiale de l'Internet, les États souverains se sont efforcés de faciliter l'action collective sur la gouvernance mondiale de l'Internet en concédant certains avantages, mais une telle action collective souffre souvent de dilemmes et fait face à la tragédie des biens communs de la gouvernance de l'Internet. À l'heure actuelle, la nécessité et l'urgence de la gouvernance du cyberespace se sont fortement accrues. L'absence de consensus et de règles mondiales dans le cyberespace a entraîné de grands risques pour la sécurité dans le cyberespace, et des mécanismes de gouvernance mondiale du cyberespace doivent être établis de toute urgence. La cybergouvernance mondiale est devenue un « bien public mondial » qui nécessite des efforts et des actions concertés de la part de tous les pays du monde pour établir des règles de gouvernance et des systèmes de réglementation communs, et pour clarifier leurs droits et responsabilités respectifs. Si ce mécanisme n'est pas établi et perfectionné, il y aura des risques de sécurité, des crises éthiques et « l'expulsion de la bonne monnaie de la mauvaise ». Rétrospectivement, l'expansion de l'espace pour les activités humaines s'est généralement accompagnée d'un processus de « création de l'espace par la technologie, d'occupation de l'espace par les premiers, de concurrence pour l'espace par les successeurs, de négociation pour établir l'ordre et d'entretien commun de l'espace ».

Les biens publics mondiaux nécessitent une gouvernance mondiale partagée. L'Internet est une infrastructure mondiale, et pour qu'il fonctionne correctement, il doit être gouverné correctement. La gouvernance mondiale de l'Internet mérite des règles de comportement des États dans le cyberespace qui soient universellement acceptées par toutes les parties dans le cadre des Nations unies. Pour protéger le

---

68. DAI Lina, « Bilan et perspectives de la gouvernance internationale dans le cyberespace en 2018 », *Sécurité de l'information et secret des communications*, n° 1, 2019.

69. Joseph Nye [États-Unis], « Complexes de mécanismes et gestion des activités des réseaux mondiaux », *Journal de l'université de Shantou (édition sciences humaines et sociales)*, n° 4, 2016, p. 95.

noyau public de l'Internet[70], des normes internationales doivent être adoptées et des règles internationales doivent protéger le cœur de l'Internet, qui comprend les principaux protocoles, l'infrastructure, qui sont des biens publics mondiaux et que les pays ont la responsabilité de préserver de toute interférence indue[71]. La gouvernance de l'Internet[72] est un système intégré, un sujet complexe et une conversation mondiale dont le principe de base présuppose que l'Internet est un bien public mondial qui exige que les pays travaillent ensemble, renforcent la coopération internationale et favorisent la construction d'une cybercommunauté de destin. Dans sa lettre de félicitations à la 6e Conférence mondiale sur l'Internet, le président XI Jinping a souligné qu' « il est de la responsabilité commune de la communauté internationale de développer, d'utiliser et de gouverner correctement l'Internet, et de l'améliorer au profit de l'humanité ». La théorie de la gouvernance mondiale[73] est devenue une perspective importante pour comprendre les questions centrales de notre époque, et la promotion de la gouvernance mondiale avec la gouvernance de l'Internet est l'une des questions centrales de notre époque. La formation et le développement du système mondial de gouvernance de l'Internet sont essentiellement un processus de la communauté internationale fournissant des biens publics en traitant les questions de gouvernance de l'Internet, et son « caractère public » réside dans le fait que le développement à long terme de

---

70. Dans son préambule, *La loi européenne sur la cybersécurité* stipule que « Le tronc commun de l'Internet fait référence aux principaux protocoles et à l'infrastructure de l'Internet ouvert, un bien public mondial qui préserve la fonctionnalité de l'Internet et lui permet de fonctionner correctement, et l'Agence européenne chargée de la sécurité des réseaux et de l'information soutient la sécurité et la stabilité opérationnelle du tronc commun de l'Internet ouvert, y compris, mais sans s'y limiter, les protocoles clés (en particulier DNS, BGP Border Gateway Protocol, IPv6), le fonctionnement du système de noms de domaine (par exemple, le fonctionnement de tous les domaines de premier niveau), et le fonctionnement de la zone racine. » Le concept de « biens publics mondiaux » mentionné dans *La loi européenne sur la cybersécurité* est conforme à l'idée du président Xi Jinping d'une « communauté de destin dans le cyberespace ».

71. Dennis [Pays-Bas], « Gouverner le réseau comme un bien public mondial », *Sécurité de l'information en Chine*, n° 9, 2019, p. 36.

72. L'article 34 *de l'Agenda de Tunis pour la société de l'information* définit la gouvernance de l'Internet comme l'élaboration et l'adhésion à des principes, normes, règles, processus décisionnels et plans uniformes pour l'évolution et l'utilisation de l'Internet par les gouvernements, le secteur privé et la société civile, dans leurs rôles respectifs. (SMSI, « Agenda de Tunis pour la société de l'information ». Sommet mondial sur la société de l'information. 2005. https://www.itu.int/net/wsis/docs2/tunis/off/6rev1.html.)

73. Les processus politiques humains se concentrent sur le passage du gouvernement à la gouvernance, du bon gouvernement à la bonne gouvernance, du gouvernement à la gouvernance sans gouvernement, de l'absence de gouvernement à l'absence de gouvernance. (YU Keping, « Introduction à la gouvernance mondiale », *Marxisme et Réalité*, n° 1, 2002, p. 20.)

l'Internet mondial a créé une situation de plus en plus grave en raison de l'absence de normes internationales de comportement du réseau, résultant en des demandes et des intérêts publics collectifs à l'échelle mondiale. La « nature publique » de l'Internet réside dans la situation de plus en plus critique causée par l'absence de normes internationales de comportement en réseau dans son développement à long terme, ce qui entraîne des besoins et des intérêts publics collectifs à l'échelle mondiale. « L'Internet mondial est un tel bien public transnational qui combine des biens, des ressources et des services, et le système de gouvernance mondiale de l'Internet est un système politique visant à garantir que la société humaine puisse disposer d'un environnement spatial Internet libre et ouvert qui peut être construit et partagé ensemble, ce qui est également un bien public mondial. »[74] Le dilemme de l'action collective est le cœur et l'essence de la question actuelle de la gouvernance mondiale, à savoir comment résoudre le problème de l'offre insuffisante de biens publics mondiaux par la coopération de multiples acteurs à l'échelle mondiale. En tant que bien public mondial, l'Internet doit rompre avec le monopole de l'élaboration des règles et du discours international dans le système de gouvernance mondiale exercé par quelques pays occidentaux développés, forts de leurs avantages actuels. Au lieu de cela, un système de gouvernance internationale multilatérale, démocratique et transparente de l'Internet devrait être construit par l'établissement d'une règle de gouvernance mondiale de l'Internet basée sur une consultation égale entre les pays souverains, afin de parvenir au partage des ressources de l'Internet, au partage des responsabilités et à la coopération. L'Internet devrait être rendu plus bénéfique à l'humanité par l'établissement d'une règle de gouvernance mondiale de l'Internet basée sur une consultation égale entre les pays souverains et la construction d'un système de gouvernance internationale de l'Internet multilatéral, démocratique et transparent, afin de parvenir au partage des ressources, à la responsabilité et à la coopération sur l'Internet.

L'Internet de la commande est l'avenir de l'Internet. De nombreuses tendances et voies de développement de l'Internet ont été remises en question, mais son idée maîtresse – la nécessité de l'Internet – n'a pas été remise en question. Le meilleur avenir pour l'Internet n'est pas d'être immortel ou gravé dans la pierre, mais de se demander si l'Internet dont les gens disposent actuellement est le meilleur que nous puissions faire, et de réfléchir à des options alternatives pour la vie des gens après

---

74. YANG Feng, « Gouvernance mondiale de l'Internet, biens publics et voie chinoise », *Enseignement et recherche*, n° 9, 2016, p. 52.

la fin de l'ère de l'Internet.[75] À l'heure actuelle, il est plus nécessaire et urgent que jamais de procéder à une transformation large et profonde de l'Internet. L'Internet est devenu un terrain où jouent toutes sortes de forces, et l'appel à l'ordre dans ce domaine, ainsi que le manque d'ordre et de responsabilité dans le monde réel qu'il reflète, semblent être de plus en plus importants. L'ordre est la vie de l'Internet. Sans règles et sans ordre, l'Internet périra dans le désordre. L'Internet de l'ordre combine les règles techniques et les règles juridiques pour parvenir au partage du crédit et de l'ordre. L'Internet de l'ordre est l'avenir de l'Internet et en est la forme avancée. « L'évolution de l'Internet est désordonnée et chaotique au niveau micro, mais présente une directionnalisée surprenante au niveau macro. Comme <la main invisible> en économie, l'activité commerciale est désordonnée au niveau micro, mais une force d'équilibre apparaît au niveau macro. »[76] Si l'Internet de l'information résout le problème de l'absence de frontières et l'Internet de la valeur le problème de l'absence de valeur, l'Internet de l'ordre résout le problème du désordre sur l'Internet. La logique sous-jacente de l'Internet actuel sera renversée par l'Internet de l'ordre, et le système de valeurs de la société numérique sera remodelé de manière à construire un monde numérique crédible et régi par des règles, permettant à l'espace numérique de passer du désordre à l'ordre, de l'absence de valeur à la certitude, et de l'absence de frontières à la contrôlabilité. Dans ce nouveau monde, les individus, les entreprises et les nations devront se réveiller de leurs anciennes expériences pour suivre les changements de l'époque et se permettre de « migrer » avec succès vers la nouvelle planète.

L'avenir sera encore plus déroutant, mais aussi plus excitant. « Le monde n'aura jamais besoin de la cinquième symphonie de Beethoven tant que Beethoven ne l'aura pas composée », a déclaré Lewis, le célèbre architecte américain. Maintenant, « nous ne pouvons plus nous en passer. » Alors que nous entrons dans la nouvelle ère de l'Internet, nous sommes confrontés à davantage d'inconnues, et si une seule chose est connue, c'est que nous créerons davantage de choses dont les gens ne pourront plus se passer.

---

75. Winter [États-Unis], Ryota Ono [Japon], *L'Internet du futur*, traduit par ZHENG Changqing, Electronic Industry Press, 2018, p. 39.

76. LIU Feng, *L'évolution de l'Internet*, Presse de l'Université de Tsinghua, 2012, p. 196.

Section III
La pensée chaîne de blocs

Dans tous les sauts que la société humaine a connus, ce n'est pas le catalyseur matériel ni même la mise à jour technologique qui sont au cœur de l'action, mais l'itération de la pensée qui en est l'essence. L'amélioration de la pensée est un moteur important du développement social, et la maîtrise et l'application de la pensée scientifique sont particulièrement cruciales. Tout comme Internet n'est pas purement une technologie, mais représente aussi un mode de pensée, c'est-à-dire la pensée Internet, la chaîne de blocs n'est pas seulement une technologie, mais représente aussi un mode de pensée, un mode de pensée du consensus, de la gouvernance commune et du partage. La chaîne de blocs est une autre grande découverte de l'espace numérique pour l'humanité après Internet. Ce n'est pas seulement un outil technique pour améliorer l'efficacité sociale, mais une infrastructure pour construire l'avenir, et plus important encore, la pensée chaîne de blocs devrait devenir le point de départ de toute notre pensée numérique. La valeur de ce niveau de chaîne de blocs s'exprime sous la forme de produits en tant que biens publics ou services publics. L'intégration de la chaîne de blocs et de l'Internet reconfigurera une nouvelle génération de cyberespace, nous permettant d'entrer dans une toute nouvelle ère, une ère de déconstruction, de perturbation et de reconstruction.

I. Reconfiguration : intégration et innovation des chaînes et des réseaux

Qu'est-ce que la chaîne de blocs ? C'est une question que beaucoup de gens se posent. Certains disent que la chaîne de blocs est une machine de confiance, d'autres disent que la chaîne de blocs est un Internet de la valeur, et d'autres encore disent que la chaîne de blocs est un grand livre distribué et partagé. La Banque populaire de Chine a d'abord défini la chaîne de blocs dans ses *Règles d'évaluation des applications financières de la technologie de chaîne de blocs* comme « une technologie qui est maintenue conjointement par plusieurs parties, qui utilise la cryptographie pour assurer la sécurité de la transmission et de l'accès, et qui permet le stockage cohérent, l'inviolabilité et la répudiation des données. » La première est le concept de « chaîne », comme la chaîne d'approvisionnement, la chaîne alimentaire, la chaîne biologique, etc. Le dénominateur commun de ces chaînes est que des choses ayant les mêmes attributs sont reliées entre elles par un lien commun. La chaîne de blocs est également une sorte de chaîne. Le second est le concept de « bloc », qui est en fait un fichier de registre qui enregistre toutes sortes d'informations sur les transactions générées sur la « chaîne ». En ce qui concerne le concept de bloc et de chaîne, l'essence d'une chaîne de blocs est une archive où les gens établissent les règles du protocole et où les nœuds du réseau distribué appliquent les règles pour maintenir l'état du réseau ensemble. Le bloc est la page de grand livre, et la chaîne est la ligne de reliure qui relie les pages pour former un livre, avec un sceau en point de chaînette pour le rendre inviolable. La chaîne de blocs possède quelque chose de plus magique que les grands livres traditionnels ; les transactions sur le grand livre peuvent être vérifiées automatiquement et l'état du grand livre peut être confirmé automatiquement, créant ainsi un consensus. Les transactions sur les pages du grand livre peuvent toutes être retracées en arrière, ce qui assure la transparence et l'audibilité.[77] D'un point de vue technique, nous pouvons simplement considérer la chaîne de blocs comme un grand livre partagé distribué, un consensus de règles basé sur des algorithmes et du code. En substance, la chaîne de blocs est un nouvel outil pour construire un monde numérique.

La Chaîne de blocs est un nouvel outil pour déconstruire la valeur. En tant qu'outil de résolution de la mécanique quantique, le « premier principe physique »[78] revêt une importance particulière dans notre vie économique et sociale. La chaîne de blocs est le meilleur outil pour appliquer le « principe physique premier » à la déconstruction des relations de production. À l'heure actuelle, les êtres humains appliquent divers types de relations organisationnelles à la vie productive, des partenariats aux entreprises corporatives en passant par diverses alliances industrielles, des partis politiques aux pays en passant par diverses organisations internationales ; dans le même temps, afin de faire circuler les ressources entre les sujets des relations de production et de maintenir l'ordre des relations entre eux, les

---

77. WU Qing, *La vérité sur la chaîne de blocs*, Mechanical Industry Press, 2019, p. 3-4.

78. Le terme « premiers principes physiques » désigne à l'origine des algorithmes permettant de résoudre des phénomènes physiques microscopiques directement à partir d'exigences spécifiques basées sur les lois fondamentales du mouvement de l'interaction des protons et des électrons extérieurs dans le noyau d'un atome, en utilisant les principes de la mécanique quantique. On l'appelle les « premiers principes » parce qu'aucun autre paramètre empirique n'est utilisé dans le calcul de la première physique, à l'exception de la masse de l'électron, de la masse du proton et de la constante ultime, la vitesse de la lumière. Grâce à l'algorithme du « principe de primauté de la physique », nous pouvons non seulement déconstruire tous les phénomènes physiques microscopiques, mais aussi, si la puissance de calcul est suffisante, déconstruire et expliquer tous les phénomènes physiques macroscopiques, tels que les tremblements de terre, les explosions, les éclairs et même la destruction et la naissance des étoiles.

êtres humains ont également conçu divers modèles, systèmes et lois commerciaux, et créé un grand nombre d'institutions tierces pour maintenir le fonctionnement des modèles, systèmes et lois, comme les tribunaux, les banques, les courtiers, les bourses, les compagnies d'assurance, les cabinets comptables, les cabinets d'avocats, etc. Ce système centralisé de répartition des ressources et de distribution du pouvoir consomme beaucoup de ressources, mais avant l'avènement de la chaîne de blocs, cet ordre social bien organisé et réglementé était extrêmement nécessaire, car la forme actuelle d'organisation est le résultat évolutif d'améliorations continues suivant des lois de Pareto qui peuvent assurer le transfert efficace de la confiance aux niveaux actuels de productivité. Toutefois, à l'ère de la chaîne de blocs, la forme traditionnelle du contrat social sera bouleversée. Chaîne de blocs permet la déconstruction des relations de production avec le transfert direct de la confiance de pair à pair et la fonction de confiance forcée. Ce principe de déconstruction est très similaire à la déconstruction des phénomènes physiques macroscopiques par le « principe de la primauté physique », selon lequel toute échelle de phénomènes physiques macroscopiques, qu'il s'agisse de l'effondrement d'une montagne ou du mouvement du soleil et de la lune, peut être expliquée par la relation entre les protons et les électrons. À l'ère de la chaîne de blocs, tout acte économique, qu'il s'agisse d'une émission d'actions ou d'une liquidation de faillite, toute forme d'organisation, qu'il s'agisse d'un partenariat de start-up ou d'une entreprise multinationale, sera déconstruit par la chaîne de blocs et ramené à l'acte économique le plus fondamental entre des personnes.[79] La naissance de la chaîne de blocs a modifié les relations de production des cinq catégories de créateurs de valeur : les consommateurs, les travailleurs, les créateurs, les propriétaires et les organisateurs. C'est la toute première fois que des êtres humains utilisent la technologie pour modifier les relations de production et altérer la perception qu'ont les gens de l'argent, de l'identité et de l'ordre. On peut dire que la chaîne de blocs est un outil de déconstruction de la valeur, de transmission de la valeur et de reconstruction de la confiance. La chaîne de blocs et Internet sont des images miroir l'une de l'autre, selon le fondateur de Babbitt, Chang Tongs, « La logique de la chaîne de blocs pourrait non seulement être un monde parallèle à Internet, mais aussi des images miroir. » L'un des contrastes entre l'Internet et la chaîne de blocs est que l'Internet est un protocole de transfert d'informations, tandis que la chaîne de blocs est un protocole de transfert

---

79. HUANG Butian et CAI Liang, eds., *Chaîne de blocs démystifiée : construire un Internet de nouvelle génération basé sur le crédit*, Presse de l'Université de Tsinghua, 2016, p. 186-189.

de valeur. En outre, l'Internet permet le transfert efficace d'informations, tandis que la chaîne de blocs permet l'interconnexion quantitative de la valeur.

La chaîne de blocs est le nouvel outil pour construire l'égalité. Lorsque les relations de production centralisées auxquelles nous sommes habitués sont déconstruites par la chaîne de blocs sur le principe de la « primauté physique », il devient crucial de reconstruire de nouvelles relations de production. À l'ère de la chaîne de blocs, l'individu déconstruit sera reconstruit en tant qu' « automate méta cellulaire »[80], et les relations entre les personnes seront redéfinies à la suite de l'évolution radicale des relations de production. Ce modèle dynamique, qui repose sur une relation de pair à pair entre les méteils qui interagissent entre eux selon certaines règles, est très similaire à un modèle dynamique de réseau d'interaction humaine sur une chaîne de blocs. La plus grande différence entre le modèle des relations de production basé sur les automates méta célestes et la manière traditionnelle d'organiser les relations de production réside dans l'existence d'un centre de pouvoir et de confiance qui domine l'évolution de l'écosystème économique avec la fonction d'allocation des ressources.[81] De l'orientation vers les ressources à l'ère de l'industrialisation, à l'orientation vers la demande à l'ère de l'Internet, à l'orientation vers la valeur à l'ère de la chaîne de blocs, il s'agit d'un transfert étape par étape de la domination de la civilisation commerciale des organisations officielles, aux organisations de marché, à chaque individu. Dans le passé, nous avons construit trop de « murs » dans un but de profit. Des

---

80. Un automate métacellulaire a été proposé par le « père de l'informatique », von Neumann, comme modèle de calcul parallèle, et est défini comme un système dynamique qui évolue dans la dimension temporelle selon certaines règles locales sur un espace métacellulaire composé de métacellules. Plus précisément, les composants qui constituent un automate métacellulaire sont appelés « cellules », chacune d'entre elles ayant un état qui appartient à un ensemble fini d'états, comme « vivant » ou « mort », « 1 » ou « 0 », « noir » ou « blanc », etc. Ces cellules sont disposées régulièrement sur une grille spatiale appelée « espace cellulaire », et leurs états respectifs changent au cours du temps. Plus important encore, ce changement est mis à jour selon une règle locale, c'est-à-dire que l'état d'une cellule au moment suivant dépend de son propre état et de celui de ses voisines. Les cellules de l'espace métacellulaire subissent une mise à jour synchrone de leur état en fonction de ces règles locales, et un grand nombre de cellules évoluent de manière dynamique et systématique par le biais d'interactions simples. Ces cellules sont sur un pied d'égalité et évoluent en parallèle selon des règles sans contrôle central. En l'absence de contrôle central, ils peuvent effectivement « s'auto-organiser » et ainsi émerger en tant qu'ensemble avec un large éventail de comportements complexes et bizarres. Cela nous inspire que le contrôle central n'est pas le seul moyen de manipuler les systèmes pour atteindre certaines fins. L'automate métacellulaire est un modèle étonnant de dynamique qui est à la fois simple et complexe – des règles simples et des sujets bien définis, mais capables d'évoluer vers des systèmes dynamiques très complexes.

81. HUANG Butian et CAI Liang, eds., *Chaîne de blocs démystifiée : construire un Internet de nouvelle génération basé sur le crédit*, Presse de l'Université de Tsinghua, 2016, p. 186-189.

murs de méfiance entre les personnes, des murs de fraude entre les entreprises, des murs de protection commerciale à tarifs élevés entre les pays. Les fruits de la civilisation numérique devraient profiter à tous, en abattant les « murs » et en reliant les individus. Dans sa *Petite histoire d'aujourd'hui*, Yuval Harari mentionne que les réseaux chaîne de blocs de pair à pair et les crypto-monnaies comme le bitcoin pourraient révolutionner le système monétaire et que des réformes fiscales radicales sont inévitables. En fait, ce n'est pas seulement le système fiscal du système monétaire qui devra changer, mais aussi les modèles économiques et commerciaux basés sur la chaîne de blocs. Comment éviter que la majorité des gens soient isolés des hauts murs, par la chaîne de blocs peut construire un protocole qui sait comment allouer les ressources, et quand la technologie évolue au point où le réseau peut être exploité par des machines et des algorithmes, la chaîne de blocs peut faire la gestion unifiée du réseau. En d'autres termes, la chaîne de blocs pourrait jouer un rôle important dans la gestion des réseaux futur. Jusqu'à présent, toutes les technologies inventées et créées par l'homme ont été utilisées pour accroître l'efficacité. Seule la chaîne de blocs, avec son approche dé-confiance, établit une confiance mutuelle entre les personnes ; avec son approche décentralisée, elle tente d'établir directement l'égalité entre les personnes. L'égalité relative des nœuds de la chaîne de blocs garantit une équité relative dans la répartition des bénéfices entre les parties concernées. La chaîne de blocs est un outil efficace pour réduire les inégalités, ce qui est sa capacité la plus excitante. La chaîne de blocs fait naître une toute nouvelle ère, une ère d'égalité pour tous, sans qu'il soit nécessaire d'avoir un hub centralisé pour gérer les nœuds, une participation partagée de tous au maintien de l'environnement et la participation de contrats intelligents. La chaîne de blocs est un mouvement qui s'auto-alimente pour éradiquer les inégalités dans le monde, au-delà de toute attente.

La Chaîne de blocs est un nouvel outil pour reconstruire l'ordre. « Une fois que l'ordre social est brisé, il tend à être recréé »[82], et la valeur fondamentale de la chaîne de blocs découle du fait que ce qu'elle réalise par sa nature même est une reconfiguration des relations. Le développement de la société humaine est confronté à une incertitude croissante, ce qui justifie la reconfiguration de l'ordre social humain. L'avènement de l'ère numérique a favorisé la formation de l'espace triadique, et plus les gens comprennent l'espace triadique, plus il y a de facteurs

---

82. HU Yong et WANG Junxiu, éd., *Après la connexion : Reconstruction de l'espace public et redistribution du pouvoir*, Maison d'édition des postes et télécommunications du peuple, 2017, p. 41.

et de relations qui affectent le fonctionnement et le développement du monde, ce qui rendra la complexité et les relations sur lesquelles repose l'ordre normal de la société humaine de plus en plus difficiles à exprimer et à saisir clairement, ce qui augmentera encore la difficulté de comprendre et de prévoir la reconfiguration de l'ordre humain dans l'espace triadique. Pour reconnaître et comprendre l'ordre mondial actuel, il faut peut-être remonter à quatre conférences importantes qui se sont tenues à la fin de la Seconde Guerre mondiale et au lendemain de celle-ci : la conférence de Brinton Woods, qui a jeté les bases de l'ordre monétaire et financier mondial, la conférence de Yalta, qui a jeté les bases de l'ordre géopolitique mondial, la conférence fondatrice des Nations unies, qui a jeté les bases de l'ordre juridique international, et la conférence de Massey, qui a jeté les bases de l'ordre technologique mondial, qui a établi l'architecture de l'ordre mondial.[83] En ce début de XXIe siècle, l'ordre mondial a commencé à subir de multiples chocs et montré déjà des signes de déconstruction. Par exemple, les attaques terroristes du 11 septembre 2001, la crise financière internationale de 2008 et l'épidémie de pneumonie de la Nouvelle Couronne en 2020, ainsi que le déclin progressif de l'influence des organisations internationales représentées par les Nations unies, la Banque mondiale, le Fonds monétaire international et l'Organisation mondiale du commerce, qui ont affecté de différentes manières l'ordre international formé dans l'après-guerre. À l'heure actuelle, ce à quoi nous devons réfléchir, ce n'est pas simplement à la manière de remédier à l'ordre mondial de l'après-guerre, mais à la nécessité de transformer, voire de reconfigurer l'ordre mondial pour l'adapter à la société humaine qui entre dans les années 2020. La chaîne de blocs deviendra la nouvelle infrastructure pour reconstruire l'ordre mondial car, sur le plan théorique et technologique, la chaîne de blocs aux quatre fonctions de base suivantes : premièrement, la chaîne de blocs peut fournir la base sociale pour la reconfiguration de l'ordre international. Sur la base d'une société programmable, une nouvelle relation sociale et internationale peut être établie en utilisant la chaîne de blocs comme moteur d'un « réseau de confiance ». Deuxièmement, la chaîne de blocs peut fournir la base individuelle de la restructuration de l'ordre international. Il s'agit de l'identité numérique des membres de la société, du calcul de la confiance, et de la construction d'un nouveau système de confiance entre les individus basé sur un support technologique. Troisièmement, la chaîne de blocs

---

83. ZHU Jiaming, « Chaîne de blocs et reconstruction de l'ordre mondial – Discours lors de la conférence mondiale 2020 sur l'innovation et le développement de la chaîne de blocs », Ganzhou, Jiangxi, 14 août 2020.

peut fournir la base juridique de la reconstruction de l'ordre international. Grâce à la promotion des contrats intelligents au lieu des contrats traditionnels et à la pratique de l'arbitrage du code de la chaîne de blocs, le « code comme loi » sera universalisé. Quatrièmement, la chaîne de blocs peut fournir la base économique de la restructuration de l'ordre international. Grâce à la chaîne de blocs, la chaîne industrielle, la chaîne d'approvisionnement, la chaîne de valeur et la chaîne financière peuvent être reconstruites pour accélérer la sécurité des valeurs et les transactions et transmissions à grande vitesse, former un nouveau système d'actifs numériques et de richesse numérique, et achever la transformation de l'économie traditionnelle en économie numérique.[84]

II. Consensus, gouvernance et partage

La réflexion est le paradigme qui se cache derrière la technologie, plus important que la technologie. Chaîne de blocs n'est pas seulement une technologie, mais aussi un concept, un nouveau mode de pensée. La pensée de chaîne de blocs est un passeport pour le monde numérique, un guide d'action pour toucher l'avenir à l'avance. Elle est appelée « la version améliorée de la pensée Internet », qui concentre toutes les caractéristiques et les avantages de la chaîne de blocs et reflète le concept de pensée du consensus, de la gouvernance commune et du partage. La pensée de chaîne de blocs se caractérise par la décentralisation et chaque nœud est construit sur une « constitution » basée sur des règles unifiées. Ainsi, chaque nœud a les mêmes responsabilités et obligations, et chacun peut partager ses enregistrements de transactions avec d'autres nœuds du réseau du système et parvenir à un accord sur le contenu des transactions enregistrées. Il incarne une sorte de consensus, de gouvernance commune et de partage de la pensée de la chaîne de blocs. La pensée de chaîne de blocs est un type de pensée qui facilite la collaboration humaine à grande échelle. Pour clarifier ici, ce n'est pas à cause de la chaîne de blocs que ces mentalités ont vu le jour, mais à cause de l'émergence et du développement de la chaîne de blocs que ces mentalités ont été mises en évidence.

L'âme de la pensée chaîne de blocs est la pensée consensuelle. Le consensus est le vocabulaire de base du monde de la chaîne de blocs, et la pensée chaîne de blocs est construite avec le consensus comme pierre angulaire, commençant et finissant par le consensus. Une chaîne de blocs ne peut fonctionner correctement que si les

---

84. ZHU Jiaming, « Chaîne de blocs et reconstruction de l'ordre mondial – Discours lors de la conférence mondiale 2020 sur l'innovation et le développement de la chaîne de blocs », Ganzhou, Jiangxi, 14 août 2020.

participants de chaque nœud du réseau distribué sur la chaîne de blocs suivent un certain mécanisme de consensus. Le mécanisme de consensus peut être considéré comme l'élément vital du fonctionnement de la chaîne de blocs. La chaîne de blocs elle-même est décentralisée, il n'y a donc pas d'organisation faisant autorité dans le système de la chaîne de blocs. On peut dire que le mécanisme de consensus est une percée énorme dans la révolution du système organisationnel humain. Il est très différent du système pyramidal précédent, mais aussi différent du système de monopole de la plate-forme, ce qu'il crée est l'organisation de consensus. L'essence des conflits humains, de l'agitation mondiale et des conflits internationaux est la perte, le déchirement et la désintégration du consensus, tandis que l'essence de la civilisation sociale, de la prospérité économique et du bonheur civique est la cohésion, la réalisation et la sublimation du consensus. Aujourd'hui, la tendance croissante à l'antimondialisation, la montée du protectionnisme commercial et l'entrée en guerre des échanges entre la Chine et les États-Unis sont en fait le résultat de l'absence de consensus sur les intérêts des grandes économies. La pensée de chaîne de blocs à besoin de la pensée consensuelle pour forger son âme méridienne, et suivre la pensée consensuelle est comparable à la « main invisible » mentionnée par Adam Smith, qui n'a besoin que de chaque individu pour maintenir la rationalité et rechercher le consensus pour que la société se développe grandement. La crise mondiale de santé publique – l'épidémie de pneumonie de Newcastle – a mis en évidence l'importance de la pensée consensuelle, et ce n'est qu'en unissant la conscience « consensuelle » que l'humanité est une communauté de destin partagé que nous pourrons sortir de « l'heure la plus sombre » pour l'humanité. Ce n'est qu'en créant un sentiment de « consensus » sur le fait que l'humanité est une communauté de destin partagé que nous serons en mesure de tracer une voie pour traverser « l'heure la plus sombre ».[85] Selon le « concept de consensus » du sociologue américain Edward Hills, le consensus requiert trois conditions : premièrement, l'identité de la règle, où les membres du groupe acceptent ensemble les lois, les règles et les normes ; deuxièmement, l'identité institutionnelle, où les membres du groupe s'accordent sur les institutions qui appliquent ces lois et ces règlements ; et troisièmement, l'identité, où il existe un sens de la communauté afin que les membres reconnaissent que les lois, les règles et les normes ne sont pas les mêmes, que leur consensus est équitable. On peut

---

85. HUANG Li, « La chaîne de blocs au service de la gouvernance locale », *Manuscrit Red Flag*, nº 24, 2020, p. 30.

soutenir que le plus grand impact de la chaîne de blocs sur les modèles cognitifs humains est la distillation du « consensus » en tant que mode de pensée, et prouve une fois de plus que ce type de pensée peut continuellement permettre aux humains d'atteindre de nouveaux sommets de collaboration – même sans centre, il est toujours possible de construire les systèmes de collaboration vitaux.

Le fondement de la pensée chaîne de blocs est la pensée de la gouvernance partagée. Lorsque les rames sont ramées à l'unisson, le navire peut se déplacer régulièrement et loin. La pensée chaîne de blocs est une « chaîne de valeur partagée » comme caractéristique principale du « modèle gagnant-gagnant de gouvernance partagée ». Au cours de l'évolution humaine, nous avons vaincu d'autres espèces, surmonté les épreuves de la nature et nous nous sommes finalement placés au sommet de la chaîne alimentaire, en nous appuyant sur la collaboration gagnant-gagnant entre les personnes. La pensée gagnant-gagnant de la gouvernance par la foule lie tous les sujets d'intérêt et forme une communauté d'intérêt ; c'est une extension de la pensée gagnant-gagnant. Elle exige que, lorsqu'il s'agit de relations bilatérales et multilatérales, entre le système et l'environnement extérieur, grâce au mécanisme « 1 + 1 > 2 », nous puissions conjointement « agrandir le gâteau » et obtenir de meilleurs résultats pour toutes les parties sans compromettre les intérêts de tiers et au détriment de l'environnement. Le résultat est meilleur pour toutes les parties sans compromettre les intérêts de tiers ni sacrifier l'environnement. La nouvelle écologie mondiale sera construite grâce à un état d'esprit gagnant-gagnant de gouvernance par la foule, en revenant au cœur originel des valeurs de la chaîne de blocs, en traversant les frontières, les races et les croyances, et en réalisant finalement que « tout le monde participe et tout le monde en profite »[86]. Face à la vague de contre-mondialisation de certains pays occidentaux et au système de gouvernance mondiale de plus en plus fragile, la construction d'une communauté de destin humaine et la réalisation d'une gouvernance partagée sont la solution idéale au problème de la gouvernance mondiale. En tant que technologie importante de l'avenir, la chaîne de blocs peut apporter un soutien technique au concept de « communauté de destin humaine » et à l'idée de gouvernance mondiale. Dans le cadre polycentrique de la chaîne de blocs, le pouvoir de nombreuses parties dans le monde peut être rassemblé pour former un nouveau système de gouvernance mondiale avec la participation d'États souverains, d'ONG, d'entreprises privées et

---

86. HUANG Li, « La chaîne de blocs au service de la gouvernance locale », *Manuscrit Red Flag*, n° 24, 2020, p. 30-31.

d'autres sujets divers, afin qu'ils puissent participer conjointement à la réforme et à la construction du système de gouvernance mondiale et, en fin de compte, réaliser la gouvernance mondiale. *Le livre blanc sur le développement et l'application de la chaîne de blocs* de Guiyang avance de manière créative la théorie de la « chaîne de blocs de souveraineté ». Comme les autres chaînes de blocs, la chaîne de blocs de souveraineté présente les caractéristiques suivantes : décentralisation, maintenance multipartite, validation croisée, absence d'intermédiaire, cohérence sur l'ensemble du réseau et impossibilité d'altération. Toutefois, la différence réside dans le fait qu'au niveau de la gouvernance, elle met l'accent sur le respect de la souveraineté de la communauté de destin dans le cyberespace et sur la fourniture de valeur publique dans le cadre d'économies souveraines, plutôt que sur la fourniture de valeur super-souveraine ou non-souveraine ; au niveau de la structure du réseau, elle met l'accent sur la polycentricité décentralisée du réseau et fournit techniquement les capacités d'authentification d'identité et de gestion de compte de chaque nœud sous la souveraineté du réseau ; au niveau des données, elle met l'accent sur l'intégration des données on-chain et off-chain sur la base des données de blocs. Au niveau des données, elle met l'accent sur l'intégration des données de la chaîne et des données hors chaîne basées sur des données de bloc, plutôt que de se limiter aux données de la chaîne ; au niveau des applications, elle met l'accent sur l'application étendue dans divers domaines de l'économie et de la société, et sur l'intégration et la fusion des applications multi-domaines basées sur des mécanismes de consensus, plutôt que de se limiter aux domaines d'application financière. Sur la base de la conception technique sous-jacente de la chaîne de blocs de souveraineté, elle passe du « consensus » de la chaîne de blocs à la « gouvernance partagée » de la chaîne de blocs de souveraineté. La chaîne de blocs de souveraineté est une structure holistique formée par la participation de multiples tiers sur la base d'États souverains, et deviendra une forme importante de développement de la chaîne de blocs pilotée par des États souverains à l'avenir. La chaîne de blocs de souveraineté servira d'infrastructure numérique pour la gouvernance mondiale, combinant règles techniques et règles juridiques pour mener à bien le travail de « chaîne de blocs + gouvernance ». La chaîne de blocs de souveraineté n'est qu'une forme intermédiaire du développement de la chaîne de blocs, et à l'avenir, sur la base de la chaîne de blocs de souveraineté[87], la chaîne de

---

87. GAO Qiqi, « Recherche sur la chaîne de blocs de souveraineté et la chaîne de blocs mondiale », *Économie et politique mondiales*, n° 10, 2020, p. 70.

blocs super-souveraine ou même la chaîne de blocs mondiale seront développées pour jouer une fonction importante dans la gouvernance mondiale.

L'essence de la pensée chaîne de blocs est la pensée partagée. Chaîne de blocs est un état d'esprit partagé par toute l'humanité et est essentiellement une base de données partagée décentralisée : tout d'abord, le grand livre est partagé. La chaîne de blocs est un grand livre partagé par tous les nœuds, et ce grand livre est synchronisé sur tous les ordinateurs participants au réseau dans le monde entier. Le changement révolutionnaire apporté par ce partage est que le grand livre ne peut être détruit ou altéré par personne, il est infalsifiable, traçable, traçable, ouvert, transparent et maintenu collectivement, car personne ne peut attaquer tous les ordinateurs dispersés dans le monde en même temps. Deuxièmement, le partage des idées. La manifestation la plus puissante du partage d'idées se trouve dans le mécanisme de consensus de la chaîne de blocs. Le mécanisme de consensus est équivalent aux lois et règlements d'un pays, et les lois assurent le bon fonctionnement de l'ensemble du pays. Dans le monde de la chaîne de blocs, le mécanisme de consensus est l'utilisation de code et d'algorithmes pour assurer le fonctionnement normal de chaque nœud du monde de la chaîne de blocs. Tous les nœuds qui souscrivent à l'idée peuvent choisir d'y adhérer à tout moment ou de s'en retirer à tout moment. Troisièmement, la confiance est partagée. L'avantage de la technologie chaîne de blocs est qu'elle est décentralisée et non fiabilisée, ce qui permet de faciliter les transactions par le biais du code dans un environnement réseau totalement étranger. Sans le soutien de confiance d'une institution centrale, tous les nœuds du réseau participant, grâce au code et à la cryptographie de la chaîne de blocs, peuvent générer un partage de confiance. Quatrièmement, les règles sont partagées. La nature centralisée évidente de l'Internet permet difficilement d'éviter des problèmes tels que l'absence de réglementation et les opérations louches, car les règles établies sont également entièrement maintenues par les nœuds centraux. Cinquièmement, le partage du pouvoir numérique. Selon les règles de la chaîne de blocs, il faut que la plupart des participants s'accordent sur la validité des données avant de pouvoir les confirmer. Grâce à la forme de partage des autorisations, chaque participant rompt avec l'identité précédente à rôle unique et participe simultanément au maintien de la sécurité et de la validité des données de la chaîne de blocs en tant que triple identité de créateur, de superviseur et d'utilisateur, en tant que fournisseur de données, vérificateur et utilisateur. Par conséquent, aucune organisation ne peut avoir le contrôle total des données. Sixièmement, le partage de la puissance arithmétique. Si l'on prend l'exemple de la chaîne de blocs Bitcoin, sur la base de son mécanisme de consensus Pow (Proof of Workload), tous les participants du monde entier doivent payer les ressources informatiques correspondantes pour obtenir la monnaie de la chaîne de blocs, ce qui permet également d'utiliser efficacement les ressources arithmétiques inutilisées dans les nœuds du réseau dans une certaine mesure.[88] En d'autres termes, le partage arithmétique permet de transférer les ressources informatiques laissées inutilisées à des groupes d'utilisateurs ayant des besoins réels grâce au mécanisme de partage de la chaîne de blocs, ce qui permet une utilisation efficace et pratique des ressources arithmétiques.

Le philosophe français Pascal a dit : « L'homme n'est qu'un roseau, la chose la plus faible de la nature. La raison pour laquelle nous, les humains, avons pu vaincre toutes sortes de bêtes beaucoup plus fortes que nous et finalement nous élever dans le monde naturel est en grande partie due à la formation d'un collectif entre les gens, un morceau de collaboration et une situation gagnant-gagnant. » Comme l'a souligné un universitaire, « l'esprit de l'ère du bétail de labour était décentralisé et fermé, l'esprit de l'ère mécanique était centralisé et monopolisé, l'esprit de l'ère numérique est le partage ouvert, l'association plate et le bénéfice mutuel collaboratif. » Les gènes de la chaîne de blocs sont le consensus, la gouvernance partagée et le partage, et ces gènes sont la véritable source de pouvoir dans le processus d'intégration de la chaîne de blocs à divers domaines.

III. Chaîne de blocs : un bien supra-public

En tant que représentant le plus typique de la technologie disruptive, la chaîne de blocs est à l'origine d'un nouveau cycle de révolution technologique mondiale et de changement industriel, et déclenche des percées en chaîne. À mesure que la technologie progresse jour après jour, la chaîne de blocs connaîtra certainement une forme de développement plus avancée, et affichera de plus en plus de caractéristiques de sagesse, reflétera de plus en plus la valeur universelle, et manifestera de plus en plus l'importance de la perturbation. On peut prévoir que la nouvelle génération de technologies de l'information représentées par l'intelligence artificielle, l'information quantique, la communication mobile, l'Internet des objets et la chaîne de blocs accélérera les percées, améliorera et renforcera l'autonomie, le monde physique et le monde numérique deviendront plus

---

88. OK Chaîne de blocs Engineering Institute, « Printemps et pluie, une nouvelle économie du partage sous chaîne de blocs », *Golden Review Media*, 2018, http://www.jpm.cn/article-60648-1.html.

imbriqués et parallèles, et le monde binaire du monde physique et des personnes deviendra un espace tridimensionnel des personnes, du monde physique et du monde numérique. À l'heure actuelle, la chaîne de blocs présente une tendance au développement de l'évolution globale, de la percée de groupe et de l'intégration transfrontalière en termes de modélisation théorique, d'innovation technologique et d'application de scénario, favorisant le saut accéléré de la numérisation et de la mise en réseau vers l'intelligence dans divers domaines, ce qui aura un impact significatif et profond sur le développement économique, le progrès social et la gouvernance mondiale. Comme l'a déclaré Don Tapscott, le père de l'économie numérique, « la technologie Chaîne de blocs aura un impact large et profond sur la société à l'avenir, et elle deviendra la technologie noire la plus influente dans les prochaines décennies. » Alors qu'Internet nous a apporté un monde irrégulier, peu sûr et instable, la chaîne de blocs agit comme un bien supra-public pour rendre ce monde plus ordonné, plus sûr et plus stable, en fournissant une infrastructure sûre, contrôlée et ordonnée pour l'ère de l'Internet de tout, ainsi qu'un ensemble complet de règles pour celle-ci.

La Chaîne de blocs est un paradigme de pensée. Dans sa *Brève histoire de l'homme*, Yuval Harari explique l'histoire du développement humain en exprimant l'idée que l'homme est passé du statut d'animal faible à celui de « Dieu » de la planète, et que c'est par une petite évolution de la pensée qu'il en est progressivement venu à gouverner la planète entière. L'Homo sapiens a devancé les orangs-outans dans l'évolution car, à l'évolution biologique, s'est superposée une évolution de la pensée, « penser avant de faire », qui a conduit à la première révolution cognitive de l'humanité. C'est grâce à cette pensée évolutive que les humains ont commencé à communiquer, échanger, collaborer, construire des organisations, des nations, des religions et atteindre le sommet de la chaîne alimentaire. Ainsi, d'un point de vue historique, c'est l'évolution de la pensée qui a été le facteur déterminant du développement humain. Aujourd'hui, des centaines de milliers d'années plus tard, l'humanité est en train de passer d'un système mondial binaire à un système mondial triadique, et nous sommes heureux de constater qu'un nouveau mode de pensée est en train d'émerger et qu'il contribuera à débloquer les possibilités infinies de la valeur dans la future ère des réseaux. Il s'agit du résultat positif de la superposition de facteurs globaux, tels que les idées, les théories, les systèmes, les organisations, les technologies, les institutions, les mécanismes, les systèmes, la gestion et l'efficacité, qui se croisent dans une réaction chimique. Le processus d'industrialisation initié par la révolution industrielle a remodelé la société humaine, influençant et façonnant le système disciplinaire, le système de connaissances et le système de discours de la société humaine depuis plus de deux cents ans, et l'importance de la pensée chaîne de blocs n'est pas moindre que celle de la révolution industrielle il y a plus de deux cents ans. Sous l'influence de la pensée chaîne de blocs, les structures sociales, les formes organisationnelles, les formes politiques et les modèles de gouvernance formés depuis la révolution industrielle seront remodelés. Chaîne de blocs est une technologie intégrée, une révolution des données, une reconstruction de l'ordre, et surtout un point d'inflexion de l'époque. La Chaîne de blocs est peut-être la première nouvelle infrastructure de l'histoire de l'humanité qui affecte tous les aspects des relations de production, de l'argent et des finances, des systèmes de gouvernance, des systèmes juridiques, etc.

La chaîne de blocs est une infrastructure. Le patrimoine mondial commun est l'infrastructure la plus évolutive, utile, fiable et durable qui soit. Selon Robert Kahn, président et directeur général du Consortium pour la recherche et l'innovation, connu comme le « père de l'Internet », le monde pourrait entrer dans une ère entièrement numérique d'ici 2025. Si l'on regarde plus loin, l'avenir sera l'ère des biens numériques. La chaîne de blocs est en train de devenir l'infrastructure sous-jacente de l'ère du tout numérique, et le « réseau de chaînes » servira de cinquième réseau d'infrastructure après les réseaux routier, d'eau, d'électricité et de gaz (Figure 1.1). En décembre 2018, la Conférence centrale sur le travail économique a proposé d'accélérer la construction de nouvelles infrastructures, et en avril 2020, la Commission nationale du développement et de la réforme a redéfini le concept de nouvelle infrastructure[89] et a explicitement inclus la chaîne de blocs comme un composant important de la nouvelle infrastructure technologique dans l'économie numérique. En juin 2021, le ministère de l'Industrie et des Technologies de

---

89. La nouvelle infrastructure est un système d'infrastructure dirigé par le nouveau concept de développement, stimulé par l'innovation technologique, basé sur les réseaux d'information et orienté vers les besoins d'un développement de haute qualité, fournissant des services tels que la transformation numérique, la mise à niveau intelligente et la convergence et l'innovation, qui comprend trois aspects. Tout d'abord, elle comprend l'infrastructure des réseaux de communication représentée par la 5G, l'Internet des objets, l'Internet industriel et l'Internet par satellite ; l'infrastructure des nouvelles technologies représentée par l'intelligence artificielle, l'informatique en nuage et la chaîne de blocs ; et l'infrastructure de l'information comprenant l'infrastructure arithmétique représentée par les centres de données et les centres de calcul intelligent. La seconde est une infrastructure de convergence qui soutient la transformation des infrastructures traditionnelles en s'appuyant sur l'application approfondie de technologies telles qu'Internet, les mégadonnées et l'intelligence artificielle. La troisième est l'infrastructure d'innovation avec des attributs de bien-être public qui peuvent soutenir la recherche scientifique, le développement technologique et le développement de produits.

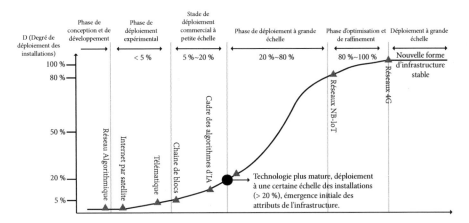

Figure 1.1 Schéma des étapes de l'évolution de l'informatique vers une nouvelle infrastructure

Source : MOU Chunbo, WEI Liurong, « Recherche sur la voie de développement des nouvelles infrastructures », *Les TIC et la politique,* n° 1, 2021.

l'information et le Bureau central d'information sur les réseaux ont publié le *Guide pour accélérer l'application et le développement industriel de la technologie chaîne de blocs,* proposant la construction d'une infrastructure chaîne de blocs basée sur la résolution d'identité. Lorsqu'une technologie devient une nouvelle catégorie d'infrastructure, cela signifie qu'elle possède des attributs de produit public considérables. « Chaîne de blocs est un support d'éléments de données plus efficace, une plate-forme innovante de soutien au financement et une nouvelle infrastructure très inclusive. La chaîne de blocs possède non seulement les attributs fondamentaux d'un bien public de l'infrastructure de l'économie numérique, mais elle favorisera également la transformation numérique des industries traditionnelles, réduira efficacement les coûts de transaction et améliorera la productivité totale des facteurs, et pourra devenir un point de lancement de la construction de nouvelles infrastructures. »[90] L'Académie chinoise de recherche sur l'information et la communication souligne également, dans le R*apport de recherche sur l'infrastructure de la chaîne de blocs (2021),* que la technologie de la chaîne de blocs possède des attributs d'infrastructure, notamment la capacité de fournir une gestion de confiance de base pour le fonctionnement social, la capacité de fournir

---

90. QU Shenning, « Chaîne de blocs : une rampe de lancement pour un nouveau type de construction d'infrastructures », *Technologie et Finance,* n° 7, 2020, p. 41.

une offre de valeur publique et inclusive pour le public, et la capacité de travailler avec d'autres technologies de l'information afin d'autonomiser et d'accroître l'efficacité dans diverses industries. La chaîne de blocs présente les caractéristiques d'un nouveau type d'infrastructure, notamment l'expansion et l'extension continues du champ d'application de ce nouveau type d'infrastructure, l'itération et la mise à niveau technologique rapide, une forte demande d'investissements continus, une demande accrue d'interconnexion et d'interopérabilité, une demande accrue de sécurité et de fiabilité, et une forte demande de compétences et de talents innovants. Contrairement à l'Internet industriel, à l'intelligence artificielle, à l'Internet des objets et à la 5G, qui sont des technologies verticales à vocation claire, la chaîne de blocs est une technologie horizontale et de liaison, et ces nouvelles infrastructures sont une sorte d'infrastructure, et la chaîne de blocs est l'infrastructure de ces infrastructures. La chaîne de blocs va devenir une technologie sous-jacente très importante et est de plus en plus associée à de nouvelles technologies. Dans de nombreux rapports de travail des collectivités locales, il existe une clause visant à aider les entreprises à déterminer ce qu'est le « taux de nuage », et je pense que dans cinq ou dix ans, il y aura un concept de ce qu'est le « taux de chaîne »[91]. La chaîne de blocs est un service public numérique que nous pouvons tous utiliser[92]. Les protocoles de chaîne de blocs (ensembles de règles pour construire et transmettre des informations) sont publics, ouverts, transparents, sécurisés, autonomes et dignes de confiance. Plus un protocole est performant en termes de neutralité de défiance, d'absence de besoin en permission et de confiance, plus il a de chances de se développer en une plate-forme mondiale. Il s'agit d'une nouvelle ère dominée

---

91. En avril 2020, l'infrastructure de réseau chaîne de blocs de la Chine, BSN, a été annoncée pour entrer officiellement dans la phase commerciale nationale, fournissant des services de réseau chaîne de blocs à travers les services cloud, les portails, les architectures sous-jacentes, les réseaux publics, les géographies et les institutions. en août 2020, BSN a également été officiellement commercialisée à l'étranger. En novembre 2020, BSN a déployé 131 nœuds de villes publiques sur six continents à l'échelle mondiale, avec le même objectif que l'Internet de réduire les coûts de développement, de déploiement, d'exploitation et de maintenance, d'interopérabilité et de réglementation des applications dans l'ensemble de l'industrie de la chaîne de blocs. Le réseau de services chaîne de blocs BSN, soutenu par l'État, s'est associé à six chaînes publiques, dont Tezos, NEO, Nervos, EOS, IRISnet et Ether, alors que l'infrastructure chaîne de blocs chinoise se mondialise.

92. La diversité de la demande et de la préférence du public pour « les biens et services publics » détermine l'ampleur du contenu », la pluralité des sujets, la diversité des approches et la complexité de la réglementation des entreprises publiques. La nature « publique » des affaires publiques a donné lieu à un grand nombre de participants, à des parties prenantes multiples, à des relations complexes et à des objectifs différents.`... La gouvernance efficace des événements publics est une tâche presque impossible dans le monde entier.

par les chaînes publiques, qui se remettra vraiment dans le droit chemin lorsque les chaînes publiques deviendront dominantes dans le développement des chaînes de blocs, ce qui est la raison d'être de ces dernières. Au fur et à mesure que la chaîne de blocs évolue d'une chaîne fédérée à une chaîne publique, elle aura le potentiel de devenir une infrastructure et un service public. Le cœur de la chaîne de blocs est dans le domaine public, une chaîne publique, car ce n'est que lorsque la chaîne de blocs sera transformée en une chaîne publique qu'elle ne deviendra pas un outil de création de richesse ou un gardien de l'Internet, mais véritablement un nouveau moteur pour une nouvelle ère à venir.

La Chaîne de blocs est un bien supra-public basé sur la civilisation numérique. La Chaîne de blocs est un outil de collaboration à grande échelle, un outil qui peut nous montrer un monde interconnecté global infiniment vaste, rendant possible des choses qui n'ont même jamais été imaginées auparavant. La collaboration globale massive deviendra une nouvelle façon de penser, de travailler et de vivre, des communautés collaboratives globalisées seront formées, et l'ère de la grande collaboration globale est sur le point de naître[93]. Si l'humanité dispose déjà d'un Internet ouvert et égalitaire, collaboratif et partageur comme infrastructure de diffusion de l'information, alors elle doit aussi avoir besoin d'un système de diffusion de la valeur qui lui correspond. La chaîne de blocs est passée d'une simple technologie financière à une large utilisation dans la gouvernance sociale et dans tous les domaines de la vie, et commence à faire partie d'un nouveau mécanisme de crédit social et d'un cadre de gouvernance mondiale. La chaîne de blocs est une « révolution de la gouvernance » sans précédent qui bouleverse tous les aspects de la gouvernance mondiale et redessine l'image des services publics mondiaux, tout comme les débuts d'Internet ont transformé les données et les communications. La chaîne de blocs est en train de devenir un mouvement mondial. Tout comme l'Internet est un système « mondial », la chaîne de blocs est une plate-forme mondiale, c'est-à-dire un bien public mondial. Il est différent des biens publics purs ou des biens quasi publics de la civilisation industrielle, mais possède les qualités et les attributs des biens publics dans le cadre du système de marché, et nous l'appelons un super bien public basé sur la civilisation numérique. La chaîne de blocs est une clé de la civilisation numérique et un outil de base indispensable au développement numérique futur. La naissance de la chaîne de blocs apporte des possibilités infinies au monde. Tout peut être mis sur la chaîne, et sur la base

---

93. WU Qing, *La vérité sur la chaîne de blocs*, Mechanical Industry Press, 2019, p. 48.

de cette chaîne, chacun peut créer un monde miroir numérique qui cartographie la réalité du monde. Comme l'a dit Kevin Kelly, la chaîne de blocs va devenir la pierre angulaire de la civilisation numérique, brisant la confiance qui s'est instaurée dans l'humanité depuis des milliers d'années et offrant une nouvelle façon de penser la transformation numérique.

La grandeur de la chaîne de blocs ne réside pas seulement dans ses subtilités techniques et algorithmiques, mais aussi dans sa valeur économique et sociologique innée, qui va redéfinir les modèles d'entreprise et les formes d'organisation, redéfinir le monde entier et devenir une autre innovation marquante de l'ère numérique. Tout au long de l'histoire du développement humain, notre société a connu des changements continus et rapides, passant d'une société de pêche et de chasse de dizaines de milliers d'années, à une société agricole de milliers d'années, à une société industrielle de centaines d'années, à une ère de l'information de quelques décennies seulement, et maintenant à une ère numérique de quelques années de développement seulement. Marx a déclaré : « La machine à vapeur, l'électricité et la machine textile automatique sont des révolutionnaires encore plus dangereux que les citoyens de Balbess, Raspail et Blanqui. » Barbès, Raspail et Blanqui, tous trois étaient des révolutionnaires célèbres dans la France du XIXe siècle. Le point de vue de Marx était très clair : le changement des forces productives est la base de toutes les révolutions dans les relations de production. Klaus Schwab, fondateur du Forum économique mondial, a déclaré : « Depuis l'invention de la machine à vapeur, de l'électricité et de l'ordinateur, les gens sont entrés dans une quatrième révolution industrielle – la révolution numérique – et la technologie chaîne de blocs est le fruit de cette quatrième révolution industrielle. » Ce n'est qu'en maintenant un approvisionnement durable en biens publics mondiaux que les problèmes mondiaux pourront être gérés efficacement, que l'ordre mondial pourra se développer régulièrement, que les intérêts de tous les pays pourront être pleinement sauvegardés et que le bien-être des personnes pourra être continuellement amélioré. En tant qu'infrastructure numérique de confiance et super bien public, la chaîne de blocs continuera à briser les contraintes de l'espace et du temps pour dissoudre et démanteler l'ancien ordre spatial et temporel et reconstruire un nouvel ordre spatio-temporel dans le processus de cette dissolution.

Chapitre II

MONNAIE NUMÉRIQUE

Nous sommes entrés dans la troisième décennie du XXIe siècle. Personne ne peut vraiment anticiper les événements qui influenceront et modifieront l'équilibre économique, politique, social et écologique du monde au cours de la troisième décennie. Ce dont on peut être sûr, en revanche, c'est que l'activité économique humaine va se poursuivre et qu'il n'y a aucune possibilité que l'argent disparaisse au cours de la prochaine décennie, mais seulement qu'il change de forme de manière significative, dont tous les signes sont devenus pleinement apparents au cours de la deuxième décennie du XXIe siècle et surtout au cours des deux ou trois dernières années.

—ZHU JIAMING

Section I
Fintech et l'avenir du crédit

L'argent est une grande invention de l'humanité, un produit de l'augmentation de la productivité et du progrès social de la société humaine. Depuis des milliers d'années, la monnaie, en tant que « sang » des activités économiques humaines, a évolué à travers une variété de formes physiques, des coquillages naturels aux pièces de métal et au papier-monnaie, et a accompagné l'humanité à travers une longue période de barbarie ancienne, de civilisation agraire et de civilisation industrielle. Lorsque l'humanité est entrée dans le XXIᵉ siècle, la période la plus tumultueuse de l'histoire de son développement, avec le développement rapide d'Internet, des mégadonnées, de la chaîne de blocs et d'autres technologies financières, les nouvelles technologies ont commencé à promouvoir la forme de l'argent vers l'électronique, le numérique, la conjecture de l'économiste américain Friedman sur les octets informatiques devenant l'avenir de l'argent est progressivement devenue une réalité[1]. Actuellement, la révolution monétaire, avec la chaîne de blocs en son centre, a sonné le clairon de la transformation de l'économie et la société. Le crédit est l'huile du moteur de la société humaine. En transformant l'architecture de confiance du système et le système de crédit social, la chaîne de blocs construit essentiellement une toute nouvelle société de crédit. « L'une des caractéristiques essentielles de la technologie chaîne de blocs est une technologie de crédit qui s'attaque efficacement au déficit de confiance dans la société grâce à des mécanismes intégrés au système de crédit social et qui facilitent la base technique pour l'amélioration ultérieure du système de crédit social. »[2] Sur la base de cette nouvelle forme de monnaie et de mécanisme de confiance, la chaîne de blocs va définitivement reconstruire le système de confiance sociale et le système social et économique, et mieux réaliser la fonction de circulation et de transmission de la monnaie en tant que « sang » de la société humaine.

---

1. Milton Friedman (1912-2006) était un économiste américain de renom, professeur à l'université de Chicago, figure de proue de l'école d'économie de Chicago, figure de proue de l'école monétaire, lauréat du prix Nobel d'économie de 1976 et lauréat du prix John Bates Clark de 1951. Friedman est largement considéré comme l'un des économistes et chercheurs les plus influents du vingtième siècle. Il a écrit un jour : « Qui sait quelle forme prendra l'avenir de l'argent ? S'agira-t-il d'octets d'ordinateur ? et a offert des spéculations sur la forme future de l'argent.

2. LU Minfeng, « Une étude sur la technologie de chaîne de blocs et la reconstruction du système de crédit social », *Journal de Lanzhou*, n° 3, 2020, p. 83.

I. Des coquillages à la monnaie numérique

L'argent a joué un rôle essentiel dans la vie humaine de l'Antiquité à nos jours. L'histoire de son utilisation remonte à l'époque du troc, bien avant l'avènement de l'État. Des débuts du troc, à l'utilisation d'objets tels que des coquillages comme monnaie physique, à la création de la monnaie métallique, et enfin au développement de la monnaie de crédit d'aujourd'hui, montre que le matériau de la monnaie a toujours changé avec le progrès de la société. Avec le développement et l'application continue de la technologie numérique, la recherche et le développement de la monnaie numérique dans le monde sont entrés dans l'ère de la monnaie numérique cryptographique basée sur les principes de la cryptographie. « L'invention du jiaozi il y a mille ans a été un changement soudain dans l'histoire de la monnaie humaine, une grande révolution qui a ouvert l'expérience la plus ancienne du système de monnaie de crédit de l'humanité ; l'essor de la monnaie numérique mille ans plus tard est une autre grande révolution dans l'histoire de la monnaie humaine, qui accélérera sûrement l'arrivée de l'ère de l'économie numérique humaine. »[3] Du point de vue des fonctions monétaires, elle englobe progressivement une mesure de la valeur, un moyen de circulation, un moyen de stockage, un moyen de paiement et une monnaie mondiale, et le concept de monnaie comme équivalent général a été généralement accepté. En termes de forme monétaire, elle est passée par plusieurs étapes : « monnaie physique – monnaie métallique – monnaie de crédit – monnaie numérique », et chaque changement de forme monétaire marque un tournant important dans le processus de la civilisation humaine. En termes de tendances monétaires, avec le développement de la production et de la circulation des marchandises et l'augmentation du niveau de développement économique, la forme de la monnaie a également évolué, passant d'un niveau primitif à un niveau avancé.

Argent physique. L'argent est un produit de l'échange de marchandises, ou un produit du développement de l'économie marchande jusqu'à un certain stade. Dans les temps anciens, les hommes échangeaient des biens pour satisfaire leurs besoins quotidiens, que ce soit « deux moutons pour une vache » ou « trois poissons pour une hache en pierre », il n'y avait pas de notion d'« argent ». Le sens de l'argent n'existait pas. Lorsque l'humanité a progressivement appris à utiliser diverses technologies, telles que les outils néolithiques, et que les ressources matérielles

---

3. ZHU Jiaming, « La transmission civilisationnelle de Jiaozi à la monnaie numérique », *L'Observateur économique*, 1er mars 2021, n° 1009.

sont devenues plus abondantes, l'équivalent général a été séparé du monde des marchandises et est devenu une marchandise spéciale en tant qu'expression unifiée de la valeur de toutes les autres marchandises, telles que les coquillages, les moutons et le bétail, les pierres précieuses et le sel. Ainsi, la monnaie a été créée à l'origine pour satisfaire l'échange, ce qui constitue sa fonction la plus essentielle, celle d'instrument d'échange. Qu'il s'agisse de coquillages, de fruits, de cornes ou de cornes de chèvre, ils pouvaient être échangés contre un porc ou un poisson, mais ils n'avaient que peu ou pas de valeur pratique en soi. Comme on peut le constater, l'argent ne doit pas nécessairement avoir une valeur pratique pour être de l'argent. Après la transformation de la forme générale de la valeur en une forme monétaire, il y a eu une longue période où la forme physique de la monnaie a dominé. La monnaie physique a été le stade initial du développement de la forme monétaire, mais elle présentait des inconvénients tels que l'instabilité, une portée limitée, l'absence d'une mesure unifiée de la valeur, ou était encombrante et difficile à transporter ; ou était de texture inégale et difficile à diviser ; ou était périssable et difficile à stocker ; ou était de taille variable et difficile à comparer. Cela a conduit à une détérioration générale de la qualité de la monnaie physique, ce qui est en fin de compte insoutenable.

Argent métallique. Avec les progrès de la métallurgie, la forme de l'argent a commencé à passer des « produits naturels » tels que le bétail et les coquillages aux métaux précieux comme l'or, l'argent et le cuivre. Au cours des 5 000 ans d'histoire monétaire de l'humanité, les métaux précieux ont occupé le plus longtemps la fonction de monnaie, l'or et l'argent étant les plus courants. Les métaux précieux sont stables dans leur composition, faciles à conserver et à transporter, et particulièrement adaptés à la circulation en tant que « monnaie », comme le disait Marx : « L'argent n'est pas naturellement de l'or ou de l'argent, mais l'or ou l'argent est naturellement de l'argent ». À mesure que l'éventail des marchandises échangées s'élargissait et que des transactions interrégionales, voire transnationales, apparaissaient, le poids et la couleur de la monnaie en métal précieux nécessitaient une preuve plus fiable, de sorte que l'État a commencé à gérer et à frapper la monnaie, en s'appuyant sur sa crédibilité. C'est, selon Friedman, la force de l'idée que « l'argent est un moyen d'échange commun et généralement accepté ». L'apparition et le développement de la technologie du travail des métaux étaient une condition matérielle préalable à l'utilisation généralisée de la monnaie métallique, qui présentait des avantages considérables tels que la stabilité de la valeur, la facilité de division et la facilité de stockage que la monnaie physique ne pouvait égaler. C'est pourquoi, dans la longue histoire du développement social de l'humanité, les métaux précieux représentés par l'or et l'argent ont reçu la fonction de valeur de l'argent. En même temps, sa rareté en a fait non seulement une représentation importante de la richesse matérielle de l'humanité, mais aussi un moyen important pour les êtres humains de rechercher et d'accumuler des richesses.

L'argent du crédit. Bien que l'or et l'argent présentent de nombreux avantages en tant que monnaie, ils n'ont pas pu s'adapter aux besoins de la vie économique moderne en raison de la difficulté de leur division ultérieure. La monnaie de crédit est apparue pendant la période où la monnaie métallique était en circulation. La monnaie de crédit pouvait être divisée indéfiniment, ce qui répondait mieux aux besoins de la circulation et a donc progressivement remplacé la monnaie métallique. Les premiers papiers commerciaux et les billets de banque étaient tous de la monnaie de crédit. C'est sous la dynastie des Song du Nord, en Chine, qu'est apparu le premier papier-monnaie du monde, le jiaozi[4]. Le papier-monnaie présentait des avantages que l'or et l'argent ne pouvaient égaler, il était simple à fabriquer, peu coûteux, plus facile à conserver, à porter et à transporter, et l'apparition du papier-monnaie était une forme inévitable du développement monétaire. Au début, la monnaie de crédit pouvait être échangée en monnaie métallique, puis elle est progressivement devenue partiellement encaissable puis non encaissable. Dans les années 1930, les pays du monde entier ont abandonné l'étalon or et le système de la monnaie au taux de change flottant a commencé à entrer en scène dans l'histoire. Cependant, son plus grand inconvénient est que le gouvernement, afin de stimuler l'économie, émet de la monnaie de manière incontrôlée. Depuis le passage de l'or à la monnaie de crédit nationale, la pratique de l'émission de la monnaie a été critiquée.

Les monnaies numériques. L'argent a subi une longue évolution pour créer la monnaie papier pratique et à circulation facile d'aujourd'hui. Cependant, le

---

4. Le jiaozi, le plus ancien papier-monnaie utilisé dans le monde, est apparu dans la région du Sichuan et a été émis à Chengdu en 1023. Le jiaozi original était en fait un certificat de dépôt. Sous la dynastie Song, les « pavillons jiaozi » sont apparus à Chengdu, dans la province du Sichuan, pour permettre aux marchands qui avaient du mal à transporter de grosses sommes d'argent de conserver leur argent. Le déposant remettait l'argent au magasin, qui inscrivait le montant sur un rouleau de papier kozo et le renvoyait au déposant moyennant des frais de stockage. Les coupons de papier kozo, qui étaient temporairement remplis avec le montant du dépôt, étaient appelés koji. C'est la première fois au monde que le papier-monnaie est utilisé comme moyen d'échange économique à la place de la monnaie métallique, ce qui en fait l'innovation la plus importante de l'histoire de l'économie humaine, de la monnaie et de la finance.

papier-monnaie lui-même présente un certain nombre d'inconvénients, tels que sa fragilité : il s'agit d'une impression sur papier qui s'abîme facilement ; il a peu de valeur en lui-même et est entièrement soutenu par l'aval de l'État, ce qui le rend susceptible d'être dévalué sans discernement et de provoquer des crises inflationnistes, entre autres inconvénients. Avec l'essor de l'Internet mondialisé et du commerce électronique, le paiement électronique est devenu une méthode de paiement importante pour une nouvelle génération de natifs de l'Internet. La monnaie papier a subi l'impact des paiements électroniques, et la commodité et les avantages du « zéro perte » des paiements électroniques leur ont permis d'empiéter de plus en plus sur l'utilisation de la monnaie papier. La monnaie électronique, résultat du développement rapide de l'économie moderne et de l'innovation continue de la technologie financière, est également le résultat de l'évolution de la fonction des moyens de paiement monétaires, représentant ainsi en un sens l'avenir du développement monétaire. « La différence la plus importante entre les monnaies virtuelles et les monnaies électroniques est la différence entre les émetteurs. Les monnaies virtuelles sont électroniques dans le sens où elles sont des monnaies non fiduciaires, qui peuvent être simplement comprises comme des monnaies circulant dans l'espace virtuel, et sont un produit du développement de la communauté Internet. »[5] Avec la superposition de l'Internet mobile, de l'informatique en nuage, de la chaîne de blocs et d'autres technologies, la forme de l'argent est devenue plus numérique, plus intelligente et plus diversifiée dans le contexte de profonds changements dans les méthodes de paiement mondiales. Les monnaies numériques sont des représentations numériques de la valeur[6], généralement acceptées par le public, et peuvent être utilisées comme moyen de paiement, ou transférées, stockées ou échangées sous forme électronique. La monnaie numérique est fondamentalement différente de concepts tels que la monnaie électronique et la monnaie virtuelle (Tableau 2.1). « La monnaie numérique » n'est pas seulement un concept, elle est en train de devenir une demande, et bien qu'il y ait encore de nombreux problèmes liés à l'émission de

---

5. Les monnaies virtuelles reposent souvent sur des accords algorithmiques entre les participants pour assurer le fonctionnement du système, et leur valeur est dérivée de la confiance que les participants accordent à la technologie. Par conséquent, certains pays ont défini les monnaies virtuelles comme une « valeur immobilière » « marchandise virtuelle » qui existe dans le cyberespace, soit dans la législation, soit dans des annonces publiées par des ministères.

6. Selon le Fonds monétaire international (FMI), la monnaie numérique au sens large désigne la représentation numérique de toutes les valeurs. (Dong He, Habermeier K F, Leckow R B *et al.*, « Virtual Currencies and Beyond : Initial Considerations », *IMF Staff Discussion Note*, 2016.)

Tableau 2.1 Comparaison entre monnaie électronique, monnaie virtuelle et monnaie numérique

	Monnaie électronique	Monnaie virtuelle	Monnaie numérique
Sujet de la question	Institutions financières	Opérateurs de réseaux	Indéterminé/Autorités monétaires
Champ d'application	Aucune limite	Environnement du réseau	Illimité
Nombre de questions	Décision sur la monnaie fiduciaire	Les émetteurs décident	Montant certain/infini
Valeur monétaire	Contrepartie de la monnaie fiduciaire	Pas de parité avec la monnaie fiduciaire	Non équivalent à la monnaie fiduciaire/réciproque
Sécurité monétaire	Crédit du gouvernement	Crédit aux entreprises	Croyance en un nom net/crédit gouvernemental
Sécurité des transactions	Plus haut	Plus bas	Plus haut
Coûts de transaction	Plus haut	Plus bas	Plus haut/bas
Exemples typiques	Cartes bancaires, cartes de bus, etc.	Pièces Q, pièces de forum, etc.	Bitcoin, monnaie numérique de la banque centrale, balances

Source : Compilation à partir d'informations accessibles au public.

monnaie numérique, son attrait est toujours imparable. L'émergence des monnaies numériques annonce une nouvelle tournure dans l'histoire de la monnaie et une nouvelle forme de développement.

II. La fintech bouleverse l'histoire

Entrant dans l'ère numérique, avec application convergent de la technologie de communication mobile représentée par la 5G, des mégadonnées, du cloud computing, de l'intelligence artificielle et de la chaîne de blocs dans le secteur financier, les innovations fintech modifient la manière dont la société humaine mène ses activités financières et le système monétaire international, et entraînent des changements dans le système de gouvernance financière mondiale. La finance a toujours été un leader et une frontière dans l'application des technologies de l'information, et le règlement des paiements pour les transactions en devises est un domaine d'importance majeure. En particulier, ces dernières années, les paiements de transactions monétaires ont accéléré leur évolution, passant de paiements de transactions monétaires tangibles à des paiements de transactions numériques non monétaires, et les modèles de paiement et de compensation des devises sont en constante évolution, la tendance à changer de forme de monnaie devenant de plus en plus évidente. À l'avenir, le développement de la monnaie numérique ne sera pas seulement inséparable de la technologie financière. Cela inclut les innovations technologiques « solides » que sont les mégadonnées, le cloud computing, l'intelligence artificielle et la chaîne de blocs, ainsi que le choix de voies technologiques spécifiques, qui influenceront et même détermineront la structure logique, le modèle de paiement, les moyens de service, le modèle organisationnel et l'efficacité opérationnelle des monnaies numériques. Il est facile de constater que les progrès de la fintech ont toujours été le moteur le plus important de l'évolution des formes monétaires, qui sont passées du physique à l'électronique et à l'invisible, et des paiements monétaires, qui sont passés de l'argent liquide au non liquide.

L'essor des fintechs. Le terme FinTech a été mentionné pour la première fois par John Reed, président de la Citibank, lors du Smart Card Forum[7]. Le Conseil mondial de stabilité financière (FSB) définit les FinTech comme « la convergence de la finance et de la technologie pour créer de nouveaux modèles commerciaux, de nouvelles applications, de nouveaux processus et de nouveaux produits qui ont un impact très important sur les marchés financiers, les institutions financières et la manière dont les services financiers sont fournis. » Selon le plan de développement des technologies financières (FinTech) (2019-2021) publié par la Banque populaire de Chine, « la FinTech est une innovation financière axée sur la technologie qui vise à utiliser les réalisations technologiques modernes pour transformer ou innover les produits financiers, les modèles commerciaux et les processus commerciaux afin de stimuler le développement financier pour améliorer la qualité et accroître l'efficacité. » La fintech fait référence à une gamme de technologies numériques qui peuvent potentiellement conduire à un changement dans l'offre de services financiers. La fintech peut donner naissance à de nouveaux modèles d'entreprise, applications commerciales, processus commerciaux et produits (ou réguler les modèles existants)[8]. Selon le professeur

---

7. Puschmann T., « Fintech », *Business & Information Systems Engineering*, n° 59, 2017.

8. Erik Feyen, Jon Frost, Leonardo Gambacorta *et al.*, « Fintech and the digitaltransformation of financial services : implications for market structure and public policy », *BIS Paper*, n° 117, p. vi.

BEN Shenglin, doyen de l'International Joint Business School de l'université de Zhejiang et directeur de l'Institute of Internet Finance de l'université de Zhejiang, la fintech désigne généralement l'utilisation des technologies numériques par les institutions financières existantes pour réduire les coûts, diminuer les frictions du marché financier et augmenter les revenus. La finance technologique, quant à elle, fait référence aux entreprises technologiques qui commencent à proposer des produits financiers dans le prolongement et l'expansion de leurs activités. Avec la mise à niveau itérative de la fintech, les connotations et les limites de la fintech s'élargissent également. L'industrie mondiale des fintechs comprend actuellement quatre grandes composantes : la banque par Internet, les titres et les assurances, les fintechs émergentes, la technologisation des fintechs traditionnelles et les infrastructures fintechs[9]. L'histoire du développement des fintechs dans le monde peut être divisée en trois grandes catégories : fintech 1.0 (informatique financière), fintech 2.0 (finance sur Internet) et fintech 3.0 (finance intelligente). Avec l'application approfondie des FinTech, des produits financiers innovants majeurs ont commencé à émerger. En 2009, le bitcoin a été inventé, et depuis lors, les FinTech mondiales sont passées au stade 3.0. La FinTech chinoise est un retardataire, ayant vu le jour en 1988, près de 30 ans après la scène internationale. En 2012, la Chine a pris l'initiative d'introduire le terme « Internet Finance », et depuis, la FinTech chinoise est entrée dans une phase de développement rapide, avec l'émergence d'un grand nombre de nouvelles institutions et de nouveaux produits. Alors que les phases 1.0 et 2.0 de la fintech mondiale ont toutes deux vu le jour au Royaume-Uni et aux États-Unis, la fintech chinoise est progressivement passée de « l'imitation chinoise » à « l'imitation de la Chine », et a même commencé à dépasser progressivement le Royaume-Uni et les États-Unis. Selon l'indice de développement des FinTech (FDI) publié par l'équipe du professeur Ben Shenglin, la Chine, les États-Unis et le Royaume-Uni sont les trois premiers pays au classement mondial des FDI, et les cinq premiers pays en termes d'industrie, d'utilisateurs et d'écologie, ce qui en fait le triumvirat du

---

9. La banque, les valeurs mobilières et l'assurance par Internet désignent l'achèvement des activités traditionnelles de banque, de valeurs mobilières et d'assurance par le biais d'Internet de manière purement en ligne ; les fintech émergentes comprennent les paiements de tiers, les prêts en ligne, le crowdfunding et d'autres activités ; la fintechisation traditionnelle désigne la transformation numérique des institutions financières traditionnelles telles que les banques, les valeurs mobilières, les assurances, les fonds et les trusts à l'aide de la technologie ; l'infrastructure fintech est le support des activités fintech ci-dessus et des applications connexes, y compris à la fois le support financier tel que les échanges et le crédit, et le support technique tel que l'intelligence artificielle, les mégadonnées et le cloud computing.

développement des fintechs. Du point de vue du modèle de développement, les trois pays représentent les trois principaux modèles de développement des fintechs, à savoir le modèle tiré par le marché, le modèle tiré par la technologie et le modèle tiré par les règles, chacun d'entre eux montrant la voie et fournissant une référence correspondante pour le développement des fintechs dans les pays du monde entier. Il est prévisible qu'à l'avenir, l'innovation technologique deviendra le principal moteur de l'innovation et du changement dans le domaine financier, et le châssis de tous les services financiers.

La fintech reconfigure la pyramide monétaire. « Les monnaies numériques, qui constituent l'un des principaux produits innovants de la fintech, ont eu un impact plus important sur l'ensemble du secteur financier et sa sphère réglementaire. »[10] En particulier, la technologie chaîne de blocs offre la possibilité d'un mécanisme de confiance décentralisé susceptible de transformer l'infrastructure financière. Selon l'économiste américain Minsky[11], le système de crédit monétaire moderne est une pyramide (Figure 2.1), avec les engagements du gouvernement (banque centrale et trésor public) au sommet, la monnaie locale la plus sûre (monnaie de base), les engagements bancaires (dépôts bancaires ou monnaie au sens large) au milieu, et les autres engagements des entreprises et des particuliers au niveau suivant. La spécificité des banques est qu'elles bénéficient du soutien de l'État sous la forme de services de compensation centrale fournis par la banque centrale avec ses engagements (réserves), d'un soutien en liquidités fourni aux banques par la banque centrale en tant que prêteur en dernier ressort, et de mécanismes d'assurance des dépôts impliquant le ministère des finances ou la banque centrale. Chaîne de blocs pourrait avoir un impact perturbateur sur le modèle des services financiers, en impactant le modèle financier existant de bas en haut et même en modifiant la structure pyramidale monétaire existante. Avec le soutien de la technologie financière, en particulier l'expansion rapide des systèmes de paiement tiers ces dernières années, tels que WeChat Pay et Alipay ont changé la vie des gens. La relation entre les paiements tiers et les banques est délicate : d'une part,

---

10. BA Shusong, ZHANG Daichao et ZHU Yuanqian, « L'état actuel du développement et les tendances de la monnaie numérique mondiale », *Recherche sur le développement financier*, n° 11, 2020, p. 4.

11. Hyman P. Minsky (1919-1996) était un économiste américain né à Chicago, dans l'Illinois, et ancien professeur d'économie à l'université Washington de Saint-Louis. Ses recherches ont tenté de fournir une compréhension et une explication de la nature des crises financières. Il est parfois décrit comme un keynésien radical, et ses recherches ont la faveur de Wall Street. Minsky est un pionnier de la théorie financière et une autorité contemporaine en matière de crises financières. Son « hypothèse d'instabilité financière » est l'une des théories classiques de la finance et n'a cessé d'être affinée et discutée.

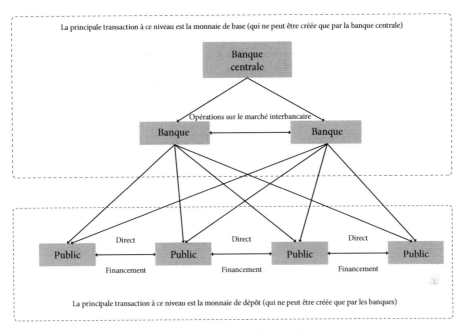

Figure 2.1 Pyramide de l'argent du crédit

Source : Basé sur des informations pertinentes

les paiements mobiles relient de nombreux petits commerçants et consommateurs et jouent un rôle dans l'expansion des services financiers, et les banques en bénéficient indirectement ; d'autre part, les établissements de paiement tiers sont devenus des concurrents importants des banques dans les paiements de détail[12]. Les plate-formes actuelles de paiement par des tiers sont connectées au système de paiement du système bancaire, et le règlement final repose toujours sur le mécanisme centralisé existant. À mesure que l'échelle continue de croître, la sécurité des fonds en transit et des fonds déposés devient un problème de risque systémique. Cependant, à long terme, un système de paiement tiers plus sûr augmentera la pression concurrentielle qu'il exerce sur le système bancaire. Les systèmes de paiement par des tiers ne sont qu'un aspect du défi que les FinTech lancent aux modèles financiers existants. Les paiements sont avant tout un flux économique d'argent, et les changements dans les méthodes de paiement ne sont pas seulement une manifestation importante de l'évolution de l'argent,

---

12. PENG Wensheng, « Les implications monétaires de la fintech », *Revue financière de Tsinghua*, n° 9, 2017, p. 97.

ils en sont aussi un moteur important. Chaîne de blocs a changé la façon dont l'argent est enregistré et les transactions exécutées. La comptabilité distribuée utilise la comptabilité et le stockage distribués, éliminant la nécessité d'établir une institution tierce de confiance et rendant possible la décentralisation du système de paiement, ce qui, en fin de compte, favorise la formation d'une nouvelle révolution dans le secteur financier. Les innovations Fintech ne fournissent pas seulement un support technique pour la construction des monnaies numériques, mais elles offrent également des conditions d'infrastructure financière de plus en plus sophistiquées pour l'émission et la circulation des monnaies numériques.

Les technologies financières perturbent les modèles financiers traditionnels. Les technologies financières peuvent réduire efficacement les coûts de transaction, améliorer l'asymétrie de l'information sur le marché, l'incomplétude du marché et les externalités négatives, et contribuer à réduire les frictions financières. Premièrement, la technologie financière a modifié les caractéristiques de l'offre et de la demande de ressources financières traditionnelles, créant un effet de grappe et rendant l'allocation des ressources financières plus efficace et rationnelle. D'une part, les technologies financières collectent des quantités massives de données et les intègrent dans des informations numériques, en utilisant la technologie des mégadonnées pour analyser les préférences et les besoins des clients et fournir des produits et services financiers personnalisés ; d'autre part, elles utilisent leur énorme bilan pour étendre leur segment financier, ce qui permet de développer des produits à grande échelle. Deuxièmement, la technologie financière est propice à la refonte de l'environnement du crédit et à l'atténuation des difficultés de financement et des financements coûteux pour les petites et moyennes entreprises. Avec l'itération accélérée des technologies sous-jacentes telles que les mégadonnées, la chaîne de blocs et l'intelligence artificielle et leur intégration approfondie dans divers scénarios d'affaires financières, la fintech peut jouer un rôle important dans le processus de supervision des prêts et de gestion post-prêt, remodelant ainsi l'environnement de contrôle des vents et l'environnement de crédit et améliorant l'efficacité du financement des MPME. Troisièmement, la fintech améliore l'accessibilité et l'universalité des services financiers. La technologie financière peut réduire les coûts des services et fournir un soutien financier aux groupes à longue traîne et aux micros et petites entreprises qui sont difficiles à couvrir par la finance traditionnelle, qui est inclusive. Cependant, les technologies financières apportent également de nouveaux risques et augmentent le potentiel de risque de crédit. « Les FinTech, sur la base de la diversité des formes d'entreprise et des caractéristiques interrégionales, seront libérées des contraintes de la réglementation financière traditionnelle qui est limitée par la géographie »[13]. La clé du développement de la fintech est de savoir si elle favorise le développement de la banque au sens strict ou si elle augmente le risque d'instabilité financière en accroissant l'hybridation financière. Pour relever les défis posés par le développement des technologies financières et pour prévenir et contrôler les risques financiers, il est nécessaire de réexaminer la structure financière existante, d'être proactif au niveau réglementaire, de faire la distinction entre les attributs publics et à risque de la finance et d'encourager les institutions financières à se concentrer sur leur activité principale[14]. Il convient de noter que l'essence des FinTech reste la finance. La technologie numérique n'est qu'un support pour l'innovation financière et ne peut pas changer l'objectif et les principes de sécurité des services financiers traditionnels. La technologie financière doit suivre les principes et les normes de réglementation financière correspondants.

III. De l'étalon-or à la chaîne de blocs

En résumé, le processus de base du développement de l'étalon monétaire comprend trois grandes étapes : l'étalon métal, la période de transition du système de Bretton Woods[15] et le système jamaïcain (Tableau 2.2). Historiquement, l'humanité a inventé la monnaie dès les premiers jours du troc, et a connu une transition d'un étalon-or (étalon marchandise) à un étalon papier-monnaie (étalon crédit), et de taux de change fixes à flottants. Après l'effondrement du système de Bretton Woods dans les années 1970, le système monétaire international a évolué

---

13. HE Dexu, YU Jingjing et HAN Yangyang, « L'impact de la fintech sur la politique monétaire », *China Finance*, n° 24, 2019, p. 62.

14. PENG Wensheng, « Les implications monétaires de la fintech », *Revue financière de Tsinghua*, n° 9, 2017, p. 97.

15. En juillet 1944, les représentants des principaux pays occidentaux ont établi le système lors de la Conférence monétaire et financière internationale des Nations unies, qui s'est tenue à Bretton Woods, dans le New Hampshire, aux États-Unis, et qui est donc appelée le « système de Bretton Woods ». Le système de Bretton Woods est un système d'étalon de change basé sur le dollar américain et l'or, en substance, il s'agit d'établir une sorte de système monétaire international centré sur le dollar américain, le contenu de base comprend l'ancrage du dollar américain et de l'or, la monnaie des pays membres du Fonds monétaire international et le dollar américain pour maintenir un taux de change fixe (la mise en œuvre du système de taux de change fixe ajustable). Le fonctionnement du système monétaire de Bretton Woods est étroitement lié à la crédibilité et au statut du dollar américain. Dans le cadre du système de Bretton Woods, le dollar américain était rattaché à l'or, les pays étaient rattachés au dollar américain et le dollar américain est devenu la monnaie mondiale dominante. Le dollar américain est ainsi devenu le « érité de l'économie et du commerce mondiaux pendant une période considérable après la guerre.

Tableau 2.2 Le système monétaire international à l'ère moderne

Système monétaire international	Ancres monétaires	Stabilité monétaire	Évaluation internationale, règlement et réserves	Signes de prospérité économique
Standard d'or	Or	Mécanisme de Hume	Or	L'essor de l'économie américaine
Système de Bretton Woods	Dollar américain	Autres monnaies rattachées au dollar américain	Le plan Marshall	Le miracle économique japonais et allemand
Système de la Jamaïque	Panier de devises dirigé par le dollar	La parité dollar-or	Le plan Dodge	La nouvelle économie

Source : Golden Finance

vers le système jamaïcain[16], que l'on appelait en plaisantant le « non système ». Avec la naissance de la technologie chaîne de blocs et des monnaies numériques, la nature et les caractéristiques de la monnaie évoluent encore, et le système monétaire est confronté à des défis et à des changements, le système jamaïcain peut s'effondrer à tout moment, et les pays souverains attendent activement un nouveau système monétaire international plus stable et plus raisonnable. Il s'agit non seulement d'une question de droit international, mais aussi d'une préparation à l'intégration monétaire dans le contexte de la mondialisation économique. Du point de vue de l'évolution de la monnaie, le développement de la société a été un facteur important dans l'extension du champ d'application et l'évolution de la forme de la monnaie, tandis que les progrès de la technologie ont été un autre facteur important dans le changement de la monnaie. La monnaie numérique est une forme de monnaie issue de la convergence des innovations technologiques. En

---

16. En avril 1976, le Conseil des gouverneurs du FMI a adopté le deuxième amendement à l'accord du FMI, et le système monétaire international est entré dans une nouvelle phase de son histoire – le système jamaïcain. Dans le cadre du système jamaïcain, l'or a été complètement découplé de la monnaie, les pays ont été autorisés à laisser flotter leur taux de change avec le consentement du FMI, et le rôle des DTS a été élargi pour en faire la principale réserve internationale. Le système jamaïcain est le résultat d'une série d'amendements aux statuts du Fonds, directement issus du système de Bretton Woods.

fait, toutes les monnaies, qu'elles soient métalliques, de marchandises, de crédit ou numériques, sont basées sur un accord, c'est-à-dire qu'elles constituent un contrat entre les détenteurs. Toutefois, contrairement aux formes traditionnelles de monnaie, les monnaies numériques peuvent être des contrats basés sur des devises fiduciaires, des contrats basés sur un panier d'actifs de réserve ou des contrats intelligents basés sur des algorithmes de consensus. La construction d'un système de monnaie numérique mature, stable et fiable est donc l'orientation future du système monétaire mondial. Le système de monnaie numérique légale construit sur les idées de la chaîne de blocs bouleverse la nature de crédit de l'argent et deviendra un changement révolutionnaire et un nouveau jalon dans l'histoire de l'argent humain.

La norme de l'étalon-or. Le système dit de l'étalon-or, c'est-à-dire le fait de considérer l'or comme la monnaie de base d'un pays et la monnaie légale (c'est-à-dire la monnaie standard) du système monétaire. La première mise en œuvre du système d'étalon-or est le Royaume-Uni, en 1816 et qui a promulgué le *Projet de loi sur le système d'étalon-or*, de la forme juridique de la reconnaissance de l'or comme l'étalon de la monnaie à l'émission de papier-monnaie. À la fin du XIXᵉ siècle, l'Allemagne, la Suède, la Norvège, les Pays-Bas, les États-Unis, la France, la Russie et d'autres grands pays occidentaux ont mis en œuvre le système de l'étalon-or, qui est devenu le principal système monétaire généralement reconnu dans le monde. L'or présente les caractéristiques de la libre liquidité, du libre-échange, de la libre importation et exportation. Dans le système d'étalon-or, chaque pays à une certaine quantité d'or pour l'unité monétaire frappant des pièces d'or, comme la monnaie locale, les pièces d'or peuvent être frappées et fondues librement, avec une solvabilité légale illimitée, en même temps peut limiter d'autres pièces frappées et la solvabilité, la monnaie auxiliaire et le papier-monnaie peuvent également être librement échangés pour des pièces d'or ou l'or équivalent, l'or est devenu la seule réserve. Dans ce système, la valeur de la monnaie et le taux de change sont assez stables, le système d'étalon-or élimine le système d'étalon composé d'or et d'argent qui existe avec les inconvénients de la confusion des prix et de la circulation de la monnaie, pour assurer l'unité du marché mondial et la stabilité relative du marché des changes. Au début du XXᵉ siècle, la Première Guerre mondiale a éclaté, la guerre a sérieusement détruit le système économique des principaux pays participants, la Grande-Bretagne a perdu le statut de première puissance économique au monde. Le système monétaire mondial a été gravement touché, l'inflation mondiale et la stagnation de la production ayant gravement affecté le système d'étalon-or. Dans les années 1930, après la crise économique mondiale, les pays ont dû renforcer le contrôle du commerce, interdire le libre-échange de l'or, d'importation et d'exportation, le marché ouvert de l'or a perdu la raison de son existence, le marché de l'or de Londres a fermé, l'étalon-or s'est complètement effondré.

La norme de crédit. L'effondrement de l'étalon-or a plongé le système monétaire international dans le chaos et le désordre. Après la « Première Guerre mondiale », la société humaine est officiellement passée de l'étalon-or à un système monétaire de crédit. L'or était principalement un moyen de paiement et était considéré comme une monnaie marchandise, tandis que la monnaie légale émise par les gouvernements était une monnaie de crédit standard, adossée à des actifs (actifs de réserve, Figure 2.2). Dans un système de monnaie de crédit, le rôle des gouvernements est renforcé, le dollar américain étant adossé à la puissance nationale et lié aux fluctuations du pétrole, ce qui met en évidence la valeur des monnaies liées aux matières premières et renforce encore la domination absolue du secteur public dans l'émission de la monnaie. L'évolution du système monétaire reflète et traduit également les changements de politique économique avec un système à double entrée de politique budgétaire et monétaire. Après la « Seconde Guerre mondiale », les États-Unis sont devenus le pays le plus puissant du monde, et la Conférence de Bretton Woods a établi le système monétaire international avec le dollar américain comme centre, mais comme les États-Unis ont progressivement eu du mal à soutenir l'engagement d'échanger une quantité déterminée de dollars contre de l'or, plusieurs ruées vers l'or ont eu lieu dans le monde jusqu'à l'effondrement du système de Bretton Woods[17], et la réforme mondiale de démonétisation de l'or a progressivement commencé. La réforme de la monétisation a progressivement commencé. Après l'effondrement du système de Bretton Woods, l'ordre financier international est à nouveau en ébullition jusqu'à la conclusion de l'accord de la Jamaïque en 1976. Le système jamaïcain est au dollar le principal système de réserve international diversifié, permettant pour les pays du monde de choisir leur réserve internationale, pas seulement le dollar, mais également l'or, l'euro, le yen et la livre et d'autres monnaies internationales. Depuis lors, le monde est entré dans l'ère des monnaies à crédit intégral. Dans le système de la monnaie de crédit, les

---

17. En août 1971, le gouvernement Nixon a violé unilatéralement l'accord du FMI en annonçant l'arrêt de l'échange officiel de dollars contre de l'or, ce qui a entraîné la perte totale des fondements du système « centré sur le dollar » dans le système de Bretton Woods.

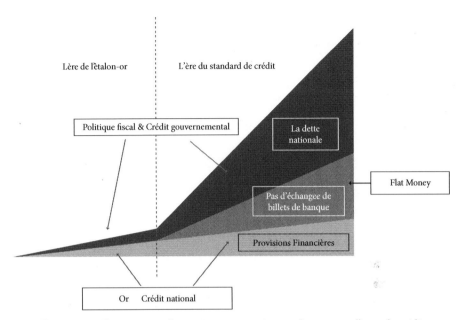

Figure 2.2 Comparaison des systèmes monétaires sur les normes d'or et de crédit

Source : Digital Asset Institute, *Libra : une expérience d'innovation financière*, Éditions de l'Est, 2019.

actifs des banques créent des passifs, plus précisément des dépôts par le biais de prêts et d'autres formes d'expansion des actifs – le système de la monnaie de crédit. Après l'effondrement du système de Bretton Woods, la puissance combinée des États-Unis a considérablement diminué par rapport au début de l'après-guerre, mais en raison du choix du marché et de la dépendance à l'égard de la trajectoire, le dollar américain reste l'épine dorsale du système monétaire international moderne et le principal point de discorde dans le système monétaire international actuel.

Le système monétaire « crédit national + crédit technologique » sous la chaîne de blocs. L'économiste britannique Innes a souligné : « Le crédit est lui-même de l'argent. Le crédit, et non l'or et l'argent, est un bien recherché par tous, et son acquisition est le but et l'objet des affaires. » Depuis la crise financière internationale de 2008, avec le développement et les changements du paysage économique et financier mondial, en particulier l'instabilité du système financier mondial provoquée par le système monétaire unipolaire dont le dollar américain est la monnaie mondiale dominante, les défauts du système de monnaie fiduciaire ont commencé à apparaître progressivement, et les préoccupations des gens concernant la surémission de monnaie par les gouvernements ont augmenté de façon répétée. Le déclenchement de la crise financière a soulevé des questions sur la réputation des banques centrales et sur la fonction d'intermédiation du crédit du système financier dans son ensemble. L'école de pensée autrichienne[18] avait le vent en poupe et les partisans de la « dénationalisation » de la monnaie étaient en hausse. Dans cet environnement, des monnaies décentralisées, programmables et non adossées au crédit de l'État souverain, telles que représentées par la chaîne de blocs et le bitcoin, ont émergé. Toute monnaie repose sur l'existence du crédit, d'où le succès des crypto-monnaies numériques, représentées par le bitcoin. Le bitcoin a inventé un nouveau système de monnaie électronique qui n'est pas contrôlé par des gouvernements ou des institutions, et a montré que la décentralisation, l'émission non incrémentale et la division infinie sont les caractéristiques fondamentales du bitcoin. La technologie Chaîne de blocs est la base du fonctionnement du Bitcoin, transformant le système traditionnel de monnaie fiduciaire avec de nouvelles caractéristiques telles que l'infalsifiabilité, la traçabilité, la maintenance collective, l'inaltérabilité et la « non-double dépense »[19]. La technologie de chaîne de blocs n'est pas seulement un mouvement d'innovation technologique, mais permet également un changement significatif dans la façon dont la société fonctionne, et est donc considérée comme une technologie disruptive qui démarre une « nouvelle ère de confiance »[20]. « La plus grande différence entre la chaîne de blocs de souveraineté et la chaîne de blocs privée réside à nouveau dans l'augmentation du crédit national par l'intervention de la souveraineté nationale. Dans le cadre

---

18. L'école autrichienne est une école d'économie méthodologiquement individualiste qui a vu le jour en Autriche à la fin du XIXᵉ siècle et s'est poursuivie au XXᵉ siècle dans des pays comme les États-Unis. L'école autrichienne estime que seules les théories économiques qui découlent logiquement des principes du comportement humain sont vraies. Étant donné que bon nombre des politiques préconisées par l'école autrichienne appellent à moins de réglementation gouvernementale, à la protection de la propriété privée et à la défense de la liberté individuelle, les travaux des penseurs de l'école autrichienne sont souvent cités par les groupes libertariens du laissez-faire, du libre-arbitre et de l'objectivisme.

19. La réutilisation des actifs en bitcoins implique un terme appelé « double dépense », également connu sous le nom de « multi-paiement ». Cela ne peut se produire dans la vie réelle, car chaque transaction est enregistrée par une autorité centrale telle qu'une banque, et soit la transaction est confirmée, soit elle échoue, de sorte que vous ne dépensez pas un centime deux fois. On parle de double dépense lorsqu'une somme d'argent est dépensée deux fois, ce qui constitue le plus grand défi dans le domaine des devises numériques. Dans le monde de la chaîne de blocs, un réseau de bases de données distribuées et entretenues en collaboration, soutenu par un grand nombre de mineurs qui tiennent les comptes, est conçu pour décentraliser les transactions de pair à pair. L'aspect révolutionnaire du bitcoin est qu'il évite le problème de la « double dépense ».

20. ZHANG Chenggang, « L'ère de la chaîne de blocs : développement technologique, changement social et défis en matière de risques », *Forum des citoyens – Frontières académiques*, nᵒ 12, 2018, p. 37.

de la tendance générale du développement de l'économie numérique, la monnaie numérique n'est pas seulement une importante activité économique numérique en soi, mais surtout une importante infrastructure économique numérique de l'avenir et une composante importante des facteurs clés de production lorsque la numérisation des actifs et la numérisation de la mesure de la valeur des activités économiques telles que les biens et les services sont indissociables de la monnaie numérique. La chaîne de blocs tente de résoudre le problème de la confiance et de la collaboration de masse entre étrangers d'un point de vue technologique. Elle est considérée comme le quatrième marqueur dans l'histoire de l'évolution du crédit humain, après le crédit des parents, le crédit des métaux précieux et le crédit des billets de banque centraux. Alors que l'imprimerie a apporté au monde le partage des connaissances, la chaîne de blocs est la « machine à vapeur » qui fait fonctionner la société de crédit, permettant à l'humanité d'accélérer vers une société de confiance. Il ne fait aucun doute que la technologie chaîne de blocs, qui sous-tend et anime le développement de la monnaie, est devenue un tournant important dans l'histoire de la monnaie, et que la porte d'un changement de forme de la monnaie s'est discrètement ouverte.

Section II
Ancrages de la monnaie numérique

En termes de développement historique, l'établissement du système de Bretton Woods en 1944 a été le premier ancrage du système monétaire mondial[21], qui peut être résumé comme un système de taux de change fixe avec le dollar américain fixé à l'or et les monnaies nationales fixées au dollar américain. En 1971, avec la dissolution du système de Bretton Woods, le deuxième ancrage du système monétaire mondial peut être résumé comme un panier de devises centré sur le

---

21. Une ancre est un outil utilisé pour maintenir un navire à l'ancre. En laissant tomber cet énorme objet métallique en forme de griffe enchaîné au navire au bon endroit dans la mer, le navire peut arrêter de dériver à volonté, ce qui est très important pour la sécurité du navire. L'ancre monétaire est un concept économique, un cadre de référence pour l'émission monétaire par rapport auquel les banques centrales peuvent juger si la politique monétaire est justifiée. Les ancrages monétaires existent pour assurer le bon fonctionnement de la monnaie et la mettre au service de l'économie, et non pour provoquer l'agitation et le chaos dans l'économie. Un bon ancrage monétaire est l'une des conditions importantes d'un développement économique stable. (LIU Huafeng, *À la recherche d'ancrages monétaires*, Presse de l'université sud-ouest de finance et d'économie, 2019, p. 5.)

dollar américain, avec l'euro, la livre sterling et le yen japonais[22]. Après la crise financière mondiale de 2008, l'instabilité financière mondiale provoquée par le système monétaire unipolaire a déclenché une troisième recherche d'un ancrage dans le système monétaire international. Dans ce processus, les monnaies numériques et les paiements numériques sont très attendus, et sont également considérés comme un prélude à la recherche monétaire mondiale de points d'ancrage fintech. Les plus représentatives sont l'émergence du bitcoin, une monnaie numérique cryptographique dont la technologie centrale est la chaîne de blocs, le Libra, émis par Facebook et adossé à un panier de dépôts bancaires et de bons du Trésor à court terme et régi par une association indépendante, et le Diem. La troisième est une monnaie numérique de banque centrale, adossée au crédit de l'État et dotée d'une valeur fiat illimitée, qui devrait voir le jour. Les trois types de monnaies numériques représentent la rencontre du secteur privé, des géants multinationaux et des gouvernements nationaux, et créent une « nouvelle guerre des monnaies » dans le monde des monnaies numériques. À l'heure actuelle, les pays doivent comprendre pleinement le mécanisme de formation de l'ancrage de la monnaie et son importance pour la qualité de la monnaie, promouvoir activement la monnaie numérique légale pour remodeler le système de crédit existant, et après avoir ancré la monnaie numérique, maintenir la qualité de la monnaie et la stabilité de l'économie mondiale par des politiques monétaires appropriées.

I. Bitcoin : un système de monnaie électronique de type « peer-to-peer »

Le concept de Bitcoin a été développé dans le contexte de la crise économique mondiale de 2008, lorsque les États-Unis ont augmenté l'émission de dollars américains et exacerbé l'inflation. Le moment n'était pas fortuit, car « le développement de l'innovation financière dans la période postérieure aux années 1990 a donné naissance à un système financier complexe et irrationnel, et les

---

22. En 1976, le système monétaire mondial a trouvé un nouvel ancrage lorsque le système jamaïcain a été officiellement formé. Le dollar américain est resté la monnaie dominante du système monétaire international, formant un panier de devises avec l'euro, le yen et d'autres monnaies, et devenant le point d'ancrage monétaire de nombreux pays en développement et pays émergents ; afin de maintenir la stabilité de la valeur de la monnaie, les principales économies d'Europe et des États-Unis ont mis en place un « système de ciblage de l'inflation ». Afin de maintenir la stabilité de la valeur de leurs monnaies, les principales économies d'Europe et des États-Unis ont adopté un système de ciblage de l'inflation. Au cours de cette période, l'économie mondiale a maintenu un faible niveau d'inflation, l'industrie des technologies de l'information a également commencé à émerger et l'économie a affiché un taux de croissance élevé.

banques et l'argent se sont aliénés dans l'orgie de richesse »[23]. Une personne ou un groupe de personnes non identifiées, sous le nom de « Satoshi Nakamoto », a publié un document dans une liste de diffusion cryptographique intitulé *Bitcoin : A Peer-to-Peer Electronic Cash System*, créant un système de monnaie virtuelle appelé Bitcoin, un système de monnaie numérique qui intègre le P2P, la cryptographie, l'économie et d'autres outils techniques multidisciplinaires. L'objectif est de faire du bitcoin une monnaie décentralisée sans émetteur, permettant un transfert de valeur décentralisé. Cela signifie que la naissance du bitcoin, une monnaie numérique capable de former sa propre écologie en boucle fermée au sens propre du terme, et le prologue de l'émission privée de monnaie numérique et l'essor de la technologie chaîne de blocs ont officiellement démarré. Ce système de monnaie numérique est différent des précédents systèmes monétaires centrés sur les États souverains et les institutions financières, et permet au contraire l'établissement de crédits par les moyens technologiques eux-mêmes. « Le changement et l'itération de la monnaie ne dépendent pas de la volonté de l'homme ni de l'approbation ou de la désapprobation de la loi ; c'est le résultat naturel du choix autonome de l'homme et de la libre concurrence de la monnaie. »[24] C'est le point de départ logique de l'existence du bitcoin, la racine de ce qui lui permet de devenir une monnaie, inaugurant ainsi une nouvelle ère de monnaie numérique. « Aujourd'hui, en raison de la naissance du bitcoin, un système de monnaie numérique pluraliste s'accélère, modifie le monopole absolu du système traditionnel de monnaie fiduciaire, et contribue à la poursuite du déclin et à la fin de la valeur de l'or, qui a influencé l'humanité pendant des milliers d'années. »[25]

La chaîne de blocs a déclenché une révolution des crypto-monnaies. Le bitcoin est une monnaie numérique virtuelle générée par un logiciel open source utilisant la technologie chaîne de blocs, avec des caractéristiques telles que la décentralisation, la circulation mondiale et la traçabilité, qui sont très différentes des monnaies électroniques et virtuelles largement utilisées dans la vie quotidienne. Contrairement aux monnaies traditionnelles qui sont émises par des banques centrales centralisées ou quelques banques reconnues par le souverain selon certaines règles économiques, ou dans le cadre d'un système de monnaie de

---

23. YANG Dong et MA Yang, *Parler aux cadres dirigeants de la monnaie numérique*, École du Parti du Comité central du Parti communiste chinois Presse, 2020, p. 19.

24. HE Jianxiang, CAI Junjie et LENG Yuanhong, *Contestation de Bitcoin*, Presse CITIC, 2014, p. 33

25. ZHU Jiaming, « La transmission civilisationnelle de Jiaozi à la monnaie numérique », *L'Observateur économique*, 1er mars 2021, n° 1009.

crédit où la monnaie au sens large est créée par les banques centrales et les banques commerciales agréées par les banques centrales par l'expansion des actifs, le bitcoin est une création totalement unique d'un mécanisme d'émission. Le bitcoin est l'une des applications commerciales les plus réussies de la chaîne de blocs à ce jour, et a été décrit comme « l'or numérique », ayant un impact puissant sur le système monétaire existant de l'humanité. Que le bitcoin finisse par réussir ou non, et que son prix atteigne des sommets vertigineux ou devienne sans valeur, il est impossible d'ignorer l'impact profond qu'il aura sur la société humaine. « L'aspect le plus significatif du bitcoin est qu'il inaugure une nouvelle ère monétaire pour l'humanité, une troisième ère monétaire après celle basée sur les marchandises et celle basée sur la politique, à savoir une ère basée sur le cryptage mathématique. »[26] La capacité du Bitcoin à transformer le système monétaire repose sur le fait que le Bitcoin crée un nouveau système de confiance. « Le développement continu du système de crédit actuel offre la possibilité de maintenir la qualité de la monnaie, c'est-à-dire en identifiant des ancrages monétaires grâce au remodelage du système de crédit par les futures monnaies numériques. »[27] Le bitcoin basé sur la chaîne de blocs n'a pas seulement déclenché une nouvelle révolution monétaire, mais de manière plus fondamentale et importante, la chaîne de blocs reconstruit les pierres angulaires de la confiance dont dépendent l'économie et la société. La monnaie numérique représentée par le bitcoin a été inventée et développée, créant une situation où l'économie réelle traditionnelle et l'économie numérique coexistent, et où l'économie numérique commence à transformer l'économie réelle traditionnelle.

L'écosystème Bitcoin. Depuis sa naissance, son développement, sa circulation et son acceptation sociale, le bitcoin a été un processus apparemment simple mais long. Diverses organisations et personnes ont joué un rôle important dans ce processus, pour aboutir à un code virtuel qui est devenu « l'or numérique » qu'il est aujourd'hui. Dans le même temps, elle a créé un écosystème Bitcoin entier. Les participants à l'écosystème Bitcoin peuvent être divisés en trois catégories : les développeurs, les mineurs et les utilisateurs. L'ensemble de l'écosystème Bitcoin peut être divisé en trois grands groupes industriels : l'émission, la circulation et le paiement, et le commerce et l'investissement (Figure 2.3). « L'émission de bitcoins

---

26. CHEN Peng, « L'essence et les implications philosophiques de la chaîne de blocs », *Science et société*, n° 3, 2020, p. 104.

27. CHEN Xiangguang et HUANG Zeqing, « Le mécanisme de formation des ancrages monétaires et leur maintien de la qualité monétaire – et sur l'ancrage de la monnaie numérique », *Journal de l'Université populaire de Chine*, n° 4, 2018, p. 91.

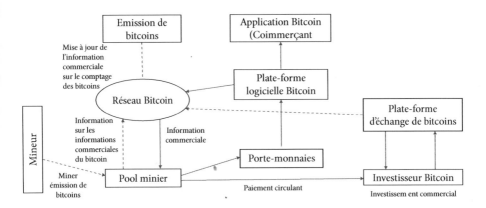

Figure 2.3 Écosystème Bitcoin et grappes industrielles

Source : HUANG Guangxiao, *Monnaie numérique*, Presse de l'Université de Tsinghua, 2020

est une compétition pour la puissance arithmétique entre différents nœuds, et plus la difficulté de l'extraction du bitcoin augmente, plus la puissance arithmétique globale du système bitcoin augmente. La nature finie du bitcoin et son offre très inélastique sont les principaux facteurs de son prix et de l'envolée du volume des transactions, qui est elle-même liée à la croissance globale de l'industrie minière du bitcoin. »[28] La quantité totale de puissance arithmétique du système, le coût par unité de puissance arithmétique et le prix du bitcoin déterminent le revenu minier, qui à son tour détermine l'état de l'industrie minière du bitcoin. Comme la production de bitcoins est constante, pour une seule unité de minage, le pourcentage de puissance arithmétique détermine le pourcentage du nombre de bitcoins qui peuvent être minés. Avec une quantité stable de production de bitcoins, la réduction du coût du minage (par exemple, des mineurs plus efficaces, des coûts d'électricité plus bas) peut augmenter les revenus du minage. Dans l'ensemble, le prix du bitcoin reste très positivement corrélé à la croissance de la puissance arithmétique globale du système, et à mesure que la puissance arithmétique globale du système continue d'augmenter et que la difficulté de l'extraction du bitcoin s'accroît, le coût de l'extraction continue d'augmenter, ce qui fait grimper le prix du bitcoin. En juin 2021, le Salvador a voté à une « majorité écrasante » pour adopter officiellement un projet de loi faisant de Bitcoin une monnaie légale dans le pays, ce qui en fait

---

28. HUANG Guangxiao, *Monnaie numérique*, Presse de l'Université de Tsinghua, 2020, p. 46.

le premier pays de l'histoire à faire officiellement de Bitcoin une monnaie légale[29]. Si le Salvador a fait du bitcoin sa monnaie légale, c'est parce que l'économie du pays repose en grande partie sur l'argent liquide et les transferts de fonds (l'argent envoyé par les personnes qui travaillent ou émigrent à l'étranger). Cependant, 70 % des habitants du pays ne possèdent pas de compte bancaire, et le bitcoin facilite la fourniture de services financiers à ses habitants.

Le mythe du bitcoin. Le bitcoin en tant que phénomène monétaire est révolutionnaire. Son idéologie décentralisée, son architecture de réseau distribué et son mécanisme d'émission et d'échange sont autant d'éléments qui ont profondément modifié la monnaie numérique et même le développement financier, mais ses limites sont également évidentes. Selon le principe du bitcoin, la valeur de la monnaie est sensible à divers événements contingents et le prix de la monnaie est très volatile, car son émission dépend largement d'algorithmes mathématiques et de la puissance de calcul, et manque de support théorique économique et de connexions économiques réelles[30]. Il est clair que dans le monde économique réel, si une monnaie devait monter en flèche et s'effondrer en peu de temps, elle serait abandonnée par la population et les entreprises, tant du point de vue de la réserve de valeur que de celui des paiements. « Les monnaies numériques privées non ancrées n'ont pas d'émetteur clair ni d'ancrage de valeur, ce qui rend difficile l'exercice des trois fonctions fondamentales de la monnaie, à savoir unité

---

29. La République du Salvador (El Salvador), pays côtier situé au nord de l'Amérique centrale et pays le plus densément peuplé d'Amérique centrale, a fait l'objet d'un document de projet de loi publié par le président Nayib Bukele en juin 2021, qui vise à faire du bitcoin une monnaie légale aux pouvoirs libérateurs pouvant être échangée librement à l'avenir. Plutôt que d'être une simple cible spéculative, le bitcoin est devenu une infrastructure financière à faible coût intégrée à la vie des habitants du Salvador, dans un pays où l'infrastructure financière est médiocre. Toutefois, la Banque mondiale a déclaré qu'elle n'était pas en mesure d'aider le Salvador à réaliser son projet de donner une monnaie légale au bitcoin, compte tenu des lacunes en matière d'environnement et de transparence.

30. Selon BitcoinTalk, un forum sur le bitcoin, la première transaction de l'histoire à être payée en bitcoins a été l'achat de 25 dollars de pizza pour 10 000 bitcoins, qui a eu lieu le 18 mai 2010, 16 mois après la naissance du bitcoin. Le 31 octobre 2013, le prix du bitcoin a dépassé 200 dollars pour la première fois. En février 2017, le prix du bitcoin a dépassé 1 000 dollars pour la première fois. US$. le 25 novembre 2018, le bitcoin est passé sous la barre des 4 000 US$ avant de se stabiliser à un peu plus de 3 000 US$. en avril 2019, le bitcoin a de nouveau franchi la barre des 5 000 US$, atteignant un nouveau sommet pour l'année. en février 2020, le bitcoin a dépassé les 10 000 US$. le 12 mars 2020, le bitcoin a subi un jeudi noir, passant de 8 000 US$ à 3 150 US$. Le 12 mars 2021, le prix du bitcoin a atteint un nouveau record de 60 000 dollars. Le 19 mai 2021, le prix du bitcoin a chuté de 40 % pour atteindre un plancher de 30 000 dollars.

de compte, moyen d'échange et réserve de valeur. »[31] La montée et la chute brutales des monnaies numériques de première génération telles que le bitcoin a encore attiré davantage de critiques à son égard, le faisant glisser encore plus bas sur l'échelle des actifs numériques par rapport aux monnaies numériques, ce qui en fait un véritable outil d'investissement et de spéculation, et même un outil de blanchiment d'argent critiqué. Si l'envolée et la chute des prix des monnaies numériques de première génération telles que le bitcoin sont certainement influencées par de nombreux facteurs, la cause première reste le mécanisme de conception de l'émission. L'absence d'une valeur monétaire stable, la faible efficacité des transactions et la faible stabilité du système sont autant de facteurs importants qui ont empêché la première génération de monnaies numériques émises à titre privé de devenir de la « vraie monnaie ».[32] Le fait que les bitcoins soient générés et échangés dans le monde en ligne, sans restriction géographiques, en fait une cible facile pour les spéculateurs mondiaux, et c'est là que réside le risque. En décembre 2013, l'*Avis sur la prévention des risques liés au bitcoin*, publié conjointement par la Banque populaire de Chine, le ministère de l'Industrie et des Technologies de l'information, la Commission chinoise de réglementation bancaire, la Commission chinoise de réglementation des valeurs mobilières et la Commission chinoise de réglementation des assurances, a clairement indiqué que « le bitcoin n'a pas le même statut juridique qu'une monnaie et ne peut et ne doit pas être utilisé comme une monnaie en circulation sur le marché ». En mai 2021, le Comité de développement de la stabilité financière du Conseil d'État a spécifiquement mis l'accent sur « la répression des pratiques d'extraction et de commerce de bitcoins, et la prévention résolue de la transmission des risques individuels au secteur social. » Ces dernières années, la controverse sur la question de savoir si les monnaies numériques privées sans ancrage, en particulier les crypto-monnaies représentées par le bitcoin, sont une énorme bulle spéculative ou une révolution monétaire, s'est intensifiée, déclenchant un haut niveau de préoccupation internationale et une formulation serrée des politiques réglementaires nationales (Tableau 2.3).

---

31. LIU Dongmin et SONG Shuang, « Monnaies numériques, paiements transfrontaliers et transformation du système monétaire international », *Forum financier*, n° 11, 2020, p. 4.

32. PENG Xushu, *Innovation en matière de monnaie numérique : impacts et réponses*, China Social Presse scientifique, 2020, p. 64.

Tableau 2.3 Politiques nationales de réglementation des crypto-monnaies

Pays	Date de sortie	Politique de réglementation des crypto-monnaies
UE	Septembre 2020	La Commission européenne (CE) a publié une proposition de réglementation couvrant toutes les transactions ou émissions d'actifs numériques dans les 27 États membres de l'UE. Le projet de marché européen des crypto-actifs (MiCA) est censé apporter une sécurité juridique aux crypto-actifs (cryptocurrences, jetons de sécurité et monnaies stables), à l'instar de la directive européenne sur les marchés d'instruments financiers (MiFID), qui est un cadre juridique destiné principalement aux marchés de valeurs mobilières, aux intermédiaires d'investissement et aux plates-formes de négociation.
G20	Janvier 2020	Le FSB a souligné l'importance de l'évaluation des risques et des solutions pré-réglementaires pour les monnaies stables avant leur intégration dans le système financier mondial. La nécessité de renforcer la coopération avec le FMI et le GAFI compte tenu de l'impact des monnaies stables sur, par exemple, la politique monétaire et la lutte contre le blanchiment d'argent.
IOSCO	Mars 2020	L'Organisation internationale des commissions de valeurs mobilières (OICV, l'un des participants à l'étude sur la réglementation mondiale des monnaies stables et aux recommandations en matière de politique de réglementation) a publié un rapport intitulé « Global Stablecoin Initiative », qui conclut que les monnaies stables mondiales sont susceptibles de relever de la réglementation des valeurs mobilières et que les monnaies stables mondiales seront très probablement soumises aux lois sur les valeurs mobilières
Inde	Août 2020	Cinq mois après la levée par un tribunal indien d'une interdiction générale des crypto-monnaies, le gouvernement indien envisage une nouvelle loi interdisant les crypto-monnaies, qui pourrait alors ne pas permettre leur utilisation en Inde

Pays	Date de sortie	Politique de réglementation des crypto-monnaies
États-Unis	Juillet 2020	Jonathan Gould, Senior Deputy Comptroller et Senior Counsel à l'Office of the Comptroller of the Currency (OCC) des États-Unis, a déclaré que les banques peuvent offrir des services de garde de devises numériques à leurs clients, y compris la détention des clés des cryptocurrences.
	Août 2020	La Commission américaine des valeurs mobilières (SEC) a annoncé des modifications de la loi sur les valeurs mobilières qui permettraient une plus grande inclusion des crypto-monnaies dans les plans 401(k) individuels et assureraient la diversification des portefeuilles individuels
	Octobre 2020	La Réserve fédérale et le Financial Crimes Enforcement Network (FinCEN) du département du Trésor américain ont récemment invité le public à commenter les nouvelles règles proposées pour les crypto-monnaies. Selon les nouvelles règles proposées, les actifs virtuels seraient définis comme des « monnaies », y compris les « monnaies virtuelles convertibles » (CVC) et les actifs numériques qui ont cours légal.
Canada	Juin 2020	Les bourses de crypto-monnaies et les opérateurs de paiement en crypto-monnaies sont considérés comme fournissant des services financiers dans le cadre du nouveau projet de loi canadien.
Ukraine	Mai 2020	Le ministère ukrainien de la Transformation numérique a publié un nouveau projet de *loi sur les actifs virtuels* , qui vise à déterminer le statut juridique, les règles de circulation et d'émission des crypto-actifs dans le pays ...
Japon	Mai 2020	Le Japon modifie la loi sur les services de paiement (PSA) et la loi sur les instruments financiers et les échanges (F1EA) afin de renforcer la protection des investisseurs en crypto-actifs.

Source : Consortium de technologie et d'application de la chaîne de blocs de Hangzhou, Institut de recherche Digital Qin, Firebird Finance, « Livre blanc 2020 de l'industrie de la chaîne de blocs à Hangzhou », NetEase, 1er mars 2021, https://hznews.hangzhou.com.cn/chengshi/content/2021-02/27/content_7917271.html

II. Dimcoin : une expérience d'innovation financière

En juin 2019, Facebook a publié un livre blanc sur Libra (désormais connu sous le nom de Diem[33]), affirmant « construire une monnaie et une infrastructure financière simples et sans frontières au service de milliards de personnes », avec en son cœur un nouveau type de crypto-monnaie appelé Diem. Diem, qui vise à créer une crypto-monnaie privée ultra-souveraine basée sur l'écosystème Facebook, a suscité un débat mondial et a attiré l'attention de la Banque populaire de Chine, la première banque centrale au monde en matière de brevets chaîne de blocs. « Avec Diem unissant des partenaires comprenant des établissements de paiement tels que Visa et Uber, des entreprises de commerce électronique, des sociétés de chaîne de blocs, des sociétés d'investissement et des organisations à but non lucratif pour émettre une crypto-monnaie non souveraine, et l'éventail de sponsors appelé à s'élargir encore, la vision ambitieuse que Diem entend réaliser est extrêmement puissante. »[34] En avril 2020, l'Association Diem a inauguré une nouvelle phase de développement avec la publication du livre blanc Diem 2.0. Diem 2.0 a introduit des monnaies numériques uniques ancrées respectivement en USD, EUR, GBP et SGD, qui peuvent être échangées contre un panier de monnaies numériques synthétiques sur une base pondérée. En plus des monnaies stables ancrées à de multiples actifs, nous proposerons également des monnaies stables ancrées à une monnaie unique ; nous améliorerons la sécurité du système de paiement Diem grâce à un cadre de conformité robuste ; nous renoncerons à la future transition vers un système sans licence tout en maintenant les caractéristiques économiques clés de Diem ; et nous inclurons des protections solides dans la conception des réserves

---

33. Diem, anciennement connu sous le nom de projet Libra de Facebook, n'est pas seulement une renomination de la chaîne de blocs Libra, mais le changement de nom n'est qu'une partie des changements que ses développeurs apportent au projet Libra pour accélérer le processus d'approbation réglementaire. Dans le cadre de ces changements. Les développeurs estiment que le nom Libra ne s'applique qu'aux premières itérations du projet, et l'un des principaux changements apportés en renommant Libra en Diem était de réduire le poids du rôle de Facebook dans le projet. Les législateurs souhaitent que le projet se distingue du réseau social et dispose de l'indépendance organisationnelle nécessaire pour gagner suffisamment de confiance pour obtenir l'approbation des autorités réglementaires. L'adoption immédiate de Diem apporterait quelques avantages significatifs tant au marché qu'aux utilisateurs individuels. Le lancement de Diem marquerait l'aube d'une nouvelle ère dans l'utilisation des crypto-monnaies, et Facebook compte des milliards d'utilisateurs mondiaux qui deviendraient soudainement des utilisateurs de crypto-monnaies. Voir David Hamilton, « What is Diem ? (Anciennement le projet Libra de Facebook) – A Detailed Analysis », Securities.io, 2020, https://www.securities.io/investing-in-diem-facebooks-libra-project-everything-you-need-to-know/.

34. Libra association members, « An Introduction to Libra », Libra association members, 2019, https://sls.gmu.edu/pfrt/wp-content/uploads/sites/54/2020/02/LibraWhitePaper_en_US-Rev0723.pdf.

Diem. Le livre blanc précise : « Notre objectif est d'intégrer en douceur le système de paiement Diem aux monnaies locales et aux politiques macro-prudentielles, et de compléter les monnaies existantes en permettant de nouvelles fonctionnalités, en réduisant considérablement les coûts et en favorisant l'inclusion financière. »[35] En un sens, Diem pose un défi important aux monnaies souveraines, précisément parce qu'elle n'est pas simplement conçue comme une monnaie numérique, mais entend être une infrastructure financière pour le monde numérique qui transcende les frontières et la souveraineté nationales, ce qui la place au-delà de la logique de développement et du paysage concurrentiel des autres monnaies numériques.

Les origines de la monnaie super souveraine. Une monnaie de réserve super souveraine est une « nouvelle monnaie de réserve dotée d'une référence stable, personnalisée et acceptée par tous les pays », qui est découplée de la souveraineté de tout pays et utilisée comme instrument international de réserve et de règlement des échanges.[36] « Contrairement à la plupart des monnaies numériques existantes, Diem est conçu pour être stable, à faible inflation, accepté dans le monde entier et fongible, en s'inspirant du concept de droits de tirage spéciaux (DTS) du Fonds monétaire international (FMI) et en accord avec le positionnement d'une monnaie internationale dont la fonction de paiement reflète sa fonction monétaire fondamentale en tant que moyen d'échange. »[37] Diem comprend trois modules de base : premièrement, une chaîne de blocs sécurisée, évolutive et fiable – la chaîne de blocs Diem (base technique) ; deuxièmement, une réserve d'actifs pour soutenir la valeur intrinsèque – la réserve Diem (base de valeur) ; et troisièmement, un système financier indépendant. La gouvernance du développement des écosystèmes – l'association Diem (base de la gouvernance). En termes de substance économique, les réserves sont la partie la plus critique du système Diem (Tableau 2.4). La capacité du Diem à devenir une monnaie mondiale au-delà de la souveraineté dépend

---

35. Libra association members, « An Introduction to Libra », Libra association members, 2019, https://sls.gmu.edu/pfrt/wp-content/uploads/sites/54/2020/02/LibraWhitePaper_en_US-Rev0723.pdf.

36. Après l'éclatement de la crise financière internationale en 2008, ZHOU Xiaochuan, président de l'Institut des finances de Chine et ancien gouverneur de la Banque populaire de Chine, a proposé la création d'une monnaie de réserve internationale qui serait dissociée des États souverains et maintiendrait une stabilité à long terme. Zhou Xiaochuan a proposé la création d'une monnaie de réserve internationale qui pourrait être découplée du souverain et maintenir une stabilité de valeur à long terme, et a fait valoir que le DTS avait les caractéristiques et le potentiel d'une monnaie de réserve suprasouveraine. (ZHOU Xiaochuan, « Réflexions sur la réforme du système monétaire international », *Référence théorique*, n° 10, 2009, p. 8-9).

37. PENG Xushu, *Innovation en matière de monnaie numérique : impacts et réponses*, China Social Presse scientifique, 2020, p. 76.

largement de l'acceptation par le marché et n'est pas liée au fait qu'il soit soutenu par un crédit national. Ainsi, Facebook affirme que Diem ne fait concurrence à aucune monnaie souveraine et n'entre dans aucune arène de politique monétaire. Cependant, il est clair que sans l'intervention des régulateurs financiers nationaux, en s'appuyant sur une base technologique solide, une échelle d'utilisateurs énorme et l'expérience fiable des consommateurs et le riche écosystème d'applications qui se développeront à l'avenir, Diem ne sera pas seulement une monnaie numérique cryptographique privée ou un outil de paiement simple et pratique, mais deviendra également une super monnaie adossée à la technologie chaîne de blocs et soutenue par une valeur de pièce stable et le crédit de milliards d'utilisateurs, transcendant toute souveraineté nationale. La création et le développement d'une monnaie non souveraine ne sont donc pas liés à l'État et à son gouvernement, et il est également le plus proche de l'idée de dénationalisation de la monnaie proposée

Tableau 2.4   Mécanismes de base de la réserve Diem

Caractéristique de la cible	Stable, faible inflation, globalement recevable, fongible.
Génération d'argent	Les utilisateurs transfèrent des crypto-monnaies aux nœuds de validation, l'association Diem génère des Diem sur la base des demandes d'émission de crypto-monnaies des nœuds de validation, les utilisateurs reçoivent des Diem.
Support des valeurs	Des pools d'actifs à faible volatilité, tels que des dépôts bancaires et des titres d'État à court terme.
Ancrage des valeurs	Il n'est pas rattaché à une seule devise, mais à un panier de devises similaire aux droits de tirage spéciaux (DTS) introduits par le Fonds monétaire international. La valeur du Diem fluctuera en fonction du prix des actifs sous-jacents, qui sont stables, et le détenteur peut compter sur la stabilité de la valeur du Diem.
Affectation des recettes	Les gains (intérêts) sur les actifs sous-jacents de Diem seront utilisés pour couvrir les coûts de fonctionnement du système afin de garantir des frais et des paiements peu élevés aux premiers investisseurs qui construisent l'écosystème Diem, sans que les utilisateurs de Diem ne perçoivent de gains.

Source : Compilation à partir de sources pertinentes.

par Hayek, le célèbre économiste et penseur social britannique[38]. Comme les monnaies fiduciaires, les monnaies non souveraines sont créées « à partir de rien », mais les monnaies fiduciaires nécessitent l'aval de l'État, alors que les monnaies non souveraines sont avalisées par les utilisateurs et les bénéficiaires. De plus, la « création d'une monnaie non souveraine à partir de rien » doit être basée sur une règle, un algorithme, une technologie.

Pièces stables mondiales. Les stable coins sont des jetons numériques qui sont généralement échangés sur un grand livre distribué et s'appuient sur une technologie de vérification cryptographique pour effectuer des transactions dans le but d'obtenir une valeur stable par rapport aux monnaies fiduciaires. En principe, les stable coins permettent aux utilisateurs de protéger la valeur notionnelle de leurs avoirs. « Les stable coins sont essentiellement le bord du monde cryptographique décentralisé, et en termes de stabilité des prix, quelle que soit leur forme, ils nécessitent généralement une sorte d'intermédiaire de confiance ou une autre infrastructure centralisée. »[39] En tant qu'équivalent général d'un échange de marchandises, la monnaie est une mesure de la valeur d'une marchandise et a un besoin inhérent d'exiger la stabilité de sa valeur. La grande majorité des bitcoins sont émis en nombre fixe et ne peuvent être obtenus que par le biais du « minage » ou de l'échange, ce qui est considéré comme naturellement déflationniste car l'efficacité du « minage » des pièces diminue avec le temps et la taille de l'émission monétaire n'a aucune corrélation avec la taille de l'économie réelle. Étant donné qu'il n'est ancré à aucune monnaie fiduciaire et qu'il n'est pas soutenu par des actifs sous-jacents, la spéculation et l'investissement sont les principales utilisations du bitcoin, et son prix est extrêmement volatile. En tant que telle, la stabilité relative de la valeur de la pièce est à la fois le but recherché et

---

38. Friedrich August von Hayek (également connu sous le nom de Hayek, 8 mai 1899 – 23 mars 1992) était un économiste et philosophe politique britannique de premier plan, né en Autriche, lauréat du prix Nobel d'économie en 1974, et largement considéré comme l'un des plus grands penseurs de l'histoire de l'humanité. Économiste et penseur social influent du XXᵉ siècle. *La dénationalisation de la monnaie* a été la dernière monographie sur l'économie de Hayek dans ses dernières années. Il y renversait la conception orthodoxe du système monétaire : si la libre concurrence est la plus efficace sur le marché général des biens et services, pourquoi ne pas introduire la libre concurrence dans la sphère monétaire ? Hayek a fait une proposition révolutionnaire : abolir le système bancaire central, autoriser l'émission privée de monnaie et la libre concurrence, un processus concurrentiel qui conduirait à la découverte de la meilleure monnaie. La publication de ce livre a provoqué une forte réaction en Occident, et le débat qui en a résulté n'est pas encore terminé.

39. LONG Baitao, *Monnaie numérique : de l'économie de l'ardoise à l'économie numérique de l'héritage et de l'innovation*, Presse orientale, 2020, p. 313.

un critère important pour son acceptation généralisée, ainsi que pour l'orientation future de l'évolution des monnaies numériques privées. Essentiellement, un stable coin est une crypto-monnaie ayant la propriété d'être « ancrée » pour maintenir la stabilité de sa valeur en ancrant des actifs sous la chaîne, dont le plus représentatif est « Diem ». Il est également rattaché à un actif en dollars américains afin de garantir sa stabilité. Cela permet non seulement d'assurer l'ouverture et l'anonymat des crypto-monnaies, mais aussi de renforcer la stabilité de leur valeur monétaire en les rattachant aux monnaies fiduciaires, ce qui fait de Diem une « monnaie stable » naturelle, dotée d'une valeur stable inhérente et d'une garantie de crédit équivalente à la caution d'une banque centrale. En théorie, il peut remplacer les monnaies fiduciaires existantes en tant que moyen d'échange et de stockage des marchandises. Au fur et à mesure que Diem évolue, notamment grâce à sa valeur stable et à son efficacité accrue, ses avantages d'anonymat et de confidentialité sont encore amplifiés, et ses caractéristiques supra souveraines sont encore révélées, ce qui influencera et défiera bientôt les monnaies souveraines[40]. Diem est basé sur une gamme d'actifs libellés en monnaie fiduciaire comme actifs de réserve, avec une valeur de pièce plus stable par rapport aux cryptocurrences. D'une part, les pièces stables peuvent exploiter les caractéristiques des grands livres distribués, comme les transactions instantanées, la programmabilité, l'ouverture et l'anonymat ; d'autre part, les pièces stables sont rattachées à des valeurs hors chaîne, ce qui constitue un véhicule pratique pour « l'ancrage hybride » et atténue le « problème de Triffin »[41] des monnaies souveraines en tant que monnaies internationales. Il est facile de constater qu'à l'ère du numérique, le rôle de l'inertie institutionnelle dans la réussite ou l'échec d'une monnaie internationale potentielle a considérablement diminué, mais sa stabilité intrinsèque reste un facteur important. En d'autres

---

40. PENG Xushu, *Innovation en matière de monnaie numérique : impacts et réponses*, China Social Presse scientifique, 2020, p. 75.

41. Le dilemme de Triffin vient du livre de 1960 *L'or et la crise du dollar – L'avenir de la libre convertibilité* de l'économiste américain Robert Triffin. Cela signifie que « puisque le dollar est indexé sur l'or et que les monnaies des autres pays sont indexées sur le dollar, bien que le dollar ait acquis le statut de monnaie centrale internationale, les pays doivent utiliser le dollar comme monnaie de règlement et de réserve afin de développer le commerce international, ce qui conduira à un dépôt continu de devises hors des États-Unis à l'étranger, entraînant un déficit à long terme pour la balance des paiements des États-Unis ; et le dollar en tant que monnaie centrale internationale présuppose que la valeur du dollar doit être maintenue stable. Pour cela, il faut que les États-Unis soient un pays dont la balance commerciale internationale est excédentaire à long terme. Ces deux exigences se contredisent et constituent donc un paradoxe. » Cette contradiction inhérente est connue sous le nom de « dilemme de Triffin ». (ZHOU Yonglin, « La nature et l'avenir des crypto-monnaies », *China Finance*, n° 17, 2018, p. 57-58).

termes, les monnaies numériques telles que le bitcoin, qui n'ont pas d'ancrage de valeur, ne sont guère une monnaie internationale, tandis que les monnaies stables numériques constituent un véritable défi pour le système monétaire existant.

Les risques et les défis internationaux du Diem. Il était prévu qu'il soit rattaché à plusieurs monnaies fiduciaires plutôt qu'à un seul dollar américain, qui était à la fois une tentative de garantir la fonctionnalité transfrontalière et la stabilité monétaire du Diem, et une tentative de masquer ses attributs monétaires et d'exploiter les failles des réglementations financières nationales. Si Diem devait devenir une monnaie souveraine supranationale, associée à la stabilité de sa valeur, à l'anonymat et à la sécurité des paiements et des transferts, ainsi qu'à de riches scénarios d'application, elle serait la première à remettre en question la souveraineté monétaire des pays en développement. En particulier, dans les pays confrontés à l'inflation et à la dévaluation de leur monnaie, les résidents et les institutions seront plus enclins à utiliser le Diem et à s'en servir comme actif de réserve. À terme, non seulement le Diem circulera en dehors du système des cours légaux et aura un impact sur les systèmes monétaires nationaux, les systèmes de réserve et même les systèmes financiers, mais ces monnaies nationales perdront également leurs droits de frappe et pourraient se transformer en Diem. Deuxièmement, même si Diem n'est pas en mesure de remplacer les monnaies légales de certains pays pour le moment, le statut international et l'internationalisation des monnaies légales, y compris le RMB, qui ne sont pas incluses dans le panier des monnaies ancrées dans Diem, seront certainement affectés au fur et à mesure que Diem deviendra plus populaire et largement utilisé dans le monde. Enfin, l'influence internationale des monnaies fiduciaires, dont le dollar américain, qui sont incluses dans le panier de devises d'ancrage de Diem sera encore renforcée à court terme. Cependant, à moyen et long terme, l'utilisation généralisée du Diem finira par remettre en cause, voire démanteler, la position dominante du dollar américain et de SWIFT[42] dans le système de paiement international, car le Diem présente les avantages du faible coût, de la commodité, de l'anonymat et de la sécurité qui ne peuvent être égalés

---

42. SWIFT (Society for Worldwide Inter bank Financial Telecommunications) est une organisation internationale de coopération interbancaire à but non lucratif dont le siège est à Bruxelles, en Belgique. SWIFT gère un réseau mondial de messages financiers par lequel les banques et autres institutions financières échangent des messages avec leurs pairs. SWIFT gère un réseau mondial de messages financiers par lequel les banques et autres institutions financières échangent des messages avec leurs pairs pour effectuer des transactions financières. En outre, SWIFT vend des logiciels et des services aux institutions financières, dont la majorité utilise le réseau SWIFT.

par les monnaies existantes dans les paiements et les transferts transfrontaliers. En conséquence, des pays comme les États-Unis ont critiqué Diem, voire s'y sont opposés, au motif qu'il pourrait faciliter les transactions illégales telles que la contrebande, le blanchiment d'argent et la drogue, non seulement en raison de l'utilisation abusive des données privées des clients dans les premiers jours de Facebook, mais aussi parce que, selon la voie de conception actuelle, Diem est susceptible d'être largement utilisé pour les transactions futures et les paiements transfrontaliers, y compris les réserves d'actifs, ce qui remettra inévitablement en cause la souveraineté des pays. La souveraineté monétaire et le démantèlement du rôle financier international dominant du dollar américain et du système de paiement SWIFT. Dans le livre blanc Diem 2.0, Facebook déclare qu'il introduira d'abord une monnaie unique ancrée aux monnaies fiduciaires des principaux pays, ce qui est clairement une « tactique de retardement » et un effet secondaire de l'impact et du défi que l'évolution future des monnaies numériques telles que Diem aura sur les monnaies nationales souveraines.

III. RMB numérique : une monnaie numérique souveraine

« Les monnaies sont des outils compétitifs par nature, et la concurrence entre les monnaies existe depuis longtemps. »[43] Alors que nous entrons dans l'ère numérique, la concurrence monétaire s'intensifie à un niveau plus profond, dans un champ plus large et dans une dimension plus vaste, passant de la concurrence monétaire traditionnelle à la concurrence monétaire numérique et, dans de nombreux domaines, bouleversant même la forme originale de la monnaie. Cette situation, associée à la mise à niveau itérative continue et à l'intégration innovante de la technologie numérique, a conduit à l'élargissement des scénarios d'application des monnaies numériques, ainsi qu'à une concurrence monétaire intense dans de multiples domaines et à de multiples niveaux, et a jeté les bases de la stratégie avancée du pays en matière de monnaie fiduciaire numérique. Le RMB numérique est un produit public fourni par la Banque populaire de Chine au public, et la banque centrale attache une grande importance au développement d'une monnaie numérique légale. « En 2014, un groupe de recherche sur la monnaie numérique légale a été créé pour entamer des recherches spéciales sur le cadre d'émission, les technologies clés, l'environnement d'émission et de circulation et l'expérience

---

43. BAI Jinfu et BAI Xi, « Le nouveau paysage de la concurrence monétaire et des monnaies numériques des banques centrales », *Explorations de la théorie financière*, n° 3, 2020, p. 3.

internationale pertinente, etc. En 2016, l'Institut de recherche sur la monnaie numérique a été créé pour achever la construction du système prototype de première génération de la monnaie numérique légale. Fin 2017, avec l'approbation du Conseil d'État, la PBOC a commencé à organiser des institutions commerciales pour mener conjointement des recherches sur la monnaie numérique légale. Fin 2017, avec l'approbation du Conseil des affaires d'État, la PBoC a commencé à organiser des institutions commerciales pour mener conjointement des essais de recherche et développement sur la monnaie numérique légale (ci-après dénommée RMB numérique, avec les initiales <e-CNY> conformément à la pratique d'usage internationale). À l'heure actuelle, l'essai de R&D a pratiquement terminé la conception de haut niveau, le développement des fonctions et le débogage du système, et suit les principes de stabilité, de sécurité, de contrôle, d'innovation et de praticité pour sélectionner certaines régions représentatives afin de réaliser des essais pilotes. »[44] *La Proposition du Comité central du Parti communiste chinois sur la formulation du 14e plan quinquennal pour le développement économique et social national et les objectifs visionnaires de 2035* propose de « construire un

---

44. Le RMB numérique (DC/EP ou e-CNY) est une monnaie légale sous forme numérique émise par la Banque populaire de Chine, exploitée avec la participation d'opérateurs désignés, basée sur un système de compte à large base, supportant une fonction de compte bancaire faiblement couplée, équivalente au RMB physique, avec des caractéristiques de valeur et de cours légal. Les principales implications sont les suivantes : premièrement, le RMB numérique est une monnaie légale émise par la banque centrale. Deuxièmement, le RMB numérique est géré de manière centralisée et fonctionne sur une base à deux niveaux. Troisièmement, le RMB numérique se positionne principalement comme un bon de paiement en espèces (M0) et coexistera avec le RMB physique à long terme. Quatrièmement, le RMB numérique est une monnaie numérique de banque centrale de détail qui sera utilisée principalement pour répondre aux besoins de paiement de détail nationaux. Cinquièmement, dans le futur système de paiement numérique de détail, le RMB numérique et les fonds des comptes électroniques des opérateurs désignés ont des points communs et constituent ensemble des instruments de paiement en espèces. Depuis fin 2019, la PBoC a suivi les principes de stabilité, de sécurité, de contrôlabilité, d'innovation et de praticité pour mener des tests pilotes du RMB numérique à Shenzhen, Suzhou, Xiong'an, Chengdu et dans les scénarios des Jeux olympiques d'hiver de Pékin 2022 afin de tester les aspects théoriques. À partir de novembre 2020, six nouvelles régions pilotes seront ajoutées, à savoir Shanghai, Hainan, Changsha, Xi'an, Qingdao et Dalian. La sélection des régions pilotes pour la R&D du RMB numérique a pris en compte des facteurs tels que les grandes stratégies de développement nationales, les stratégies de développement régionales coordonnées ainsi que les caractéristiques industrielles et économiques des différentes régions. Les provinces et villes pilotes actuelles couvrent essentiellement différentes régions telles que le delta du fleuve Yangtze, le delta de la rivière des Perles, Beijing-Tianjin-Hebei, le centre, l'ouest, le nord-est et le nord-ouest de la Chine, ce qui est propice à l'évaluation expérimentale des perspectives d'application du RMB numérique dans différentes régions de Chine. (Groupe de travail sur la R&D du RMB numérique de la Banque populaire de Chine, *Livre blanc sur les progrès de la R&D du RMB numérique de la Chine*, juillet 2021).

système moderne de banque centrale, d'améliorer le mécanisme de régulation et de contrôle de la masse monétaire, de promouvoir régulièrement la recherche et le développement de la monnaie numérique, et d'améliorer le mécanisme de formation et de transmission du taux d'intérêt basé sur le marché. » L'énorme marché de consommation et les riches scénarios de consommation de la Chine apporteront un soutien important au développement du RMB numérique.

De la confusion à la légalisation. Avec l'avancement de la technologie numérique et l'innovation dans les scénarios d'application, diverses monnaies numériques sont apparues, des jetons électroniques initiaux aux Alipay et WeChat numériques, ainsi que de nombreuses formes de pièces virtuelles et de pièces d'entreprise, que l'on peut décrire comme infinies et fantaisistes. Actuellement, il existe plus de quelques milliers de monnaies numériques dans différents écosystèmes financiers, ce qui a créé une situation de concurrence excessive. Une monnaie fiduciaire est une monnaie qui est émise par l'État et qui n'a aucune valeur inhérente dans sa forme. En théorie, elle contient à la fois les monnaies de crédit et les monnaies souveraines. « Une monnaie numérique légale n'est pas simplement la numérisation de la monnaie légale, mais une unité numérique qui existe indépendamment et représente la valeur de la monnaie légale, qui est elle-même une monnaie légale. »[45] Aux origines de la monnaie légale, les crises de liquidités des banques commerciales étaient le pire cauchemar du gouvernement, principalement en raison d'une mauvaise gestion des liquidités, ce qui n'est pas sans rappeler la situation actuelle. En même temps, « une crise d'encaissement peut transformer les doutes du public sur la solvabilité d'une monnaie en craintes qui obligent les banques à reconvertir le papier-monnaie en or, transformant ainsi une crise des marchés financiers en une crise monétaire »[46]. La technologie des monnaies stables numériques n'est pas parfaite, et il existe également des défauts dans la monnaie numérique elle-même, ainsi que d'autres obstacles pratiques et problèmes en suspens qui limitent l'évolution et le développement des monnaies stables. Le changement de système monétaire devra peut-être, à terme, prendre la forme d'une monnaie numérique légale de la banque centrale. La monnaie fiduciaire numérique fera l'objet d'un jeu féroce entre les pays, et les principaux

---

45. YANG Dong et MA Yang, *Parler aux cadres dirigeants de la monnaie numérique*, École du Parti du Comité central du Parti communiste chinois Presse, 2020, p. 126.

46. XIAO Yuanqi, « La nature et l'avenir de la monnaie », *Recherche sur la réglementation financière*, n° 1, 2020, p. 7.

pays ne manqueront pas d'explorer activement et d'élaborer des stratégies en vue de la prochaine « guerre des monnaies » qui annoncera l'essor de la monnaie fiduciaire numérique. « Une monnaie fiduciaire numérique est une monnaie numérique émise par un gouvernement national ou régional ou avalisée par décret pour être en circulation légale, également appelée monnaie fiduciaire numérique (MNF). »[47] Une monnaie numérique « légale » basée sur le « crédit technique + crédit de gestion » peut résoudre le problème du manque d'ancrage des monnaies de crédit existantes, et devrait devenir la monnaie dominante du futur système monétaire mondial. Il devrait devenir la monnaie dominante du futur système monétaire mondial. Il ne s'agit pas d'une nouvelle monnaie, mais essentiellement d'une forme numérique de la monnaie légale, c'est-à-dire une forme numérique du RMB (Tableau 2.5). « Le RMB numérique est une monnaie légale émise par la Banque populaire avec un endossement de crédit d'État est une forme numérique de RMB »[48], l'introduction du RMB numérique a pour effet positif de protéger la souveraineté de la monnaie et le statut de la monnaie fiduciaire.

Tableau 2.5   Introduction au RMB numérique (DCEP)

Nom	Digital Currency Electronic Payment, DECP
Définition	Un instrument de paiement numérique avec des caractéristiques de valeur et des attributs M0 émis par la Banque populaire de Chine.
Caractéristiques	• La monnaie numérique de la banque centrale est une monnaie fiduciaire, avec un remboursement légal, et aucune institution ou individu chinois ne peut refuser le DCEP • Les fonctions et les propriétés sont exactement les mêmes que celles de la monnaie papier, sauf qu'elle a une forme numérique et qu'elle nécessite un portefeuille numérique à télécharger à partir d'un téléphone portable • Il s'agit d'un « double paiement hors ligne », où les deux parties peuvent effectuer des paiements même si elles sont hors ligne. Les paiements peuvent être effectués même sans accès à Internet, à condition que le téléphone soit alimenté en électricité.

---

47. PENG Xushu, *Innovation en matière de monnaie numérique : impacts et réponses*, China Social Presse scientifique, 2020, p. 78.

48. GE Mengchao et WU Qiuyu, « RMB numérique : un nouveau choix pour les paiements », *Quotidien du peuple*, 18 janvier 2021, p. 18.

La nécessité de DCEP	• Protéger la souveraineté monétaire de la Chine et son statut de monnaie fiduciaire • Le coût des billets de banque et des pièces est désormais plus élevé • La demande de billets de banque de la part de la population est en baisse. • Satisfaire le besoin du public en matière de paiement anonyme
Comment fonctionne DCEP	Modèle opérationnel à deux niveaux, c'est-à-dire « Banque populaire – Banque commerciale » « Banque commerciale – Population ».
L'itinéraire technique de DCEP	Adopter une architecture hybride sans voie technologique prédéterminée ; tant que l'institution commerciale peut satisfaire aux exigences de la banque centrale en matière de concurrence, d'expérience client et de spécifications techniques, la voie technologique adoptée est la bonne et la banque centrale n'interviendra pas.
Comment DCEP est placé	Comme pour le placement des billets de banque, les banques commerciales ouvrent des comptes auprès de la banque centrale et versent des réserves obligatoires, et les gens ouvrent des portefeuilles numériques auprès de leur banque.
La légalité de DCEP	Avoir une responsabilité juridique illimitée
Comment le grand public peut utiliser DCEP	Les utilisateurs n'ont pas besoin de se rendre dans une banque commerciale, il suffit de télécharger une application et de s'inscrire, le portefeuille peut être utilisé ; échanger des devises numériques, peut être échangé par le biais de la carte bancaire ; le retrait d'espèces sera conforme à la réglementation actuelle en matière de gestion des espèces, fixer une certaine limite, etc.
Utilisation du portefeuille de devises numériques de DCEP	Pour des raisons de lutte contre le blanchiment d'argent, il existe une limite au montant stocké dans le portefeuille numérique, et il y aura 3 niveaux ou plus, plus le niveau d'authentification du nom réel est élevé, plus la limite est élevée.
Comment DCEP réagit au blanchiment d'argent	Grâce aux mégadonnées, bien que les transactions ordinaires soient contrôlées et anonymes, l'utilisation des mégadonnées pour identifier certaines caractéristiques comportementales permet d'obtenir leur véritable identité.

Source : JIANG Ouxiang, ZHANG Leilei et LIU Dezheng, « Un aperçu du Bitcoin, de la Balance et des monnaies numériques des banques centrales », *Fintech Times*, n° 2, 2020.

Monnaie numérique souveraine. « La monnaie numérique souveraine (MNS) est un type de monnaie numérique émise et circulant avec la souveraineté nationale comme source ultime de crédit et base de crédit, et la souveraineté nationale comme garantie ultime de crédit et référence de crédit est la caractéristique distinctive de la monnaie numérique souveraine. »[49] Il est généralement admis que la monnaie numérique souveraine, en tant qu'autre forme de monnaie souveraine, équivaut au crédit souverain, est essentiellement la même chose que l'argent liquide, est un passif bancaire, bénéficie d'un crédit national, peut être utilisée comme moyen de paiement quotidien et est équivalente ou fixée en proportion à la monnaie légale. D'un point de vue statique, la mise en place d'un système de crédit monétaire souverain se compose de trois éléments. Premièrement, le crédit souverain devient le point d'ancrage du système de crédit. La première est que le crédit souverain devient la base du crédit monétaire. La monnaie de crédit elle-même est un « papier brouillon » sans valeur et s'appuie sur sa propre valeur de crédit pour éliminer la méfiance envers sa circulation, qui découle de l'asymétrie d'information dans l'échange de marchandises. Deuxièmement, il existe une tendance à la centralisation du crédit souverain. Le rôle du crédit souverain dans l'octroi d'un crédit à la monnaie n'est pas naturel, et le crédit qu'il accorde aux différentes devises légales n'est pas le même. Deuxièmement, le système de création de crédits monétaires doit être bien réglementé. Avec une monnaie de crédit libérée de la dépendance à la valeur intrinsèque, l'émetteur de la monnaie doit assumer la responsabilité de l'ajustement de l'offre de crédit afin d'assurer le crédit de la monnaie et sa valeur. Troisièmement, la stabilité des marchés financiers. « L'essence de la centralité du crédit souverain est la concentration du crédit souverain sur certains pays, et seules les monnaies des pays dotés de systèmes politiques et économiques stables, de systèmes juridiques solides et d'environnements de marché ouverts deviendront le point d'ancrage du crédit souverain. »[50] « En tant qu'élément central des monnaies numériques, la chaîne de blocs peut être divisée en chaînes publiques et privées et autres applications. Alors que les monnaies numériques privées mettent l'accent sur la conception de monnaies « décentralisées » et « non souveraines », « les banques centrales peuvent

---

49. BAO Jianyun, « Monnaie numérique souveraine, innovation technologique financière et réforme du système monétaire international – Également sur l'émission, la circulation et l'internationalisation du RMB numérique », *Forum des peuples – Frontière académique*, n° 2, 2020, p. 25.

50. XIAO Yuanqi, « La nature et l'avenir de la monnaie », *Recherche sur la réglementation financière*, n° 1, 2020, p. 6.

également appliquer la technologie chaîne de blocs pour concevoir et émettre des monnaies numériques légales « centralisées » et les faire protéger par la souveraineté nationale, ce qui est plus solide que les monnaies numériques purement privées. »[51] « La numérisation de la monnaie légale nationale est l'une des premières formes de pratique souveraine de la chaîne de blocs. La popularité et l'activité des chaîne de blocs privées, représentées par le bitcoin, sont largement dues à l'absence d'États souverains dans l'espace des monnaies numériques. L'émergence de chaîne de blocs de souverainetés peut limiter considérablement la valeur et l'importance des chaîne de blocs privées. »[52] Les monnaies numériques souveraines auront un impact profond sur le système monétaire international, voire sur le système de gouvernance financière internationale.

L'idéal et la réalité du RMB numérique. La Chine promeut une chaîne de blocs de souveraineté basée sur une monnaie numérique nationale, qui jouera un rôle de premier plan dans la fourniture de services de base dans la chaîne de blocs, etc. Le RMB numérique est soutenu par le crédit du pays tout entier. Pour tout type de monnaie, un système de crédit stable est sans aucun doute fondamental pour sa valeur et sa circulation. Dans une certaine mesure, la monnaie fiduciaire numérique adossée au crédit national présente sans aucun doute de grands avantages. Toutefois, la base de crédit inhérente aux monnaies fiduciaires numériques, ainsi que le champ couvert par les monnaies fiduciaires et leurs avantages qui apparaissent progressivement en termes de coût, d'efficacité et de réglementation, peuvent constituer un coup dur pour les monnaies stables. Par conséquent, les monnaies numériques souveraines sont peut-être en retard sur la fête, mais elles ont encore de grandes chances de remporter la victoire finale. « En tant que représentant des monnaies numériques souveraines des grands pays, le RMB numérique peut devenir un moyen de dénomination, de paiement et de règlement pour le commerce international, les flux de capitaux transfrontaliers, les investissements industriels transfrontaliers et peut jouer un rôle important de monnaie de réserve dans la communauté internationale. »[53] L'émission du RMB

---

51. CAI Hui et WU Huaijun, « Une étude sur l'internationalisation du RMB dans le cadre de l'initiative d'une ceinture et une route », *Économie collective de la Chine*, n° 32, 2019, p. 8.

52. GAO Qiqi, « Recherche sur la chaîne de blocs de souveraineté et la chaîne de blocs mondiale », *Économie et politique mondiales*, n° 10, 2020, p. 54.

53. BAO Jianyun, « Monnaie numérique souveraine, innovation technologique financière et réforme du système monétaire international – Également sur l'émission, la circulation et l'internationalisation du RMB numérique », *Forum des peuples – Frontière académique*, n° 2, 2020, p. 24.

numérique réduira efficacement le risque de faux billets anonymes, de blanchiment d'argent, de collecte de fonds illégale et de financement privé, renforcera la capacité à réguler la monnaie et à prévenir et résoudre les risques financiers. Cependant, à ce stade, les monnaies numériques n'en sont encore qu'à leurs débuts, et les applications techniques et les dispositions institutionnelles correspondantes sont largement inadaptées, instables et incertaines. « Si le développement des monnaies numériques offre des opportunités pour l'internationalisation du RMB, il pose également certains défis, notamment parce que l'utilisation internationale de monnaies stables ancrées ou principalement ancrées au dollar américain risque de renforcer encore la position dominante du dollar américain dans le système monétaire international et de freiner le développement d'un système monétaire international multipolaire, y compris l'internationalisation du RMB. »[54] Soutenu par le crédit national, le RMB numérique deviendra certainement une infrastructure publique et un nouveau type de produit public dans l'économie numérique s'il peut fournir au public un instrument de paiement public sûr et fiable, efficace et pratique à moindre coût. À cet égard, la Chine doit promouvoir conjointement le développement du futur système numérique RMB sous plusieurs aspects, notamment la technologie et le système. En bref, l'émission, la circulation et l'internationalisation du RMB numérique aideront le RMB à assumer la fonction monétaire de « servir le peuple chinois et les peuples du monde ».

Section III
Rééquilibrer le système monétaire international

« Une monnaie internationale est une monnaie dans laquelle le cours légal d'un État souverain franchit les frontières géographiques et politiques pour devenir une monnaie utilisée pour le commerce international, l'évaluation des marchandises et le stockage de la valeur. »[55] Le système monétaire international actuel conserve une structure « centre-périphérie », c'est-à-dire que le dollar américain, monnaie de crédit souveraine des États-Unis, est au centre du système monétaire international et devient la « monnaie centrale » étroitement entourée par les « monnaies

---

54. WANG Xu et JIA Yuanxin, « La concurrence internationale des devises dans le contexte de la numérisation et ses implications pour l'internationalisation du RMB », *Southern Finance*, n° 5, 2020, p. 19.

55. Richard Cooper, « Prolegomena to the Choice of an International Monetary System », *International Organization*, n° 1, vol. 29, 1975, p. 65.

périphériques » des autres pays. Le dollar américain, en tant que monnaie de crédit souveraine des États-Unis, est au centre du système monétaire international et est devenu la « monnaie centrale » étroitement entourée des « monnaies périphériques » des autres pays. La numérisation entraîne un changement global dans la concurrence monétaire, les monnaies numériques des banques centrales devenant le nouveau centre de la concurrence. Un jeu à grande échelle est en train de se dérouler autour des monnaies numériques souveraines, qui entraîneront des changements dans le système monétaire à un niveau plus profond et remodèleront même l'ensemble de l'écologie économique. La Chine doit exploiter pleinement les dernières réalisations en matière d'innovation dans les technologies financières contemporaines, promouvoir la construction d'une monnaie numérique souveraine basée sur le RMB, construire un nouveau système d'internationalisation du RMB « centre-périphérie » dans le cadre de l'initiative « Une Ceinture, une Route ». En outre, nous favoriserons l'équilibre et la stabilité du système monétaire international et du système de gouvernance financière mondiale, et nous apporterons les solutions et la sagesse chinoise à la construction d'un nouvel ordre politique et économique international équitable et juste. Dans le contexte de la mondialisation et de la vague à venir de numérisation monétaire, le monde devrait planifier activement, participer pleinement, renforcer les échanges et travailler ensemble pour accélérer le développement et l'amélioration des mécanismes et des normes concurrentiels, et promouvoir la construction d'un système monétaire international plus équitable et plus efficace, guidé par le consensus « d'un système monétaire plus juste et plus stable pour toute l'humanité », ce qui est conforme aux intérêts de la plupart des pays. Un nouveau système monétaire international plus équitable et plus efficace.

I. Le paysage mondial des monnaies numériques

Ces dernières années, les banques centrales sont devenues plus actives et plus ouvertes à l'émission de monnaies numériques de banque centrale, et la future concurrence des monnaies numériques modifiera, voire remodèlera, le système monétaire international. La monnaie numérique est l'une des applications les plus importantes de la chaîne de blocs. 2020 est une année clé pour l'innovation et la mise en œuvre pratique du système de monnaie numérique, et les pays ont introduit des plans de promotion de la monnaie numérique légale. En avril 2020, la Banque des règlements internationaux a publié un rapport encourageant les banques centrales à promouvoir le développement de la monnaie numérique de la banque centrale et du paiement numérique pendant la prévention et le contrôle de l'épidémie de coronavirus. En janvier 2021, le site officiel du Fonds monétaire international a publié un rapport indiquant que sur les 174 lois relatives aux banques centrales des pays membres, environ 40 étaient légalement autorisées à émettre des monnaies numériques, mais que près de 80 % des banques centrales dans le monde ne sont pas autorisées à émettre des monnaies numériques en vertu de leurs lois actuelles ou du manque de clarté de leur cadre juridique. Selon Forbes, les signes indiquent que les États-Unis sont officiellement entrés dans « la bataille très disputée entre les multiples banques centrales du monde entier pour lancer la première monnaie numérique de banque centrale. » Alors que les monnaies numériques continuent d'évoluer, en particulier le développement de monnaies numériques souveraines ancrées par les principales monnaies internationales, elles ne manqueront pas d'apporter des chocs, des défis et des tests sans précédent du système monétaire international. Sans aucun doute, les monnaies numériques fourniront une nouvelle direction pour le changement du système monétaire international, et nous devrions d'autant plus saisir l'opportunité du développement rapide de la technologie financière représentée par les monnaies numériques et utiliser les avantages des monnaies numériques pour promouvoir l'achèvement de la troisième recherche d'ancrage du système monétaire international.

L'essor des monnaies numériques mondiales. Depuis la création du bitcoin par Satoshi Nakamoto, la variété des monnaies numériques a augmenté rapidement dans le monde entier. Au début, les monnaies numériques fluctuaient en valeur et étaient principalement utilisées pour des activités d'investissement, et étaient considérées comme des « actifs » plutôt que des « devises ». Avec l'émergence des monnaies stables numériques et l'introduction des monnaies numériques des banques centrales, la fonction « monétaire » des monnaies numériques a progressivement émergé. Finalement, l'application des monnaies numériques des banques centrales et des pièces stables numériques formera un vaste réseau de paiement distribué, qui devrait devenir une partie importante de l'infrastructure financière de nouvelle génération et donner progressivement un élan soutenu à la diversification du système monétaire international. 2020, la situation économique mondiale turbulente et en rapide évolution offre de nouvelles opportunités pour le développement des monnaies numériques des banques centrales, et le développement des monnaies numériques des banques centrales est entré dans la voie rapide (Tableau 2.6). « Le cœur de la compétition monétaire mondiale actuelle se concentre sur les monnaies numériques souveraines, c'est-à-dire la compétition pour les monnaies numériques des banques centrales. »[56] Le 2 juin 2021, la BCE a publié un rapport indiquant que « l'émission d'une monnaie numérique de banque centrale contribuerait à préserver l'autonomie des systèmes de paiement nationaux et l'utilisation mondialisée d'une monnaie dans un monde de monnaie numérique. » Actuellement, le monde observe les mouvements de la Chine et des États-Unis, car la numérisation en tant que monnaie souveraine doit être soutenue par un système économique solide. De même, une fois qu'une monnaie numérique de banque centrale qui s'appuie sur un système économique solide sera lancée et atterrira, elle aura un effet de tiraillement sur l'ensemble du système économique et pourrait même remodeler le système financier mondial et le paysage économique.

Tableau 2.6   État de la recherche sur les monnaies numériques des banques centrales dans divers pays

Pays (région)	Recherche
Chine	• En 2014, la Banque populaire de Chine a mis en place un groupe de recherche sur la monnaie numérique légale afin de démontrer la faisabilité de l'émission d'une monnaie numérique légale par la banque centrale • En janvier 2016, la Banque populaire de Chine a organisé un séminaire sur la monnaie numérique pour démontrer l'importance d'une monnaie numérique de banque centrale pour l'économie chinoise et a conclu qu'une monnaie numérique de banque centrale devrait être lancée dès que possible • En janvier 2017, la Banque populaire de Chine a officiellement créé l'Institut de recherche sur les devises numériques et, avec l'approbation du Conseil d'État, a lancé la recherche et le développement d'une monnaie numérique légale DC/EP. • En novembre 2019, Fan Yifei, vice-gouverneur de la Banque populaire de Chine, a déclaré que la conception de haut niveau et le développement des normes de la monnaie numérique légale de la banque centrale étaient pratiquement achevés • En avril 2020, la monnaie numérique légale de la Banque centrale est passée à l'étape des essais pilotes. Elle effectuera d'abord des essais pilotes internes fermés à Shenzhen, Suzhou, Xiong'an, Chengdu et dans le scénario des futurs Jeux olympiques d'hiver.

---

56. BAI Jinfu et BAI Xi, « Le nouveau paysage de la concurrence monétaire et des monnaies numériques des banques centrales », *Explorations de la théorie financière*, n° 3, 2020, p. 4.

Pays (région)	Recherche
États-Unis	• En février 2020, le président de la Réserve fédérale a déclaré que la Réserve fédérale menait des recherches sur une monnaie numérique de banque centrale, mais qu'elle n'avait pas encore décidé de la lancer. • Le 29 mai 2020, The Digital Dollar Project publie *The Digital Dollar Project Exploring a US CBDC*, un livre blanc proposant un cadre pour la création d'une monnaie numérique de banque centrale américaine (CBDC), fournissant le premier plan clair pour faire avancer le dollar numérique. • En février 2021, le président de la Réserve fédérale Jerome Powell a déclaré que le dollar numérique était un élément de politique hautement prioritaire et que la Réserve fédérale étudiait la faisabilité de l'émission d'une CBDC en crypto-monnaie.
Royaume-Uni	• En mars 2015, la Banque d'Angleterre a annoncé son intention d'émettre une monnaie numérique. • En 2016, à la demande de la Banque d'Angleterre, l'Université de Londres développe un prototype de monnaie numérique légale – le RSCoin – afin de fournir un cadre de référence technique. • En mars 2020, la Banque d'Angleterre a publié un rapport sur les monnaies numériques des banques centrales, explorant le passage à une économie numérique.
Singapour	• En novembre 2016, l'Autorité monétaire de Singapour et le consortium chaîne de blocs R3 se sont associés pour lancer le projet Ubin afin d'explorer l'utilisation de la technologie des registres distribués dans l'espace des monnaies numériques • En 2019, l'Autorité monétaire de Singapour et la Banque du Canada ont achevé un essai d'utilisation de la monnaie numérique de la banque centrale pour les paiements monétaires transfrontaliers.
Corée du Sud	En avril 2020, la Banque centrale de Corée a annoncé qu'elle avait lancé un programme pilote de 22 mois pour une monnaie numérique de la banque centrale, qui achèvera progressivement l'examen technique et juridique, l'analyse du processus commercial et la construction et les tests finaux de l'émission de la monnaie numérique de la banque centrale entre mars 2020 et décembre 2021.
Suède	• En septembre 2017, la Riksbank a lancé l'initiative E-Krona afin d'étudier la faisabilité d'une monnaie numérique légale pour les paiements de détail • En avril 2018, la Riksbank a annoncé qu'elle allait collaborer avec IOTA Chaîne de blocs pour développer et lancer une monnaie numérique nationale • En 2020, la Riksbank a annoncé qu'un projet pilote de monnaie numérique devrait être lancé en juillet.

Pays (région)	Recherche
Canada	• En juin 2016, le consortium chaîne de blocs R3 et la Banque du Canada ont lancé le projet Jasper, une monnaie numérique légale. • En 2019, l'Autorité monétaire de Singapour et la Banque du Canada ont achevé un essai d'utilisation d'une monnaie numérique de la banque centrale pour les paiements monétaires transfrontaliers.
Russie	En octobre 2017, le président russe Vladimir Poutine a officiellement annoncé que la Russie lancerait sa monnaie numérique officielle, le crypto-rouble, lors d'une réunion à huis clos à Moscou
Philippines	En juillet 2020, le gouverneur de la BSP a déclaré que la banque centrale avait formé un comité chargé d'étudier la faisabilité de l'émission d'une monnaie numérique par la banque centrale et les implications politiques connexes.
Norvège	• En mai 2018, la Banque de Norvège a publié un document de travail indiquant qu'elle envisageait de développer une monnaie numérique légale en complément de l'argent liquide afin de « garantir la confiance dans le système monétaire actuel ». • En mai 2019, le groupe de travail de la Banque de Norvège a publié un rapport sur la monnaie numérique de la Banque, qui suggère qu'à mesure que les citoyens cessent d'utiliser des formes physiques d'argent, la Banque doit prendre en compte « un certain nombre de nouveaux attributs importants pour garantir un système de paiement efficace et robuste ».
Îles Marshall	• En mars 2018, le Parlement des Îles Marshall a officiellement annoncé par voie législative qu'il émettrait la monnaie numérique Sovereign (SOV) en tant que monnaie légale par le biais d'une ICO. • En septembre 2019, les responsables des îles Marshall ont révélé que la SOV, la future monnaie numérique nationale, sera disponible par précommande …
Venezuela	En février 2018, le pétrodollar officiel a été lancé, ce qui en fait le premier pays au monde à émettre une monnaie numérique légale
Équateur	• En décembre 2014, l'Équateur a lancé un système de monnaie électronique. • En février 2015, le système de monnaie électronique et la pièce équatorienne basée sur ce système ont été mis en service, grâce auxquels les citoyens peuvent payer dans les supermarchés, les banques et autres scénarios. • En mars 2018, le gouvernement a déclaré le système hors service.

Pays (région)	Recherche
Tunisie	• En 2015, la Banque centrale de Tunisie a exploré l'application de la technologie chaîne de blocs à sa monnaie nationale, le dinar, en lançant une version numérique de sa monnaie nationale, le dinar, « E-Dinar », devenant ainsi le premier pays au monde à émettre une monnaie numérique adossée à une monnaie légale • En novembre 2019, la banque centrale tunisienne a déclaré qu'elle travaillait sur la numérisation de la finance et qu'elle était actuellement au stade de l'examen de toutes les alternatives disponibles, y compris une monnaie numérique de la banque centrale (CBDC) ...
Sénégal	En décembre 2016, la banque centrale du Sénégal a lancé sa monnaie numérique basée sur la chaîne de blocs, eCFA, facilitée par les banques locales et une startup basée en Irlande, eCurrency Mint Limited.
Haïti	En juin 2019, la banque centrale d'Haïti prévoit de piloter une monnaie numérique adossée à la chaîne de blocs ...
Thaïlande	• En octobre 2018, le gouvernement thaïlandais a émis 12 milliards de pièces de la monnaie numérique CTH. • En juillet 2019, le gouverneur adjoint de la Banque de Thaïlande a déclaré publiquement que son projet de monnaie numérique, développé conjointement avec l'Autorité monétaire de Hong Kong (Chine), était officiellement dans sa troisième phase • En janvier 2020, l'autorité monétaire chinoise de Hong Kong et la Banque de Thaïlande ont annoncé les résultats du projet Inthanone-LionRock, un programme de recherche conjoint sur la monnaie numérique, et ont publié un rapport de recherche.

Pays (région)	Recherche
Nouvelle-Zélande	En septembre 2021, la Réserve fédérale de Nouvelle-Zélande a déclaré que les monnaies numériques soutiendraient le rôle d'ancrage de la valeur de la monnaie de banque centrale en (I) offrant aux particuliers et aux entreprises la possibilité de convertir la monnaie émise à titre privé en une forme numérique de monnaie de banque centrale, garantissant la convertibilité à long terme de la monnaie privée avec la monnaie de banque centrale. (II) Améliorer la forme technique de la monnaie de la banque centrale pour qu'elle reste pertinente dans l'avenir numérique. (III) Fournir un outil supplémentaire de politique monétaire en émettant la monnaie pour fournir une stimulation monétaire ou des intérêts. La Réserve fédérale de Nouvelle-Zélande a déclaré que les monnaies numériques pourraient également améliorer l'efficacité et la résilience des paiements nationaux et permettre à la Nouvelle-Zélande de participer à des programmes mondiaux qui utilisent la CBDC pour améliorer les paiements transfrontaliers. Toutefois, la Réserve fédérale de Nouvelle-Zélande a également déclaré que la CBDC n'est pas sans poser de problèmes et qu'elle doit faire l'objet d'une réflexion approfondie.
Uruguay	En novembre 2017, la Banque centrale de l'Uruguay a lancé un programme pilote de six mois pour une monnaie numérique de détail pour l'émission et l'utilisation d'une version numérique du peso uruguayen
Lituanie	• En 2018, la Lituanie a lancé le projet de plateforme chaîne de blocs LBChain afin de mener des recherches actives sur la chaîne de blocs et les monnaies numériques • En décembre 2019, la Banque centrale de Lituanie a approuvé un échantillon physique de la monnaie numérique LBCoin, avec des jetons basés sur la chaîne de blocs, qui sera émis au printemps 2020 • En janvier 2020, la Banque centrale de Lituanie a déclaré qu'elle poursuivait ses efforts pour renforcer ses travaux sur les monnaies numériques
Bahamas	En octobre 2020, la banque centrale des Bahamas, une île des Caraïbes, a annoncé le lancement du Sand Dollar, une monnaie virtuelle garantie par l'État qui peut être utilisée par les résidents des Bahamas via une application mobile ou une carte physique et qui est maintenant largement disponible dans le pays.

Source : Compilation à partir de sources pertinentes.

Parallèlement au développement et à l'autonomisation de la technologie chaîne de blocs, on assiste à un boom mondial de la création de monnaies numériques, et de nombreux pays souverains ont accéléré le déploiement des monnaies numériques, de plus en plus de pays prenant position sur les monnaies numériques et la recherche et le développement connexes étant menés à plein régime. Par conséquent, on s'attend à ce que les banques centrales poursuivent activement la mise en place de monnaies numériques de banque centrale à long terme, prenant ainsi l'initiative dans la future bataille pour le discours mondial des monnaies numériques.

La concurrence nationale derrière les monnaies souveraines. « L'attribut fondamental de la monnaie est l'intérêt national ; la monnaie est un symbole de valeur pour l'intérêt national. »[57] L'argent n'est pas seulement une question d'efficacité et de coût, mais aussi un symbole de pouvoir. L'émergence des monnaies numériques va intensifier la concurrence et le jeu des monnaies souveraines et donner une nouvelle dimension concurrentielle à la compétition pour les monnaies souveraines. D'un point de vue monétaire, les monnaies numériques des banques centrales sont de même nature que les monnaies physiques en ce sens qu'elles constituent des engagements de la banque centrale, mais leurs manifestations sont différentes. Et en termes de technologie monétaire et de la structure cadre qui la sous-tend, les monnaies numériques des banques centrales sont très différentes du système bancaire existant. Par conséquent, la concurrence pour les monnaies souveraines à l'ère numérique doit tenir compte non seulement de la force globale d'un pays, de la taille de son économie, de la maturité de ses marchés financiers et de la convertibilité de sa monnaie, mais aussi du niveau de la technologie numérique d'un pays, de la force de ses grandes entreprises technologiques et du niveau de la culture numérique du public. En fait, comme l'essence d'une monnaie est un crédit basé sur le consensus, la compétition pour la monnaie est elle-même une compétition pour le crédit consensuel. « Le système monétaire international actuel a été établi précisément en raison de la concurrence pour le crédit souverain national, c'est-à-dire que la nature centrée sur le dollar du système monétaire international actuel est que le crédit des États-Unis a partiellement ou totalement remplacé le crédit des autres pays. »[58] L'émergence des monnaies numériques des banques centrales a entraîné un changement fondamental dans la concurrence

---

57. LIU Jun, « La dimension numérique de l'internationalisation du RMB », *Finance Expo*, n° 9, 2020, p. 30.

58. Ronald McKinnon, « Currency Substitution and Instability in the World Dollar Standard ». *American Economic Review*, n° 5, vol. 74, 1984, p. 1129-1131.

monétaire. Techniquement, les paiements peuvent être effectués à la fois en ligne et hors ligne ; fonctionnellement, le champ des paiements peut être étendu à un niveau plus large et plus profond ; et le positionnement en tant que monnaie numérique souveraine améliorera la compétitivité internationale dans tous les domaines. Plus important encore, « une monnaie numérique de banque centrale est plus qu'une monnaie en soi, c'est une monnaie numérique souveraine basée sur le crédit de l'État, avec une forte crédibilité et un défi direct au système monétaire existant ».[59] Ces dernières années en particulier, avec le déclin de l'utilisation de l'argent liquide en tant que passif de la banque centrale et l'essor des monnaies numériques privées, les cryptoactifs tels que le bitcoin et les monnaies stables mondiales tentent de remplir leurs fonctions monétaires, ouvrant un nouveau cycle de jeux entre la monnaie privée, la monnaie étrangère et la monnaie légale. Il est clair qu'il s'agit d'une « guerre monétaire d'un nouveau genre » et qu'elle bat déjà son plein dans le monde entier.

Les monnaies numériques sont en train de remodeler le système monétaire international. Il est bien connu que les monnaies internationales doivent avoir trois fonctions : une unité de compte, une réserve de valeur et un moyen de paiement, mais ces trois fonctions ne sont pas d'importance égale. Tant l'expérience historique que l'analyse théorique montrent que la fonction de moyen de paiement est la plus importante dans l'évolution des monnaies internationales. Il est clair que les moyens de paiement numériques privés qui ont émergé ces dernières années s'adressent principalement aux consommateurs, plutôt qu'aux entreprises, et que les consommateurs et la population active constituent une énorme base d'utilisateurs potentiels, ce qui permet aux monnaies numériques d'être acceptées plus rapidement et plus largement. Les monnaies numériques pourraient constituer une alternative pour les paiements et les règlements transfrontaliers, car « l'intention initiale des monnaies numériques était de tenter de remédier aux lacunes de l'infrastructure financière mondiale, notamment en matière de paiements transfrontaliers, dans l'espoir d'améliorer l'efficacité des paiements et de réduire les obstacles grâce à de nouveaux moyens technologiques »[60]. Par conséquent, « par rapport aux monnaies internationales traditionnelles, qui sont

---

59. BAI Jinfu et BAI Xi, « Le nouveau paysage de la concurrence monétaire et des monnaies numériques des banques centrales », *Explorations de la théorie financière*, n° 3, 2020, p. 5.

60. WANG Shuyuan et ZHAO Bai Zhinan, « Monnaies numériques, flux de capitaux, retombées de la politique monétaire ... Qu'a dit Zhou Xiaochuan, ancien gouverneur de la banque centrale, en 1 heure ? », *China Securities Journal*, 2019, https://mp.weixin.qq.com/s/NlzpDDNUUUg1UYdcBnFakA.

principalement utilisées pour le commerce international de masse et les grandes transactions financières transfrontalières, les monnaies numériques s'appuient sur le développement rapide des paiements de détail des consommateurs et font baisser considérablement les coûts de transaction et de conversion des devises, ce qui leur permet peut-être d'atteindre plus facilement une pénétration mondiale que les monnaies souveraines traditionnelles. »[61] La révolution des monnaies numériques a ébranlé les fondements de l'ancien ordre économique international, devenant un point d'orgue stratégique à l'ère de l'économie numérique mondiale et une nécessité pour la future concurrence entre grandes puissances sur la scène financière internationale. Pourquoi la monnaie numérique de la banque centrale suscite-t-elle un tel intérêt ? « C'est principalement parce que l'essence de la compétition des monnaies numériques des banques centrales est la bataille pour la souveraineté monétaire et la bataille pour le statut international. »[62] Une monnaie numérique légale aura certainement un impact significatif sur le système monétaire international actuel, centré sur le dollar américain, et permettra même d'établir une base de données distribuée, faisant l'objet d'un consensus multipartite, maintenue collectivement, inviolable et traçable de bout en bout, afin de construire un système international de monnaie numérique reconnu par la plupart des pays. La numérisation a créé un nouvel espace d'opportunités, et la monnaie numérique de la banque centrale a placé tous les pays sur la même ligne de départ pour construire un nouveau modèle de système monétaire international par la concurrence et la coopération.

II. Route de la soie numérique et internationalisation du RMB

En mai 2017, XI Jinping a proposé, dans son discours liminaire lors de la cérémonie d'ouverture du Forum de la Ceinture et de la Route pour la coopération internationale, que « nous adhérions au développement axé sur l'innovation, que nous renforcions la coopération dans les domaines de pointe tels que l'économie numérique, l'intelligence artificielle, les nanotechnologies et les ordinateurs quantiques, et que nous promouvions les mégadonnées, le cloud l'informatique et la construction de villes intelligentes, pour se connecter à la route de la soie numérique du XXIe siècle ». En avril 2018, lors de la Conférence nationale sur

---

61. Benoit Coray [Europe] et ZHAO Tingchen, « L'essor des monnaies numériques : défis pour le système monétaire international et le système financier », *Finance internationale*, n° 1, 2020, p. 3-7.

62. BAI Jinfu et BAI Xi, « Le nouveau paysage de la concurrence monétaire et des monnaies numériques des banques centrales », *Explorations de la théorie financière*, n° 3, 2020, p. 5.

la sécurité des réseaux et l'informatisation, Xi a de nouveau souligné la nécessité de saisir la construction de « la Ceinture et la Route » et d'autres opportunités pour renforcer la coopération avec les pays situés le long de la route, en particulier les pays en développement, dans la construction d'infrastructures de réseau, l'économie numérique et la cybersécurité, et pour construire la Route de la soie numérique du XXIe siècle. En avril 2019, Xi Jinping a continué à souligner, lors de la cérémonie d'ouverture du deuxième Forum de « la Ceinture et la Route » sur la coopération internationale, que le gouvernement devait répondre à la tendance de développement de la quatrième révolution industrielle, saisir conjointement les opportunités de la numérisation, de la mise en réseau et du développement de l'intelligence, explorer conjointement les nouvelles technologies, les nouveaux modèles commerciaux et les nouveaux modes, explorer les nouveaux moteurs de croissance et les nouvelles voies de développement, et construire la Route de la soie numérique et la Route de la soie de l'innovation. La route de la soie de l'innovation. L'initiative « la Ceinture et la Route » de la Chine ne concerne pas seulement l'interconnexion des routes maritimes et terrestres, mais aussi l'interconnexion des informations numériques ; la Route de la Soie numérique construite par la Chine est une combinaison organique du développement de l'économie numérique et de l'initiative « la Ceinture et la Route », et constitue l'initiative de la Chine pour promouvoir le développement humain commun à l'ère numérique. La Route de la soie numérique construite par la Chine est une combinaison organique du développement de l'économie numérique et de l'initiative « Une ceinture, une route ». Dans le contexte des chaînes de valeur mondiales, et avec la promotion et la mise en œuvre approfondies de l'initiative « la Ceinture et la Route », une « communauté d'intérêts » dans l'économie numérique est en train de se former dans les pays et régions situés le long de la route. « L'internationalisation de la monnaie est le seul moyen pour l'économie d'un pays de se développer et de participer à la redistribution des richesses dans le monde, et il est juste que la Chine obtienne un statut de monnaie internationale à la hauteur de son statut après son plein essor économique ». L'internationalisation du RMB est devenue une stratégie nationale pour la Chine, et avec la stratégie actuelle « Une ceinture, une route » qui bat son plein, les deux forment ensemble l'intersection de la stratégie d'ouverture nationale de haut niveau de la Chine dans la nouvelle ère. »[63]

---

63. CAI Hui et WU Huaijun, « Une étude sur l'internationalisation du RMB dans le cadre de l'initiative d'une ceinture et une route », *Économie collective de la Chine*, n° 32, 2019, p. 9.

Actuellement, l'application à grande échelle de la technologie financière annonce le passage des changements quantitatifs traditionnels à des changements qualitatifs perturbateurs dans l'écologie financière mondiale du XXIe siècle et approfondit la transformation du système monétaire international. À cet égard, l'émission par la Chine du RMB numérique est une occasion historique de construire un nouveau système d'internationalisation du RMB « centre-périphérie » dans le cadre de l'initiative « Une ceinture, une route », de promouvoir le RMB numérique dans le système financier et commercial mondial, et de favoriser le développement coordonné du RMB numérique et de l'internationalisation. Il favorisera la numérisation et l'internationalisation du RMB, et permettra au RMB de s'imposer dans la compensation des transactions internationales.

La stratégie d'internationalisation du RMB. À l'heure actuelle, le système monétaire international est entré dans l'ère des monnaies de crédit et des systèmes de taux de change flottants, connue dans les milieux universitaires comme le « système sans système » ou le « système dollar ». Dans le cadre de ce système, les États-Unis s'appuient sur leur force globale de premier plan et sur leurs marchés financiers développés pour construire un système mondial tournant autour du crédit centré sur le dollar américain. « L'histoire et la réalité du dollar américain en tant que première monnaie mondiale est le résultat de la concurrence entre les pays et les marchés et la preuve du hard et soft power du crédit national américain. Ou le statut du dollar est autant un choix gouvernemental qu'un choix de marché. »[64] En termes de règlements mondiaux, l'euro a commencé à dépasser le dollar comme première monnaie de paiement dans le monde après 2014, mais le dollar détient toujours une part de 37 %. En termes de réserves de change, les réserves en dollars américains ont été dominantes dans les réserves de change du monde, avec une part moyenne de plus de 65 %, les économies de marché émergentes ayant une part encore plus élevée du dollar. Les dernières données du Fonds monétaire international montrent que la proportion des réserves en dollars américains a commencé à diminuer quelque peu en 2020, mais les réserves dépassent toujours 60 % (Figure 2.4). Comme on peut le constater, le statut du RMB en tant que monnaie de paiement et de réserve internationale est gravement inadapté à la position de la Chine en tant que sixième place dans l'économie mondiale. La rupture de l'hégémonie du dollar américain dans le système mondial de règlement

---

64. ZHONG Wei, « Un siècle de changements et de clairvoyance dans le système monétaire international », *Études financières internationales*, n° 4, 2001, p. 8-13.

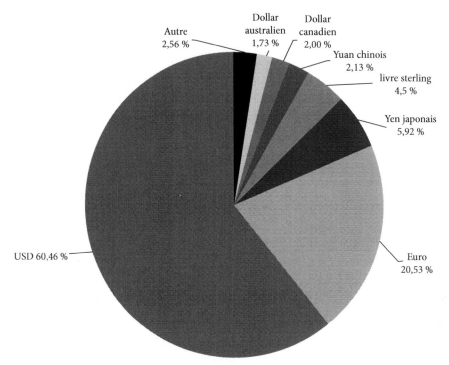

Figure 2.4   Part des principales devises 2020 dans les réserves de change au
troisième trimestre

Source : Fonds monétaire international (FMI)

des échanges commerciaux et financiers est une question essentielle pour le
maintien d'un développement mondial sain et stable, et la Chine doit mener des
réflexions stratégiques à long terme à cette fin. Grâce à l'initiative « Une ceinture,
une route », la Chine établira et améliorera le réseau commercial asiatique dont
la Chine est le cœur, cherchera à connaître la demande réelle de RMB des pays
de la région et explorera le potentiel du RMB en tant que monnaie « d'ancrage »
en Asie. D'une part, l'internationalisation du RMB contribuera à promouvoir la
réforme du système de gouvernance financière. L'internationalisation du RMB
brisera la domination du dollar américain, affaiblira la dépendance de l'économie
mondiale à l'égard du dollar américain, offrira de nouvelles options monétaires
pour le commerce et les investissements internationaux et les transactions
financières, et répondra aux besoins de financement diversifiés de la communauté
internationale. D'autre part, la participation à la gouvernance financière mondiale
constituera une garantie pour l'internationalisation du RMB. « La participation à

la gouvernance financière mondiale favorisera l'expansion et l'ouverture du secteur financier chinois au monde extérieur, améliorera le statut international du RMB, renforcera l'acceptation du RMB par la communauté internationale et mettra en jeu les fonctions d'évaluation, de règlement et de réserve du RMB. »[65]

La dimension numérique de l'internationalisation du RMB. Depuis la crise financière internationale de 2008, l'émergence de nouvelles formes de monnaie telles que le Bitcoin, le Lite coin et l'Etherum a ouvert la « boîte de Pandore » de la monnaie numérique et est devenue le perturbateur de l'ère numérique. L'émergence de nouvelles formes monétaires a révélé les faiblesses de la finance traditionnelle, telles que le découvert monétaire et l'inhibition financière, et son objectif est clairement non seulement de « démonétiser », mais aussi d'établir un système « décentralisé » et « démédiatisé ». Il est clair que l'objectif n'est pas seulement de « démonétiser » mais de créer une nouvelle monnaie « décentralisée » et « désintermédiée ». La chaîne de blocs et d'autres technologies financières ont non seulement facilité le développement rapide de l'économie numérique, mais ont également entraîné un changement dans le mécanisme de confiance des monnaies. Le futur système monétaire international n'est pas seulement une combinaison de monnaies souveraines, mais un nouveau modèle de coexistence entrelacée et symbiotique entre les monnaies souveraines et numériques. Le défi de l'internationalisation du RMB n'est pas seulement celui des monnaies fiduciaires existantes, mais aussi l'impact systémique des nouvelles formes monétaires, de sorte que la version améliorée de l'internationalisation du RMB sera une concurrence systémique avec des éléments numériques. En revanche, l'attitude officielle des États-Unis à l'égard des monnaies numériques des banques centrales n'était pas positive avant l'épidémie de pneumonie de Coronavirus[66]. En fait, les États-Unis ont toujours été préoccupés par le développement des monnaies numériques des banques centrales, et l'attitude officielle des États-Unis à l'égard

---

65. SHAO Huaming et HOU Chen, « L'internationalisation du RMB : situation actuelle et options de parcours – l'histoire de l'internationalisation du dollar américain comme référence », *Financial Science*, n° 11, 2015, p. 23-27.

66. En octobre 2019, le président de la Réserve fédérale, Jerome Powell, a exprimé des inquiétudes au sujet du dollar numérique, en faisant valoir que les banques commerciales basées sur les comptes actuels sont toujours une composante importante du système financier américain et que l'émergence du dollar numérique pourrait avoir un effet d'entraînement sur les banques commerciales et pourrait également freiner l'activité économique. En décembre 2019, le secrétaire américain au Trésor, Steven Mnuchin, et le président de la Réserve fédérale, Jerome Powell, ont également déclaré conjointement que la Réserve fédérale n'a pas besoin, au cours des cinq prochaines années, d'émettre une monnaie numérique.

des dollars numériques a considérablement évolué, surtout après l'apparition de l'épidémie[67]. Le nouveau paradigme actuel de l'économie numérique a créé à la fois un environnement favorable à l'émission de devises numériques et une nouvelle orientation pour le système monétaire international. L'hégémonie du dollar américain est le plus grand défi à l'internationalisation du RMB, et l'internationalisation du RMB numérique doit être encore renforcée et nécessite l'intégration de la pensée numérique. Par conséquent, il est très difficile de briser l'hégémonie du dollar américain dans le paysage politique et économique mondial actuel, et nous devons trouver une autre voie, et les monnaies numériques basées sur la technologie chaîne de blocs offrent une opportunité pour le RMB de briser l'hégémonie du dollar américain dans un détour. « L'incertitude à l'ère numérique est réelle, et y répondre avec certitude sur la voie de l'internationalisation du RMB est contingent. Ensuite, il est inévitable que le RMB et sa contrepartie numérique deviennent une monnaie internationale. »[68]

Le RMB numérique et le nouvel ordre monétaire international. Avec le développement rapide de la mondialisation financière et de l'innovation financière, le système de gouvernance financière initial n'est plus en mesure de répondre aux exigences de la nouvelle ère, et il est nécessaire de réformer le système monétaire international et le système de gouvernance, de jouer un rôle positif pour le RMB, et de construire un cadre institutionnel stable et résilient pour la conduite des affaires monétaires et des activités financières mondiales[69]. Si le RMB numérique peut saisir cette opportunité historique rare et la combiner avec la construction de « une ceinture, une route » et la structure de la chaîne de valeur mondiale, il

---

67. En février 2020, le gouverneur de la Fed, M. Brainard, a déclaré qu'il avait suivi les progrès de la monnaie numérique de la banque centrale chinoise au cours de l'année écoulée et qu'il était important que les États-Unis restent à l'avant-garde de la recherche et du développement de la monnaie numérique de la banque centrale, étant donné l'importance du dollar américain. Le concept du dollar numérique est apparu dans la première version du projet de loi sur la relance en mars 2020, et bien qu'il ait été supprimé dans la version finale, c'était la première fois que le dollar numérique apparaissait dans le projet de loi américain sur la relance. Documents officiels, indiquant que le dollar numérique attire progressivement l'attention des responsables américains. Par la suite, le 28 mai, la Digital Dollar Foundation et Accenture Consulting ont publié un livre blanc sur le dollar numérique, qui décrit dans un premier temps le développement du dollar numérique. (YOU Miao, « Monnaie numérique : une nouvelle voie pour la concurrence monétaire mondiale », *Study Times*, 24 juillet 2020, p. A2.)

68. LIU Jun, « La dimension numérique de l'internationalisation du RMB », *Finance Expo*, n° 9, 2020, p. 31.

69. CHENG Gui, « Réflexions sur l'internationalisation du RMB pour favoriser la réforme de la gouvernance financière mondiale », *Journal de l'université de finance et d'économie de Lanzhou*, n° 6, 2019, p. 71.

va certainement promouvoir l'internationalisation du RMB sur une nouvelle voie et former un « effet de réseau », et construire une « douve » financière à l'ère de la monnaie numérique avant les autres. Il permettra de construire un « fossé » financier à l'ère des devises numériques et d'affaiblir l'effet d'entraînement des liquidités en dollars américains sur la politique monétaire de la Chine. « Le développement de la monnaie numérique coïncidera avec la construction de « Une Ceinture, une Route », et sur la base de la coopération en matière de capacité de production et de coopération économique et commerciale, il promouvra vigoureusement la construction de systèmes de paiement transfrontaliers en RMB et d'autres infrastructures financières, encouragera en temps voulu les essais de règlement transfrontalier de la monnaie numérique de la banque centrale dans les régions qui en ont les conditions, mènera activement des actions bilatérales et une coopération multilatérale, établira un système de paiement et de règlement transfrontalier centré sur la monnaie numérique de la banque centrale, et améliorera le droit de parole de la Chine dans des domaines tels que la mise à niveau du système de paiement international, les normes internationales et la réglementation des technologies financières[70]. Par conséquent, l'émission, la circulation et l'internationalisation d'une monnaie numérique souveraine représentée par le RMB numérique sont propices à l'amélioration des lacunes et des déficiences du système monétaire international dominé par les monnaies de quelques pays développés représentées par le dollar américain, et à la promotion de la construction d'un nouveau système monétaire international qui soit équitable, juste et efficace. Il convient de préciser que si le RMB numérique peut affaiblir la puissance des États-Unis dans le cadre du système monétaire international actuel dominé par le dollar, le changement de la forme physique de la monnaie ne modifiera pas de manière significative les fondements de la concurrence monétaire internationale sur une courte période. Cette situation, associée à l'émergence de monnaies stables numériques mondiales de type Diem, ce qui peut non seulement éroder la souveraineté monétaire du RMB, mais aussi restreindre davantage l'espace d'internationalisation du RMB, pose certains défis à l'internationalisation du RMB numérique. Afin de mieux faire face à l'impact des monnaies numériques sur les paiements traditionnels et l'économie nationale, et de tirer son épingle du jeu dans la compétition monétaire

---

70. YOU Miao, « Les monnaies numériques des banques centrales sont devenues une nouvelle piste dans la compétition monétaire mondiale, et la concurrence devient de plus en plus féroce », *Study Times*, 24 juillet 2020, p. A2.

internationale dans le contexte numérique, la Chine devrait, tout en promouvant activement et régulièrement le développement et le test de la monnaie numérique de la banque centrale, approfondir la coopération transfrontalière en matière de supervision financière et de finance numérique, cultiver progressivement la formation d'une zone de monnaie numérique et construire scientifiquement un ancrage monétaire stable comme moyen de renforcer l'utilisation internationale du RMB. En outre, il devrait suivre les exigences fondamentales des limites écologiques et du développement socialement inclusif, développer vigoureusement la fintech marquée par les mégadonnées et la technologie chaîne de blocs, et promouvoir la construction d'un système de plate-forme chaîne de blocs, la construction d'un système de plate-forme chaîne de blocs pour l'investissement financier numérique en RMB, la construction d'une plate-forme chaîne de blocs pour le paiement et le règlement du commerce dans les pays de « ceinture et route », « Il favorisera la réforme du système monétaire international grâce à l'internationalisation du RMB numérique et contribuera grandement à la construction d'un nouvel ordre monétaire international équitable et raisonnable »[71].

III. Importance mondiale de la BAII

En décembre 2015, la Banque asiatique d'investissement dans les infrastructures (ci-après dénommée « BAII »), une initiative de la Chine, a été officiellement créée pour aider les pays d'Asie dont les infrastructures sont faibles à répondre à leurs besoins de financement d'infrastructures et contribuer ainsi à leur développement durable. La BAII est conçue pour aider les pays d'Asie dont les infrastructures sont faibles à répondre à leurs besoins en la matière, contribuant ainsi à leur développement durable. La BAII est hautement compatible avec l'initiative « Une ceinture, une route » et constitue également une étape importante dans la promotion de l'internationalisation du RMB. La BAII apporte un soutien financier à des projets d'infrastructure dans les pays en développement, mais ses opérations ne se limitent pas à l'Asie. Dans une large mesure, la BAII est devenue un complément important du système monétaire et financier international en comblant le déficit d'infrastructures dans les pays en développement. Dans un sens, la Chine est déjà la plus grande nation commerciale du monde et le plus grand

---

71. BAO Jianyun, « Monnaie numérique souveraine, innovation technologique financière et réforme du système monétaire international – Également sur l'émission, la circulation et l'internationalisation du RMB numérique », *Forum des peuples – Frontière académique*, n° 2, 2020, p. 25.

fabricant industriel. En tant que telle, la Chine a le droit et l'obligation de jouer un rôle plus important dans l'élaboration du système monétaire international. Mais le système monétaire international actuel ne fait pas que freiner le développement de l'économie mondiale, il tient également à l'écart les économies émergentes comme la Chine. Du point de vue du développement, la Chine ne peut protéger ses intérêts en matière de développement économique et se faire davantage entendre dans la gouvernance mondiale que si elle participe au système monétaire international. Par conséquent, la Chine est désireuse de s'intégrer au FMI et à la Banque mondiale. La BAII est une autre initiative stratégique majeure dans la diplomatie périphérique de la Chine, un événement marquant dans le passage de l'économie chinoise de l'exportation de produits à l'exportation de capitaux, et un important « test stratégique de l'eau » pour la Chine afin d'améliorer l'irrationalité du système international existant[72]. En bref, en tant qu'organisation financière mondiale, la BAII formera un « trépied » avec la Banque mondiale et le Fonds monétaire international dans la sphère financière mondiale, formant une relation de coopération, de concurrence et de contraintes mutuelles entre eux, ce qui est extrêmement important pour le maintien de la stabilité financière mondiale.

Une économie mondiale dynamiquement équilibrée. L'année 2020 a été marquée par une épidémie soudaine au cours de laquelle le modèle mondial original et la trajectoire établie ont été brusquement brisés, et le développement des pays est entré dans un état non conventionnel dans lequel l'économie et la prospérité ont reculé. « D'une part, la vague de nationalisme et de contre-mondialisation a porté un coup sérieux à la construction d'une communauté de destin humain ; d'autre part, la communauté de l'argent-capital a subi un coup égal, donnant l'opportunité à une vraie communauté de se briser et de se tenir debout. »[73] La croissance rapide de la Chine au cours des 30 dernières années, son influence croissante sur le nouveau paysage de la mondialisation et sa voix asymétrique, notamment dans la sphère financière, ont contribué à déséquilibrer les intérêts mondiaux et à accroître les contradictions. Transformation numérique, contre-mondialisation, re-mondialisation, dé-sinoïsation ... Dans un paysage politique et économique de plus en plus divers et complexe, la Chine et les États-Unis s'accrochent sans relâche à leurs stratégies monétaires de numérisation respectives.

---

72. CAO Dejun, « La transformation diplomatique de la Chine et la fourniture de biens publics mondiaux », *Moniteur de développement de la Chine*, n° 5, 2017, p. 33.

73. WANG Jian, « Une communauté de destin humain pour aider la lutte mondiale contre l'épidémie et la reconstruction post-épidémique », *Création*, n° 6, 2020, p. 55.

En mai 2020, la Chine a proposé pour la première fois de tirer pleinement parti des avantages de son méga-marché et du potentiel de sa demande intérieure, et a présenté l'initiative visant à construire un nouveau modèle de développement dans lequel les marchés intérieur et international se renforcent mutuellement[74]. En ce moment, nous nous trouvons au carrefour historique de l'objectif des « deux cent-an », la nouvelle pandémie a encore intensifié la recherche d'un nouvel équilibre dans le paysage mondial, et les États-Unis sont en train de perdre leur leadership mondial dans les affaires publiques internationales, ce qui signifie plus d'opportunités pour nous. « Grâce à la plate-forme de la BAII, un mécanisme de financement centré sur le RMB sera formé pour inciter l'Asie et d'autres régions à utiliser le RMB comme monnaie de réserve, atténuant la perte de réserves étrangères due à la dépréciation cyclique du dollar américain, et contrebalançant ainsi le modèle « dominant » du dollar américain. »[75] Dans une épidémie mondiale de chaos, la Chine offre un rare « point d'ancrage stable » financier pour l'économie mondiale, et le RMB numérique favorisera l'approfondissement de l'ouverture financière de la Chine et l'internationalisation du RMB, optimisant davantage l'interaction entre la « circulation externe » internationale et la « circulation interne ». Le RMB numérique favorisera l'approfondissement de l'ouverture financière de la Chine et l'internationalisation du RMB, et optimisera davantage le nouveau mode d'interaction entre la « circulation externe » internationale et la « circulation interne » nationale. D'une part, le RMB numérique favorisera le développement de l'économie numérique nationale, en réduisant non seulement le coût d'émission et de circulation, mais aussi en accélérant la circulation de la monnaie, en réduisant les coûts et en augmentant l'efficacité des opérations économiques ; d'autre part, dans le cadre du système hégémonique actuel du dollar

---

74. La cinquième session plénière du 19e comité central du PCC a établi un plan systématique pour le développement économique et social de la Chine au cours de la période du 14e plan quinquennal, qui proposait d' « accélérer la construction d'un nouveau modèle de développement avec la circulation générale intérieure comme pilier et la double circulation intérieure et internationale se promouvant mutuellement ». La stratégie du « double cycle » est un déploiement stratégique majeur du Comité central du Parti pour promouvoir le développement de l'économie ouverte de la Chine à un niveau supérieur dans le contexte de changements profonds et complexes de l'environnement national et international ; et la « double vue d'ensemble » est l'ancrage et l'orientation fondamentale qu'elle établit. (Wang Zhikai, « Saisir l'ancrage et la nouvelle dynamique de la stratégie du "double cycle" », *National Governance Weekly*, n° 3-4, janvier 2021.)

75. CHENG Gui, « Réflexions sur l'internationalisation du RMB pour favoriser la réforme de la gouvernance financière mondiale », *Journal de l'université de finance et d'économie de Lanzhou*, n° 6, 2019, p. 71.

américain, l'ordre économique mondial a été perturbé par les États-Unis et doit être rectifié.

Un système monétaire à dominante pluraliste. « L'évolution du système monétaire est, en outre, un processus dans lequel le meilleur crédit se développe constamment, éliminant et remplaçant le crédit inférieur, ou dans lequel la bonne monnaie expulse la mauvaise monnaie, et dans lequel le triomphe du crédit national sur le crédit privé s'accompagne d'une concurrence entre les pays, conduisant à ce qu'une certaine monnaie souveraine ait la fonction d'une monnaie mondiale de plus en plus forte, tandis que certains souverains perdent partiellement ou même complètement leur droit d'émettre de la monnaie. »[76] À l'heure actuelle, le contraste entre les puissances économiques mondiales a une fois de plus subi des changements significatifs, la force économique des économies émergentes continue de croître et leurs monnaies souveraines méritent une place dans le système monétaire mondial, le monde doit intégrer le soutien d'un système monétaire multipolaire comprenant les monnaies des économies émergentes, et un système monétaire et financier international plus diversifié composé de plusieurs monnaies souveraines commerciales et financières dominantes afin d'être plus compatible avec un monde plus diversifié. L'économie est mieux adaptée. « À la suite de la crise financière mondiale de 2008, un consensus s'est largement dégagé au sein de la communauté internationale sur le fait que le système monétaire international actuel, dominé par le dollar, est intrinsèquement fragile et ne favorise pas la stabilité financière mondiale, et que le système monétaire international doit passer de l'unipolarité à la diversification. »[77] Le système international de réserves monétaires dominé par le dollar et le système de taux de change flottant n'ont pas atteint les objectifs souhaités d'équité et d'efficacité, d'ouverture et d'inclusion du système monétaire international en raison de l'instabilité, voire de l'absence, de « l'ancre de crédit » et d'autres défauts majeurs inhérents. « Les pays qui jouent un rôle dominant dans le système monétaire international utilisent leur position dominante pour émettre de la monnaie sans discernement et déplacer leurs contradictions économiques, exacerbant ainsi le déséquilibre, l'inégalité et le caractère non durable du commerce

---

76. ZHONG Wei, *Monnaie numérique : fintech et reconfiguration monétaire*, Presse CITIC, 2018, p. 9-10.

77. LIU Dongmin et SONG Shuang, « Monnaies numériques, paiements transfrontaliers et transformation du système monétaire international », *Forum financier*, n° 11, 2020, p. 7.

mondial, du développement financier et économique. »[78] Ces dernières années, le système monétaire unipolaire instauré par la monnaie mondiale a entraîné une instabilité croissante du système financier mondial, et une monnaie souveraine unique n'a plus le volume nécessaire pour servir de point d'ancrage au système monétaire mondial, ce qui nécessite un autre type de point d'ancrage pour le système monétaire mondial qu'auparavant, et il existe une forte demande de la part des pays du monde entier pour rompre avec le système monétaire unipolaire avec le dollar américain comme principale monnaie mondiale et établir un système monétaire mondial multipolaire. « Le développement des monnaies numériques et de la technologie des registres distribués constitue un outil efficace pour la réforme d'un système monétaire international diversifié. »[79] En particulier, la construction d'un réseau distribué de paiements transfrontaliers permettra de briser le contrôle des États-Unis sur le système actuel de paiements transfrontaliers, d'affaiblir la puissance monétaire internationale des États-Unis et de promouvoir le développement du système monétaire international dans une direction plus juste, plus inclusive et plus diversifiée. On peut dire que la monnaie numérique est un nouveau type de monnaie qui aura un impact profond sur le système financier mondial et deviendra une direction importante pour le développement futur du changement dans le système monétaire international.

La communauté monétaire et le rééquilibrage. L'idée de « communauté monétaire » est une composante importante de la théorie de la « communauté » de Marx. Il a souligné que « en termes monétaires, la communauté n'est qu'une abstraction, quelque chose d'extérieur et de contingent à l'individu ; en même temps, elle n'est qu'un moyen de satisfaire les besoins de l'individu. La communauté antique présupposait un tout autre type de relation personnelle. »[80] La « communauté

---

78. WANG Zuogong et HAN Zhuangfei, « Les réalisations et les perspectives de l'internationalisation du RMB au cours des 70 ans de la fondation de la Chine nouvelle – et le développement du système monétaire international dans la perspective de la monnaie numérique », *Corporate Economics*, n° 8, 2019, p. 29.

79. LIU Dongmin et SONG Shuang, « Monnaies numériques, paiements transfrontaliers et transformation du système monétaire international », *Forum financier*, n° 11, 2020, p. 10.

80. Marx a caractérisé la « communauté monétaire » de deux manières : d'une part, la monnaie en tant que communauté n'est qu'une abstraction de la communauté et donc quelque chose de contingent et d'extérieur à l'individu ; d'autre part, la « communauté abstraite « de la monnaie n'est qu'un moyen pour les individus individuels de ... D'autre part, la « communauté abstraite » de l'argent n'est qu'un moyen de satisfaire les besoins des individus. (Marx et Engels, *The Complete Works of Marx and Engels* (Vol. XLVI), traduit par le Bureau pour la compilation des œuvres de Marx, Engels, Lénine et Staline du Comité central du Parti communiste chinois, Maison d'édition du peuple, 1979, p. 176.)

monétaire » est un produit inévitable d'une société capitaliste caractérisée par la valeur d'échange, un reflet du désir de profit des gens dans les conditions d'une économie capitaliste de marchandises. La « communauté monétaire » est le moyen par lequel les individus satisfont leurs besoins et atteignent une « indépendance humaine fondée sur la dépendance matérielle », mais cette indépendance implique une nouvelle limitation du libre développement de l'être humain. »[81] Si l'on regarde l'histoire, « le XXe siècle a été le siècle de la confrontation et de la guerre, le siècle où les forts ont mangé les faibles, où les riches se sont attaqués aux pauvres, où les gros ont dominé les petits, et où la « guerre froide » a duré des décennies et a apporté bien plus de souffrance que de bien-être à l'humanité tout entière, et nous ne devrions jamais répéter les erreurs du passé. Le XXIe siècle est le siècle de la paix, du développement et de l'écologie, un siècle au cours duquel l'humanité abandonnera la mentalité barbare et brutale de la guerre froide pour adopter un état d'esprit ordonné et compétitif. « La concurrence face à l'opportunité, la coopération face à la crise » est un état d'esprit et une attitude que devraient avoir les co-constructeurs dans n'importe quel domaine dans le monde d'aujourd'hui, et cela devrait naturellement être le cas dans le domaine des monnaies numériques[82]. L'ère de l'économie numérique a ouvert la possibilité de transformer le système monétaire international à partir des marges et a poussé des facteurs qui n'étaient pas autrement des questions majeures, comme la protection de la vie privée et le sentiment de mondialisation de l'individu, au centre de l'évolution du système monétaire international, créant ainsi une carte plus riche du système monétaire international. Quelle que soit l'étendue de cette carte et la complexité de l'évolution entre les différentes possibilités, il est important de s'engager activement dans le changement technologique et de trouver des moyens d'offrir une expérience de paiement plus sûre et plus pratique à moindre coût, créant ainsi une nouvelle situation où les monnaies numériques basées sur le marché et les systèmes de paiement publics se développent ensemble et se complètent pour le bien de tous les peuples du monde. Du point de vue de la gouvernance mondiale, une monnaie numérique souveraine constitue une opportunité majeure pour promouvoir la réforme monétaire internationale, voire le rééquilibrage économique mondial. La chaîne de blocs mondiale doit être construite sur la base d'un nouveau type

---

81. QIN Long, « Une interprétation textuelle de l'idée de Marx de "communauté monétaire" », *Journal de l'Institut des sciences politiques de Nanjing*, n° 5, 2007, p. 23.

82. LONG Baitao, « DC/EP vs Balance, la course mondiale à la monnaie numérique est officiellement lancée », Mars Finance, 2020, https://news.huoxing24.com/20200508150744095278.html

de monnaie numérique souveraine, et tous les États souverains et organisations citoyennes doivent participer pleinement à la construction de la chaîne de blocs mondiale, dans laquelle la chaîne de blocs de souveraineté jouera un rôle actif. Qu'il s'agisse de l'initiative stratégique visant à promouvoir la circulation et la coopération internationales du RMB numérique ou de la création d'institutions multilatérales internationales telles que la BAII, elle offre une nouvelle occasion à la Chine de s'engager à promouvoir la construction et la formation d'une communauté monétaire mondiale et de rompre avec le système hégémonique du dollar américain. Le futur développement monétaire mondial doit être basé sur une monnaie numérique souveraine et une chaîne de blocs de souveraineté pour reconstruire un ordre économique et social mondial équitable, juste et durable. Dans le même temps, il s'agit également d'un élément important pour promouvoir conjointement le rééquilibrage du système monétaire international, un microcosme inhérent à la participation de la Chine à la gouvernance financière internationale, et d'une importance considérable et de grande portée tant pour la Chine que pour le monde.

Chapitre III

IDENTITÉ NUMÉRIQUE

Les trois questions ultimes de la philosophie : Qui suis-je ? D'où est-ce que je viens ? Où est-ce que je veux aller ? L'une de ces questions, « Qui suis-je ? », renvoie à la question de l'identité. L'identité est le marqueur qui distingue le « je » des autres sujets. Il n'y a pas de feuilles identiques dans le monde, et chaque « moi » est différent, donc il y a aussi des différences d'identité. Comment utiliser l'identité pour identifier le vrai « je » deviens la première étape pour établir la confiance en l'identité. Dans une société de connaissances, le « je » réel est utilisé comme base, par exemple, l'acte de « swiper » sur un visage est, en un sens, un acte basé sur l'identité. Dans une société d'étrangers, il est nécessaire de s'appuyer sur certains moyens techniques ou arrangements institutionnels pour assurer la reconnaissance de l'identité entre les personnes.

—YAO QIAN

Section I
Évolution de l'identité

L'identité est le fondement de l'engagement des personnes dans des activités productives, des interactions sociales et la participation à la vie politique. L'identité est un processus dynamique de construction, avec des caractéristiques telles que la multiplicité et la mobilité, et des identités différentes se voient attribuer des droits et des responsabilités différents. Au cours de l'histoire, l'humanité est passée par des sociétés esclavagistes, des sociétés agricoles et des sociétés industrielles, et a connu « l'identité d'esclave », « l'identité de sujet » et la « citoyenneté ». Avec l'avancée de la révolution technologique, l'humanité a accéléré son évolution vers une société numérique, et un nouveau type d'identité – l'identité numérique – prend progressivement forme. Avec l'identité des personnes dans le monde réel, elle constitue la « double identité » des personnes à l'ère numérique, et est devenue un jalon important dans l'évolution de l'identité. La société numérique est une société de gouvernance numérique. L'identité numérique, en tant que passeport pour une société numérique, est un nouveau type d'identité qui se forme dans le contexte du développement de la technologie informatique moderne, sur la base de la technologie moderne de communication et de la technologie des réseaux. « L'identité numérique est la base de l'établissement de relations de confiance et est une condition préalable à la réalisation de la gouvernance dans l'espace numérique. »[1] Avec l'évolution accélérée de la numérisation, de la mise en réseau et de l'intelligence, l'identité numérique remodèle les relations de confiance sociale et devient une nouvelle force d'accès et de changement pour l'avenir.

I. L'anxiété liée à l'identité

L'anxiété est un état d'esprit social fondamental dans une ère d'incertitude. « L'anxiété identitaire est le souci que nous avons de notre place dans le monde. »[2] À l'aube de l'ère numérique, il existe des crises d'identité entre les personnes, entre les individus et les groupes, entre les personnes et les robots et les personnes génétiques, et plus encore entre l'identité propre des personnes. L'identité et le contrat sont un sujet constant dans le processus de progrès social. De l'identité

---

1. China Mobile Research Institute, « Chaîne de blocs-based Digital Identity Research Report (2020) », CMHI, 2020, https://mp.weixin.qq.com/s/M6eWtv54fjowJbCqC1DCzg.

2. Alain de Botton [Suisse], *L'anxiété de l'identité*, traduit par CHEN Guangxing et NAN Zhiguo, Shanghai Translation Press, 2020, p. 1.

de contrat, le statut social est déterminé de manière irrévocable à la naissance, tandis que du contrat à l'identité permet aux personnes de se créer un statut social spécifique par le biais d'un accord. Le passage du contrat à l'identité, d'une part, corrige les déviations découlant de la liberté contractuelle et, d'autre part, établit l'idée de la protection du faible et de la justice contractuelle, en recherchant le développement harmonieux de l'individu et de la société. Il s'agit d'une autre grande avancée historique de l'humanité fondée sur le passage de l'identité de contrat, marquant le passage de la justice formelle à la justice substantielle.

De l'identité de contrat. L'identité se réfère à des situations dans lesquelles la condition humaine est fixée, et le contrat se réfère à des situations dans lesquelles les gens acceptent de se lier par négociation ou volontairement, le dernier remplaçant le premier, c'est le mouvement de l'identité de contrat[3]. Ce mouvement est un passage d'un statut inégal à un statut égal. Dans le sens où « les relations contractuelles impliquent le développement de la conscience individuelle »[4], ce mouvement peut également être considéré comme un mouvement du groupe vers l'individu. L'historien anglais Maine a dit que « le mot identité peut être utilisé efficacement pour créer une formule pour la loi du progrès, quelle que soit sa valeur, mais il me semble que la loi est suffisamment certaine. Toutes les formes « d'identité » mentionnées dans la « loi de l'homme » ont leur origine dans les pouvoirs et les privilèges qui appartenaient à la « famille » dans l'Antiquité et qui, dans une certaine mesure, sont toujours en vigueur[5]. En d'autres termes, l'existence sociale dans laquelle toutes les relations sont déterminées par la position dans la famille est identitaire. « A l'époque du droit romain, on utilisait le statut pour définir les pouvoirs, les droits et les devoirs possédés par chaque individu. »[6] L'organisation des relations sociales par « statut » souligne l'inégalité de statut entre les personnes[7]. De plus, cette relation inégale était prédéterminée et fixe, et elle impliquait un ordre social. Dans cet ordre, le groupe est l'unité de base de la vie sociale ; l'individu est totalement incapable de créer des droits et des

---

3. XU Guodong, *Philosophie du droit civil*, Maison d'édition juridique chinoise, 2009, p. 95.

4. LIANG Zhiping, « De l'identité au contrat : une révolution dans les relations sociales – Réflexions sur la lecture de l'ouvrage de Main intitulé "Ancient Law" », *Lire*, n° 6, 1986, p. 24.

5. Main [Angleterre], *Loi ancienne*, traduit par SHEN Jingyi, Presse commerciale, 1995, p. 111-112.

6. LUO Dameng et XU Xiaozong, « De "l'identité" au "contrat" : l'absence et la reconstruction de la citoyenneté paysanne dans la Chine contemporaine », *Études sur les partis et les gouvernements*, n° 1, 2016, p. 94.

7. DONG Baohua, *La théorie originale du droit social*, Presse de l'Université chinoise de sciences politiques et de droit, 2001, p. 56-57.

obligations pour lui-même[8]. Avec le processus de modernisation et de progrès social, la dimension familiale de l'identité disparaît progressivement et l'individu est de plus en plus libre et autodéterminé. « Avec le développement économique et du progrès social, les gens ont commencé à se détacher progressivement de leur famille d'origine et à émerger en tant qu'individus dans la vie sociale et économique. L'indépendance de l'individu a facilité les changements du modèle économique qui exigeait une plus grande liberté d'identité pour l'individu. Dans un désir et un besoin mutuel, l'individu libre devient une condition nécessaire au développement de la société. Le progrès de la société se reflète en définitive dans l'évolution des modes de vie sociale. Une société progressiste exige donc l'émancipation de l'homme de la servitude de l'identité par contrat. »[9] Dans *Ancient Law*, Main écrit que « le mouvement de toutes les sociétés progressistes, jusqu'à ce point, est un mouvement de 'l'identité de contrat'[10] »[11] Au niveau de l'État de droit, ce mouvement signifie à son tour « la transformation d'une société traditionnelle régie par le consensus en une société moderne régie par le droit »[12]. La loi n'était plus la parole des pères, mais la parole du libre arbitre de l'individu. Le remplacement de l'identité par le contrat est[13], par essence, un mouvement du joug vers la liberté[14]. Dans une société contractuelle, la relation contractuelle entre les personnes n'est plus une relation d'obéissance et de subordination, mais une relation de droits et d'obligations qui exclut la prédétermination et la fixité[15]. La relation contractuelle

---

8. JIANG Xianfu, *Civilisation contractuelle : la source et le flux de la civilisation de la règle de droit*, Maison d'édition du peuple de Shanghai, 1999, p. 64.

9. LIU Ying, « De l'identité au contrat et du contrat à l'identité – Exploration d'un modèle de progrès social en Chine », *Sciences sociales de Tianjin*, 2005, n° 4, p. 48.

10. La formule classique et concise « de l'identité au contrat » semble résumer le processus et le modèle de développement de la civilisation occidentale de l'État de droit, à savoir le passage d'une période de droit coutumier centrée sur le patriarcat et l'identité à une période de codification marquée par le droit des contrats, et la métamorphose inévitable de la société humaine de la barbarie à la civilisation, de l'autocratie à la démocratie. Cette déconversion est un passage d'un statut inégal à un statut égal. (YANG Zhenshan et CHEN Jian, « L'égalité de statut et la jurisprudence civile moderne – Comprendre le droit civil du point de vue du droit humain », *Sciences juridiques*, 1998, n° 2, p. 58).

11. Main [Angleterre], *Loi ancienne*, traduit par SHEN Jingyi, Presse commerciale, 1995, p. 97.

12. JIANG Xianfu, *Civilisation contractuelle : la source et le flux de la civilisation de la règle de droit*, Maison d'édition du peuple de Shanghai, 1999, p. 32.

13. ZHU Guanglei, *Analyse de la société chinoise contemporaine par classe*, Maison d'édition du peuple de Tianjin, 1998, p. 40.

14. LIANG Zhiping, *Débat juridique – Le passé, le présent et l'avenir du droit chinois*, Maison d'édition du peuple de Guizhou, 1992, p. 37.

15. JIANG Xianfu, *Civilisation contractuelle : la source et le flux de la civilisation de la règle de droit*, Maison d'édition du peuple de Shanghai, 1999, p. 90-91.

devient progressivement une forme panoptique d'interaction interpersonnelle. « Le meilleur moyen pour l'individu en tant que sujet indépendant de participer aux activités sociales est de conclure divers contrats avec les autres, et il devient logique comme une évidence d'agir de manière autonome et d'être responsable de soi-même. »[16]

Du contrat à l'identité. « 'De l'identité de contrat' est une formule de progrès qui résume les lois du développement social humain. Cependant, l'émergence de l'identité numérique a modifié cette loi depuis que l'humanité est entrée dans l'ère des mégadonnées. »[17] L'existence numérique est inextricablement liée à l'identité numérique, et dans les interactions sociales, notamment les transactions commerciales, le contrat à l'identité a pu revenir. « En un sens, l'histoire de la civilisation juridique humaine est une histoire de la dispersion progressive des attributs identitaires en droit, tout en incrémentant les attributs contractuels. »[18] La loi fournit des orientations pour les contrats, et la question du crédit dans l'interaction sociale humaine est bien résolue par les contrats dans un contexte juridique. « Dans les sociétés modernes, où les relations juridiques entre employeurs et travailleurs, entre consommateurs et fabricants, et entre concurrents ne sont plus égales, le contrat ne semble plus fonctionner comme un lien vital. »[19] « L'identité, par opposition au contrat, revêt une importance croissante ... La société a commencé à s'organiser en fonction de certaines relations, plutôt qu'en fonction du libre arbitre. Le droit tendait de plus en plus à se fonder sur des enjeux et des obligations diverses plutôt que sur des individus isolés et leurs droits. »[20] Ainsi, il est soutenu que l'expression de Main « jusqu'ici » limite le sens de sa théorie[21] et que cette célèbre affirmation « sera un jour considérée comme un simple épisode de l'histoire sociale »[22]. À l'ère numérique, l'individu est à la fois producteur et consommateur de données, inextricablement liée à son identité, ce qui permet de

---

16. ZHAO Lei, « Du contrat à l'identité – Le crédit commercial sous l'angle des éléments de données », *Journal de l'université de Lanzhou (édition Science sociale)*, n° 5, 2020, p. 53.

17. *Ibid.*

18. KANG Ning, « Entre identité et contrat – le caractère transitoire des guildes médiévales en Europe dans le processus de civilisation juridique », *Études d'histoire des systèmes juridiques étrangers*, n° 1, 2017, p. 62.

19. YU Yugang, « Interprétation jurisprudentielle de la proposition "Du contrat à l'identité" », *Revue de jurisprudence de l'université de Zhongshan*, n° 1, 2012, p. 30.

20. Bernard Schwartz [États-Unis], *Une histoire du droit américain*, traduit par WANG Jun, Presse de l'Université chinoise de sciences politiques et de droit, 1989, p. 200-201.

21. R. H. Graveson, « The Movement from Status to Contract », *The Modern Law Review*, n° 4, 1941, p. 261-272.

22. Main [Angleterre], *Loi ancienne*, traduit par SHEN Jingyi, Presse commerciale, 1995, p. 18.

passer du contrat à l'identité. « Un changement clair qui s'est produit depuis le XXe siècle est qu'on n'accorde plus une importance excessive à la liberté contractuelle » « Il est tout à fait ironique de parler de liberté contractuelle à ceux qui vendent leur sang et leur sueur en échange d'une récompense qui est insuffisante pour les faire vivre »[23]. « Pour surmonter les défauts de la société contractuelle et assurer la réalisation des intérêts des personnes socialement défavorisées, il faut fixer les intérêts des personnes défavorisées dans la forme du droit sur la base d'une affirmation et d'une protection dans le cadre de la contractualisation de la société dans son ensemble, c'est-à-dire les « statufier » pour qu'elles puissent réellement profiter des avantages et des privilèges apportés par leur spécificité ... ». Dans le cadre de la contractualisation globale, les intérêts des groupes vulnérables sont fixés en droit sur la base de l'affirmation et de la protection de leur « statut » afin qu'ils puissent réellement jouir des avantages et des privilèges liés à leur statut particulier, dans le but de réaliser l'égalité dans le contrat social tout en tenant compte de l'équité sociale. »[24] Si « de l'identité de contrat » met l'accent sur « l'égalité individuelle », « du contrat à l'identité » peut être décrit comme « la justice sociale ». La tendance Cette tendance consiste à passer de la personnalité abstraite à la personnalité concrète, de la protection de l'unique à la protection du faible, du laisser-faire à l'intervention de l'État, de la justice formelle à la justice substantielle, de l'individu au social[25].

Évolution de l'identité et confusion. En entrant dans l'ère du numérique, nous devenons de plus en plus dépendants des données, qui font partie de notre vie et même de nos vies, ce qui va profondément modifier l'image, la connotation et l'extension de l'être humain. Dans le futur, le monde sera probablement composé d'êtres humains « naturels », « numériques », « robotiques » et « génétiques ». Cela a apporté une confusion et des problèmes sans fin à l'humanité, et l'identité humaine a probablement été et sera toujours en changement. La première des confusions est celle de la personne physique. Avec le progrès technologique, la fonction globale de « l'homme naturel » se dégrade lentement, et il faudrait

---

23. Bernard Schwartz [États-Unis], *Une histoire du droit américain*, traduit par WANG Jun, Presse de l'Université chinoise de sciences politiques et de droit, 1989, p. 210.

24. YIN Ziwen, « Contrats et identité : l'évolution des idées des systèmes juridiques traditionnels aux systèmes modernes », Site officiel de l'Institut de droit comparé, Université de sciences politiques et de droit de Chine, 2013, http://bjfxyjy.cupl.edu.cn/info/1029/1287.htm

25. JIANG Xianfu, « La reproduction historique de l'État de droit à l'époque moderne : une nouvelle théorie de l'affirmation de Main "de l'identité au contrat" », *Système juridique et développement social*, n° 2, 2000, p. 3-4.

dire que « la fonction physique de l'homme naturel s'est presque dégradée, et la livraison des fonctions intellectuelles aux robots est en cours »[26]. À l'heure actuelle, les technologies intelligentes, les biotechnologies et les technologies virtuelles favorisent l'évolution de l'être humain, qui passe d'un être purement naturel et physique à un être robotique et génétique, de sorte que l'humanité entre dans un nouveau « stade évolutif post-darwinien » ou « post-humain ». Bien qu'il soit décevant de constater que l'IA ne dépasse encore les humains que dans des domaines spécifiques tels que la puissance de calcul, cela n'est pas plus effrayant qu'une voiture plus rapide qu'un humain. La véritable « singularité » devrait se produire lorsque les machines deviendront conscientes d'elles-mêmes et auront même la capacité de se reproduire. Face aux progrès sans précédent de la science et de la technologie, que nous réserve l'avenir ? Quelles sont les nouvelles technologies qui vont changer la société humaine de façon majeure ? J'ai bien peur que chaque être humain aimerait connaître les réponses à ces questions. La seconde est la confusion des personnes chargées des données. Avec l'approfondissement de la numérisation, de la mise en réseau et de l'intelligence, chaque être humain se transforme plus ou moins en un « doppelganger » dans le monde numérique – une personne de données, qui peut être soit la cartographie d'une personne physique, soit une extension d'une personne physique ; elle peut être soit une incarnation réelle d'une personne physique, soit une personne physique. Il peut s'agir soit d'une incarnation réelle d'une personne physique, soit d'une déformation d'une personne physique. Actuellement, même si les noms réels sont imposés en ligne, un grand nombre d'incidents de cybersécurité nous rappellent sans cesse que les personnes concernées, au sens large (y compris les groupes et les institutions), ne constituent pas une cartographie unique des personnes physiques ou morales. En fait, la personne concernée par les données est très probablement un nouveau type d'identité qui va au-delà de l'identité, au-delà du contrat, avec pour principales caractéristiques l'incertitude, l'impénétrabilité et l'intouchabilité. Il s'agit à la fois d'une confusion pour la personne concernée elle-même et d'un défi majeur pour toute personne concernée par les données dans le monde numérique. Troisièmement, il y a la panique des robots. De la conduite autonome à la première ancre d'IA synthétique au monde en passant par l'essor des androïdes, si l'avenir façonné par la technologie nous passionne, c'est toujours avec un vague sentiment

---

26. CHEN Caihong, « Inaugurant la quatrième révolution industrielle dans l'ignorance », *Lecture*, n° 11, 2016, p. 16.

d'inquiétude et de confusion, tout comme de nombreuses personnes entretiennent une relation émotionnelle amour-haine avec les robots[27]. Le développement des technologies intelligentes modifie considérablement les « personnes », qui sont réparées, transformées et réorganisées, la complémentarité homme-machine, l'interaction homme-machine, la synergie homme-machine et l'intégration homme-machine devenant une tendance. À l'avenir, lorsqu'une intelligence de type cérébral et une super-intelligence cérébrale apparaîtront, la différence entre les humains et les machines ne se fera pas uniquement en termes de support physique. Alors que les robots continuent à gagner en intelligence et à évoluer vers l'automatisation, domineront-ils à leur tour les humains si leurs capacités dépassent un jour celles de l'homme ? « Nous devrions maintenant entamer immédiatement une discussion pratique : quelle est notre identité par rapport à ces machines ? ».[28] Les robots sont-ils humains ? Possèdent-ils une personnalité juridique ? Il s'agit peut-être du plus grand défi à l'éthique et au droit humains depuis la technologie du clonage. Quatrièmement, il y a l'anxiété génétique humaine. Si les robots sont encore plus que des êtres humains en intégrant des fonctions humaines, la manipulation précise du génome humain à partir d'embryons viables, basée sur les technologies de séquençage, d'activation et d'édition des gènes, pourrait créer des « bébés biologiques » conçus artificiellement, qui sont « les êtres humains génétiquement modifiés ». Par rapport aux humains naturels, les êtres humains génétiquement modifiés sont dotés d'un système immunitaire puissant « dès la naissance » et d'un « esprit », d'une « expérience » et d'un « vécu » acquis. Ils seront supérieurs aux humains naturels dans tous les domaines. Les êtres humains pourraient être en mesure de s'éloigner de la longue voie primitive de l'évolution, qui va des mutations génétiques aléatoires à la sélection environnementale naturelle, pour s'orienter vers une voie technologiquement avancée de régulation proactive et précise et d'évolution rapide à partir du niveau génétique. À l'heure où la technologie se développe à un rythme exponentiel, l'avenir est dans un état de grande incertitude et de risque, et l'humanité devrait s'en méfier. Où iront la robotique et la technologie génétique humaine, et échapperont-elles au contrôle de l'homme ? Bien qu'il ne s'agisse que de spéculations, l'humanité devrait peut-

---

27. Piero Scaruffi [États-Unis], NIU Jinxia, YAN Jingli, *Humanité 2.0 : explorer l'avenir de la technologie dans la Silicon Valley*, Presse CITIC, 2017, p. 3.

28. John Jordan [États-Unis], *Robots et humains*, traduit par LIU Yuchi, Presses de l'Université Renmin de Chine, 2018, p. 162.

être se projeter dans l'avenir et se montrer prudente face au dernier problème majeur auquel elle pourrait être confrontée[29].

II. Identité et confiance

La perception de l'identité et de la valeur est une condition préalable à la confiance et au consensus entre les personnes, et une condition de ce qui rend l'ordre social possible. Dans le processus de gouvernance sociale, les gens auront inévitablement tendance à devenir plus complexes dans leur perception de l'identité et de la confiance sociale. La nature particulière de la société humaine est que la confiance imprègne toutes les interactions humaines et contient à la fois de grandes ambitions et de profondes craintes. La confiance, en tant que phénomène socialement structuré et culturellement normatif, est une attente psychologique généralisée par le dépassement des informations disponibles et constitue un « mécanisme de simplification » utilisé pour réduire la complexité de l'interaction sociale. L'identité positive est conforme au besoin social rationnel d'instaurer la confiance et contribue à maintenir un équilibre dynamique entre le « renforcement de la confiance » et la « diminution de la confiance ».

La confiance interpersonnelle dans une société de connaissances. Le modèle de base de la confiance dans une société de connaissances est basé sur la communauté des connaissances, liée par le mécanisme humain de la « réciprocité », suivant le principe de la « différenciation entre l'intérieur et l'extérieur » et s'étendant progressivement vers l'extérieur. À ce stade, la clé de l'instauration de l'ordre est de faire reconnaître la source de l'autorité par le peuple, qui ne s'intéresse pas à la manière dont elle est exercée. La confiance interpersonnelle dans une société de connaissances est une admonestation de la conscience morale, plutôt qu'une contrainte institutionnelle normative. La confiance dans les dilemmes sociaux[30] est influencée par un certain nombre de facteurs, et sur la base des théories de la réciprocité et de la parenté, l'identité perçue d'une autre personne est un indice important pour savoir si un individu a l'intention de lui faire confiance

---

29. Le célèbre physicien Stephen Hawking a déclaré que « l'intelligence artificielle pourrait non seulement être le plus grand événement de l'histoire humaine, mais aussi le dernier » et que « le plein développement de l'intelligence artificielle pourrait conduire à l'extinction de l'humanité. » (SUN Weiping, « Réflexions sur la valeur de l'intelligence artificielle », *Études philosophiques*, n° 10, 2017, p. 124.)

30. Les dilemmes sociaux, également appelés « dilemmes de société », décrivent une situation dans laquelle il existe un conflit entre les intérêts individuels et ceux du groupe. (CHEN Xin, *Coopération dans les dilemmes sociaux : le pouvoir de la confiance*, Presse scientifique, 2019, p. 3.)

ou non. Pendant la majeure partie de l'histoire de l'humanité, les sociétés ont été constituées par des liens de parenté, et différentes organisations sociales apportent différentes formes de confiance. La confiance interpersonnelle a pour fonction de maintenir l'ordre social et de réguler le comportement social en permettant le partage d'informations sur une idéologie entretenue collectivement. Ce type de confiance interpersonnelle répond au besoin d'interaction dans une société[31] où les limites des connaissances sont claires, et constitue une forme typique de « parenté et de confiance »[32]. Le modèle d'ordre différentiel est une généralisation de la société éthique chinoise. Selon Fei Xiaotong, la société chinoise est une société vernaculaire, une société de connaissances, « Notre modèle n'est pas un fagot de bois de chauffage clairement ficelé, mais une ondulation qui pousse en cercles comme une pierre jetée à la surface de l'eau ... centrée sur soi, poussée en cercles, de plus en plus loin, et de plus en plus mince. »[33] Conformément à « l'éthique relationnelle », les relations sociales sont progressivement repoussées d'une personne à l'autre dans un modèle de disparité, une augmentation des liens privés, et la sphère sociale est un réseau de liens privés. Il s'agit d'un réseau de proche en lointain, de proche en lointain, de familier en inconnu, de sorte que dans la vie quotidienne et l'interaction sociale, les gens s'écartent toujours en cercle selon la logique d'action de proche en lointain, de proche en lointain, et plus l'écart est grand, plus le degré de familiarité et le degré de confiance sont faibles. Avec le développement de la société et l'accélération de la différenciation, le fonctionnement des relations de « connaissance », qui reposent sur des pratiques culturelles, des normes morales et des mécanismes humains, est devenu dans une certaine mesure dysfonctionnel. L'un des résultats directs les plus typiques du phénomène de « meurtre de connaissances » est la destruction de la relation interpersonnelle fondamentale de confiance entre les personnes. Dans une société de connaissances, les gens ont tendance à imiter les modèles d'interaction avec les étrangers lorsqu'il s'agit de relations d'intérêt. Qu'il s'agisse de production sociale ou de vie sociale, les gens doivent souvent se trouver dans différents scénarios et

---

31. HAO Guoqiang, « De la confiance personnelle à la confiance algorithmique : une étude sur la technologie chaîne de blocs et la construction d'un système de crédit social », *Journal de l'Université normale de Nanning (édition philosophie et sciences sociales)*, n° 1, 2020, p. 11.

32. ZHU Hong, « De la "pro-confiance" à la "relation de profit" : le changement de la confiance interpersonnelle – une étude empirique de l'état de la confiance interpersonnelle », *La mer de l'apprentissage*, n° 4, 2011, p. 115.

33. FEI Xiaotong, *La Chine à la campagne*, Maison d'édition du peuple, 2008, p. 28-30.

.

faire face à différentes personnes, de sorte qu'ils ne peuvent pas rester au même endroit, et encore moins « entendre le bruit d'un chien et entendre le bruit d'un poulet ». Bien que les réseaux sociaux constituent toujours la principale sphère de la vie sociale, les frontières sont incontestablement devenues plus floues et se sont considérablement élargies. Par conséquent, la connaissance et la confiance interpersonnelle se sont relativement diluées dans la vie productive rapide de la société, et par rapport à la société moderne, elles ne peuvent au mieux exister que dans la Chine vernaculaire, et l'entrée dans la vie publique civique exige l'établissement d'un nouveau modèle de confiance.

La confiance institutionnelle de la société des vivants. La division moderne du travail, le développement rapide des transports et le changement intergénérationnel des professions ont conduit à l'émergence d'une société où les relations du vivant, formées par la production et l'échange, évincent progressivement et même remplacent les relations de connaissance par le sang et les liens géographiques comme éléments de base des relations sociales d'aujourd'hui et de demain. À mesure que la « société du vivant » prend forme, la confiance institutionnelle devient la base de la stabilité de ces relations sociales. La mondialisation et la marchandisation ont non seulement changé la façon dont les gens vivent et interagissent les uns avec les autres, mais elles ont également conduit à une sensibilisation croissante à ce sujet. « La mondialisation enchevêtre la présence et l'absence, permettant aux événements sociaux lointains et aux relations sociales de s'imbriquer dans les scènes locales »[34], et le caractère hétérogène des structures et des cadres sociaux détermine la différenciation et le pluralisme progressifs de l'ordre social, des normes sociales et des valeurs partagées. Comme le dit le sociologue britannique Giddens, « les mécanismes de décontextualisation permettent à l'action sociale d'être « extraite » de contextes territorialisés et de réorganiser les relations sociales à travers de vastes distances spatio-temporelles »[35], et tous les mécanismes de décontextualisation reposent sur la confiance. Tous les mécanismes de décolonisation reposent sur la confiance. La différence entre les personnes qui vivent et celles qui se connaissent ne dépend plus de la fréquence et du nombre d'interactions, mais est déterminée par l'ouverture de la société dans son ensemble. « Dans une économie de marché rationalisée, les rituels et les relations, tout en continuant à régir les pensées et

---

34. Giddens [Angleterre], *Modernité et identité propre*, traduit par ZHAO Xudong et FANG Wen, Pékin : Vie, lecture, nouvelles connaissances, 1998, p. 23.

35. Giddens [Angleterre], *Les conséquences de la modernité*, traduit par TIAN He, Maison d'édition de Translin, 2011, p. 18.

les comportements des gens, nécessitent des rôles plus institutionnels dans le contexte social plus large. »[36] La confiance institutionnelle est la confiance dans les institutions reconnues comme efficaces dans la sphère sociale, et elle atteint la confiance dans les systèmes économiques, la confiance dans les systèmes d'experts en connaissances et la confiance dans le pouvoir politique légitime par le biais de la confiance dans les institutions (y compris sous la forme de règles, de règlements, de codes et d'ordonnances), et est donc plus universelle, transcendant les individus et les groupes et produisant un large éventail d'effets contraignants[37]. En tant que noyau de la confiance institutionnelle, la confiance contractuelle est un mécanisme de garantie pour la société des vivants et un moyen de construire l'ordre social. Comme l'a dit le sociologue et philosophe DE Zimmer, « sans confiance, il n'y a pas moyen de construire une société, ni même les relations humaines les plus élémentaires. » La confiance entre connaissances à une base naturelle, une relation directe de confiance basée sur la moralité et l'émotion ; mais entre étrangers, ces bases naturelles font défaut, et pour obtenir la confiance entre eux, il faut construire un pont, en s'appuyant sur un intermédiaire pour former une relation indirecte de confiance, et cet intermédiaire est le contrat. La confiance contractuelle est basée sur les règles et les règlements, excluant les enchevêtrements humains et les monopoles, et éliminant le processus fastidieux de « tirer les ficelles » et de « passer par la porte arrière ». Cela simplifie le processus d'établissement de la confiance, et l'étendue de la relation de confiance sociale est propice à la formation d'une mentalité et d'un comportement de confiance, ce qui permet de maintenir efficacement l'ordre social moderne. « À mesure que les réseaux de crédit deviennent plus complexes et que davantage d'obligations sont rompues, il devient important de pouvoir porter un jugement sur l'honnêteté des autres avant de conclure des contrats. » Il est donc inévitable que la société des vivants souffre également d'une perte de confiance et d'inconduite. « Dans une période de transition, alors que de nouvelles normes de valeurs partagées doivent encore émerger, la moralité traditionnelle perd progressivement de son efficacité à mesure que les sociétés de connaissance se désintègrent, que le matérialisme se généralise, que le parasitisme

---

36. WANG Jianmin, « Le maintien des relations dans la société chinoise au cours de la période de transition – De la "confiance de connaissance" à la "confiance institutionnelle" », *Science sociale de Gansu*, n° 6, 2005, p. 167

37. CHEN Xin, *Coopération dans les dilemmes sociaux : le pouvoir de la confiance*, Presse scientifique, 2019, p. 151

et les comportements opportunistes prolifèrent, et que les problèmes de confiance passent au premier plan, ce qui conduit à un ordre social dysfonctionnel. »[38]

La crise de confiance dans la société numérique. L'absence d'identité est à l'origine du manque général de confiance dans le monde numérique[39]. À mesure que nous évoluons vers une société numérique, les relations sociales passent du « cercle de connaissances » aux « étrangers », et les modèles de confiance sociale passent de la simple confiance interpersonnelle à la confiance technologique numérique. Dans un contexte où le « village global » devient une « métropole numérique », l'espace virtuel en ligne est de plus en plus diversifié et jumelé. « La naissance d'Internet a donné naissance à une nouvelle forme de culture en ligne, qui est non centrée, pluraliste et sans but ultime, fournissant le meilleur terrain et la meilleure excuse pour le relativisme moral. Dans une large mesure, le relativisme moral a dissous l'autorité morale dans la culture Internet, sauvegardé la liberté des internautes d'établir leurs propres recherches morales, et facilité la prévention de divers phénomènes tels que la coercition morale, l'hégémonie morale et l'esclavage moral, mais aussi amené un monde moral sans bien ni mal, sans autrui et sans vertu. »[40] Par conséquent, dans l'espace numérique dont Internet est le vecteur, l'auto-éthique est la clé du maintien de l'ordre numérique. D'une part, la réconciliation de la différence entre le soi sujet et le soi objet peut éliminer la nature dominatrice des structures de pouvoir de la connaissance en ligne et renforcer la capacité du soi à faire des choix autonomes. D'autre part, l'intégration des parties du moi pluriel entre les identités virtuelles et réelles peut éliminer la dépendance excessive du moi à la vie virtuelle de la négativité. « L'essence de la confiance virtuelle en ligne reste dans le domaine du développement humain et de l'émancipation intellectuelle. Dans le processus de transformation des méthodes économiques traditionnelles en méthodes modernes, une crise de confiance est constamment induite et engendrée, provoquant une rupture soudaine du sentiment de confiance originel des gens et une crise de confiance croissante dans la vie

---

38. DING Xiangtao, *Confiance et ordre dans une société en mutation – Une perspective sur la théorie humaniste de Marx*, Presses de l'Université de Zhejiang, 2013, p. 1.

39. Bruce Schneier affirme que la confiance découle de la pression sociale. Pourtant, l'identité et la société dans le monde numérique sont déconnectées et donc incapables de traduire les pressions de la réalité sur l'Internet, de sorte que la confiance dans le monde numérique en est encore au stade téméraire de la réinvention et de la reconstruction.

40. GUI Wangsheng et ZENG Jing, « Le fantôme du relativisme moral dans le contexte de la cyberculture », *Chronique des sciences sociales*, n° 3, 2015, p. 146.

réelle. »[41] Dans le même temps, diverses raisons, telles que le faible mécanisme de restriction prévalant dans le réseau et l'érosion continue de la moralité par les intérêts, ont conduit à une série de fautes ou d'incidents fréquents. « Lorsque les gens ressentent une crise de confiance générale dans leur vie quotidienne, cette crise de confiance, bien qu'elle se produise à un niveau individuel, individuel, est essentiellement la manifestation et l'accentuation de l'irrationalité de certaines règles et mécanismes institutionnels à un niveau supérieur de la société. »[42]

III. Chaîne d'identité de confiance

La confiance joue un rôle unique et actif dans l'intégration sociale et la coopération sociale. Des contrats de transaction traditionnels aux contrats intelligents de la chaîne de blocs, le phénomène de la confiance sociale sévit dans le monde réel et virtuel, dans le but de prévenir et de résoudre les risques et d'établir un consensus social face aux asymétries d'information. Dans une réalité où la distance physique entre les personnes et les choses s'accroissent « passivement », les chaînes d'identité numérique offrent de nouvelles possibilités de redéfinir les relations de confiance, et la confiance numérique rapproche à nouveau la distance. Fondée sur le concept de confiance zéro, l'authentification et l'autorisation centrée sur l'identité constituent l'architecture de sécurité la plus courante pour faire face aux risques de cybersécurité et de sécurité des données liés à la confiance numérique.

La confiance numérique. L'histoire nous a appris qu'il est difficile de résoudre le problème de la confiance entre des groupes de personnes par de simples rêves et une conception institutionnelle, et que la confiance doit être établie sur la base de technologies fiables qui la garantissent. Les technologies numériques telles que la chaîne de blocs résolvent le problème des mécanismes de confiance dans la société humaine précisément à ce stade. La confiance numérique présente une image de la confiance efficace qui répond aux besoins de l'ère numérique, et constitue une forme avancée de développement de la confiance interpersonnelle et de la confiance institutionnelle. Lorsque la civilisation humaine entre dans une civilisation numérique fondée sur la technologie et l'économie numériques, les quatre contraintes affectant les relations de confiance – les acteurs, les mécanismes de communication de l'information, les relations de dépendance sociale et les

---

41. LIU Huanzhi et DONG Xingpei, « Sur l'amélioration de la crise de confiance virtuelle en ligne », *Journal de l'Université des nationalités du Yunnan (édition philosophique et sciences sociales)*, n° 2, 2017, p. 102.

42. GAO Zhaoming, « L'explication de la crise de confiance par la modernité », *Études académiques*, n° 4, 2002, p. 14.

risques sociaux majeurs – subissent toutes des changements subversifs, et les relations de confiance dans les sociétés traditionnelles évoluent inévitablement vers des relations de confiance numériques avec de nouvelles caractéristiques et connotations[43] (Tableau 3.1). La « théorie du transfert de confiance » suggère que le transfert de confiance est un processus cognitif qui peut avoir lieu à travers différents types de sources. Par exemple, elle peut être transférée d'un lieu ou d'une association professionnelle à un individu, ou d'un individu cible connu à une cible inconnue[44]. Le transfert de confiance intra-canal et le transfert de confiance inter-canal sont deux types de transfert de confiance. Le transfert de confiance intra-canal désigne le transfert de confiance au sein d'un même contexte, tandis que le transfert de confiance inter-canal désigne le transfert de confiance d'un contexte à un autre. Le premier va principalement d'un canal hors ligne à un autre ou d'un canal en ligne à un autre, tandis que le second va principalement d'un canal hors ligne à un canal en ligne ou d'un canal en ligne à un canal mobile[45]. « La confiance numérique est une reconfiguration de la confiance interpersonnelle et systémique par la technologie numérique, et est le résultat d'un « transfert de confiance » intra et inter-canal de la confiance interpersonnelle et systémique au sein et entre les canaux de confiance. »[46]

Chaîne d'identité numérique. « L'identité numérique fait généralement référence à la représentation numérique d'une entité en réseau, où les informations numériques formées (l'identité et les informations d'attribut auxquelles elle est liée) peuvent être utilisées comme un justificatif pour prouver l'authenticité de la déclaration d'identité (d'attribut) de l'utilisateur sur le réseau. »[47] En substance, « l'identité numérique est constituée d'une combinaison d'informations stockées et transmises sous forme numérique et constitue une identité de survie, d'interaction et de relations sociales dans le cyberespace virtuel. »[48] « Au cœur de

---

43. CUI Jiuqiang *et al.*, « Construire un nouveau système de confiance numérique à l'ère de l'économie numérique », *Sécurité de l'information et secret des communications*, n° 10, 2020, p. 12.

44. K. J. Stewart, « Trust transfer on the World WideWeb », *Organization Science*, n° 14, 2003, p. 5-17.

45. Jiabao Lin, Yaobin Lu, Bin Wang *et al.*, « The role of inter-channel trust transfer in establishing mobile commerce trust », *Electronic Commerce Research and Applications*, n° 6, vol. 10, 2011, p. 615-625.

46. WU Xinhui, « La confiance numérique et la reconstruction de la confiance dans la société numérique », *Apprentissage et pratique*, n° 10, 2020, p. 87.

47. CUI Jiuqiang *et al.*, « L'état actuel du développement de l'identité numérique basée sur la chaîne de blocs », *Sécurité du cyberespace*, n° 6, 2020, p. 26.

48. LONG Sheng, « Théorie et pratique du positionnement du droit civil de l'identité numérique : centrage sur les pays Chine-ASEAN », *Journal de l'université du Guangxi (édition philosophie et sciences sociales)*, n° 6, 2019, p. 110.

Tableau 3.1 Évolution des relations de confiance dans le cadre du développement des modèles civilisationnels humains

	La civilisation agricole	La civilisation industrielle	La civilisation numérique
Principaux modèles de confiance	Confiance interpersonnelle	Confiance institutionnelle	Confiance numérique
Les acteurs comme types de corps principaux	Individus sociaux	Entreprises, organisations sociales	Toutes les organisations, personnes et choses liées ou cartographiées dans l'espace numérique.
Mécanismes de communication de l'information	Transfert d'informations par le biais de réseaux de connaissances et de correspondance	Transfert d'informations par impression, télégraphe, téléphone	Transfert d'informations via l'internet et les appareils mobiles
Dépendances sociales	Une agriculture de subsistance, avec de faibles niveaux de commercialisation, une division sociale du travail et une dépendance globale.	Production industrielle socialisée, division sociale du travail dans une économie de marché hautement commercialisée et développée, forte dépendance sociale.	S'appuyer sur les entreprises de plateformes internet et les multinationales de l'internet pour former une division sociale du travail très fine basée sur l'économie numérique, avec des dépendances sociales extrêmement fortes.
Principaux risques sociaux	Les catastrophes naturelles et les troubles sociaux dominent	Les catastrophes naturelles, la pollution environnementale dominent	La cybersécurité et la sécurité des données dominent

Source : CUI Jiuqiang *et al.*, « Construire un nouveau système de confiance numérique à l'ère de l'économie numérique », *Sécurité de l'information et secret des communications*, n° 10, 2020.

l'authentification des identités et de la gouvernance dans les espaces numériques se trouvent l'identification et la confiance, qui doivent être établies sur la base des identités numériques. L'efficacité accrue de l'identification et la réduction du coût de la confiance sont des moteurs importants pour accélérer le progrès social. »[49] La caractéristique commune à l'ère d'Internet et de la chaîne de blocs est la numérisation, et la transformation numérique remodèle largement le travail et la vie des gens. Afin de garantir l'authenticité et la validité des activités et des transactions numériques, il faut d'abord permettre aux utilisateurs d'avoir une identité numérique et garantir l'authenticité et la validité de leur identité numérique[50]. Le modèle actuel de gestion centralisée de l'identité pose des problèmes tels que la dispersion et la duplication de l'authentification des données d'identité, la faible efficacité et la tolérance aux pannes de l'authentification centralisée, la difficulté de contrôler la confidentialité et la sécurité des données d'identité et l'incapacité de la preuve d'identité traditionnelle à couvrir tout le monde. « L'authentification est le processus de confirmation de l'identité réelle d'un opérateur dans les installations de réseau et les systèmes d'information, déterminant ainsi si l'utilisateur a des droits d'accès et d'utilisation d'une ressource. La technologie d'authentification est alors la méthode ou le moyen utilisé dans le processus de confirmation de la véritable identité de l'opérateur. »[51] Toutefois, le fait qu'un utilisateur soit authentifié ne signifie pas que son identité est fiable. L'authentification d'identité de confiance devrait avoir deux conditions, d'une part, les références d'identité de l'acteur du réseau et ses informations d'identité légales correspondantes du sujet réel sont liées pour réaliser l'authentification et la traçabilité de l'authenticité de l'identité réelle de l'acteur du réseau ; d'autre part, à l'aide de l'analyse comportementale des mégadonnées, de l'identification biométrique et d'autres technologies, pour garantir que l'acteur du réseau est l'individu réel avec des informations d'identité légales. « La chaîne d'identité numérique est une

---

49. LONG Rongyuan, « Le glossaire quotidien des termes technologiques – Identité numérique », le site officiel de Learning Strong, 2021, https://www.xuexi.cn/lgpage/detail/index.html?id=8471966451907701152&item_id=8471966451907701152

50. Les données d'un nouveau rapport de recherche du cabinet international d'études de marché MarketsandMarkets montrent que la taille du marché mondial des solutions d'identité numérique avenue 13,7 milliards de dollars américains en 2019 et devrait atteindre 30,5 milliards de dollars américains d'ici 2024, à un TCAC prévu de 17,3 %.

51. SONG Xianrong et ZHANG Meng, « Recherche sur les problèmes techniques de l'authentification d'identité de confiance en réseau », *Sécurité du cyberespace*, n° 3, 2018, p. 70.

application innovante qui combine l'eID et la chaîne de blocs. La chaîne d'identité numérique utilise la technologie eID pour garantir la sécurité et la confidentialité des données et la technologie chaîne de blocs pour garantir l'unicité des données. La chaîne d'identité n'est pas seulement une simple réaffectation d'identité, mais plutôt une authentification à identités multiples. Faire correspondre les citoyens avec des identifiants anonymes avec la plus haute sécurité dans différents scénarios d'application ; fournir des services d'authentification d'identité de confiance pour différents systèmes d'application qui sont inviolables, infalsifiables, résistants aux attaques, résistants à la collusion, hautement tolérants aux pannes, sûrs et efficaces, sous diverses formes, et qui protègent la vie privée, pour faire progresser les services d'authentification d'identité des services en ligne à point unique aux services en ligne conjoints. »[52] La chaîne d'identité numérique est un identifiant unique basé sur la technologie chaîne de blocs pour l'authentification de l'identité numérique, et constitue un système de gestion et de circulation des informations d'identité distribué et fiable. Du point de vue de la gouvernance nationale, la détection complète du statut comportemental des acteurs du réseau ainsi que l'authentification de leur identité et le traçage de leur comportement à travers la chaîne d'identité numérique sont propices à la promotion de la modernisation du système de gouvernance du cyberespace et de la capacité de gouvernance et à la mise en place d'un système de gouvernance nationale modernisé. Du point de vue du développement économique et social, l'application innovante de la chaîne d'identité numérique dans divers domaines de l'économie et de la société accélère la popularisation des services numériques tels que le gouvernement numérique et les affaires numériques. L'identification de l'identité des bénéficiaires de services numériques et l'établissement d'une identité numérique crédible sont les prémisses et les fondements permettant aux gens de profiter de divers services numériques, et constituent également une exigence inévitable pour le développement de l'économie numérique[53].

Modèle de confiance zéro. « Le concept de sécurité Zéro Trust rompt la relation par défaut entre l'emplacement du réseau et la confiance, ce qui permet d'obtenir

---

52. WANG Junsheng *et al.*, « Recherche sur l'application du système de chaîne d'identité numérique », *Recherche et application des technologies de la communication électrique*, n° 5, 2019, p. 404-405.

53. KUANG Ye et YAN Xiaoli, « L'intention réelle de la stratégie américaine d'identité de confiance dans le cyberespace », *Sécurité et technologie de l'information*, n° 11, 2012, p. 3-6.

une assurance maximale que l'on accède aux ressources en toute confiance. »[54] Le modèle de sécurité « Zéro Trust » n'est plus centré sur le réseau, mais sur l'identité pour le contrôle d'accès dynamique. « En tant qu'élément important de la sécurité des informations du réseau, le système de confiance du réseau est la pierre angulaire de la sauvegarde des activités des entités dans le cyberespace ; l'architecture de confiance zéro, en tant que modèle de sécurité émergent, est basée sur l'évaluation de la confiance et met l'accent sur la confiance dynamique, offrant ainsi une nouvelle façon de penser pour la construction et l'application du système de confiance du réseau. »[55] Dans l'architecture de la confiance zéro, il y a plusieurs hypothèses de base. Tout d'abord, le réseau est à risque à chaque instant, et aucun accès ou trafic ne peut être fiable tant qu'il n'est pas authentifié. Deuxièmement, l'ensemble du système de réseau, de l'architecture sous-jacente aux pratiques d'application, est soumis à une variété de menaces provenant de sources externes et internes. Troisièmement, l'emplacement incertain du réseau, sa grande portée et sa fréquence d'utilisation élevée rendent difficile la création d'un environnement de réseau de confiance. Quatrièmement, l'authentification et l'autorisation doivent couvrir l'ensemble des dispositifs, des utilisateurs et du trafic réseau. « Distinguée des architectures traditionnelles de sécurité aux frontières, l'architecture de confiance zéro propose un nouveau modèle d'architecture de sécurité qui réévalue et réexamine la pensée traditionnelle de l'architecture de sécurité aux frontières, qui par défaut ne fait confiance à aucune entité d'accès telle que les personnes, les dispositifs, les logiciels et les données dans le cyberespace et nécessite une reconfiguration dynamique de la base de confiance pour l'authentification et l'autorisation sur la base d'une évaluation continue de la confiance des entités. »[56] « Le modèle de confiance zéro vise à guider le passage d'une architecture centrée sur le réseau à une architecture centrée sur l'identité.. Un système de confiance en réseau basé sur un contrôle d'accès de confiance dynamique peut être orienté vers des niveaux multiples d'authentification, de gestion des autorisations et

54. Académie chinoise de l'information et de la communication – Institut de recherche sur l'informatique en nuage et les mégadonnées, Tencent Cloud Computing (Beijing) Co., Ltd., « Rapport "peau bleue" sur la sécurité de la confiance zéro (2021) à l'ère du numérique », site officiel de l'académie chinoise de l'information et de la communication, 2021, http://www.caict.ac.cn/kxyj/qwfb/ztbg/202105/. P020210521756837772388.pdf.

55. YU Shuangbo *et al.*, « L'application de l'architecture de confiance zéro dans les systèmes de confiance en réseau », *Technologie de la communication*, n° 10, 2020, p. 2533

56. *Ibid.*, p. 2534

d'évaluation de la confiance afin d'améliorer les capacités et les améliorations des services de confiance. « Les composants essentiels du modèle d'architecture de confiance zéro se composent du plan de données, du plan de contrôle et de l'infrastructure d'assurance d'identité, où le plan de contrôle est la partie support de l'architecture de confiance zéro, le plan de données est la partie interaction, l'infrastructure d'assurance d'identité est la partie garantie, et le plan de contrôle réalise la commande et la configuration du plan de données. »[57] Le moteur de politique, en tant qu'élément central du plan de contrôle, est le cerveau de toute l'architecture de confiance zéro. En pratique, selon la maturité de l'architecture de confiance zéro, la granularité des facteurs d'entrée du moteur de politique, la capacité d'analyse du moteur de politique, la précision et la rapidité de la politique de sortie, le mode et la méthode d'émission de la politique, la force de l'exécution de la politique et le mécanisme de retour d'information peuvent tous varier considérablement. À terme, grâce aux mégadonnées, à l'intelligence artificielle et à d'autres moyens techniques, l'authentification et l'autorisation peuvent atteindre un contrôle adaptatif à grain fin, ce qui est également l'objectif idéalisé de l'architecture de confiance zéro[58].

Section II
Citoyenneté numérique

L'article 6 de la *Déclaration Universelle Des droits De L'homme* stipule que « tout individu a droit à la reconnaissance en tous lieux de sa personnalité juridique ». L'identité est un droit humain fondamental. Malheureusement, selon la Banque mondiale, il y a environ 1,5 milliard de personnes dans le monde qui ne disposent pas d'informations d'identité officiellement reconnues, la plupart d'entre elles vivant en Afrique ou en Asie. Ces personnes ne disposent pas de documents d'identité délivrés par le gouvernement et officiellement reconnus, et n'ont donc pas accès aux services de base et sont vulnérables. À l'aube de la société numérique, le temps est venu d'opérer un changement. Avec la révolution technologique qui anime la société numérique, l'Internet et l'Internet mobile ont résolu la numérisation des

---

57. WEI Xiaoqiang, « Systèmes de télétravail basés sur la confiance zéro : recherche et mise en œuvre d'un modèle de sécurité », *Recherche sur la sécurité de l'information*, n° 4, 2020, p. 293-294.

58. WANG Yin, « Le modèle de confiance zéro en un article », *Cyber Security Outpost*, 2020, https://mp.weixin.qq.com/s/KhEfalmkI7vgtD_xjY7EHA

« choses », l'Internet des objets a résolu la numérisation des « choses » et la chaîne de blocs résoudra la numérisation des « personnes ». La chaîne de blocs résoudra le problème de la numérisation des « personnes ». « À une époque où le sujet, les fonctions, la portée et les méthodes de la gouvernance sociale ont un besoin urgent d'être réformés, la « citoyenneté numérique » deviendra une « clé d'or » pour la gouvernance sociale. » L'identité numérique est la clé pour entrer dans le monde des jumeaux numériques. L'identité numérique est le point d'entrée dans le monde des jumeaux numériques, et l'accès à l'identité et l'accès aux données sont les conditions de base pour la réalisation de la citoyenneté numérique. Sur la base de ces deux capacités, la numérisation des « personnes » peut être réalisée, en achevant la cartographie et l'interfaçage des personnes du monde physique au monde numérique.

I. Hypothèses relatives aux données personnelles

Le stade du développement humain libre et complet a été déduit par Marx de l'analyse des contradictions fondamentales de la société capitaliste de l'époque et des moyens de les résoudre. Il s'agissait d'une transcendance d'époque du stade de développement matériellement dépendant, la valeur ultime du développement social humain, et nécessitait un long processus de développement. La numérisation de toutes les choses accélère ce processus. « La *datafication* n'est pas seulement un système technologique, pas seulement la numérisation de tout, mais une réorganisation de la manière dont les humains produisent et vivent, un système social en renouvellement, et surtout, un renouvellement, voire une reconstruction de la vie sociale humaine. »[59] Les données ont changé le mode de production et de vie des humains, le mécanisme de fonctionnement social et le mode de gouvernance nationale ; les données connectent tout, les données transforment tout, et une révolution paradigmatique dans la sociologie des données à l'origine des êtres humains est tranquillement en cours, une révolution qui changera la manière d'être, le mode de pensée et la forme des droits des êtres humains. Dans ce contexte, l'hypothèse de la *data person*, dessinée par les données, est une hypothèse fondamentale pour la construction et le fonctionnement de la société numérique.

---

59. QIU Zeqi, « Vers une société fondée sur les données », *Contient le Forum des 50 personnes sur la société de l'information : L'avenir est là : Reconfigurer et innover avec l'Internet Plus*, Maison d'édition Shanghai Far East, 2016, p. 184.

La personne informatisée dans le contexte de l'époque. En 1966, lors des auditions sur le Centre fédéral de données, le membre du Congrès Cornelius Gallagher a averti que la « personne informatisée » était, à mon avis, une personne privée d'indépendance et de vie privée. La « personne informatisée », à mon avis, est une personne qui a été privée d'indépendance et de vie privée. Grâce à la standardisation induite par le progrès technologique, le statut social de cette personne sera mesuré par l'ordinateur et son individualité sera perdue. Sa vie, son talent et même sa capacité à gagner de l'argent seront réduits à un disque, un disque monotone, privé de la richesse des possibilités qu'il était censé offrir à l'origine[60]. « L'homme informatisé » est à la fois un avertissement et une prophétie. En 1973, le ministère américain de la santé, de l'éducation et de la protection sociale[61] a publié le rapport *Records, Computers and Civil Rights*, qui était rempli de descriptions désolantes[62]. En 2004, le professeur Daniel Shalev, un éminent spécialiste américain de la protection de la vie privée, a publié une monographie intitulée *The Digital Man : Technology and Privacy in the Information Age*. Dans les premières pages, le professeur Shalev décrit sans détour la crise à laquelle sont confrontés les individus à l'ère de l'information : « Nous sommes au milieu d'une révolution de l'information, mais nous commençons seulement à en comprendre la complexité. Ces dernières décennies, la manière dont nous faisons nos achats, épargnons, retirons de l'argent et vivons notre vie quotidienne a connu des changements spectaculaires, mais cela s'est accompagné d'un volume toujours plus important de dossiers et d'informations personnelles. Les petits détails qui restaient autrefois dans de vagues souvenirs ou sur des bouts de papier et d'encre sont désormais conservés en permanence dans les mémoires numériques des ordinateurs et dans d'immenses bases de données contenant de grandes quantités

---

60. Priscilla M. Regan, *Legislating Privacy : Technology, Social Values, and Public Policy*, Chapel Hill : The University of North Carolina Press, 1995, p. 72.

61. Prédécesseur du ministère américain de la santé et des services sociaux.

62. Il fut un temps où nous confiions toujours nos informations personnelles en face à face à des personnes ou des institutions en qui nous avions confiance, une confiance dont on pouvait dire qu'elle impliquait une certaine symétrie et réciprocité. Aujourd'hui, les particuliers doivent de plus en plus souvent communiquer leurs informations personnelles à un grand nombre d'organisations inconnues pour qu'elles les traitent et les utilisent. Nous n'avons aucun moyen de savoir qui utilise nos informations personnelles, nous ne pouvons ni les voir ni les sentir, et même lorsque nous savons de qui il s'agit, nous n'obtenons souvent aucune réponse. Parfois, nous ne sommes même pas conscients qu'une organisation détienne un dossier d'informations sur nous. Dans la plupart des cas, nous sommes maintenus dans l'ignorance, sans parler de la possibilité de vérifier l'exactitude de ces informations, de contrôler leur diffusion et d'empêcher les autres de les utiliser librement.

d'informations personnelles. Nos portefeuilles sont remplis de cartes – cartes bancaires, cartes téléphoniques, cartes d'achat et cartes de crédit – qui peuvent toutes être utilisées pour enregistrer où nous sommes allés et ce que nous avons fait. Chaque jour, ces informations parviennent à ces cerveaux électroniques. Ces cerveaux électroniques transfèrent, trient, réarrangent et combinent ensuite ces informations de mille façons différentes. La technologie numérique permet de conserver les moindres détails de notre vie quotidienne, nos allées et venues, nos goûts et nos dégoûts, qui nous sommes, ce que nous avons, tout. Et ce n'est pas tout : ces technologies sont parfaitement capables de dessiner un puzzle électronique qui couvre la majeure partie de la vie d'une personne – une vie capturée à partir d'innombrables enregistrements, une personne numérique compilée à partir du monde des réseaux informatiques intégrés. »[63] Près d'une décennie s'est écoulée entre 2004 et 2021, et je pense que la plupart des Chinois peuvent comprendre les propos du professeur Shalev. La « Chine numérique », en pleine expansion, prend une dimension sans précédent. Parmi les « quatre nouvelles inventions », le paiement mobile, le partage de vélos et les achats en ligne ont dépassé ceux des pays occidentaux dans l'économie numérique. Les trains à grande vitesse sont également intégrés à la technologie numérique afin d'améliorer les performances opérationnelles et la qualité du service. Aujourd'hui, nous pouvons voir les changements que la technologie numérique a apportés à nos vies de manière plus claire, plus complète et plus profonde. À ce stade, nous devons également affronter « l'homme informatisé » et « l'homme numérique » que le peuple américain craint depuis plus de 50 ans[64]. « À l'ère des mégadonnées, dans un monde de données, où toutes les relations sociales peuvent être représentées par des données, où l'être humain est la somme des données pertinentes »[65], où tout est numérique, où toutes les personnes et les choses existeront comme une sorte de données. Les données ont couvert et écrit la vie entière d'une personne, du berceau à la tombe, et la « personne physique » s'est progressivement transformée en « personne de données », devenant ainsi l'unité de base de la citoyenneté numérique.

---

63. Daniel Solove, *The Digital Person : Technology and Privacy in the Information Age*, New York : New York University Press, 2006, p. 1.

64. SUN Ping, *L'ère de la « personne informée » : la protection constitutionnelle des droits relatifs aux informations personnelles dans le contexte de la cybersécurité*, Presse de l'université de Pékin, 2018, p. 5.

65. LI Guojie, « Le partage des données : une condition préalable à la modernisation du système de gouvernance nationale à l'ère des mégadonnées », *Semaine des technologies de l'information en Chine*, 25 août, 2014, n° 5.

La proposition de valeur de la personne responsable des données. L'altruisme est au cœur de l'hypothèse de la personne de données. Selon l'économiste de Yale Schubeck, « L'altruisme et la coopération ont attiré beaucoup d'attention sous la forme de dilemmes de biens publics, de dilemmes de prisonniers »[66]. Selon le biologiste de Harvard Martin Novak, « La coopération est la source de la créativité dans l'évolution, depuis les cellules, les organismes multicellulaires, les fourmilières et des villages aux villes. » Les défis de la gouvernance mondiale sont présentés à l'humanité sous de nouvelles formes, de nouveaux défis à relever avec de nouvelles formes de coopération, et l'altruisme est la base de cette nouvelle approche de la coopération. Les pays du monde doivent renforcer leur solidarité et faire face aux crises mondiales avec une attitude coopérative. L'optimum de Pareto ne peut être atteint qu'en poursuivant une stratégie ouverte de bénéfice mutuel et de situation gagnant-gagnant et en trouvant le meilleur équilibre entre une communauté d'intérêts humains et une communauté de destin humain. L'histoire de l'humanité prouve en permanence qu'à mesure que la société progresse et que la civilisation avance, les composantes idéologiques de l'égoïsme, de la domination brutale et de l'avidité de l'homme s'amenuisent, tandis que les composantes idéologiques de la mentalité altruiste, de la loi intérieure et du concept de partage se développent de plus en plus, et peuvent même devenir le thème principal de la vie future de l'humanité, et l'humanité s'engage ainsi sur la voie d'un développement guidé par l'altruisme. La structure relationnelle de la société numérique détermine que son mécanisme interne est décentralisé, plat et sans frontières, et que son esprit fondamental est l'ouverture, le partage, la coopération et le bénéfice mutuel. Ces caractéristiques établissent les fondements humanistes de cette société, qui est « orientée vers les gens », et déterminent également la valeur fondamentale de « l'altruisme » à cette époque. Le principe de base que les personnes chargées des données suivent dans la poursuite de la valeur des données, la création de la valeur des données et la réalisation de la valeur des données est la maximisation de la valeur, et les changements dans la nature humaine qu'ils représentent à l'ère des mégadonnées entraîneront finalement des changements dans les valeurs de partage et d'altruisme. L'introduction de la personne concernée par les données implique une nouvelle prise de conscience de la relation entre les personnes et les données, et les personnes réalisent qu'elles doivent faire de leur mieux pour promouvoir

---

66. Charles Tilly [États-Unis], *Identité, frontières et liens sociaux*, traduit par XIE Yue, Maison d'édition du peuple de Shanghai, 2021, p. 56.

le bien-être numérique de la société, conformément au principe des concessions les plus propices à la promotion des intérêts de la société dans son ensemble. L'hypothèse de la personne des données affirme la rationalité de la recherche du profit par les différents intérêts et souligne la nécessité de la coopération et du partage, répondant aux nouvelles exigences du développement du pouvoir des données et de la transformation des relations entre les données[67]. Contrairement à l'hypothèse de la personne économique, qui met en avant l'intérêt personnel des êtres humains, et à l'hypothèse de la personne sociale, qui met en avant la nature sociale non économique des êtres humains, l'hypothèse de la personne des données met l'accent sur la nature altruiste et partageuse des êtres humains. L'altruisme et l'intérêt personnel sont interdépendants et se soutiennent mutuellement, tout comme l'accomplissement de l'individu et la richesse de la nation.

La logique des droits de la personne concernée. Dans la théorie des droits de l'homme, « tout ce qui favorise le bien ou l'épanouissement de l'homme ne peut être considéré comme un objet des droits de l'homme, mais seules les choses qui sont nécessaires aux qualifications humaines peuvent être l'objet des droits de l'homme ». À l'aube de l'ère numérique, la quantité massive de données générées chaque jour constitue non seulement la trajectoire comportementale de la production et de la vie, mais aussi la reproduction de la vie personnelle. Tous les droits de l'homme, notamment la vie et la propriété, la participation politique, le travail et l'emploi, la sécurité sociale, la culture et l'éducation, ont été reconstruits, déconstruits et remis en question par la numérisation. Par conséquent, les données sont non seulement devenues une richesse indispensable à la vie numérique des gens, mais aussi un nouveau véhicule et une expression de valeur de plus en plus importants pour les droits de l'homme dans la nouvelle ère. De la « personne de données » au « citoyen numérique », les droits de l'homme sont en train d'être remodelés numériquement, et une nouvelle vision des droits de l'homme doit être basée sur la « personne de données » numérique, ce qui nécessite l'établissement de Cela nécessite une nouvelle vision des « droits de l'homme numériques ». « La citoyenneté numérique » est le citoyen numérique ou la numérisation du citoyen. Elle est la cartographie du citoyen dans le monde numérique, une copie du citoyen dans le monde physique, une représentation numérique des responsabilités, des droits et des avantages du citoyen, et une partie importante de l'individu

---

67. Laboratoire clé de la stratégie des mégadonnées, *Loi sur les droits numériques 2.0 : la construction institutionnelle des droits numériques*, Presse de littérature des sciences sociales, 2018, p. 30-36.

citoyen[68]. Les caractéristiques perméables, diffuses et subversives de la technologie numérique favorisent de profonds changements dans la conscience que les citoyens numériques ont de leurs droits, qui se reflètent principalement dans quatre aspects : la conscience de la connaissance des droits, la rationalisation et l'universalisation des revendications de droits, l'approfondissement des demandes de droits, et l'opinion sociale qui devient une force puissante dans la sauvegarde des droits des citoyens numériques[69]. Le progrès de la technologie numérique et le développement de la société numérique ont constamment élargi l'exploration de la portée des droits, et une nouvelle chose, à la fois distincte des choses et au-delà des personnes, a commencé à entrer dans la vision des relations juridiques, à savoir les « données ». « Les données peuvent non seulement faire l'objet d'une réglementation juridique, mais aussi être transformées en de nouvelles formes de droits. La proposition de droits sur les données s'écarte précisément des doctrines traditionnelles des droits de la personnalité et des droits de propriété comme point de départ logique de la propriété des données, et possède un statut indépendant dans l'ensemble du système de droits, y compris les droits sur les données, les droits de partage et la souveraineté des données. »[70] La protection des droits relatifs aux données, la configuration des droits de propriété des données et la défense de la souveraineté des données deviendront le paysage des droits fondamentaux de la société numérique, tandis que la revendication des citoyens numériques en matière de droits relatifs aux données personnelles s'exprime dans la revendication par l'individu de ses propres droits de personnalité des données et de ses droits de propriété contre les atteintes illégales au niveau juridique. Contrairement aux droits de propriété, les droits numériques ne seront plus exprimés comme un droit de possession, mais deviendront un droit de partage non exclusif, souvent exprimé comme « un nombre de droits ». Le droit de partager deviendra une nouvelle règle jurisprudentielle qui transcende le droit de la propriété et constitue la marque de la civilisation numérique. Le droit au partage des citoyens numériques prend l'altruisme comme base fondamentale et fournit une base orientée vers les valeurs pour la construction du système institutionnel de la civilisation numérique.

---

68. WANG Jing, « Citoyenneté numérique et innovation en matière de gouvernance sociale », *Temps d'étude*, 30 août 2019, p. A3.

69. HU Xunyu, *La construction conceptuelle de l'éthique du pouvoir*, Presse de l'Université de la sécurité publique du peuple chinois et La Presse des Masses, 2010, p. 186-189

70. Laboratoire clé de la stratégie des mégadonnées, *Loi sur les droits numériques 2.0 : la construction institutionnelle des droits numériques*, Presse de littérature des sciences sociales, 2020, p. 60.

II. Programme de citoyenneté numérique

La numérisation est devenue le « contour » et « l'âme » qui anime le développement d'une gouvernance innovante. S'il existe un point d'appui capable de soulever la terre entière, à l'ère numérique, la « citoyenneté numérique » est le point d'appui capable de soulever le dilemme des services publics et de la gouvernance sociale. En septembre, le ministère de la Sécurité publique, le ministère de l'Industrie et de l'Information, la Banque centrale et d'autres institutions de recherche relevant directement du ministère de la Sécurité publique, ainsi que l'Académie chinoise des sciences, Tsinghua, Fudan et Tongji, ont créé le Comité de promotion de l'identité numérique des citoyens, une organisation coopérative axée sur l'industrialisation de l'identité numérique des citoyens, afin de promouvoir conjointement la construction de la Chine numérique. Sur le plan national, le projet « identité sur la chaîne » de Guiyang utilise la chaîne de blocs et d'autres technologies numériques pour transformer progressivement la question morale de la mise en place d'un système d'intégrité en une question mathématique dans un écosystème de données crédibles, insufflant un nouvel élan pour améliorer la gouvernance du gouvernement et fournissant un soutien technique pour parvenir à l'équité et à l'ouverture. Le projet pilote de citoyenneté numérique de Fuzhou est le premier du genre en Chine. Exploration pratique en réponse à l'exigence de « promouvoir la modernisation du système national de gouvernance et de la capacité de gouvernance », il renforce l'efficacité des services publics en donnant aux citoyens des identités numériques et un accès à des services personnalisés, précis et intelligents, et promeut le concept « social ». Le programme vise à renforcer l'efficacité des services publics en donnant aux citoyens une identité numérique et un accès à des services personnalisés, précis et intelligents, et à promouvoir la transformation de la « gouvernance » sociale en « sagesse ». Sur le plan international, le programme estonien Digital State a permis à l'Estonie de rompre avec les contraintes géographiques, de ressources et de capitaux, et d'utiliser les données comme un élément important du marché pour promouvoir l'exportation d'offres de services numériques sous la forme de « X-Road » et de « Digital Citizenship ». Exporter à l'étranger.

Guiyang : L'identité sur la chaîne construit la Grande Muraille de l'Intégrité. La construction d'un système d'intégrité sociale est un processus de longue haleine, dans lequel la question fondamentale essentielle est la vérification et la mise en correspondance de l'identité réelle hors ligne du sujet de l'intégrité et de l'identité numérique multiple en ligne, ainsi que la vérification de l'identité et de l'autorisation de l'utilisateur des résultats de l'évaluation de l'intégrité. Depuis 2009, Guiyang a accumulé beaucoup d'expérience et de pratiques avancées dans la construction du système d'intégrité sociale grâce à la construction de « Integrity Qingzhen » et à la création d'agriculteurs intègres, de villages intègres et de villes intègres. « En 2017, Guiyang a mis en avant le concept de « chaîne d'identité » et a appliqué de manière innovante la technologie chaîne de blocs à la construction du système d'intégrité sociale, et Qingzhen a de nouveau été récompensée en tant que pilote. Une « bonne prescription ». La « chaîne d'identité » établie sur la base de la chaîne de blocs, par l'intégration des mégadonnées, de l'intelligence artificielle et d'autres technologies, peut réaliser une identification précise de l'identité numérique, construire une écologie de données crédible, réaliser une collaboration de données multiples sous la protection des données originales, et réaliser la distribution des droits et des intérêts de la valeur des données. L'APP « Identity Chain » peut donner une identité numérique à tous les participants honnêtes grâce à une authentification CA intégrée. Le projet a construit une « cage de fer des données » du système de crédit avec une couverture complète, un enregistrement complet du processus et une supervision complète des données, qui peut réaliser une distribution, une traçabilité et une audibilité crédibles des droits et des intérêts de la chaîne de valeur des données d'intégrité. Autour de la « chaîne d'identité », Guiyang a construit la plate-forme de partage de l'intégrité « Chaîne sur Qingzhen – Ville et canton de Zhihui », qui réalise le partage ouvert des ressources de données d'intégrité. À l'avenir, sur la base de la « chaîne d'identité », Guiyang ouvrira l'écart entre le système d'identité et le système de droits et développera des produits numériques « Integrity You and Me » pour le public. Plus précisément, « Integrity You & Me » est un APP de gestion de compte, dont les fonctions et les avantages se reflètent principalement dans les quatre aspects suivants : premièrement, par le biais de la demande, du choix et de l'autorisation du client, l'affichage des empreintes de crédit du client et des informations sur l'intégrité, la mise à jour en temps voulu de la cote de crédit du client ; deuxièmement, l'utilisation de « Integrity You & Me » permet d'obtenir des informations sur la solvabilité du client. « L'APP fournit des services mobiles aux clients, tels que l'approbation des demandes des clients, la réponse aux questions des clients, la résolution des demandes des clients, etc. ; troisièmement, il établit une relation de confiance pour les transactions entre les clients sur la base de leur notation de crédit et fournit un service de dépôt pour le processus de transaction ; quatrièmement, il construit un portefeuille numérique basé sur le mécanisme de confiance de la chaîne de blocs pour garantir que l'ensemble du cycle de vie des droits et intérêts numériques est effectué dans une condition sûre et contrôlée. Quatrièmement, la construction d'un portefeuille numérique basé sur le mécanisme de confiance de la chaîne de blocs garantit que l'ensemble du cycle de vie des droits et intérêts numériques se déroule dans des conditions sécurisées et contrôlées. En utilisant la chaîne de blocs pour construire une « chaîne d'identité » et en prenant le scénario d'application des agriculteurs honnêtes comme une percée, l'infrastructure de gouvernance du gouvernement peut être construite à partir de la base de la société, de l'ordre moral et des normes sociales, permettant aux agriculteurs honnêtes d'avoir une identité honnête, fournissant un canal d'incitations positives pour la société, et permettant aux agriculteurs de trouver un foyer raisonnable et de donner pleinement cours à leur valeur due dans le cadre du nouvel ordre civilisé. Le nouvel ordre civilisé permettra aux agriculteurs de trouver un foyer raisonnable et de réaliser leurs valeurs.

Fuzhou : la citoyenneté numérique permet de moderniser les services publics et la gouvernance sociale. En 2014, lors d'une visite de la communauté Junmen dans le district de Gulou à Fuzhou, le secrétaire général Xi Jinping a soulevé le vif espoir des « trois voies » : comment rendre la vie et le travail des masses plus pratiques ? Comment rendre plus ouverts les canaux permettant au public d'exprimer ses demandes ? Comment pouvons-nous faire en sorte que le public se sente plus paisible et heureux ? Fuzhou a pris le district de Gulou comme projet pilote pour mettre en œuvre l'idéologie de développement « centrée sur les personnes », en utilisant l'intelligence artificielle, la chaîne de blocs, l'Internet des objets, les mégadonnées et d'autres technologies numériques pour innover les services publics et la gouvernance sociale, en fournissant des services proactifs, raffinés et humanisés aux masses. Le projet pilote d'innovation « Citoyen numérique » est une réponse formelle aux attentes ardentes des « trois comment ». Sur la base de la capacité d'application de l'identité numérique crédible du code QR de sécurité, la citoyenneté numérique prend le numéro d'identification du citoyen comme racine et le code QR de sécurité comme moyen d'interaction pour créer un ensemble de systèmes de capacité « code pour les gens » centrés sur les personnes, sûrs, crédibles, gérables et contrôlables et établir une connexion crédible entre le réseau et les personnes réelles. En s'appuyant sur le concept de « restitution des chiffres au peuple », le district de Gulou a lancé la construction de deux plates-formes de capacités de base, à savoir la plate-forme de services publics pour l'identité numérique et la plate-forme de capacités de capture des données personnelles, ainsi que sept applications de base, à savoir l'application de commodité gouvernementale, la garde des certificats commerciaux, la personne numérique holographique saine, le service de crédit complet, l'application de création de données, l'application de participation à la gouvernance sociale et le service de nuage de données personnelles. Construction d'une application de base. Après le lancement du projet pilote, la plate-forme de service public pour la citoyenneté numérique a pris l'initiative de construire et d'exploiter le premier lot d'identifiants de citoyenneté numérique délivrés à tous les résidents du district de Gulou[71], qui s'appuie sur la technologie d'authentification par nom réel et par personne réelle du ministère de la sécurité publique pour lier les informations d'identité et les caractéristiques biométriques des individus dans le monde physique, générer des certificats d'autorité de certification à stocker dans les téléphones mobiles des utilisateurs, puis définir des mots de passe autorisés par les utilisateurs pour établir un système complet d'authentification de l'identité qui unifie personne-certificat, carte-machine et machine-personne. Un système complet d'authentification de l'identité qui réunit la personne, la machine et la personne. Lorsqu'une correspondance biunivoque est établie entre la personne réelle hors ligne et l'identité numérique en ligne, il est facile de prouver que « je suis moi » dans différents scénarios. En reliant la plate-forme de service d'authentification de l'identité de Digital Citizen à la plate-forme de capture des données personnelles, les données personnelles seront introduites dans le modèle de calcul de l'intelligence artificielle afin d'obtenir des services personnalisés et précis dans les domaines des affaires gouvernementales, de la gouvernance sociale, de la gestion de la santé, de l'évaluation du crédit et du commerce des données,

---

71. Le système de sécurité du code QR est la première technologie de code QR sécurisée au monde de Digital Citizen, qui résout les problèmes d'anti-falsification, d'anti-répudiation et d'anti-copie du code QR à partir de la base, construit une maison sûre pour les téléphones mobiles, configure un terminal de lecture exclusif, et définit également plusieurs niveaux de sécurité dans le processus d'interaction commerciale pour assurer la sécurité de l'ensemble du processus, de l'attribution du code, de l'émission du code à la vérification du code pendant l'utilisation par l'utilisateur, réalisant la sécurité de l'ensemble du système à l'extrémité du code en nuage. La séparation de la clé et du service est centrée sur les personnes, créant une clé de sécurité permettant aux personnes de voyager en ligne et hors ligne. Le service écologique d'application de l'identité numérique vise à soutenir le déploiement rapide de l'environnement de code pour l'ensemble de la société. Soutenu par trois technologies inédites, Fuzhou Digital Citizen s'engage à devenir un outil pratique permettant aux citoyens de se déplacer en ligne et hors ligne, une clé sécurisée permettant aux citoyens de gérer leurs actifs de données et un pont permettant aux personnes réelles des citoyens d'entrer dans le monde numérique.

etc. et de gagner en sérénité dans le domaine des services publics, la citoyenneté numérique se concentre sur le développement d'une plate-forme d'intelligence numérique, qui fournira les moyens et la capacité d'adopter l'intelligence artificielle dans une vie « sans permis ». Dans le domaine des services publics, la citoyenneté numérique se concentre sur les besoins fondamentaux des personnes et utilise les technologies de l'information pour promouvoir la reconstruction en douceur du système de service public sans modifier le système de gouvernance compartimenté et hiérarchique du gouvernement existant, afin que les gens puissent faire les choses chez eux et dans le creux de leur main. Dans le domaine de la gouvernance sociale, la citoyenneté numérique peut aider chaque citoyen à participer de manière ordonnée et de la façon la plus pratique à un système de gouvernance sociale construit, gouverné et partagé, créant une situation dans laquelle tous les gens peuvent et veulent participer, et favorisant la formation d'un nouveau modèle de bonne gouvernance sociale. Ce modèle innovant de bonne gouvernance n'est pas seulement unique et descendant, mais pluraliste et mutuel. La gouvernance sociale passera également de la logique traditionnelle de gouvernance administrative et hiérarchique à sens unique à une relation de collaboration à double sens, faisant ainsi évoluer la gestion sociale traditionnelle brute et empirique vers un nouveau modèle de gouvernance sociale raffinée, personnalisée et intelligente[72].

L'Estonie : d'un petit pays à une cyber puissance. Après plus de 30 ans d'efforts continus depuis qu'elle est devenue un pays indépendant de l'Union soviétique, l'Estonie est devenue un exemple pour le développement numérique des pays du monde entier dans les domaines des services publics, de la gouvernance gouvernementale et de l'économie numérique. Les trois « cartes maîtresses » du programme estonien Digital State sont les technologies et les concepts qui sous-tendent la taille négligeable du pays et son impact indéniable dans l'espace numérique. X-Road : la technologie maîtresse de l'infrastructure informatique. Dès 2000, le gouvernement estonien s'est engagé dans un processus de modernisation de ses systèmes d'information, dont le projet X-Road, et les avantages des services numériques ont commencé à se faire sentir. « X-Road est le lien le plus important entre les différentes bases de données de services électroniques du secteur public de l'État et du secteur privé, et il garantit leur interconnexion et leur fonctionnement

---

72. WANG Jing, « La "citoyenneté numérique" arrive chez nous », *Conférence consultative politique de Chine*, n° 13, 2017, p. 16.

coordonné. Tous les systèmes d'information estoniens utilisant des bases de données multiples sont accrochées sur X-Road, toutes les données sortantes sont signées numériquement et cryptées, et toutes les données entrantes sont authentifiées et enregistrées. »[73] Cartes d'identité numériques : une technologie d'as pour un gouvernement et des services numériques. En 2002, le gouvernement estonien a progressivement délivré des cartes d'identité électroniques dotées de puces aux résidents, les autorisant à identifier et à vérifier directement les transactions et les documents légitimes par le biais de signatures numériques. Le système d'identité électronique est un système national normalisé permettant de vérifier l'identité des individus dans un environnement en réseau, ouvrant la porte à tous les services numériques sécurisés tout en maintenant le plus haut niveau de sécurité et de confiance. Avec l'eID, deux codes PIN sont émis, l'un pour l'identification de la connexion au système et l'autre pour l'autorisation du processus de transaction. L'eID est la clé de la modernisation des systèmes d'information du gouvernement estonien et de la numérisation des services. Elle est nécessaire pour rendre le gouvernement, les transactions, les déclarations fiscales, le vote et d'autres services « sans papier ». Le programme de résidence électronique a été officiellement lancé en septembre 2014, et en avril 2015, l'Estonie est devenue le premier pays au monde à offrir une identité numérique au-delà des frontières avec le lancement du programme de résidence électronique. En avril 2015, l'Estonie est devenue le premier pays au monde à proposer une identité numérique transfrontalière. Il ne peut pas être utilisé comme un visa de travail ou un visa de tourisme, mais il permet aux e-résidents de créer une entreprise en ligne basée dans l'UE, de gérer une entreprise en ligne sans restriction géographiques, de développer une activité à distance, de rejoindre une communauté mondiale, etc. Le gouvernement estonien espère ainsi proposer des services commerciaux en ligne pratiques et de haute qualité, en rendant la tâche plus facile et plus efficace pour les entrepreneurs de l'Internet et en attirant 10 millions de citoyens numériques dans le pays d'ici 2025. L'essence des trois technologies et concepts « as » est la pratique de la « connectivité en tant que service », qui apporte un éclairage important au développement du gouvernement numérique, de la gouvernance urbaine et des services dans tous les pays.

---

73. TANG Tao, « La route vers le développement de la société numérique estonienne », *Informatization de Shanghai*, n° 7, 2018, p. 79-80.

III. Éducation à la citoyenneté numérique

La culture et les compétences numériques sont la base du développement d'une économie numérique et du progrès d'une société numérique. Une société numérique a besoin de citoyens numériques, et les citoyens numériques ont besoin d'une culture numérique[74]. La citoyenneté numérique comprend non seulement la connaissance, la compréhension et l'application de la technologie numérique, de l'industrie numérique et de l'économie numérique, mais aussi l'entretien, l'inculcation et la reconstruction de la vie numérique et des systèmes idéologiques et culturels numériques, ce qui constitue le rechargement et la mise à niveau du « système d'exploitation » de la civilisation humaine. « Du point de vue du monde réel, les exigences pour les citoyens comprennent principalement des droits et des obligations, et ce concept peut également être appliqué à la société en ligne. Du point de vue des droits, les citoyens numériques ont le droit d'utiliser les informations du réseau, y compris l'échange et la transmission d'informations, et dans le même temps, ils ont également l'obligation de réglementer leur propre comportement et de respecter la loi. D'un point de vue idéologique, les citoyens numériques devraient être suffisamment sensibles aux technologies de l'information, en d'autres termes, ils devraient avoir la conscience d'utiliser les technologies de l'information pour résoudre des problèmes pratiques. La sensibilisation englobe également un certain nombre d'aspects tels que la sécurité et la responsabilité et la sensibilisation à la santé. Sur le plan des connaissances, les citoyens numériques sont eux-mêmes alphabétisés et ont la capacité d'apprendre et de vivre dans une société numérique. Outre la connaissance de la technologie de l'information elle-même, elle comprend également la connaissance des institutions et des lois, c'est-à-dire des comportements autorisés et de ceux qui ne sont pas conformes aux normes. Sur un plan pratique, les citoyens numériques ont la capacité d'utiliser les technologies de l'information, que ce soit pour apprendre, vivre ou se divertir,

---

74. En 1994, Yoram Eshet Alkalai a défini la « littératie numérique » comme « la capacité de comprendre et d'utiliser une variété de ressources et d'informations numériques affichées par des ordinateurs ». En 1997, Paul Gilster a formellement introduit le concept de « littératie numérique » dans son livre *Digital Literacy*. En août 2017, l'IFLA a publié le *Manifeste de l'IFLA sur la culture numérique*, le premier manifeste international systématique sur la culture numérique. Le Manifeste indique que la culture numérique signifie être capable de tirer le meilleur parti des technologies numériques d'une manière efficace et logique pour répondre aux besoins d'information dans les domaines personnel, social et professionnel.

afin d'avoir la capacité de « survivre » dans le domaine numérique, comme dans le monde réel, où les gens ont besoin de compétences de survie pour survivre. »[75]

Sensibilisation au numérique. La « conscience numérique » désigne l'attitude des citoyens numériques à l'égard de la technologie, qui se manifeste par la sensibilité des citoyens numériques aux technologies de l'information et leur conscience de l'utilisation des technologies de l'information au service de leur vie quotidienne, de leur apprentissage et de leur travail, notamment la conscience de la participation numérique, la conscience de la santé numérique, la conscience de la sécurité numérique, la conscience de la responsabilité de la citoyenneté numérique[76] et d'autres éléments[77]. La conscience numérique est le premier et principal aspect de l'intelligence numérique et est essentielle à la survie et au développement numérique des êtres humains. Le terme Digital intelligence Quotient (DQ) a été introduit pour la première fois dans un rapport de l'Institut DQ[78] et fait référence au quotient de la compétence numérique d'une personne, une mesure de ses capacités numériques. Il se compose de trois éléments fondamentaux : la citoyenneté numérique, la créativité numérique et la compétitivité numérique[79]. « La maîtrise de l'information et la culture numérique ne sont pas des composantes essentielles du DQ, car elles ne rendent pas pleinement compte des éléments essentiels à la survie et au développement numériques des personnes : l'utilisation correcte et légitime de la technologie, l'engagement civique dans les affaires publiques, ainsi que la responsabilité sociale numérique et l'obligation de rendre des comptes liés à l'équité numérique et à l'éthique numérique ». La culture de la

---

75. LONG Ping, « Explorer la transformation des natifs numériques en citoyens numériques », *Études comparatives sur l'innovation culturelle*, n° 13, 2018, p. 159.

76. La sensibilisation à la participation numérique, c'est-à-dire la capacité à utiliser la technologie numérique pour participer aux affaires publiques politiques, économiques, sociales et culturelles/interculturelles. La sensibilisation à la santé numérique, c'est-à-dire le fait d'avoir un haut niveau de maîtrise de soi pour résister aux diverses tentations en ligne et assurer sa santé physique et mentale. La sensibilisation à la sécurité numérique, c'est-à-dire la capacité de se protéger, de protéger les autres et l'environnement contre toutes sortes de dommages dans une société numérique. Sensibilisation à la citoyenneté numérique, c'est-à-dire au droit et à la liberté de chacun d'utiliser les technologies dans une société numérique, mais aussi aux règles (règlements, dispositions légales, etc.) à respecter.

77. ZHANG Lixin et ZHANG Xiaoyan, « De la transformation des natifs du numérique en citoyens numériques », *L'éducation électronique en Chine*, n° 10, 2015, p. 13.

78. Tedeneke A., « Singapore and Australia First to Launch DQ Institute Cyber-risk Reporting System for Children », [DB/OL], 2019, https://www.weforum.org/press/2017/09/singapore-and-australia-firstto-launch-dq-institute-cyber-risk-reporting-system-forchildren/.

79. DQ Institute, « DQ Global Standards Report », [DB/OL], 2019, https://www.dqinstitute.org/wp-content/uploads/2019/03/DQGlobalStandardsReport2019.pdf.

citoyenneté numérique est l'aspect central et primaire de la DQ : ce n'est qu'avec la culture de la citoyenneté numérique que l'on peut progresser vers la créativité numérique et ainsi avoir une forte compétitivité numérique[80]. La conscience numérique est une conscience globale. Ces dernières années, le « sens de la destinée humaine » prôné par la Chine est une expression novatrice de la « conscience mondiale » ». La conscience globale dans le monde réel et la conscience globale dans le monde numérique peuvent être désignées collectivement par le terme de conscience globale. Le monde évoluant rapidement, nous devons élaborer un ensemble de principes de base de la citoyenneté dans le monde numérique pour la prochaine génération, afin qu'elle puisse développer un sens de la moralité et des responsabilités, ainsi qu'un sens de la coopération, un sens de la communauté, un sens de l'unité nationale et ethnique, et donc une conscience mondiale.

Tableau 3.2   Éléments clés de la sensibilisation au numérique

Sensibilisation au numérique	Points forts du contenu
Sensibilisation à l'engagement numérique	• Participer en ligne de manière active et responsable à des activités d'affaires publiques au niveau local, national ou mondial en utilisant des services numériques publics ou privés. • Rechercher des possibilités d'autonomisation et de citoyenneté participative grâce à des technologies numériques appropriées.
Sensibilisation à la santé numérique	• Être capable d'exercer un contrôle strict du temps passé sur les appareils numériques et avoir un horaire de travail régulier. • Utiliser l'internet (y compris les jeux en ligne) de manière contrôlée, comprendre la différence entre une vie en ligne saine et une vie en ligne malsaine, et être capable de concilier vie en ligne et vie hors ligne. • Identifier et éviter les risques pour leur propre santé et celle des autres lors de l'utilisation des technologies numériques.

---

80. ZHENG Yunxiang *et al.*, « La base théorique et le système de culture de l'éducation à la citoyenneté numérique », *L'éducation électronique en Chine*, n° 5, 2020, p. 74.

Sensibilisation au numérique	Points forts du contenu
Sensibilisation à la sécurité numérique	• Comprendre comment utiliser et partager en toute sécurité des informations permettant d'identifier une personne dans une société numérique afin de se protéger et de protéger les autres.
	• Avoir la capacité d'identifier, d'atténuer et de gérer les risques et menaces en ligne associés à son comportement en ligne.
	• Capacité à identifier, atténuer et gérer les risques et les menaces (par exemple, la cyberintimidation, le harcèlement et la traque) associés au comportement personnel en ligne.
	• Capacité à détecter les données et les dispositifs personnels à l'aide de politiques de sécurité et d'outils de protection appropriés afin d'identifier les menaces potentielles (par exemple, piratage, logiciels malveillants).
	• Compétences de base en matière de gestion de la vie privée, de la réputation et de la sécurité en ligne, telles que la capacité à prendre des décisions responsables lors du partage du travail, de l'accès aux ressources, de la protection contre les logiciels malveillants.
	• Tenir pleinement compte de la fiabilité et de la protection de la vie privée lors d'un accès numérique (par exemple, accès au web) et comprendre les mesures de sécurité et de défense pertinentes.
	• Protéger l'environnement et réduire au minimum les dommages et l'incidence de l'utilisation des technologies numériques sur l'environnement.
Sensibilisation à la citoyenneté numérique	• Comprendre et respecter l'éthique de la technologie dans la société numérique, y compris le droit d'auteur, la protection des droits d'auteur et l'étiquette numérique.
	• Comprendre leurs droits et responsabilités en tant que citoyens numériques et s'efforcer de mettre en pratique une éthique et des codes de conduite positifs dans l'espace numérique.
	• Comprendre la différence entre le comportement individuel et le service à la communauté, ainsi que les droits et obligations que la communauté impose aux individus, et réguler leur propre comportement dans la société numérique de manière à ne pas intimider les autres et à permettre à la majorité des gens de profiter de la commodité et du plaisir de la technologie numérique.
	• Comprendre que l'utilisation de différentes technologies exige le respect de différentes règles technologiques.
	• Comprendre et respecter les lois et les politiques régissant l'utilisation des technologies, notamment celles qui prennent la forme de réglementations légales

Source : ZHENG Yunxiang *et al.*, « La base théorique et le système de culture de l'éducation à la citoyenneté numérique », *L'enseignement de l'électrochimie en Chine*, nº 5, 2020.

Compétence numérique. En 2017, l'UE a publié le *cadre de compétence numérique pour les citoyens 2.1*, qui divise la compétence numérique en cinq domaines de compétences : le domaine de la maîtrise de l'information et des données, le domaine de la communication et de la collaboration, le domaine de la création de contenu numérique, le domaine de la sensibilisation à la sécurité et le domaine de la résolution de problèmes. Dans l'ensemble, « la culture numérique devient une compétence universelle et même une condition préalable à l'acquisition d'autres compétences, qui se reflètent concrètement dans la capacité et la compétence générales des citoyens à utiliser les technologies de l'information. »[81] La compétence numérique est une exigence de pointe orientée vers le numérique, mais plus encore une exigence fondamentale. Il se concentre sur les valeurs, le caractère requis, les compétences clés et les habitudes comportementales que les citoyens doivent posséder afin d'utiliser les diverses technologies numériques pour apprendre, travailler et vivre à l'ère numérique, en ce qui concerne l'utilisation sûre, légale et éthique de la technologie. Les services numériques sont devenus un mode de vie que la plupart des gens considèrent comme acquis. « Le 14e plan quinquennal propose de « renforcer les compétences numériques pour tous » ». Si nous continuons à utiliser les technologies numériques et à nous y fier, elles exigent également une culture numérique pour les citoyens de l'ère numérique. Le *National Education Technology Plan* et les *National Education Technology Standards* publiés par le gouvernement fédéral américain stipulent que les citoyens numériques exemplaires doivent avoir « la capacité de pratiquer une utilisation sûre, légale et éthique des informations et outils numériques ». Dans son ouvrage intitulé *Digital Citizenship Education in Schools,* le chercheur américain Mike Reeb, spécialiste de la citoyenneté numérique, affirme que « les citoyens numériques doivent être capables de suivre des normes appropriées et de faire preuve d'un comportement adéquat et responsable dans l'utilisation de la technologie. » « Alors que les exigences pour les citoyens dans le monde réel se situent principalement au niveau des droits et des devoirs, les exigences fondamentales de la citoyenneté numérique font référence à certaines des qualités et des normes que les citoyens doivent avoir afin d'utiliser la technologie pour leurs pratiques et leurs activités dans la société numérique. »[82] Les *National Education Technology Standards – Students (deuxième édition)* précisent les

---

81. SUN Xuxin, LUO Yue *et al.*, « La culture numérique à l'ère de la mondialisation : connotation et mesure », *Informations sur l'éducation mondiale*, n° 8, 2020, p. 13.

82. ZHANG Lixin et ZHANG Xiaoyan, « De la transformation des natifs du numérique en citoyens numériques », *L'éducation électronique en Chine*, n° 10, 2015, p. 13.

devoirs et les droits des citoyens numériques, exigeant la capacité de comprendre les enjeux humains, culturels et sociaux associés à la technologie, ainsi que la capacité de se comporter de manière légale et éthique. Sur cette base, les exigences fondamentales de la citoyenneté numérique peuvent être résumées en quatre domaines : la conscience numérique, la connaissance numérique, la compétence numérique et la culture numérique. Ces quatre aspects sont un reflet complet des compétences essentielles, composites et interdisciplinaires qui sont indispensables à la vie de base d'un citoyen numérique, ainsi qu'un moyen de survie numérique pour maintenir une écologie harmonieuse dans le cyberespace et créer un monde numérique où tout coexiste et s'intègre mutuellement.

Leadership numérique. « Le leadership numérique est une capacité qu'un individu ou une organisation doit avoir pour amener les autres, les équipes ou l'ensemble de l'organisation à donner toute sa place à la pensée numérique et à utiliser la compréhension numérique, la prise de décision numérique, l'exécution numérique et l'orientation numérique pour garantir la réalisation de leurs objectifs à l'ère de la technologie numérique, et pour mettre en œuvre efficacement une gouvernance internationale, nationale, sociale et d'entreprise soutenue par la technologie numérique. C'est une capacité à mettre en œuvre efficacement une gouvernance internationale, nationale, sociale et d'entreprise soutenue par la technologie numérique. »[83] À l'ère post-épidémique, la technologie numérique et les modèles de gouvernance devraient être compatibles, compatibles et se renforcer mutuellement. Les citoyens numériques et les gouvernements numériques avec un leadership numérique deviendront des caractéristiques importantes d'une société numérique. En raison du pouvoir perturbateur de la numérisation, les leaders de l'ère numérique seront confrontés à toutes sortes de difficultés et de défis. Marx a soutenu que la contradiction entre les besoins sociaux et les moyens technologiques est le moteur direct du développement technologique ; Engels a affirmé qu'il n'y a pas de grande catastrophe historique qui ne soit pas compensée par le progrès historique. Les efforts déployés pour lutter contre l'épidémie offrent de vastes perspectives pour que la technologie numérique, qui émerge rapidement, joue un rôle important dans l'ère de l'après épidémie de pneumonie de Newcastle,

---

83. PENG Bo, « Sur le leadership numérique : la gouvernance nationale à l'ère de la technologie numérique », *Forum du peuple – Frontière académique*, n° 15, 2020, p. 17.

marquant l'entrée officielle de l'Internet chinois dans l'ère de la technologie numérique. Comme le dit Ray Dario, fondateur de Bridgewater Investments, « cette nouvelle épidémie de coronavirus est un tournant « passionnant » dans l'histoire de l'humanité qui pourrait ouvrir la voie à un plus grand progrès social, en faisant faire des bonds à la numérisation, aux données et à la pensée humaine ». Nous sommes au milieu d'une révolution technologique et je pense que nous devrions être très enthousiastes face à ce nouvel avenir. « En cette ère de grands changements, l'émergence de technologies numériques nouvelles et émergentes offre de bonnes conditions pour le développement numérique dans la construction du leadership gouvernemental. » Dans la direction macro, le gouvernement numérique mène le leadership public du gouvernement en améliorant le niveau de précision de la gouvernance sociale, la prise de décision scientifique du gouvernement et l'efficacité des services publics ; dans la direction méso, les communautés numériques consolident le leadership de la base du gouvernement en façonnant la crédibilité de la gouvernance de la base, en forgeant le pouvoir décisif de la gouvernance de la base et en construisant le pouvoir exécutif de la gouvernance de la base ; dans la direction micro, la culture numérique est cultivée par les cadres du gouvernement qui prennent l'initiative d'apprendre l'Internet, d'utiliser activement l'Internet et de gouverner scientifiquement l'Internet, renforçant ainsi le leadership du gouvernement en matière d'Internet[84]. Le secrétaire général Xi Jinping a souligné : « Cette épidémie est un test majeur de notre système et de notre capacité de gouvernance, et nous devons faire le bilan de notre expérience et en tirer les leçons. » Le leadership numérique est un sujet clé de ce « grand test », faisant bon usage de la technologie numérique pour remonter à la source de l'épidémie, la prévenir et la contrôler avec précision. Les efforts combinés du gouvernement numérique, de la responsabilité de la plate-forme, de la gouvernance sociale et de l'éthique humaniste pour maximiser la valeur de la gouvernance numérique et de la technologie pour le bien sont devenus la clé pour atteindre l'objectif de modernisation du système et de la capacité de gouvernance nationale.

---

84. ZANG Chao et XU Jia, Les trois vecteurs de la promotion du leadership gouvernemental à l'ère numérique, *Sciences du leadership*, n° 20, 2020, p. 119.

Section III
Gouvernance future de l'identité

La gouvernance de l'identité est un élément essentiel de la gouvernance sociale. « L'État moderne, qui gouverne la société sur la base de l'identité, doit nécessairement façonner activement la fonction et le rôle des symboles identitaires dans le système de gouvernance sociale. »[85] Il est vrai, comme le disait Marx, que ce n'est que lorsque l'individu réel récupère en lui le citoyen abstrait et devient, en tant qu'individu, un être de classe au milieu de sa propre vie empirique, de son propre travail individuel, de ses propres relations individuelles, que l'homme reconnaît sa « puissance inhérente » comme puissance sociale et organise cette puissance de telle sorte que Ce n'est qu'alors que l'émancipation de l'homme sera complète, lorsqu'il reconnaîtra son « pouvoir inhérent » comme pouvoir social et l'organisera de manière à ce qu'il ne soit plus séparé de lui sous la forme d'un pouvoir politique.

I. Pyramide de la hiérarchie numérique

La pénétration du numérique dans tous les domaines de la société est aussi un processus de différenciation sociale. La première est le résultat conjoint de la différenciation sociale traditionnelle et numérique, tandis que la seconde est une nouvelle différenciation sociale déclenchée par la société numérique. Plus précisément, la différenciation numérique existe entre les pays et entre les personnes. Dans le premier cas, les pays qui sont à la pointe de la technologie numérique seront les acteurs de la nouvelle économie, contrairement aux pays qui sont à la traîne en termes de développement de la technologie numérique. Dans ce dernier cas, les données sont devenues une nouvelle variable et remodèlent les mécanismes de stratification sociale en créant une relation étroite avec la classe sociale. L'aliénation de la technologie numérique a un impact sur les pierres angulaires de l'existence sociale individualisée. L'individu dépend de la communauté pour son existence, la communauté façonne l'individu, et l'équilibre entre la communauté et l'individu est ce qui rend la société stable. L'avenir numérique est divisé, et ce n'est que par la coopération des différentes communautés numériques que la

---

85. YUAN Nianxing et LI Li, « La logique historique de la gouvernance de l'identité et le dilemme pratique de l'identité " nationale " dans la Chine moderne », *Journal des sciences sociales, Université normale du Hunan*, n° 1, 2018, p. 76.

technologie numérique pourra être utilisée efficacement au service de l'humanité et éviter son évolution maligne.

La fracture numérique. La fracture numérique[86] est un phénomène social très répandu qui se caractérise par le « fossé de l'information », la « fracture de la connaissance » et la « fracture du réseau »[87]. Pippa Norris, professeur à Harvard, classe la fracture numérique en trois catégories : une fracture mondiale qui reflète l'écart entre les pays développés et les pays en développement ; une fracture sociale qui reflète l'écart entre les différents groupes de personnes au sein d'un même pays ; et une fracture démocratique qui reflète l'appropriation inégale de l'espace numérique par les différentes forces politiques[88]. « Le développement et l'utilisation généralisée de la technologie des réseaux, tout en apportant de nombreux avantages à la société humaine, a également engendré de nouveaux problèmes sociaux, dont le plus important est le problème de la fracture numérique. L'émergence du problème de la fracture numérique a exacerbé le déséquilibre du développement socio-économique mondial et intensifié les divisions sociales à tous les niveaux de la société mondiale, provoquant un nouveau cycle de graves divisions dans la société humaine, après les divisions extrêmement prononcées entre riches et pauvres dans

---

86. En ce qui concerne la définition et la connotation de la fracture numérique, les recherches actuelles s'inscrivent probablement dans les catégories de points de vue suivantes : premièrement, la compréhension initiale, c'est-à-dire la fracture numérique de première génération, le fossé entre ceux qui possèdent et ceux qui n'ont pas accès aux TIC. Deuxièmement, la fracture numérique de deuxième génération, outre l'accès aux TIC, comprend également la fracture en matière d'alphabétisation et de formation aux TIC, la « fracture » en matière de niveaux d'utilisation des TIC, etc. Troisièmement, la fracture numérique de troisième génération, la fracture de l'information et de la connaissance, ne concerne pas seulement l'accès aux TIC et leur utilisation, mais aussi les ressources en information et les connaissances. Quatrièmement, le concept de fracture numérique a toujours mis l'accent sur les déficients en TIC ou les pauvres en information, ce qui constitue une « préoccupation » particulière des classes supérieures, notamment de l'élite, pour la promotion des technologies de l'information. Cinquièmement, la fracture numérique est une continuation des problèmes traditionnels de polarisation tels que la division sociale et l'exclusion sociale à l'ère numérique, ainsi qu'une manifestation de l'inégalité sociale traditionnelle et de la stratification sociale entre deux groupes, régions ou pays divisés entre riches et pauvres. Sixièmement, il existe également des chercheurs sur la fracture numérique qui se concentrent sur la polarisation entre les communautés en termes d'accès et d'utilisation des TIC, et d'accès et d'utilisation des ressources d'information et des connaissances. (YAN Hui, *Une étude de la classe sociale numérique en Chine*, National Library Press, 2013, p. 22.)

87. XIE Jungui et CHEN Jun, « La fracture numérique – Le fossé entre riches et pauvres et sa modération », *Science sociale de Hunan*, n° 3, 2003, p. 123.

88. Pippa Norris, *Digital Divide : Civic Engagement, information Poverty and the Internet Worldwide*, New York : Cambridge University Press, 2001, p. 113-161.

les sociétés industrielles. »[89] Les compétences et le capital numériques deviennent la base de la redivision des classes, la collecte de données, l'utilisation de données et la conversion du capital de données étant les trois principales dimensions des compétences numériques. Les compétences numériques déterminent en grande partie la stratification de la société numérique. « Tout d'abord, le niveau de collecte des données implique le processus d'expansion de l'échelle des données en ligne. Plus les données à contenu de grande valeur détenues par les utilisateurs ont l'avantage de l'échelle, plus les puces de ressources de données correspondantes ne seront pas suffisantes. Deuxièmement, le niveau d'application des données reflète la capacité à analyser et à rassembler les informations incluses. »[90] Les publics traitent, communiquent et recréent l'information, suivent et comprennent les événements d'actualité, attirent l'attention d'autres publics sur eux et utilisent des compétences de conversion du capital informationnel pour convertir les ressources d'attention qu'ils possèdent en avantages personnels. Les compétences informationnelles du public dans le cyberespace sont étroitement liées à sa capacité économique, son niveau d'éducation et ses ressources sociales dans la vie réelle. Les personnes les plus aisées et les plus instruites ont davantage accès aux informations de grande valeur et sont plus avantagées dans la hiérarchie en ligne. Les publics des strates inférieures et moyennes, en revanche, ont des difficultés à obtenir une mobilité et une ascension dans la stratification du réseau. À ce stade, la fracture numérique divise encore plus fortement la stratification en ligne. Certains seront piégés dans le système numérique, voire remplacés par lui. D'autres, en revanche, deviendront plus puissants grâce au système numérique. Par conséquent, nous devons apprendre à évoluer en tandem avec le système.

Classes numériques. Une classe peut être « non fabriquée », ses membres dispersés dans différents endroits et regroupés pour former différents groupes ou classes. « Aussi désagréable ou déroutante que soit une hiérarchie sociale pour nous, nous l'acceptons toujours avec un sentiment de résignation parce que nous croyons qu'elle est si profondément enracinée et bien établie qu'il est devenu difficile de la remettre en question, et que les groupes sociaux et les croyances qui la soutiennent sont pratiquement inchangés, ou, en termes simples, ils sont ...

---

89. XIE Jungui et CHEN Jun, « La fracture numérique – Le fossé entre riches et pauvres et sa modération », *Science sociale de Hunan*, n° 3, 2003, p. 123-124.

90. SUN Shuai, « Analyse de la différenciation des classes en ligne à partir du modèle de développement de la fracture numérique », *Recherche sur les nouveaux médias*, n° 22, 2019, p. 81-82.

mérité. »[91] Charles Tilly, le père de la sociologie du XXIe siècle, voyait l'inégalité comme un labyrinthe dans lequel un grand nombre de personnes errent, séparées par des murs qu'elles ont construits, intentionnellement ou non[92]. L'avènement de l'ère de la connectivité universelle, construite par les réseaux sociaux, modifie la structure de la pyramide sociale à un rythme accéléré. En un sens, les différences entre les personnes se reflètent dans les différences entre les données[93]. L'inégalité numérique est une reconnaissance et un jugement plus profonds du degré de socialisation de la technologie numérique. Selon le professeur Timothy Rooker, l'universitaire américain qui a été le premier à proposer le concept « d'inégalité numérique », l'inégalité numérique se caractérise par le fait que la lutte des classes historique s'est transformée, dans la nouvelle ère, en une lutte entre les propriétaires d'entreprises et les travailleurs, entre les producteurs et les consommateurs, entre les personnes informées et celles qui ne le sont pas, entre ceux qui ont accès à la technologie et ceux qui ne l'ont pas, entre ceux qui connaissent les réseaux et ceux qui ne les connaissent pas. La « guerre de l'information » entre ceux qui ont accès à la technologie et ceux qui n'y ont pas accès, et entre ceux qui maîtrisent les réseaux et ceux qui ne les maîtrisent pas. Concrètement, les inégalités numériques se sont progressivement déplacées des inégalités de motivation, d'accès et d'efficacité vers les inégalités économiques, les inégalités de capital social, culturel et informationnel, voire les inégalités de statut et de pouvoir au sein des réseaux sociaux. L'inégalité numérique se traduit par le fait que les personnes et les organisations seront divisées en trois catégories : celles qui produisent des données, celles qui ont les moyens de les collecter et celles qui ont la capacité de les analyser- la « classe des données » de l'ère numérique. Les données, en tant que facteur de production, sont également un bien de base au même titre que la nourriture, l'habillement, le logement, la sécurité et l'éducation, et doivent être distribuées équitablement aux citoyens. En raison de l'inégalité numérique, les gens ne sont pas en mesure de partager équitablement les fruits des technologies avancées, ce qui crée une « fracture numérique entre riches et pauvres », et le phénomène « les riches deviennent plus riches et les pauvres plus pauvres » ne peut que s'amplifier. Selon les méthodes théoriques et analytiques de la stratification sociale, la théorie communautaire et

91. Alain de Botton [Suisse], *L'anxiété de l'identité*, traduit par CHEN Guangxing et NAN Zhiguo, Shanghai Translation Press, 2020, p. 204.

92. Charles Tilly [États-Unis], *Identité, frontières et liens sociaux*, traduit par XIE Yue, Maison d'édition du peuple de Shanghai, 2021, p. 87

93. YAN Hui, *Une étude de la classe sociale numérique en Chine*, National Library Press, 2013, p. 10-21.

les dimensions de l'inégalité numérique, les communautés de la classe des données et leurs membres peuvent être divisés en cinq niveaux : l'élite numérique, les riches numériques, la classe moyenne numérique, les pauvres numériques et les indigents numériques (Figure 3.1). L'élite numérique est la seule des cinq strates qui soit numériquement cohésive. Le groupe des nantis numériques se caractérise par sa capacité à créer, télécharger et rendre public du contenu numérique afin de parvenir à la prospérité numérique. Le groupe de la classe moyenne numérique se caractérise par la possession d'appareils d'information et de communication de base et la possession d'une conscience et d'une culture numériques, ainsi que par la motivation et le désir d'utiliser des équipements tels que les ordinateurs et l'Internet, et la capacité d'accéder passivement à des contenus d'information en ligne grâce à des compétences numériques ; ils n'utilisent pas nécessairement ces ressources d'information en ligne pour résoudre des problèmes pratiques. Les

Figure 3.1   La pyramide de la hiérarchie numérique

pauvres du numérique sont ceux qui tombent dans une ou plusieurs des catégories de pauvreté que sont la pauvreté matérielle, la pauvreté de la conscience et la pauvreté de l'alphabétisation en termes de TIC et de contenu de l'information. La pauvreté numérique extrême est une manifestation de ces trois types de pauvreté numérique superposés les uns aux autres[94].

Communautés numériques. Une communauté est un ensemble d'individus dans la société qui partagent des intérêts communs, une expérience ou une histoire commune, des valeurs morales communes, une identité et des aspirations communes, formés par le sang, la géographie, les liens sociaux et les réseaux sociaux ou des organisations sociales spécifiques[95]. « Toute nation est une communauté d'un certain type, toute communauté est fondée pour un certain bien, et les êtres humains agissent toujours pour le type de « bien » qu'ils identifient. »[96] Compris de cette manière, une communauté est avant tout une communauté politique, où les humains naissent avec une nature collégiale ; une communauté politique est la plus noble et la plus vertueuse des groupes humains, et le but ultime du développement communautaire, où les humains forment des communautés pour le plus grand bien

---

94. YAN Hui, *Une étude de la classe sociale numérique en Chine*, National Library Press, 2013, p. 10-80.

95. Selon Sandel, « une communauté est un arrangement de participants qui partagent un concept de soi commun et sont concrétisés par des formes institutionnelles ; les participants partagent une identité commune, telle que la famille, la classe et la nationalité », y compris « la communauté au sens instrumental, la communauté au sens affectif et la communauté au sens constitutif » (YU Keping, *Communitarianism*, Chinese Social Science Press, 1998, p. 57-58). Tériccioni définit la communauté comme un ensemble de « contrats sociaux et de réseaux sociaux partagés » qui sont « porteurs de valeurs morales » et sont des contrats moralement neutres contenant des valeurs sociales partagées ; ces valeurs partagées ne sont « pas imposées par des groupes extérieurs ou par une petite élite au sein de la communauté, mais émergent d'un dialogue égal et efficace entre les membres de la communauté » ; ces valeurs « ne sont pas simplement copiées de génération en génération, mais font l'objet d'une adaptation continue en réponse aux changements de l'environnement et aux nouvelles propositions des membres de la communauté ». « Les communautés ne peuvent jamais contrôler complètement les individus, car chacun a des attributs particuliers » (Amitai Etzioni, "Old chestnuts and new spurs" // Amitai Etzioni, *New communitarian thinking : persons, virtues, institutions, and communities*, Charlottesville : The University of Virginia, 1995, p. 16-17.) YU Keping catégorise le communautarisme comme suit (Yu Keping résume la « communauté » comme étant « une entité qui partage certaines valeurs, normes et objectifs ; pas seulement un groupe de personnes, mais un tout dont les individus sont membres ; tous partagent une appartenance telle qu'une communauté géographique, une communauté culturelle, une communauté ethnique »). (YU Keping, *Communitarianism*, China Social Science Press, 1998, p. 55.) Cette vision dominante est également représentée par la classification de Bell des communautés en communautés géographiques, communautés de mémoire ou groupes d'étrangers qui partagent une histoire critique, communautés psychologiques ou communautés où les individus interagissent face à face et sont régis par la confiance, la coopération et l'altruisme. (D. Bell, *Communitarianism and Its Critics*, Oxford : Clarendon Press, 1993.)

96. Aristotle, *Politics*, Kitchenner : Batoche Books, 1993.

public possible[97]. Les communautés numériques poursuivent l'égalité, la liberté (liberté relative, pas absolue) et la rationalité (rationalité pratique, pas a priori), prônent la coexistence des droits et des responsabilités des individus au sein de la communauté, et prônent l'altruisme et le bien public. En tant que composante importante de l'espace numérique, les communautés numériques ne reflètent pas seulement la culture de la société physique, mais contiennent également des relations de pouvoir social, et devraient appartenir à une catégorie spéciale de communautés politiques. Le communautarisme numérique se reflète dans la macro-politique du gouvernement, qui prône la politique du bien public, plutôt que la politique des droits. Les propositions fondamentales de la politique du bien public sont les suivantes : la responsabilité des communautés politiques (telles que l'État) de contribuer à l'offre du bien public par une action active, promouvant ainsi en fin de compte les intérêts individuels de chaque personne ; l'obligation pour les individus de faire le bien plutôt que le mal[98] ; la promotion active du secteur bénévole et à but non lucratif[99] ; la justice sociale et le bien public comme critère pour toutes les politiques[100] ; les politiques qui promeuvent un équilibre entre les droits et les responsabilités civiques[101] ; plus d'informations sur la politique du bien public. Communauté active/politique communautaire, etc. Pour les décideurs au niveau de la communauté numérique, toutes les décisions concernant les communautés numériques doivent être prises de manière à préserver les normes éthiques et les traditions historiques des communautés numériques, à respecter l'égalité de statut des membres dans le processus décisionnel de la communauté numérique et leur droit de participer aux consultations, à encourager la loyauté envers la communauté et l'intérêt altruiste pour les autres membres, et à promouvoir le respect mutuel et la coopération entre les membres.

---

97. YU Keping, *Socialisme*, Presse chinoise des sciences sociales, 1998, p. 55.

98. *Ibid.*, p. 21, 22, 120.

99. Robert Wuthnow, « Between the state and market : voluntarism and the difference it makes » // Amitai Etzioni, *Rights and the Common Good : the Communitarian Perspective*, New York : St. Martin's Press, 1995, p. 209-221.

100. P. Selznick, « Social justice : a communitarian perspective » // Amitai Etzioni, *The Essential Communitarian Reader*, Lanham : Rowman & Littlefield Publishers, Inc., 1998, p. 61-71.

101. Amitai Etzioni, *The Spirit of Community : Rights, Responsibilities, and the Communitarian Agenda*, New York : Crown Publishers, 1993, p. 2-4.

II. Système de gouvernance des jumeaux numériques

La transformation numérique a pour but de libérer les gens des activités traditionnelles de gouvernance consistant à « voir les choses mais pas les gens », et d'établir le concept important consistant à mettre les gens au premier plan, à compter sur eux, à les développer et à répondre à leurs besoins. En décembre 2020, le 14e plan quinquennal de la province de Hainan, intitulé « Accélérer la construction d'un Hainan intelligent », mentionne explicitement l'importance du concept de « Hainan intelligent ». En décembre 2020, la province de Hainan a été explicitement mentionnée dans son 14e plan quinquennal « Accélérer la construction de Hainan intelligent », qui prévoit la « construction d'un système de gouvernance de jumeaux numériques ». Le système de gouvernance des jumeaux numériques est l'application des concepts et technologies des jumeaux numériques dans le domaine de la gouvernance sociale, en particulier la gouvernance urbaine. Le système de gouvernance par jumeau numérique est l'application du concept et de la technologie du jumeau numérique dans le domaine de la gouvernance sociale, en particulier la gouvernance urbaine. La gouvernance par jumeau numérique est basée sur l'intégration profonde de la logique de l'intelligence numérique au niveau technique et de la logique de la gouvernance au niveau des valeurs, en utilisant le jumeau numérique pour réaliser une gouvernance intelligente, précise et efficace, ouvrant une nouvelle ère de bonne gouvernance avec une gouvernance intelligente.

L'idée d'un « **jumeau numérique** » (également appelé « jumeau digital ») est apparue pour la première fois en 2002, lorsque le professeur Michael Grieves a donné un cours sur la gestion totale du cycle de vie des produits à l'université du Michigan, aux États-Unis. Toutefois, le terme « jumeau numérique » n'avait pas encore été formellement inventé. Il a fallu attendre 2010 pour que le terme « jumeau numérique » soit officiellement utilisé dans un rapport technique de la NASA. Selon l'ISO, un jumeau numérique est une représentation numérique d'une entité ou d'un processus physique spécifique avec connectivité des données. En avril 2020, la Commission nationale du développement et de la réforme (NDRC) et le Bureau central d'information sur l'Internet (CIO) ont publié conjointement un rapport sur la promotion de l'initiative « Cloud et autonomisation des données ». En avril 2020, la Commission nationale du développement et de la réforme (NDRC) et le Bureau central d'information sur l'Internet (CIO) ont publié conjointement le « Plan de mise en œuvre de la promotion de l'action « Passer au cloud et donner du pouvoir à l'intelligence » pour favoriser le nouveau développement économique », qui a élevé la technologie des jumeaux numériques au même niveau que les

nouvelles technologies telles que les mégadonnées, l'intelligence artificielle et la
5G, et lancé le « Programme d'innovation des jumeaux numériques », exigeant de
« guider toutes les parties pour qu'elles participent à la proposition de solutions
de jumeaux numériques ». En décembre 2020, le livre blanc sur la ville jumelle
numérique (2020) publié par l'Académie chinoise des technologies de l'information
et des communications (CAIC) a conclu que « le « jumeau numérique » n'est
plus seulement une technologie, mais un modèle de développement, une nouvelle
voie de transformation et une force motrice pour un changement profond dans
toutes les industries ». Une nouvelle force motrice pour un changement profond
dans tous les secteurs. En général, le jumeau numérique peut donner des moyens
d'action à diverses industries, intégrer de multiples données hétérogènes telles que
la détection à l'échelle du domaine, l'accumulation historique et la surveillance
opérationnelle, intégrer des processus de simulation multidisciplinaires et multi-
échelles, manipuler le fonctionnement collaboratif de divers systèmes tels que la
gouvernance urbaine, les services de subsistance et le développement industriel,
et former un mode de fonctionnement intelligent auto-optimisant pour réaliser
« la détection tridimensionnelle à l'échelle du domaine, l'interconnexion crédible
de toutes les choses, l'omniprésence et l'inclusion ». L'informatique, la définition
intelligente de tout, et la prise de décision basée sur les données[102] ».

    Technologie de gouvernance. À l'avenir, l'utilisation généralisée des
technologies de gouvernance, telles que l'Internet, les mégadonnées, le *cloud
computing*, l'intelligence artificielle, l'information quantique et surtout la chaîne de
blocs, dans le processus de modernisation du système et de la capacité de gouvernance
nationale, doit attirer notre attention. De l'ère de la société technologisée version
1.0 à la version 3.0, le paysage de la gouvernance est en constante évolution. Le
premier changement important dans l'ère de la société technologique version 3.0
est que les acteurs n'appartiennent plus à un seul lieu ou organisation, mais que la
technologie leur a permis d'appartenir à plusieurs lieux et organisations en même
temps ; la tendance à l'individuation a fait des individus des acteurs indépendants
qui s'appartiennent à eux-mêmes, et donc la gouvernance territoriale ne couvre
plus complètement les actions individuelles des acteurs. Le deuxième changement
important est que les scénarios n'appartiennent plus seulement à des lieux ou à des
organisations ; les espaces virtuels deviennent le foyer de la tendance des scénarios,

---

102. HE Renlong, « Explorer la gouvernance de la sécurité des jumeaux numériques à l'ère de
l'Internet "5G + industriel" », *Sécurité de l'information en Chine*, n° 11, 2019, p. 33.

et la gouvernance territoriale ne couvre plus complètement les actions basées sur les scénarios[103]. La quatrième session plénière du 19e Comité central du PCC a souligné que la gouvernance sociale doit être renforcée et innovée, et un système de gouvernance sociale dirigé par le Comité du Parti, avec le gouvernement en charge, la consultation démocratique, la coordination sociale, la participation publique, la protection de l'état de droit et le soutien technologique doivent être améliorés. La cinquième session plénière du 19e Comité central du Parti a proposé de « renforcer la construction d'une société et d'un gouvernement numériques, et d'améliorer le niveau numérique et intelligent des services publics et de la gouvernance sociale ». La promotion de la modernisation de la gouvernance passe par une meilleure utilisation du soutien technologique, notamment de la technologie numérique. Le cœur de la technologie de gouvernance est la gouvernance, qui est un nouveau modèle, un nouveau système et de nouveaux services induits par la nouvelle génération de technologies numériques telles que l'Internet, les mégadonnées, la chaîne de blocs et l'intelligence artificielle, qui ont un impact significatif sur la capacité de gouvernance et le système de gouvernance, soulignant que le modèle de gouvernance a changé, passant de la « gestion des personnes » et de la « gestion des choses » à la « gestion des données ». La technologie de gouvernance offre de nouvelles possibilités d'innovation en matière de gouvernance, influence profondément et améliore le système de gouvernance, et favorise une gouvernance sociale plus fine, plus précise et plus raffinée. Le concept de gouvernance est passé de la « gestion sociale » à la « gouvernance sociale », la structure du corps principal de la gouvernance est passée d' « un corps principal » à une « gouvernance multiple », le mode de gouvernance est passé de la « gestion administrative » à une gouvernance globale de « gouvernance commune, état de droit, gouvernance morale, autonomie et bonne gouvernance », et la scène de la gouvernance est passée de la société réelle à l'intégration de la société réelle et de la société numérique.

Gouvernance de l'intelligence numérique. D'un point de vue holistique, le changement de gouvernance sociale est un effort conscient de l'État pour ajuster et modifier ses structures, ses fonctions, ses comportements et ses politiques à mesure que l'environnement de la gouvernance change, afin d'atteindre un équilibre dynamique entre les objectifs de la gouvernance et l'environnement de la

---

103. QIU Zeqi, « Le dilemme asynchrone de la gouvernance sociale technicisée », *Recherche en développement social*, n° 4, 2018, p. 17-19.

gouvernance[104]. Les données, les algorithmes et les scénarios sont les trois éléments fondamentaux de l'innovation en matière de gouvernance numérique intelligente. Les données sont le fondement, l'algorithme est le moyen et le scénario est la fin, et l'interaction entre eux ensemble façonne la logique de la gouvernance sociale à l'ère numérique. Grâce à l'effet de superposition des données, des algorithmes et des scénarios, le concept et la méthodologie de gouvernance dans le cadre de l'architecture du système des jumeaux numériques nous fournissent un système de valeurs qui intègre la gouvernance numérique, la gouvernance intelligente et la gouvernance sur la chaîne. Les données sont le « carburant » de la formation et de l'optimisation des modèles de gouvernance numérique, et constituent le fondement de la prise de décisions correctes, équitables et rationnelles en matière de gouvernance numérique. La précision, l'exhaustivité et d'autres facteurs de qualité des données d'entrée détermineront directement la qualité du modèle formé. Les algorithmes sont les modèles opérationnels de la gouvernance numérique et constituent un moyen efficace de transformer l'incertitude en certitude dans la gouvernance. La mise à niveau des outils de gouvernance a fait passer la gouvernance sociale d'une gouvernance empirique à une gouvernance des données, et d'une gouvernance réactive à une gouvernance proactive et anticipative. Les scénarios proposent de nouvelles exigences pour la pratique de la gouvernance sociale dans le processus de réforme et de développement. La gouvernance collaborative de multiples sujets sociaux dans le scénario, soutenue par la technologie de gouvernance, a donné naissance à un tour de communauté aux qualités symbiotiques. Le passage de la gouvernance traditionnelle à la gouvernance numérique fournit de nouveaux concepts, technologies et modèles pour la gouvernance de la société réelle, d'une part, et étend le champ de la gouvernance à l'espace numérique, d'autre part, favorisant la Co-gouvernance des sociétés réelle et numérique, poussant la gouvernance sociale vers une direction plus plate et plus interactive, et promouvant la reconfiguration fonctionnelle, ordonnée et institutionnelle de la gouvernance sociale.

III. Communauté de gouvernance sociale numérique

« La communauté de gouvernance sociale est un produit du développement de la gouvernance sociale jusqu'à un certain stade, c'est une innovation chinoise

---

104. LI Da, « Le système de gouvernance sociale de la Chine dans la nouvelle ère : histoire, pratique et objectifs », *Science sociale de Chongqing*, n° 5, 2020, p. 64.

de l'idéologie de la gouvernance centrée sur le peuple dans le domaine de la gouvernance sociale, et elle présente trois caractéristiques fondamentales : la socialité, la gouvernance et le peuple. La communauté de gouvernance sociale est essentiellement un réseau de relations sociales dans lequel la socialité est ancrée dans la gouvernance, et la notion de peuple traverse chaque maillon du réseau »[105]. La communauté de gouvernance sociale numérique est une extension de la communauté de gouvernance sociale dans le monde numérique, caractérisée par une communauté d'intérêts comme point de départ, une communauté de responsabilités comme exigence, et une communauté de destin comme objectif, et constitue une unité organique. L'objectif de la gouvernance sociale numérique est de construire une société numérique dans laquelle « tout le monde est responsable, tout le monde fait sa part et tout le monde en profite », formant ainsi un code de conduite et des normes de valeur communs et favorisant l'arrivée d'un modèle de gouvernance sociale de construction, de gouvernance et de partage communs.

Nouvelle infrastructure numérique. Selon la définition de la Commission nationale du développement et de la réforme, la nouvelle infrastructure numérique est un système d'infrastructure qui est dirigé par le nouveau concept de développement, stimulé par l'innovation technologique numérique, basé sur les réseaux d'information, et orienté vers les besoins d'un développement de haute qualité, fournissant des services tels que la transformation numérique, la mise à niveau intelligente et la convergence et l'innovation. La nouvelle infrastructure numérique peut conduire la 5G, l'informatique en nuage, l'Internet des objets, l'intelligence artificielle, l'informatique en périphérie et d'autres technologies qui soutiennent l'espace de la réalité virtuelle à devenir plus mature, et favorisera également l'intégration de la technologie numérique avec l'infrastructure traditionnelle, formant un modèle général de corrélation omniprésente, d'informatique omniprésente et d'intelligence omniprésente avec les données comme élément central. Il est impératif d'accélérer la construction d'une infrastructure d'information numérique intelligente et complète, à haut débit et omniprésente, intégrée au ciel et à la terre, intégrée au nuage et au réseau, intelligente et agile, verte et à faible émission de carbone, et sécurisée et contrôlable, et d'ouvrir les « artères » de l'information au développement économique et social. Avec la nouvelle infrastructure numérique en tant que

---

105. ZENG Weihe, « La construction du réseau de relations de la communauté de gouvernance sociale », *Journal of Reading River*, n° 1, 2020, p. 78.

traction, consolidant la « base » et la « pierre angulaire » de la société numérique, il est important d'ouvrir le double espace de la réalité virtuelle, de promouvoir le flux efficace de la technologie, du capital, du talent et des matériaux avec le flux de données comme noyau, et de promouvoir la modernisation de la gouvernance sociale. Elle revêt une grande importance pour le processus de modernisation de la gouvernance sociale. « La nouvelle ère a besoin de nouvelles infrastructures afin qu'elles puissent prendre en charge la connectivité totale, la correspondance intelligente et la collaboration efficace de tous les objets, et une gouvernance sociale intelligente verra le jour. »[106] À l'heure actuelle, les pays du monde entier se trouvent au cœur d'une vague mondiale de numérisation et travaillent séparément en termes d'exploitation, de gouvernance et de développement du réseau, dressant ainsi des barrières invisibles à la communication et à la coopération numériques ; un « réseau » mondial n'a pas été créé et l'interconnexion au sens propre est difficile à réaliser ; les canaux de gouvernance dans le double espace de la réalité virtuelle sont bloqués, et la gouvernance Ll'effet de la gouvernance est fortement réduit. La création de la communauté de gouvernance de la société numérique vise à encourager la communauté internationale à dégager un consensus sur la valeur de la gouvernance du double espace de réalité virtuelle interconnecté, à diriger la construction de l'interconnexion du double espace de réalité virtuelle avec la valeur de l'interconnexion, à former une norme mondiale de construction et d'exploitation du double espace de réalité virtuelle basée sur le principe de l'égalité et de l'ouverture, et à promouvoir vigoureusement la construction de nouvelles infrastructures numériques à l'échelle mondiale, afin de fournir un meilleur environnement pour l'interconnexion du double espace de réalité virtuelle. Cela fournira une base matérielle et technique solide pour la réalisation d'une véritable interopérabilité dans l'espace dual.

Inclusion numérique. Le groupe de personnes qui sont exclues ou qui vivent activement en dehors du monde numérique est appelé le paria numérique. Il s'agit d'une question importante qui doit être abordée afin de construire une communauté de gouvernance sociale. Face aux divers défis de la société humaine, il est plus important que jamais de renforcer l'inclusion numérique. L'inclusion numérique comprend l'inclusion technologique et psychologique. L'inclusion technologique couvre au moins trois aspects importants : la mise en place de nouvelles infrastructures

---

106. ZHANG Xinhong, « L'innovation dans la gouvernance sociale appelle une nouvelle infrastructure », *Semaine de l'informatisation de la Chine*, n° 15, 2020, p. 20.

numériques et de leurs applications de technologies numériques générales accessibles à tous, l'adoption de technologies alternatives accessibles aux personnes ayant des besoins particuliers en matière de TIC et l'adoption de technologies de communication traditionnelles autres que les technologies numériques générales accessibles à tous. Outre l'inclusion technologique, la société numérique requiert également une inclusion psychologique. D'une part, il est important d'inclure ceux qui utilisent des technologies de communication traditionnelles ou des technologies alternatives. D'autre part, il est important d'inclure les personnes qui utilisent les technologies numériques courantes mais qui sont exclues pour des raisons de divertissement ou de « jeu ». Comme on peut le constater, « l'inclusion technologique met l'accent sur l'inclusion des technologies de communication alternatives et traditionnelles, et sur la nécessité de passerelles technologiques spécifiques au service de divers groupes de personnes, grâce auxquelles ils peuvent s'intégrer dans la société et utiliser les technologies pour accéder aux droits et aux ressources et mener une vie décente et digne. L'inclusion psychologique, quant à elle, fait référence à l'inclusion des personnes qui utilisent toutes sortes de technologies de communication et les traitent de manière égale. »[107] L'inclusion numérique est un processus dynamique de lutte contre l'exclusion numérique[108]. Dans sa stratégie d'inclusion numérique, le gouvernement britannique cite l'environnement matériel et logiciel pour accéder à l'Internet, la motivation pour utiliser l'Internet, les compétences pour utiliser l'Internet (y compris les appareils numériques) et la confiance dans l'Internet comme les quatre principaux défis auxquels sont confrontées les personnes souffrant d'exclusion numérique pour accéder à l'Internet, et les principales causes de l'exclusion numérique au Royaume-Uni. Par rapport au Royaume-Uni, « les manifestations et les causes de l'exclusion numérique en Chine sont uniquement chinoises. L'exclusion numérique en Chine se caractérise, premièrement, par un développement régional inégal, avec d'énormes différences de niveaux de numérisation entre l'est et l'ouest et entre les zones urbaines et rurales ; deuxièmement, par un développement collectif et individuel inégal, avec d'énormes différences de culture numérique entre les

---

107. BU Wei et REN Juan, « Au-delà de la fracture numérique : développer une éducation à la culture numérique socialement inclusive », *Journalisme et écriture*, n° 10, 2020, p. 37.

108. La fracture numérique est également appelée « exclusion numérique », tandis que le processus dynamique de réduction de la fracture numérique est appelé « intégration numérique ». (WANG Youmei, « L'inclusion numérique à l'ère de l'information : une nouvelle perspective sur l'intégration sociale de la nouvelle génération de travailleurs migrants », *Communauté de l'information de Chine*, n° 9, 2010, p. 30.)

agriculteurs, les indépendants et les intellectuels, et entre les entreprises et les commerces ; et enfin, par un développement inégal entre les groupes ethniques en raison des influences linguistiques et culturelles, l'exclusion numérique étant plus prononcée parmi certaines minorités ethniques. »[109] L'exclusion numérique ne sera pas complètement éliminée ; se connecter à l'Internet, l'utiliser et le créer sont des moyens importants d'éliminer l'exclusion numérique à ce stade, et peuvent élever le groupe des indigents numériques à la classe moyenne numérique et réaliser l'inclusion numérique. Dans le processus de gouvernance inclusive, il est nécessaire de respecter pleinement les intérêts de toutes les parties et de concilier leurs contradictions de manière efficace, afin de parvenir à l'harmonie et à la stabilité sociales en cultivant la « solidarité organique ». Il convient de mentionner que « la gouvernance inclusive n'est pas seulement une valeur externe, mais aussi une valeur intrinsèque, qui est une exigence inhérente au développement de la société humaine et au progrès de la civilisation. La gouvernance inclusive vise à construire un nouveau « nous » comme base pour nourrir l'identité de la solidarité sociale. La base de la gouvernance nationale est la « société », et la formation de communautés fondées sur l'identité sociale est fondamentale pour une gouvernance efficace. Les gens forment des communautés basées sur des intérêts, des valeurs et des croyances partagés, qui à leur tour forment des identités sociales. Dans le cadre de la transition vers la société moderne, les crises d'identité ont entraîné la désintégration des communautés traditionnelles et provoqué divers conflits. La gouvernance inclusive affirme et nourrit pleinement les nouveaux sujets de gouvernance sociale, formant des identités sociales en façonnant un nouveau sens du « nous », promouvant le développement libre et complet des personnes par la création d'un environnement social uni et harmonieux, et atteignant finalement l'objectif de <bonne gouvernance>. »[110]

La tour de Babel numérique. Il est désormais admis que la société humaine est une communauté interconnectée et interdépendante, et que la création d'une communauté de gouvernance sociale numérique deviendra une question commune à l'ensemble de la société. Les changements révolutionnaires apportés par la numérisation, qui a transformé la façon dont les humains vivent et produisent, ont pénétré tous les coins de nos vies comme l'air, reliant les individus dans la

---

109. XU Ruichao, « La stratégie d'inclusion numérique du gouvernement britannique et ses implications », *Travail de bibliothèque et de renseignement*, n° 5, 2017, p. 70.
110. WEI Bo, « Explorer la voie chinoise vers la gouvernance inclusive », *Forum des peuples*, n° 29, 2020, p. 17.

société et créant un modèle de « toi en moi et moi en toi ». La Tour de Babel numérique est une nouvelle civilisation née du nouvel ordre social numérique, avec des caractéristiques distinctives telles que la connectivité, la confiance et le partage. Dans la tour de Babel numérique, la gouvernance sociale numérique devrait passer de la fermeture inconsciente à l'ouverture consciente, de la singularité au pluralisme, du virtuel à la réalité, de l'isolement à la synergie, de l'idéologisation au développement pragmatique, et par le rassemblement continu du pouvoir numérique, alimenter efficacement la gouvernance sociale réelle pour former une communauté partagée et gagnant-gagnant[111]. Cette idée de communauté incarne la préoccupation de l'idée de communauté de Marx pour les formes sociales humaines. La communauté de la gouvernance sociale numérique à l'ère du numérique s'attache à répondre à la question de savoir comment la société humaine peut exister et se développer au mieux. Du point de vue du paradigme, le passage de la communauté de Marx à la communauté de la gouvernance sociale numérique permet non seulement de réaliser un saut théorique, mais aussi de faire progresser la reconfiguration du paradigme théorique de la communauté[112]. La reconfiguration du paradigme de la théorie communautaire se traduit principalement par quatre aspects : la reconfiguration des objectifs, la reconfiguration de l'orientation, la reconfiguration de la direction et la reconfiguration de la pensée. En termes de reconstruction des objectifs, elle a réussi à passer d'un schéma de planification à un programme réaliste. En ce qui concerne la communauté de gouvernance sociale numérique, il s'agit d'une nouvelle façon de penser le développement social humain proposée à un moment où la société humaine est confrontée à une transformation majeure, dans le but de réaliser et de concrétiser l'objectif idéal de la pensée communautaire de Marx, afin qu'elle ait à la fois un objectif idéal et un chemin concret. En ce qui concerne la reconstruction du centre de gravité, on est passé de la révolution institutionnelle à la gouvernance mondiale. Le changement des institutions entraîne le changement des formes sociales, et la réalisation d'une « véritable communauté » repose sur l'élimination des institutions qui ne correspondent pas au développement social actuel. Il est important de noter que la solution aux problèmes mondiaux qui menacent la survie de l'humanité ne peut

---

111. DU Junfei, « Tour de Babel numérique : Ruminations sur la communauté de la gouvernance sociale en réseau », *Communication contemporaine*, n° 1, 2020, p. 1.

112. WANG Gonglong, « L'innovation et la reconstruction de la pensée communautaire de Marx par la pensée de la communauté de destin humaine », *Journal du Collège administratif de Shanghai*, n° 5, 2017, p. 8.

être trouvée uniquement dans une révolution institutionnelle mondiale, mais aussi dans la réforme et l'amélioration de la gouvernance mondiale, qui est étroitement liée à la survie de la société humaine. En termes de reconfiguration vectorielle, on est passé d'un vecteur unique à des vecteurs multiples. La communauté de la gouvernance sociale numérique est une communauté complète et tridimensionnelle couvrant de multiples domaines, avec de multiples niveaux et reflétant de multiples directions dans une perspective multidirectionnelle. Le partage des intérêts et des responsabilités constitue une base importante et un moyen sûr de construire une communauté de destin. En termes de reconstruction de la pensée, un passage de la critique profonde à la symbiose et au gagnant-gagnant a été réalisé[113]. La communauté de la gouvernance sociale numérique préconise la construction d'une communauté inclusive symbiotique et gagnant-gagnant, en s'éloignant de l'état d'esprit conflictuel de conquête de la nature qui trouve son origine dans la civilisation industrielle capitaliste, en établissant un sens du respect, de la réponse et de la protection de la nature, et en adhérant à la voie du développement vert, à faible émission de carbone, circulaire et durable pour parvenir à un développement durable dans le monde.

Dans la mythologie antique, le feu apporté par Prométhée symbolisait justement la technologie, et les compétences – la clé d'une vie meilleure[114]. Aujourd'hui, le rythme du développement social et de l'évolution technologique ne cesse d'accélérer et de bouleverser les perceptions. Dans cette ère de changement, l'ancien équilibre et l'ordre sont constamment perturbés, et la communauté de gouvernance sociale numérique ouvrira une nouvelle ère d'interconnexion et de coexistence. Dans cette nouvelle ère, toutes les frontières seront abolies une à une pour créer une nouvelle convergence, et l'humanité entrera ainsi dans un monde meilleur, plus complexe mais aussi plus ouvert, plus ordonné, plus inclusif et mieux partagé. « Dans le monde physique du passé, les gens se sont appuyés sur les armes et la force pour conquérir le monde, et l'arme la plus destructrice que l'humanité ait produite jusqu'à présent est l'arme nucléaire. Mais lorsque l'humanité entrera dans une ère où la mondialisation et la numérisation convergeront et où les mondes physique et numérique fusionneront, « la paix, l'harmonie, la concorde, toutes les

---

113. WANG Gonglong, « L'innovation et la reconstruction de la pensée communautaire de Marx par la pensée de la communauté de destin humaine », *Journal du Collège administratif de Shanghai*, n° 5, 2017, p. 8-9.

114. Jenifer Winter [États-Unis], Ryota Ono [Japon], *L'avenir de l'Internet*, traduit par ZHENG Changqing, Presse de l'industrie électronique, 2018, p. 150.

choses sont liéeset la bonté » formeront des « armes de paix » dotées d'un énorme pouvoir. Et ces « armes de paix » permettront de construire un nouveau type de village planétaire – dont les relations connectées à l'échelle mondiale, sans limites spatiales, écologiquement symbiotique et coexistant, créé de manière pluraliste en termes de valeurs et partagé en termes de réalisations, réalisant enfin le bien-être ultime de l'humanité et le développement complet et libre des êtres humains »[115].

---

115. WANG Jing, « Ouvrir une nouvelle ère du monde numérique », *Manuscrit Hongqi*, n° 1, 2020, p. 36.

Chapitre IV

ORDRE NUMÉRIQUE

Si l'ordre permet d'anticiper et donc de contrôler, le désordre entraîne l'anxiété causée par l'incertitude d'affronter quelque chose d'incontrôlable, d'imprévisible et d'indéterminé.

—Edgar Morin

Section I
Désordre numérique

« Vaste, omnipotent et parfait, voilà la nature du pouvoir des nombres ; c'est le commencement et le maître de la vie humaine, le dénominateur commun. Sans chiffres, tout n'est que chaos et obscurité. » Telle était l'interprétation des nombres par Philolaus, le penseur pythagoricien de la Grèce antique. Il est vrai que ce que nous appelons aujourd'hui des chiffres n'est plus seulement les « nombres » dont parlait Philolaus ; ils dépassent le concept de base des nombres eux-mêmes et devient synonyme de numérisation, la somme totale de l'activité numérique humaine. À l'aube de l'ère numérique, le volume, la qualité et la valeur des données ne cessent de croître. L'ancien ordre de la société humaine est progressivement perturbé et les humains tentent d'explorer et d'établir un nouvel ordre social dans le monde numérique afin de faire face aux risques numériques. Dans le même temps, l'ordre formé dans la progression de la civilisation humaine fait l'objet d'une déconstruction et d'une reconstruction sans précédent, les défis et les opportunités coexistent, et l'exaltation et l'anxiété se mêlent. La vague de numérisation est parsemée de récifs et d'eaux dangereuses, et la complexité émerge de manière plus importante à l'échelle mondiale, avec une tendance à l'expansion et à l'amplification. Le désordre numérique avertit le monde que la chute de la responsabilité et le Léviathan numérique sont les obstacles et les barrières que l'humanité doit franchir et renverser sur la voie de la récolte des dividendes numériques. On peut dire que l'ordre social humain se trouve à un point d'inflexion historique et critique : l'ancien équilibre et l'ancien ordre se désintègrent progressivement, et un nouveau système et un nouvel ordre émergent. Lorsque l'ancien ordre est brisé et que les nouvelles règles ne sont pas encore totalement établies, les gens se sentent inévitablement désemparés et l'anxiété sociale apparaît inévitablement. Dans le futur, l'ordre numérique deviendra le premier ordre de la société connectée. Tout en déplorant la rupture de l'ordre ancien, nous devons accueillir à bras ouverts l'arrivée du nouvel ordre.

I. Émergence de la complexité

La « société mondiale du risque » est un fait de notre époque qui doit être accepté, mais pas un « acquis » qui doit être reconnu[1]. La complexité est une science née

---

1. ZHANG Kangzhi et ZHANG Qianyou, *L'évolution de la communauté*, Presse chinoise des sciences sociales, 2012, p. 160.

à la lisière de l'ordre et du chaos, dont la portée et l'impact sont vastes et qui comporte de nombreux événements incertains[2]. Par conséquent, la complexité peut modifier l'environnement social auquel les humains sont habitués et avoir un impact sur les croyances absolues qu'ils entretiennent. En particulier, à mesure que la complexité des systèmes sociaux continue d'évoluer, l'application des connaissances scientifiques pour résoudre les problèmes sociaux, au lieu d'évoluer dans la direction initialement prévue, ajoute de nombreuses crises d'incertitude, accroissant la complexité, augmentant l'hétérogénéité et enveloppant toute la société dans le risque et la crise. De nombreux problèmes des sociétés à risque montrent à l'humanité que la simple rationalité n'est pas parfaite, et que le fait qu'il existe de nombreuses « incertitudes » montre également à l'humanité que la complexité ne peut être envisagée dans une logique linéaire simple, mais dans une logique non linéaire complexe[3]. La crise du risque dans la société, du point de vue de la science de la complexité, est en fait la déconstruction d'une théorie stagnante, monolithique et fermée.

De la simplicité à la complexité. Le principe de simplicité a été repris depuis longtemps par de nombreux géants de la science comme un principe clé de la recherche scientifique. Le physicien et mathématicien britannique Isaac Newton a utilisé la pensée de la simplicité comme point de départ pour expliquer les faits connus avec le moins de postulats possible ; le physicien et penseur américain Albert Einstein a utilisé le principe de la simplicité comme condition nécessaire à la vérité ; le physicien et philosophe autrichien Johann Wolfgang Amadeus Mach considérait la science comme une question de valeurs minimales, énonçant des faits avec une pensée minimale. L'un des traits marquants de leur recherche scientifique est le principe de « simplicité du monde réel », représenté par le réductionnisme. Le réductionnisme soutient que le tout est formé par la simple addition ou la combinaison mécanique des individus, c'est-à-dire que « le tout est égal à la somme des individus », et que tout ce qui existe dans le monde peut être transformé en simples individus par une subdivision suffisante. Par exemple, si l'objet d'étude est décomposé en ses éléments les plus simples, tels que les électrons, les protons, les molécules, les ions, les atomes, etc., et si les propriétés de base de ces éléments simples peuvent être étudiées clairement, les lois caractéristiques de

---

2. Michel Waldrop [États-Unis], *Complexité : une science née au bord de l'ordre et du chaos*, traduit par CHEN Ling, Vie, lecture, nouvelles connaissances, 1997, p. 1.

3. LIU Xiaohong et LIU Kui, « Interprétation de la complexité de la société du risque », *Recherche sur la gestion des technologies*, n° 13, 2013, p. 254-258.

l'ensemble peuvent être déduites. Le principe de simplicité a effectivement apporté une contribution indélébile à la science moderne, mais le monde réel n'est pas une composition simple, mais présente de nombreuses caractéristiques telles que la complexité, l'incertitude et la variabilité, et il semble impossible d'utiliser le principe de simplicité pour étudier le monde réel complexe. « Depuis les années 1940, une nouvelle approche méthodologique de l'étude des phénomènes naturels et sociaux a émergé à l'avant-garde de la science – l'approche de la complexité. L'approche de la complexité est une nouvelle façon d'étudier les choses de manière systématique et intégrée, qui remet en question le principe de simplicité de la vision du monde et de la méthodologie et amène à une nouvelle réflexion. La formulation de la théorie des systèmes complexes fournit de nouvelles idées et perspectives pour reconnaître, comprendre, contrôler et gérer les systèmes complexes, et revêt une importance particulière pour comprendre et expliquer des systèmes complexes tels que les systèmes sociaux et biologiques[4]. En explorant plus avant la complexité, on peut affirmer que la société de l'ère numérique est un système complexe de problèmes scientifiques, de problèmes d'ingénierie et de problèmes sociaux », et qu'il est difficile de le comprendre par la cognition et l'observation traditionnelles. Le voyage pour comprendre et transformer le monde en utilisant la pensée systémique de la complexité a maintenant commencé.

Complexité et incertitude. En partant du présent déjà certain, l'avenir est incertain. Dans le cadre de la transition vers une société numérique, l'humanité est entrée dans une ère de grande complexité et de grande incertitude. La première est la complexité et l'incertitude de l'ordre. L'ordre est un consensus naturellement formé par les êtres humains dans leurs activités quotidiennes et dans d'autres domaines, à la fois comme point de référence pour le respect des codes moraux publics et comme justification pour la formulation de normes juridiques, et il est intrinsèquement complexe et incertain. Du point de vue de la dimension temporelle, l'ordre aux différentes étapes de l'histoire a un arrière-plan complexe, il change constamment avec la transformation des perceptions humaines, et les concepts moraux et les bonnes coutumes de retenue changent également, tandis que les perceptions humaines sont toujours mises à jour de manière itérative avec les tendances de l'époque, avec une complexité et une incertitude évidente, et l'ordre contemporain génère également une grande complexité et une grande

---

4. Niklas Luhmann [Allemagne], *Sociologie du risque*, traduit par SUN Yizhou, Guangxi Maison d'édition du peuple, 2020, p. 25.

incertitude. Du point de vue de la dimension spatiale, l'ordre au sein des pays du monde est complexe, changeant et différent, et le consensus international sur le contenu essentiel de la définition de la connotation de l'ordre, le champ d'application et la norme de jugement n'a pas encore été formé, bien que les pays aient accordé un haut degré de reconnaissance au rôle, à l'importance et à la valeur théorique de l'ordre, et que les pays tentent constamment d'unifier les règles de l'ordre, mais en raison des différences de conditions nationales, de niveau économique et de culture, cela rend l'ordre difficile à unifier. Le second est la complexité et l'incertitude du droit. Le droit déterminé est un pur idéalisme ; ce n'est pas une science, mais seulement un scientisme utopique, puisque toutes les lois et tous les termes juridiques ne sont pas gravés dans la pierre. « Aucune loi trop définie ne peut être adaptée à une société en mutation ; c'est précisément grâce à l'incertitude que les lois statiques peuvent être adaptées aux exigences d'une société dynamique et ainsi remplir la valeur et la fonction des normes sociales comme elles le devraient. »[5] Dans la législation, les législateurs cherchent toujours à couvrir toutes les questions juridiques, mais la réalité complexe est toujours bien au-delà du niveau de connaissance humaine et de l'anticipation cognitive, ce qui les oblige à créer certaines dispositions de souscription pour répondre à différents besoins, mais l'interprétation et la controverse des dispositions de souscription de tous les cas réels est sans fin, ce qui ajoute considérablement à la complexité et à l'incertitude de la loi. La complexité et l'incertitude de la loi sont aggravées par les dispositions inhérentes au droit statutaire et par la complexité et l'incertitude du comportement humain, car il est difficile d'épuiser toute la gamme des activités dans l'application de la loi et il y aura toujours une variété de déficiences et d'omissions. Troisièmement, il y a la complexité et l'incertitude du risque. Plutôt que de se présenter dans un état ordonné, le risque est dispersé dans le monde dans un état de désordre et de complexité, ce qui permet aux humains de ressentir réellement la complexité et l'incertitude du risque. L'universitaire britannique Brian Winn soutient que l'existence de l'incertitude implique l'existence d'une catégorie objective, du petit au grand, du risque à l'ignorance. Cependant, je considère que le risque, l'incertitude, l'ignorance et le non-déterminisme se chevauchent. Comme l'homme n'a pas entièrement levé le voile sur la génération du risque, il n'est pas non plus possible d'utiliser les connaissances existantes pour contourner et éliminer la complexité et l'incertitude du risque. Plus précisément,

---

5. WEI Yanjie, « Une analyse de l'incertitude juridique », *Exposition de droit*, n° 25, 2020, p. 49-51.

la complexité et l'incertitude de la causalité, des processus de développement et des conséquences néfastes. Tout d'abord, la première condition pour que l'homme élimine le risque est d'utiliser la causalité pour analyser les sources d'où provient le risque, cependant, la technologie actuelle ne peut pas donner toutes les bonnes réponses. Deuxièmement, le cycle de développement du risque est imprévisible et il est difficile pour l'homme de saisir les moments clés de son développement lorsqu'il éclate et de prendre des mesures efficaces. Enfin, le risque n'est pas une certitude ou une catastrophe hautement réaliste ; il s'agit essentiellement d'un paramètre du risque qui affecte la survie et le développement futurs des êtres humains.

Méga-systèmes complexes. Par sa nature même, la société humaine a toujours été complexe. Le sociologue britannique Herbert Spencer a imaginé la société humaine comme une structure sociale complexe. Le maintien du fonctionnement de la société repose principalement sur les valeurs créées par les êtres humains eux-mêmes, telles que la productivité, les relations de production, la base économique, la superstructure, etc. Si ces valeurs fournissent à la société une source de développement, elles rendent également les systèmes sociaux humains déséquilibrés, tortueux, volatiles et autres états complexes et incertains. La complexité des systèmes sociaux humains se manifeste sous trois aspects principaux : premièrement, la composition des systèmes sociaux humains se caractérise par la diversité, la pluralité et les niveaux multiples, y compris, mais sans s'y limiter, la flore et la faune de la nature, le réseau de relations généré par les activités humaines et les normes juridiques formulées par les institutions compétentes, qui forment ensemble le cadre de base des systèmes sociaux humains. Deuxièmement, les systèmes sociaux humains ont tendance à être aléatoires, incertains, non linéaires et non cycliques, et les problèmes rencontrés, leur durée et les conséquences qu'ils produisent sont imprévisibles au cours de leur développement à long terme. Troisièmement, le fonctionnement des systèmes sociaux humains est irréversible et instable, et lorsque des problèmes de complexité surgissent, il est difficile pour les humains d'y faire face confortablement avec l'ensemble des connaissances existantes. Leur caractéristique la plus commune est qu'ils peuvent se transformer dynamiquement par leur propre organisation et atteindre finalement un certain état constant, et chaque système complexe a son propre état constant indépendant. Kevin Kelly a noté dans *Out of Control* que « les systèmes sont sensibles aux conditions initiales, mais passent généralement à un état ordonné ».[6] Selon M. QIAN Xuesen, « le mouvement chaotique d'un système à un niveau est à la base du mouvement ordonné à un niveau supérieur. »[7] Dans le processus de passage du désordre à l'ordre dans les systèmes complexes, il existe un mécanisme de compétition non linéaire entre l'ordre constitutif des éléments du système et l'environnement dans lequel ils se forment, et ce mécanisme agit en retour sur le système complexe lui-même. L'auto-organisation, la complexité et la synergie des relations de cause à effet entre les niveaux résultant de l'action non linéaire entre les éléments au sein d'un système complexe fournissent une nouvelle progression méthodologique pour les humains afin de comprendre et de saisir le comportement des systèmes complexes, en particulier le fait que les systèmes sont ouverts pour survivre, que la non-linéarité est la cause de l'ordre et que le non-équilibre est la source de l'ordre, etc. sont devenus des principes importants non seulement dans la science des systèmes mais aussi pour refléter les relations synergiques dialectiques dans l'évolution des systèmes[8]. L'organisation adaptative qui existe dans les systèmes complexes est comme une main invisible qui organise les éléments de l'ensemble du système de manière ordonnée et permet au système d'exister dans un certain état d'équilibre dynamique.

II. Chute de la responsabilité

La responsabilité est la pierre angulaire de « l'être social » ou de la « personne noble », et l'éthique de la responsabilité ou la conscience de la responsabilité est un élément essentiel du développement social. Le désordre numérique a apporté de nouveaux risques et de nouvelles crises à la société humaine, et il est facile d'en analyser les raisons et de voir que le manque de responsabilité sociale est la véritable source de ce problème. Les phénomènes inciviques tels que le retour de bâton technologique, la guerre froide numérique et l'injustice algorithmique reflètent tous le manque de responsabilité prise à l'ère numérique. L'universitaire DE Lenk a souligné que « dans tous les cas, toute augmentation de la puissance technologique entraînera une sorte de contrecoup systémique, conduira à un

---

6. Kevin Kelly [États-Unis], *Hors de contrôle : le destin ultime et la fin de l'humanité*, traduit par Dongxi Wenku, Presse de Xinxing, 2010, p. 94.

7. XU Guozhi, *Recherche en science et ingénierie des systèmes*, Shanghai Science and Technology Education Press, 2001, p. 563.

8. FAN Dongping, « Exploration de la philosophie systématique de la complexité et de la pensée systémique », *Philosophie moderne*, n° 4, 2020, p. 99-101.

déséquilibre écologique, et la raison fondamentale en est que nous ne prenons pas nos responsabilités dans l'utilisation de la technologie. »[9]

Recul technologique. L'existence humaine est en quelque sorte une existence technologique, ce qui entraîne une nouvelle ère des êtres humains avec une nouvelle structure technologique soutenant une nouvelle structure sociale, et la société humaine évoluant progressivement vers une « société de la technologie ». L'universitaire américain Vibert E. Bjerke, parlant de l'importance de la technologie des digues pour les Néerlandais, note que « la technologie et le génie côtier ont permis à quelque 10 millions de Néerlandais de survivre sur des terres situées sous le niveau de la mer, derrière des digues, sans lesquelles il n'y aurait pas eu de Néerlandais. »[10] En regardant à plus grande échelle, on pourrait affirmer que sans la technologie, il n'y aurait pas d'êtres humains aujourd'hui, et que les gens émergent, se forment, survivent et évoluent à partir de l'activité technologique. « Si vous vous réveilliez un matin et découvriez que, par magie, toute la technologie des 600 dernières années avait disparu : vos toilettes à chasse d'eau, vos cuisinières, vos ordinateurs, vos voitures ont tous disparu, et avec eux les bâtiments en béton armé, les méthodes de production de masse, les systèmes de santé publique, les machines à vapeur, l'agriculture moderne, les sociétés par actions et la presse à imprimer, vous trouveriez que notre monde moderne disparaîtrait avec elle. »[11] La technologie a sauvé l'humanité de l'asservissement par la nature, a donné un puissant élan au progrès humain et au développement social, et constitue un facteur important dans le développement de la productivité moderne, dont on peut dire qu'elle détermine le développement de la société[12]. Comme le dit le célèbre philosophe DE contemporain Hans Gadamer, « le XXe siècle est la première époque à redéfinir la technologie de manière décisive et à commencer à étendre les connaissances techniques de la maîtrise des forces naturelles à la

---

9. CHEN Shiwei, « Gouvernance éthique de l'aliénation technologique des mégadonnées », *Études en dialectique naturelle*, n° 1, 2016, p. 10.

10. Sheila Jasanoff [États-Unis] *et al.*, *Manuel de théorie de la science et de la technologie*, traduit par SHENG Xiaoming *et al.*, Presse de l'Institut de technologie de Pékin, 2004, p. 175.

11. Brian Arthur [États-Unis], *La nature de la technologie : ce qu'elle est et comment elle évolue*, traduit par CAO Dongming et WANG Jian, Maison d'édition du peuple de Zhejiang, 2018, p. 4.

12. Il a été prouvé que moins de 100 ans après la première révolution industrielle en Grande-Bretagne, le mode de production capitaliste a utilisé le progrès technologique pour créer plus de richesse matérielle que la somme de toutes les richesses jamais créées par l'humanité. C'est pourquoi Marx en a fait l'éloge : la science et la technologie sont des forces révolutionnaires qui ont joué un rôle moteur dans l'histoire.

maîtrise de la vie sociale, tout cela est un signe de maturité, ou aussi de notre civilisation. »[13] Cependant, l'aliénation technologique est comme une ombre au soleil, qui suit inéluctablement. L'aliénation technologique est la dislocation de la relation entre la technologie et l'homme, et son essence réside dans l'aliénation de l'homme[14]. La division entre la science et la foi, l'éloignement entre la technologie et l'éthique, et la scission entre la rationalité et les valeurs sont les principales causes de l'aliénation technologique et de l'aliénation humaine. « La science et la technologie ont conduit non seulement à une aliénation croissante du soi humain, mais finalement à une perte du soi humain. Les outils qui semblent être conçus pour répondre aux besoins humains s'avèrent créer d'innombrables faux besoins. Chaque pièce exquise de la technologie contient un cadeau empoisonné. »[15] L'aliénation technologique est l'interprétation de l'aliénation humaine, et la logique du développement technologique est un processus d'équilibrage dynamique avec la logique du développement humain. Aujourd'hui, la technologie est devenue le destin commun de l'humanité, qui ne reviendra jamais à son état naturel d'existence. « Nous ne pouvons pas, et ne devons pas, fermer les vannes du développement technologique. Seuls les idiots romantiques murmurent à propos d'un retour à l'<état de nature> ... Abandonner la technologie n'est pas seulement stupide, c'est immoral. »[16]

---

13. Gadamer [Allemagne], *La raison à l'âge de la science*, traduit par XUE Hua, Société internationale d'édition culturelle, 1988, p. 63.

14. Marx a bien décrit le phénomène de l'aliénation technologique dans les conditions capitalistes : « A notre époque, où chaque chose semble contenir son propre contraire, nous voyons que les machines ont le pouvoir magique de réduire le travail humain et de le rendre plus efficace, et pourtant de provoquer la faim et une fatigue excessive. Une source de richesse nouvellement trouvée se transforme en source de pauvreté par une étrange et troublante magie. Le triomphe de la technologie semble s'être fait au prix d'une décadence morale. À mesure que l'homme prend le contrôle de la nature, l'individu semble devenir de plus en plus l'esclave des autres ou de son propre comportement méprisable. Même la lumière pure de la science semble ne briller que sur le fond sombre de l'ignorance. Toutes nos découvertes et nos progrès semblent avoir abouti à ce que les forces matérielles prennent une vie rationnelle, alors que la vie humaine est réduite à une force matérielle terne. Cette confrontation entre l'industrie et la science modernes et la pauvreté et la décadence modernes, cette confrontation entre les forces productives et les relations sociales de notre époque, est un fait évident, inévitable et indiscutable. » (Marx [Allemagne], Engels [Allemagne], *The Complete Works of Marx and Engels (Vol. XII)*, traduit par le Bureau pour la compilation des œuvres de Marx et Engels Lénine et Staline du Comité central du Parti communiste chinois, Maison d'édition du peuple, 1964, p. 12.)

15. Ernst Cahill [Allemagne], *La logique des sciences humaines*, traduit par SHEN Hui *et al.*, Presse de l'Université populaire de Chine, 1991, p. 65.

16. Alvin Toffler [États-Unis], *L'avenir des chocs*, traduit par MENG Guangjun *et al.*, Maison d'édition Xinhua, 1996, p. 358.

La guerre froide numérique. A l'aube de l'ère numérique, certains pays occidentaux développés ont ouvert un nouveau mode de guerre pour limiter le développement des puissances émergentes afin de maintenir inébranlable leur position hégémonique. A leurs yeux, la sécurité est le slogan de la guerre, la confiance est l'objet du conflit, et le droit est la honte du double standard, et le monde est plongé dans la guerre froide numérique. Premièrement, la nouvelle guerre froide sur la science et la technologie. Les pays occidentaux dirigés par les États-Unis menacent les autres pays par le biais du blocus technologique, du siège militaire et de l'oppression économique. Les États-Unis préparent une nouvelle guerre froide scientifique et technologique contre la Chine en promulguant la loi sur l'initiative quantique nationale, l'initiative américaine de développement de l'intelligence artificielle et la loi sur la réforme du contrôle des exportations afin de restreindre l'exportation de 14 types de technologies émergentes et fondamentales telles que les puces, l'informatique quantique et les interfaces cerveau-machine. D'autre part, grâce à la restructuration de ZTE, aux poursuites contre Huawei et aux sanctions contre Jinhua, plus de 200 entreprises de haute technologie et institutions de recherche chinoises (y compris des universités) ont été placées sur la « liste de contrôle ». La « liste de contrôle », similaire à la « licence invalide » du logiciel MATLAB, est amenée à apparaître[17]. En fait, le progrès de la science et de la technologie est lié au développement de toute l'humanité, le progrès scientifique et technologique d'un pays n'est pas la perte d'un autre pays, et toute personne qui contribue à la cause de la science et de la technologie doit être saluée.[18] Deuxièmement, il y a la guerre d'opinion sur Internet. En tant que guerre politique offensive dotée d'un grand pouvoir de destruction douce, la guerre d'opinion publique en ligne présente les trois caractéristiques suivantes : premièrement, l'équipe de combat est diversifiée. Dans les guerres d'opinion traditionnelles, les combattants sont généralement l'État et l'armée, mais dans le cyberespace, la situation fermée est rompue et les individus ont également le pouvoir de participer aux guerres d'opinion, comme l'illustre la phrase « le bar de l'empereur est en marche, et pas un pouce d'herbe ne pousse ». Deuxièmement, il y a une diversification des méthodes de combat. Grâce aux progrès de la science et de la technologie, les informations et les textes du cyberespace existent sous

---

17. CHEN Guang, « La voie de la percée des technologies clés en Chine dans le cadre de la "nouvelle guerre froide" en science et technologie », *Science et technologie innovantes*, n° 5, 2020, p. 2.

18. YUAN Lanfeng, « Plaider en faveur d'une guerre froide en matière de science et de technologie est une mesure trop faible », *Global Times*, 26 décembre 2020, p. 7.

diverses formes, telles que les paquets d'expression, les images animées, les images, le son, le streaming en direct et la vidéo, qui peuvent avoir un impact visuel et auditif. Troisièmement, la liberté du temps et de l'espace de combat. Les tentacules du réseau sont partout dans le monde, et du point de vue du champ de combat, il implique tous les aspects de la société ; du point de vue de l'espace de combat, il a brisé les frontières géographiques traditionnelles ; du point de vue du temps de combat, il est libéré de la limitation du temps. La guerre de l'opinion publique en réseau est en amont et tout au long du processus, et reste fumante même après la fin de la guerre. La troisième est la guerre commerciale numérique. Après la traditionnelle guerre commerciale des marchandises, un nouveau round de la guerre commerciale mondiale « guerre commerciale numérique » est en train de se mettre en place. Dans la sphère économique, les États-Unis ont augmenté les droits de douane sur les industries chinoises de l'aérospatiale, des technologies de l'information et de la fabrication intelligente, sapant unilatéralement le consensus atteint par des consultations et des négociations répétées, escaladant et intensifiant la guerre commerciale numérique, portant gravement atteinte aux intérêts des autres pays et portant un coup sévère aux économies mondiales. Dans le domaine cybernétique, les États-Unis ont créé un département spécial de collecte de renseignements et mis en œuvre des moyens cybers techniques tels que l'écoute électronique, l'intrusion et le vol pour collecter des renseignements auprès de pays du monde entier, s'ingérant gravement dans les affaires intérieures d'autres pays et dictant le développement d'autres pays, ce qui constitue une violation grave du droit international. Dans le secteur industriel, les États-Unis ont commis divers actes répréhensibles à l'encontre de certaines entreprises et institutions chinoises, en volant des informations de haut niveau, des secrets commerciaux et en débauchant des clients importants, ce qui constitue des violations flagrantes de la loi et porte atteinte aux intérêts légitimes des personnes, institutions et entreprises concernées.

Les algorithmes sont injustes. Les algorithmes sont toujours intégrés dans des contextes sociaux humains, et dès leur naissance, ils sont déjà porteurs de la discrimination, des préjugés et de l'hégémonie qui existent dans la société, et l'application de scénarios basés sur ces algorithmes ne peut que donner lieu au phénomène de l'injustice algorithmique[19]. La première est la discrimination algorithmique. La discrimination algorithmique qui se cache derrière la

---

19. LIN Xi et GUO Sujian, « Injustice algorithmique et éthique des mégadonnées », *Sciences sociales*, n° 8, 2020, p. 18.

technologie présente les caractéristiques de l'incertitude, de la boîte noire et de la complexité. Une fois que la discrimination envahit l'algorithme, l'injustice sera générée au niveau de l'algorithme, et lorsque la discrimination porte le manteau de l'algorithme, la discrimination algorithmique traverse tout le cycle de vie de données. Dans la vie de tous les jours, le phénomène de « familiarité meurtrière » se produit fréquemment, lorsque des entreprises proposent des prix différents à des clients différents par le biais d'une analyse algorithmique. Par exemple, les plate-formes de vente à emporter, les plate-formes d'achat en ligne et les plate-formes de voyage demandent des prix plus élevés aux membres et aux clients réguliers qu'aux nouveaux clients. Dans le domaine de l'emploi, cela se manifeste principalement par une discrimination par association, où un algorithme compare des conditions externes telles que l'âge, le sexe, la taille et l'éducation de la personne employée et élimine le candidat simplement parce que l'un d'entre eux ne se détache pas, ce qui implique une discrimination fondée sur l'âge, le sexe et l'éducation. En l'état actuel des choses, les humains ne sont pas à l'abri du risque de discrimination algorithmique, et celle-ci peut même accroître la difficulté de l'identification, du jugement et de l'examen de la discrimination en raison d'une série de caractéristiques telles que la nature hautement dissimulée, structurelle, monolithique et imbriquée de la discrimination algorithmique, ce qui remet profondément en question la théorie juridique classique de l'anti discrimination[20]. Deuxièmement, le biais algorithmique. Dans *Algorithmic Accountability : à Primer*, l'institut de recherche américain Data & Society note que « le but de l'utilisation des algorithmes est d'éviter les biais dans la prise de décision humaine, pourtant les systèmes algorithmiques codent les biais existants ou en introduisent de nouveaux. »[21] Pour faire face aux effets négatifs du biais algorithmique, il faut comprendre de manière rationnelle les causes de ce biais. Premièrement, le biais est causé par les données d'entrée ; les algorithmes sont généralement conçus pour une utilisation spécifique et le besoin d'une stratégie, et s'il y a un biais dans la fourniture initiale de données, cela conduit à la formation de résultats biaisés, et

---

20. ZHANG Endian, « La discrimination anti-algorithmique : Réflexions théoriques et constructions institutionnelles », *Journal de l'Université des sciences et technologies de Huazhong (édition Science sociale)*, n° 5, 2020, p. 63.

21. ZHANG Tao, « La réglementation juridique du biais algorithmique dans les systèmes automatisés », *Journal de l'Université de technologie de Dalian (édition Science sociale)*, n° 4, 2020, p. 93.

le biais d'entrée est biaisé de sortie[22]. La conception d'un algorithme est une mise en œuvre logique, comprenant la conception de l'algorithme, l'interprétation de l'algorithme et l'application de l'algorithme, etc.[23] Il s'agit d'un algorithme en boîte noire, et si l'un des liens est biaisé, alors tout le système est biaisé. Les dividendes de la prise de décision algorithmique, de l'évaluation algorithmique et de la prédiction algorithmique ont largement dépassé leurs effets négatifs, et les humains croient fermement que les algorithmes sont absolument corrects et ne peuvent pas faire de mal. La troisième est l'hégémonie algorithmique. Selon Yuval Harari, « les algorithmes sont déjà sans doute le concept le plus important au monde, et le siècle à venir sera dominé par eux. »[24] Dans le monde numérique, les algorithmes sont au cœur du flux de données et du fonctionnement des systèmes, déterminant la vie et la mort de l'ensemble du monde numérique, mais les algorithmes sont plus qu'un simple code qui ne fait pas de mal. L'hégémonie algorithmique peut s'expliquer par deux raisons : la première est l'hégémonie acquise par les développeurs grâce aux portes dérobées algorithmiques[25]. Contrairement aux produits ordinaires, le contrôle ultime des produits intelligents reste entre les mains des développeurs, et les consommateurs n'ont que le droit d'utiliser les produits ; dans le cas des téléphones mobiles et des ordinateurs, par exemple, les développeurs peuvent demander à distance aux consommateurs de mettre à niveau leur système ou de mettre à jour leur logiciel, voire de modifier le logiciel interne sans leur consentement. L'autre est l'hypothèse subjective du développeur lors de la conception de l'algorithme, basée sur le fait que les récompenses de l'algorithme sont réalisées dans un cadre logique spécifique, et que si le développeur injecte ses inclinaisons morales personnelles dans l'algorithme, il aura le pouvoir suprême d'interpréter la « justice algorithmique ». Cette puissance est énorme, tout comme le potentiel d'abus de l'algorithme, et cela se produira à la fois dans le code du programme et derrière le pare-feu[26].

---

22. BU Su, « Le problème de la "discrimination algorithmique" en intelligence artificielle et ses critères d'examen », *Journal de l'Université de Shanxi (édition philosophie et sciences sociales)*, n° 4, 2019, p. 126.

23. ZHANG Tao, « La réglementation juridique du biais algorithmique dans les systèmes automatisés », *Journal de l'Université de technologie de Dalian (édition Science sociale)*, n° 4, 2020, p. 95.

24. Yuval Harari [Israël], *Une brève histoire du futur*, traduit par LIN Junhong, Presse CITIC, 2017, p. 75.

25. John C. Havens [États-Unis], *L'avenir en fuite*, traduit par TONG Lin, Presse CITIC, 2017, p. 117.

26. Casey O'Neill [États-Unis], *Hégémonie algorithmique*, traduit par MA Qingling, Presse CITIC, 2018, p. 176-178.

III. Léviathan numérique

Depuis la seconde moitié du XXᵉ siècle, la technologie numérique est une mesure nécessaire pour contenir le « Léviathan national », mais lorsqu'elle est utilisée de manière inappropriée, elle peut se retourner contre elle. En particulier, alors que l'asservissement de l'humanité à la technologie numérique devient de plus en plus évident, le développement de la technologie numérique présente non seulement de nouvelles opportunités pour une civilisation numérique, mais aussi un risque réel et un nouveau type de crise de tomber dans le « Léviathan numérique »[27]. Le Léviathan numérique est un nouveau type de crise dans laquelle la technologie numérique se transforme en mal, dépassant l'humanité et déclenchant une « domination numérique », qui entraînera un risque de fragmentation, provoquera une panique sociale et des dilemmes éthiques, et guettera le « rhinocéros gris » et le « cygne noir » qui détruiront l'humanité. Le « cygne noir ». D'une manière générale, le léviathan numérique se manifeste par le démantèlement progressif de la société virtuelle par le développement de la technologie numérique, la promotion de la fragmentation sociale par le léviathan numérique, et l'impact du léviathan numérique sur les pierres angulaires de l'existence sociale individualisée[28].

Le Léviathan numérique présente un risque de fragmentation. Dans son rapport « *Digital Fragmentation : Winning Success in a Divided* World », Accenture note que « la circulation des données, des talents, des services et des produits est de plus en plus entravée, et cette tendance à la « fragmentation numérique » touche le monde entier. » Tout d'abord, l'information est fragmentée. Tout d'abord, les informations fragmentées sont difficiles à expliquer clairement les idées, courtes et éparses, nombreuses et répétitives. En outre, les gens peuvent naviguer sur une page web tout en regardant une application mobile, en discutant et en jouant à un jeu, ce qui rend difficile la concentration sur la même chose et de moins en moins stable. Deuxièmement, la qualité des informations fragmentées varie, et de nombreux messages négatifs y sont mêlés, mais les êtres humains sont incapables de les distinguer, et ceux qui ne sont pas encore matures peuvent développer de mauvaises valeurs, visions du monde et conceptions de la vie en conséquence. Enfin, l'information augmente de façon exponentielle, mais le cerveau humain ne peut traiter qu'une quantité très limitée d'informations, mais la cupidité est dans la

---

27. TANG Huangfeng, Les risques inhérents au léviathan numérique et à la gouvernance des données, *Exploration et controverse*, n° 5, 2018, p. 42.

28. À l'avenir, seule la coopération de différents groupes sociaux permettra d'utiliser efficacement la technologie numérique pour servir l'humanité et freiner l'évolution vicieuse du « Léviathan numérique ».

nature humaine, afin de saisir plus d'informations doit perdre beaucoup de temps et d'énergie[29]. Deuxièmement, la fragmentation du scénario. L'application de la technologie est étroitement liée aux scénarios, et la fragmentation des scénarios est l'un des défis insurmontables du développement technologique. La fragmentation des scénarios a donné lieu à des algorithmes différents pour résoudre les problèmes à divers nœuds, et le phénomène de fragmentation des algorithmes est apparu. Par conséquent, les applications technologiques à grande échelle continuent de poser de nouveaux problèmes en raison de la fragmentation des scénarios, et les algorithmes doivent être modifiés en parallèle. En particulier, l'incertitude et la complexité des systèmes sociaux humains conduiront à des scénarios plus fragmentés et, à terme, les mises à jour des algorithmes deviendront un problème sans fin dont les humains auront du mal à sortir du vortex. Troisièmement, la fragmentation spatiale. La compréhension de l'espace par l'humanité repose sur les connaissances et les moyens technologiques existants. Plus les connaissances sont étendues et plus la technologie est avancée, plus la compréhension de l'espace est profonde. À l'ère du numérique, il y a un humain fragmenté d'un côté et un espace fragmenté de l'autre. Chaîne de blocs est capable de reconfigurer la forme d'existence et la composition de l'espace, qui est fragmenté en de nombreux morceaux grâce à son caractère décentralisé et distribué dans le monde entier. Les problèmes liés à la fragmentation de l'espace sont également très évidents. D'une part, le coût d'exploitation de l'espace augmente, car les espaces fonctionnent isolément les uns des autres et sont tenus de suivre la capacité et de se coordonner les uns avec les autres afin de pouvoir fonctionner comme un tout, ainsi les coûts économiques, humains et physiques nécessaires pour exploiter et entretenir de multiples espaces fragmentés sont plusieurs fois supérieurs à ceux d'un seul espace. D'autre part, le risque de fuite de données augmente. La valeur des données est nécessairement réalisée dans le processus de leur échange et de leur traitement, et des espaces fragmentés signifient également des points de vente de données fragmentés, chacun d'entre eux pouvant devenir un trou béant pour les fuites de données.

Le léviathan numérique crée une panique sociale. Nous entendons depuis longtemps le sifflement du « train numérique », mais il nous effraie encore lorsqu'il

---

29. LU Yingni, « La "micro-information" apporte un monde fragmenté », *People's Digest*, nᵒ 11, 2014, p. 27.

accélère jusqu'à nos yeux[30]. La technologie numérique n'a pas seulement apporté des changements complets, multiples et de grande envergure à la société humaine, elle a également lancé de nouveaux défis à l'existence humaine, ce qui signifie que si nous attendons avec impatience un avenir meilleur, nous nous inquiétons également du « Léviathan » qui se cache derrière la technologie numérique. Albert Einstein a dit un jour : « Je crains qu'un jour la technologie ne remplace la communication humaine et que notre monde ne soit rempli d'idiots. » Stephen Hawking a également averti l'humanité que « l'intelligence artificielle pourrait conduire à l'extinction de la race humaine et pourrait remplacer l'humanité dans les 100 prochaines années. » La technologie numérique, enveloppée dans la politique, le capital et la finance, a déclenché une panique du type « Léviathan numérique », créant un dilemme pour l'existence numérique de l'humanité. Le philosophe américain du droit Keith Sunstein note que « l'Internet est pour beaucoup le terreau même de l'extrémisme, car les personnes partageant les mêmes idées peuvent communiquer facilement et fréquemment en ligne, sans entendre des opinions différentes. »[31] Le 7 mars 2018, « le bitcoin a chuté de 10 % en une heure après le piratage de deux grandes bourses chinoises de devises numériques et la panique d'un grand nombre d'investisseurs qui ont vendu. Les pirates ont réalisé des profits immédiats en vendant à découvert la transaction. Poussant la panique encore plus loin, l'échange de monnaie numérique a proposé une mesure de 'retour en arrière' pour résoudre le problème d'une manière qui allait à l'encontre de l'esprit 'décentralisé' de la chaîne de blocs, ce qui a entraîné une plus grande méfiance des investisseurs et des ventes à découvert. »[32] En outre, la technologie numérique peut, dans une certaine mesure, accroître l'espace de liberté de choix de l'homme, mais la portée, l'ordre et le contenu de ces espaces sont délimités de force par la technologie numérique, de sorte que les humains ne peuvent choisir que dans l'espace défini par la technologie numérique, et couplé à la pertinence de l'espace pour la société réelle, la technologie domine par inadvertance tous les aspects de la société réelle d'une manière globale. D'une part, la technologie numérique, avec son efficacité, sa précision et son exclusivité, dicte la vie humaine, transformant

---

30. WEI Liuwei et Yuval Harari [Israël], « Pourquoi la technologie favorise l'autocratie », *World Science*, n° 12, 2018, p. 52-55.

31. Keith Sunstein [États-Unis], *La Cyber République*, traduit par HUANG Weiming, Maison d'édition du peuple de Shanghai, 2003, p. 51.

32. LIU Yun, « L'ordre des normes et le désordre de la chaîne de blocs », *La normalisation populaire*, n° 3, 2018, p. 5.

les humains en instruments du développement technologique, réduits à des êtres programmés. D'autre part, la technologie numérique, avec sa standardisation, son institutionnalisation et sa systématisation, dissout progressivement la société humaine, entraînant le transfert, voire l'absence, du pouvoir politique humain. Dans une telle situation, les êtres humains sont libérés, choisis et survivent, tandis que la société humaine est complètement soumise à la technologie numérique, et les êtres humains deviennent impuissants et n'ont nulle part où redresser leurs griefs dans la violence systématique des procédures et des normes publiques apparemment justes. « On peut dire que la panique du léviathan numérique' de l'homme moderne est un reflet psychologique universel du dilemme de la modernité engendré par la technologie numérique. »[33]

Le Léviathan numérique soulève des dilemmes éthiques. Hobbes affirme qu' « il n'y a pas d'idéologie plus dangereuse pour l'État ou le 'Léviathan' que la notion que l'individu est un juge indépendant des actions bonnes et mauvaises. »[34] Cette notion est vraie dans une certaine mesure, car les humains sont devenus les créatures dominantes sur terre en raison de leur pouvoir naturel de jugement et de choix dans la création d'outils, leur utilisation et leur transformation, mais ils ne peuvent également juger du bien et du mal et discerner le bien du mal qu'en fonction de leurs propres désirs et de leur raison, et sont extrêmement subjectifs dans leurs choix éthiques. L'éthique, par sa nature même, devrait être un moyen fondamental de réaliser les valeurs morales de la nature humaine, et elle peut promouvoir le développement libre et complet des êtres humains[35]. Mais en tant que créatures complexes avec des pensées, des émotions et des besoins, les êtres humains sont obligés de faire des choix pour leurs propres besoins, et il est plus facile de satisfaire les besoins humains en choisissant le profit matériel qu'en choisissant l'éthique, cela à un coût moindre, ce qui rend le choix d'abandonner l'éthique particulièrement évident. En bref, de l'ère industrielle à l'ère numérique, la pression de la survie du plus fort a contraint certaines personnes à rechercher la survie numérique par des moyens contraires à l'éthique, car elles sont incapables

---

33. XIONG Xiaoguo, « Léviathan numérique et hétérotopie numérique : une exploration philosophique du dilemme de la modernité dans l'existence humaine à l'ère numérique », *Journal de l'Université des sciences et des technologies de Wuhan (édition scientifique et sociale)*, n° 3, 2021, p. 325

34. WU Zengding, *Le dilemme moral du Léviathan*, Vie, lecture, nouvelles connaissances, 2012, p. 150.

35. NIU Qingyan, « Le dilemme de l'aliénation de la technologie moderne et la réponse éthique à la personnification de la technologie », *Journal de l'Université forestière de Nanjing (édition sciences humaines et sociales)*, n° 1, 2012, p. 15.

de progresser par des moyens formels et légaux. L'être humain a créé des produits technologiques afin de remplacer un organe pour une tâche spécifique, pour jouir de la liberté et de la libération, mais l'inertie l'a éloigné de son objectif initial, le laissant à la merci des machines et soumis aux produits technologiques, un état dans lequel les gens n'ont aucune morale ou éthique, ils sont simplement à la poursuite du plaisir et de la commodité. En outre, les objets créés par les humains sont des entités qui reflètent la pensée humaine, tandis que la technologie crée des objets qui ne reflètent pas seulement la pensée humaine, mais également des inconnues au-delà de celle-ci, et ces inconnues peuvent conduire à la dégradation de la moralité humaine. « Aux États-Unis, les commissions de libération conditionnelle de plus de 30 États utilisent l'analyse de données pour décider de libérer ou de garder une personne incarcérée, et un nombre croissant de villes américaines utilisent la 'police prédictive' basée sur l'analyse des mégadonnées pour décider quelles rues, quels groupes ou quels individus doivent être surveillés de plus près pour une simple raison .... Les systèmes algorithmiques indiquent qu'ils sont plus susceptibles de commettre un crime. »[36] Ainsi, le manque d'éthique numérique est en fait une perte d'éthique et une déshumanisation des êtres humains dans le paysage numérique, causées par un manque de volonté individuelle, un manque de capacité et un excès de désir. On peut dire que le « Léviathan » qui se cache derrière la technologie numérique affecte les choix éthiques de l'homme.

Section II
Remixage et ordre

Le remixage est un processus de structure interne et de mouvement dans lequel le chaos et l'ordre s'opposent de manière symbiotique et se transforment l'un en l'autre. Il ne s'agit pas d'un mélange rigide d'anciennes et de nouvelles méthodes, mais plutôt d'une intégration et d'un réarrangement des éléments constitutifs. L'évolution du monde dans le chaos et l'ordre a mis en lumière le pouvoir du remixage, et ce qu'implique la nouvelle génération de technologies numériques est un remixage aussi puissant. Tout au long du développement de la société humaine, il s'agit toujours d'un processus de déconstruction et de reconfiguration de l'ordre.

---

36. TANG Huangfeng, « Les risques inhérents au léviathan numérique et à la gouvernance des données », *Exploration et controverse*, n° 5, 2018, p. 43.

À l'heure actuelle, l'essor du cyberespace apporte à l'humanité à la fois de nouveaux défis et de nouvelles possibilités de reconstruction de l'ordre. Dans le nouveau cycle de changement d'ordre, le pouvoir des nouvelles technologies est de plus en plus prépondérant, et la chaîne de blocs y joue un rôle de plus en plus crucial.

I. Le pouvoir du remixage

Tout au long de l'histoire de la société humaine, la croissance de la civilisation, de l'économie, ou même des données, est toujours venue du remixage. Comme l'a prédit Kevin Kelly dans *The Inevitable* : « Le remixage est une force de changement qui est inévitable et naturelle. » Actuellement, l'humanité est et restera dans une ère de remixage, qui aura certainement un impact sans précédent sur les règles et l'ordre.

L'aube de l'ère du remixage. Dans la vision du monde antique, le chaos est devenu synonyme de confusion et de désordre. Ce n'est que dans les années 1970, avec les progrès majeurs de la science et des mathématiques, que la nature plus profonde du chaos – la combinaison du désordre et de l'ordre – a été progressivement reconnue. Un parallèle fréquent avec le chaos est « l'entropie ». L'entropie n'est pas une mesure du chaos, mais plutôt de la multiplicité des états, un état à forte entropie étant plus susceptible d'être désordonné[37]. Avant le Big Bang, il y a 13,8 milliards d'années, tout était en ordre. Cependant, après le Big Bang, l'univers a fait un pas de géant vers le chaos. En tant que produit du Big Bang, le temps est « une flèche à sens unique dessinée par la loi de l'entropie croissante, désignée par la deuxième loi de la thermodynamique, et l'irréversibilité de la loi de l'entropie croissante, ce qui signifie également que le temps n'est pas réversible ». L'irréversibilité du temps nous apporte l'ordre au milieu du chaos[38], et l'ordre et le chaos bien qu'opposés l'un à l'autre peuvent être fusionnés. Le remixage est la fusion de ressources internes et externes pour créer une nouvelle valeur. Le remixage est l'essence même de l'innovation, comme l'a dit un jour Steve Jobs : « L'innovation consiste à rassembler des choses, et les personnes créatives sont celles qui voient certaines connexions et qui voient toujours les connexions entre les choses, puis les intègrent pour former quelque chose de nouveau. C'est ça l'innovation. » On peut dire que l'innovation consiste à briser les structures stables

---

37. Cesar Hidalgo [États-Unis], *Nature de la croissance*, traduit par Driftwood Translations, Presse CITIC, 2015, p. 18.

38. *Ibid.*, p. 29.

des systèmes et des processus déjà construits, à en faire un état chaotique et à permettre le réassemblage de ces éléments originaux. La soi-disant « innovation » consiste à briser le modèle et la structure d'origine et à les recombiner, et non à créer quelque chose à partir de zéro, y compris la naissance de l'iPhone et de WeChat, qui est une percée et une reconstruction du modèle, de l'industrie, de la pratique, du modèle et de l'idée d'origine. Dans le monde naturel, le graphite le plus doux et le diamant le plus dur sont tous deux constitués d'atomes de carbone, et leurs grandes différences ne sont dues qu'aux différentes manières de combiner les atomes de carbone. Les êtres humains doivent se remixer pour libérer leur intelligence individuelle et reconfigurer la manière dont ils s'organisent, vivent et créent, afin de gagner en intelligence collective. De même que le stockage des données n'augmente pas la masse du disque dur, il se fait en modifiant l'ordre dans lequel les supports d'information sont disposés. La progression de la civilisation à l'ère numérique commence également par la reconfiguration des personnes et de la société. Grâce au réarrangement et à la combinaison, les frontières entre les éléments originaux sont abolies[39]. Avec la disparition des anciennes frontières, l'ordre commence à évoluer vers le désordre, mais le remaniement n'est pas un amas de regroupements désordonnés, mais un arrangement et une combinaison ordonnés, de sorte que l'ordre s'effectue au sein du désordre. Dans un monde de remixage, des croisements peuvent se produire à tout moment, et l'innovation peut naître lorsque les ressources d'un domaine traversent les frontières et sont réarrangées avec les ressources d'un autre domaine. Au fur et à mesure que la civilisation évolue, que la technologie progresse et que la connaissance du monde s'accroît, le monde se présente à l'homme avec une clarté croissante. Cependant, avec l'avènement de l'ère du remix, le monde est encore plein d'incertitudes, avec souvent des risques et des changements imprévus, et nous marchons toujours seuls dans nos perceptions ambiguës. Dans de nombreux cas, nous ne pouvons pas mesurer, prévoir et contrôler avec précision. Il existe une incertitude quant aux valeurs, aux lois et aux règles, ainsi qu'aux droits. Ces incertitudes impliquent complexité et désordre, apportant chaos et confusion à la société humaine, risque et défi à notre vie commune.

La croissance vient du remixage. Le monde n'est pas « nouveau », il est « mélangé », et la société humaine se développe en se remélangeant. D'une part,

---

39. WANG Wen et LIU Yushu, *La Chine numérique : la chaine de blocs, la révolution intelligente et l'avenir de la gouvernance nationale*, Presse CITIC, 2020, p. 3.

le développement de la civilisation passe par le remixage. Au cours des dernières dizaines de milliers d'années, la société humaine s'est développée par un processus de diffusion, de division en différents groupes et enfin de re-mixage, mais le re-mixage n'est pas un retour au point d'origine. Comme le souligne Yuval Harari dans *Une brève histoire du futur*, « les divers groupes du passé se sont fondus dans le village global d'aujourd'hui, chacun portant avec lui un héritage unique d'idées, d'outils et de comportements, présentant les résultats de la collecte et du développement en cours de route. » Le processus d'évolution de la civilisation humaine n'est rien d'autre qu'un remix d'idées. Depuis plus de deux millénaires, chaque progrès social n'est pas la découverte d'une nouvelle idée, mais la reconceptualisation et la mise en pratique d'une idée particulière de l'âge axial. De même, les technologies émergentes qui ont déterminé le cours de la civilisation humaine n'ont évolué que comme un remix de technologies primitives antérieures. Selon Brian Arthur, économiste à l'Institut Santa Fe, « toutes les nouvelles technologies naissent de la combinaison de technologies existantes »[40]. Nous pouvons combiner des centaines de technologies simples avec des centaines de milliers de technologies plus complexes, et il y aura un nombre infini de nouvelles technologies possibles, qui sont toutes le produit du remixage. Deuxièmement, la croissance économique provient du remixage. Il n'y a pas d'uniformité dans la compréhension de ce que sont exactement les déterminants de la croissance économique. La théorie moderne de la croissance économique suggère que la croissance économique dépend non seulement du capital, du travail et de la mesure relative dans laquelle le capital et le travail contribuent à la croissance de la production, mais que le facteur moteur le plus important est le progrès technologique[41]. L'économiste de l'école autrichienne Joseph Schumpeter a attribué à l'utilisation des nouvelles technologies un rôle important dans l'innovation, en faisant valoir que les entrepreneurs parviennent à combiner de nouveaux produits et de nouvelles technologies. Dans la même veine que la « théorie de l'innovation technologique » de Schumpeter, qui se concentre sur les « nouvelles combinaisons », l'économiste Paul Romer affirme qu'

---

40. Kevin Kelly [États-Unis], *L'inévitable*, traduit par ZHOU Feng, DONG Li et JIN Yang, Presse de l'industrie électronique, 2016, p. 223.

41. Le futurologue américain Alvin Toffler, dans son livre *Future Shock*, mentionne également que derrière ces phénomènes économiques étonnants se cache un grand moteur de changement : la technologie, mais cela ne signifie pas qu'elle soit le seul moteur du changement social. En fait, les modifications de la composition chimique de l'atmosphère, les changements climatiques, les modifications de la fertilité des sols et d'autres facteurs peuvent entraîner des bouleversements sociaux, mais il est indéniable que la technologie reste la principale force qui accélère les chocs.

« une croissance économique véritablement durable ne résulte pas de la découverte et de l'utilisation de nouvelles ressources, mais du réarrangement des ressources existantes pour les rendre plus précieuses. » Dans *Inevitability*, Kevin Kelly suggère que « la croissance économique vient du remixage ». Jusqu'à présent, l'étude de la croissance économique est passée progressivement d'une focalisation sur les facteurs eux-mêmes à la réorganisation des facteurs, qui est devenue le moteur de l'innovation et de la richesse dans une société numérique[42]. Troisièmement, la croissance des données provient du remixage. Le remixage des données est crucial pour la croissance continue des volumes de données. Par nature, l'association et la réorganisation transfrontalières et inter-domaines sont la nature même du développement des données, qui peuvent briser les frontières de l'espace et du temps pour un flux et une agrégation rapides, rassemblant les données du même type et du même domaine en classes, interagissant les unes avec les autres et créant un ensemble continu plus grand, plus élevé, plus profond et plus spécifique au domaine, qui à son tour forme de nouveaux ensembles de données dans de nouvelles conditions. Les données individuelles n'ont pas de sens ; c'est le remixage qui forme de nouveaux ensembles de données et, par l'analyse de corrélation, génère des sous-ensembles supplémentaires de données qui ont une valeur spécifique[43]. La valeur du remixage des données est la découverte de nouvelles lois et de nouvelles valeurs. En termes de degré d'interaction, le remixage des données peut être divisé en trois niveaux : la combinaison des données, l'intégration des données et l'agrégation des

---

42. Kevin Kelly [États-Unis], *L'inévitable*, traduit par ZHOU Feng, DONG Li et JIN Yang, Presse de l'industrie électronique, 2016, p. 242.

43. La compréhension par l'humanité de la valeur des données peut être divisée en trois étapes : premièrement, l'ère des petites données basées sur les ordinateurs et la poursuite du raffinement des données ; deuxièmement, l'ère des grandes données basées sur les ressources systématiques de données et l'excavation profonde des relations entre les données ; et troisièmement, l'ère des super données marquée par l'explosion des grandes données et la congestion des données. Les données sont partout, elles se cachent dans l'ombre et se moquent des personnes qui n'en font pas bon usage, et la vérité est souvent cachée dans les permutations des données.

données (Figure 4.1), qui permettent de réaliser progressivement une agrégation profonde des données éparses et désordonnées, de faible à forte[44].

L'impact du remixage sur la commande. À l'ère du re-mixage, les innovations technologiques ont entraîné une modification des possibilités d'innovation, l'Internet et les développements numériques permettant aux gens d'innover

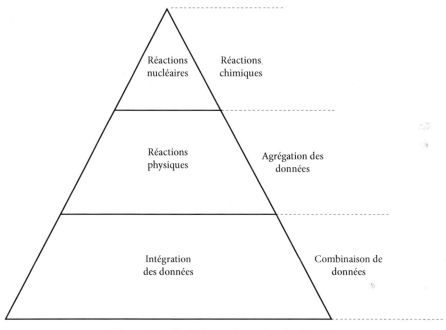

Réactions nucléaires   Réactions chimiques

Réactions physiques   Agrégation des données

Intégration des données   Combinaison de données

Figure 4.1   Trois façons de remixer les données

---

44. Une combinaison de données consiste en une simple combinaison de données provenant de toutes les parties qui donne une image complète de ce qui se passe. Le remixage de ces données produit une réaction physique et la nature des attributs des données reste inchangée. Par exemple, il suffit d'assembler un rapport de crédit avec des données de transaction, des données de communication, des données d'achat, etc. L'intégration des données consiste à faire coexister des données provenant de plusieurs parties afin de réaliser de la valeur. Le remixage de ces données produit une réaction chimique, avec une valeur générée. Comme la liste noire, à être corrélé par les données financières et les données de l'industrie de la communication pour déterminer si entrer dans la liste noire, comme l'utilisateur a un comportement financier anormal, couplé avec le changement fréquent de l'utilisateur de téléphone mobile et les temps d'arrêt, fondamentalement peut être jugé comme un utilisateur de liste noire. L'agrégation des données par les deux côtés de l'incubation de l'agrégation des données pour générer une nouvelle valeur, le remix de ces données est généré par la réaction nucléaire, résultant en un nouveau modèle. Par exemple, les prêts à tempérament, à travers les capacités de contrôle des risques des mégadonnées, non seulement réduire le processus de vérification, mais aussi permettre la surveillance et la gestion post-prêt dans le prêt, mais aussi la capacité de localiser et de collecter sur les utilisateurs perdus, est un paquet.

partout et à tout moment. Autrefois, les professionnels constituaient l'épine dorsale de l'innovation ; aujourd'hui, tout le monde a cette possibilité. Dans le passé, seules quelques personnes pouvaient publier et devenir célèbres ; aujourd'hui, avec un téléphone portable, un ordinateur et l'Internet, c'est possible pour tout le monde. L'environnement de l'innovation a changé, l'accès à l'innovation est plus accessible et les barrières sont moins élevées, et les gens choisissent de plus en plus d'utiliser les remixes pour exprimer leur pouvoir créatif et leur désir de le montrer. À mesure que les barrières à l'innovation s'abaissent, le remixage apporte de la valeur à l'humanité mais soulève également de nombreuses questions, notamment en termes de règles et d'ordre. L'ordre, garantie fondamentale de la survie et du développement de la société humaine, n'est pas statique, mais évolue et change progressivement, sous l'impulsion des agents sociaux et de leurs interactions. Pour que la société existe et progresse correctement dans le contexte d'une ère de remixage, il est essentiel que les différents agents sociaux interagissent les uns avec les autres et forment ainsi un système de règles. L'existence et la vie communes de l'humanité imposent l'existence d'un ordre social minimal, au cœur duquel se trouve la nécessité pour chaque communauté sociale de résoudre le problème de l'utilisation de ses ressources ou richesses sociales communes afin de continuer à se développer. Cela suppose que chaque société choisisse et établisse un ordre de plusieurs droits quant à savoir qui (individu, collectivité ou autres formes d'organisation) les utilise et comment ils sont utilisés (quelle nature de droits ils ont, etc.). Cet ordre est généralement centré sur la conception d'un régime de droits, qui est un système de droits centré sur les droits numériques. Les droits numériques définissent les droits de propriété des ressources de données et structurent l'ordre d'accès aux ressources dans la société numérique. Les droits numériques deviennent le lien entre les organisations de la société numérique et maintiennent les limites de l'existence de la communauté sociale numérique. Le remixage est le réarrangement et la réutilisation de ce qui existe déjà, ce qui crée un défi et un impact énormes sur le concept traditionnel de propriété et d'appropriation. D'une certaine manière, notre système juridique est toujours coincé dans les normes de l'ère industrielle et commerciale, qui a pris du retard sur le développement de l'ère numérique.

II. La déconstruction et la reconstruction de l'ordre

L'ordre est un besoin enraciné dans la vie productive de l'homme, incarné par la passion pour l'ordre et la confiance en celui-ci. L'humanité entre dans une société numérique avec de multiples superpositions de nouvelles technologies telles qu'Internet, les mégadonnées et la chaîne de blocs. La nouvelle génération de technologies numériques affecte l'ordre social avec une vitesse, une ampleur et une profondeur sans précédent, et l'ordre originel lié aux anciennes institutions et aux mécanismes est en train de se briser.

Le besoin d'ordre. La nature sociale et biologique des êtres humains détermine qu'il existe trois besoins fondamentaux pour la survie de l'homme : les ressources matérielles pour satisfaire les instincts biologiques, les règles d'ordre pour maintenir la structure sociale, et la construction de sens pour percevoir la valeur de l'existence, dont le besoin des éléments de l'ordre social est l'élément principal du besoin global d'ordre. Il a été prouvé qu'en raison de l'existence du désordre, « désordre au sens où il y a discontinuité (ou discontinuité) et irrégularité, c'est-à-dire absence de modèles à la portée de la connaissance – sous la forme de changements imprévisibles et soudains d'un état de choses à un autre »[45], l'ordre devient une nécessité. Le désir naturel d'ordre fait qu'il soit instinctif de remplacer le désordre par l'ordre, principalement par le biais de dogmes religieux, de codes moraux et de règles juridiques. Parmi ceux-ci, le caractère obligatoire de la loi est l'alternative la plus complète au désordre et la plus efficace pour répondre au besoin humain d'ordre. Dans une société civilisée, le droit est le moyen principal et souvent efficace d'éliminer les troubles ou de les prévenir.[46] L'ordre est une nécessité de la vie commune de l'humanité. L'ordre est déterminé par les différents principes, règles et normes que les êtres humains ont formés, consciemment ou inconsciemment, dans la pratique de la production et de la vie, et il est appelé à changer avec les différents principes, règles et normes. « L'ordre de la société humaine doit donc être socio-historique, c'est-à-dire en cours de formation, de maintien, de déconstruction et de reconstruction. »[47] Les êtres humains recherchent l'ordre, « non pas, bien sûr, pour l'ordre en soi, mais pour leur survie et leur développement harmonieux et pacifique. L'ordre n'est rien d'autre que l'état bénin d'ordre, de cohérence et de durabilité que les gens affichent pour survivre et se développer normalement, et il est donc l'expression de la valeur d'une 'bonne vie'. C'est pourquoi les êtres humains considèrent l'ordre comme un objectif important à poursuivre et comme

---

45. E. Bodenheimer [États-Unis], *Jurisprudence : philosophie du droit et méthode juridique*, traduit par DENG Zhenglai, Presse de l'Université chinoise de sciences politiques et de droit, 2004, p. 28.

46. ZHANG Wenxian, ed., *Jurisprudence (4ème édition)*, Higher Education Press et Presse de l'Université de Pékin, 2011, p. 261.

47. ZHANG Shuguang *et al.*, *La reconstruction des valeurs et de l'ordre*, Maison d'édition du peuple, 2016, p. 130.

une norme de comportement envers les individus et leurs interrelations. »[48] Dans la réalité actuelle, les problèmes d'alimentation et d'habillement des personnes ont été fondamentalement résolus, les besoins matériels et culturels ne sont plus urgents à satisfaire, tandis que le besoin d'une bonne vie ne doit être mieux satisfait qu'après que la demande d'ordre ait été fondamentalement satisfaite. Par conséquent, c'est la demande de commande qui est la demande goulot d'étranglement, le type de demande le plus urgent et le plus rare à l'heure actuelle.

La classification de l'ordre. Engels affirme que « la nature n'existe pas, mais engendre et passe. »[49] En d'autres termes, la nature évolue, évolue et dégénère. En d'autres termes, l'évolution de la nature est à la fois évolutive et dégénérative[50]. L'évolution est « la direction du progrès continu du désordre à l'ordre, de la simplicité à la complexité, des niveaux inférieurs aux niveaux supérieurs » et est « l'histoire du déploiement de l'ordre ou de la complexité différenciée », tandis que la dégénérescence est « la direction de la régression continue de l'ordre au désordre, de la complexité à la simplicité, des niveaux supérieurs aux niveaux inférieurs ». La dégradation fait référence à « la direction de la régression de l'ordre vers le désordre, de la complexité vers la simplicité, des niveaux supérieurs vers les niveaux inférieurs ». Dans la nature et dans la société humaine, il existe divers résultats, permutations et combinaisons qui créent divers ordres, chacun ayant ses propres fonctions et valeurs spécifiques, qui influencent profondément la production et la vie humaines. Les ordres sont divisés en ordres naturels et artificiels, ordres physiques et virtuels, ordres unidimensionnels et multidimensionnels, ordres simples et mixtes, ordres explicites et implicites, ordres génériques et spécifiques, ordres fixes et variables, ordres initiaux et dérivés, ordres physiques, rationnels et numériques, etc.[51] À différentes étapes de l'histoire de la société humaine, l'ordre requis était différent. La simplicité de la civilisation agraire rendait toutes les activités humaines hautement déterministes, présentant un caractère statique, et l' « ordre naturel » de cette époque présentait également un haut degré de déterminisme. À la fin du XXe siècle, la société humaine est progressivement

---

48. ZHANG Shuguang *et al.*, *La reconstruction des valeurs et de l'ordre*, Maison d'édition du peuple, 2016, p. 165-166.

49. Engels [Allemagne], *Dialectique de la nature*, Maison d'édition du peuple, p. 12, 1984.

50. WU Jie, LI Runzhen et CHENG Shouhua, « Du désordre à l'ordre – La non-linéarité comme source de dynamique pour ordonner la structure des systèmes », *Revue des sciences du système*, n° 1, 2008, p. 13.

51. WEN Tingxiao et LIU Xuan, « La "théorie du nouvel ordre" de David Weinberg et ses implications pour les organisations du savoir », *Bibliothèque*, n° 3, 2013, p. 6.

entrée dans un processus postindustriel, qui s'est accompagné d'une augmentation rapide de la complexité et de l'incertitude de la société humaine, posant ainsi de nouveaux défis à la création d'un ordre. En quelques siècles, la société industrielle a rapidement accru la complexité de la société, la faisant entrer dans une ère de grande complexité où l'ordre et les règles créés étaient confrontés à un dilemme d'échec. Dans les coordonnées de l'histoire, nous pouvons clairement voir un fil de complexité dans l'évolution des sociétés agraires vers les sociétés industrielles, qui ont perturbé l'ordre naturel des sociétés agraires et créé une demande de rétablissement de l'ordre. Avec la croissance exponentielle de la complexité sociale dans la société numérique, un nouvel ordre est nécessaire dans des conditions de grande complexité et de grande incertitude. Un changement est nécessaire pour construire un ordre qui puisse s'adapter aux conditions de grande complexité et de grande incertitude. Dans l'histoire de la société humaine, depuis l'âge du sang et du chaos, la société humaine a évolué dans une spirale ordonnée du bas vers le haut, du simple vers le complexe, reflétant un ordre « progressif » inhérent.

La reconfiguration de l'ordre. « L'histoire des sciences montre que la construction d'un nouvel ordre vient souvent de la reconstruction de l'ordre ancien, ou de la découverte et de la recherche de points communs et de points de contact entre différents ordres, puis de la nouvelle convergence, ou de la convergence de relations chaotiques en un nouveau système d'ordre. »[52] En tant qu'exigence inévitable du développement social, la reconstruction de l'ordre concerne l'établissement de règles de civilisation et de normes de comportement dans tous les domaines de la société, l'expansion et le renforcement du monde moral et spirituel, avec la dualité des « valeurs humanistes » et des « règles sociales ». Dans son livre « *The Revolution of the New Digital Order* », David Weinberg a avancé de manière créative l'idée de trois niveaux d'ordre. Il estime que le premier niveau d'ordre est l'ordre physique, qui est l'agencement du monde matériel et des choses en soi. Le deuxième niveau d'ordre est l'ordre rationnel, qui est la division des informations sur les choses en positions correspondantes et fixes selon notre ordre ou système de classification préétabli. Le troisième niveau d'ordre est l'ordre numérique, un ordre qui n'est pas prédéterminé, qui dépasse les limites du système de classification, qui réarrange et combine les données selon les besoins lors de leur utilisation pour créer un nouvel

---

52. Laboratoire clé de la stratégie des mégadonnées, *Données en blocs 5.0 : théories et méthodes de sociologie des données*, Presse CITIC, 2019, p. 307.

ordre spécifique et répondant aux besoins individuels[53]. L'ordre est le ciment de la société humaine, et l'existence ou non de l'ordre et le degré auquel il est atteint est une mesure importante de la civilisation de la société. L'essence de la civilisation humaine est la construction de l'ordre, et tout au long du développement de la civilisation humaine, la construction et la poursuite de l'ordre constituent la ligne directrice. L'ordre est un guide de valeurs et un critère de civilisation, il oriente mais n'interfère pas explicitement avec la société humaine, il ne réglemente pas clairement la structure de base de la société humaine, mais définit seulement un espace possible pour la société humaine. Dans les sociétés anciennes, la sorcellerie et la religion dominaient l'ensemble de la société humaine, et la structure de l'esprit humain, qui était nourri par la crainte des dieux et l'absence de concurrence, faisait que les êtres humains se concentraient davantage sur les valeurs sacrées dans leur quête de valeurs. Dans la société moderne, après la « suppression du charme », la production et la concurrence sont devenues le contenu essentiel de la vie humaine, et la structure de l'esprit cultivé par les êtres humains, qui est désireux de rivaliser, a amené les gens à accorder plus d'attention aux valeurs pratiques dans leur recherche de valeurs. En un sens, les civilisations anciennes et modernes semblent être des civilisations « boiteuses », et le parti pris dans la recherche des valeurs en est la cause première. En ce sens, l'ordre des valeurs est un « baromètre » de l'état de la civilisation sociale. À l'ère du numérique, l'essor du cyberespace a apporté de nouveaux défis à l'humanité et des possibilités de rétablir l'ordre. Dans ce nouveau cycle de changement d'ordre, le pouvoir de transformation de la chaîne de blocs se distingue, et jamais dans l'histoire la reconstruction de l'ordre n'a été aussi importante qu'aujourd'hui, les nouvelles technologies jouant un rôle aussi important.

III. La chaîne de blocs permet un nouvel ordre

Il est bien connu que le temps mis par la société humaine pour passer de la civilisation primitive à la civilisation agraire, puis à la civilisation industrielle, a progressivement diminué. La révolution technologique a sans aucun doute joué un rôle énorme dans cette promotion. À l'heure actuelle, la société humaine se dirige à grands pas vers une ère numérique caractérisée par une pénétration totale, une intégration transfrontalière et une innovation accélérée. Cette évolution sociale

---

53. David Weinberg [États-Unis], *Tout est désordre : la révolution du nouvel ordre numérique*, traduit par LI Yanming, Maison d'édition du peuple de Shanxi, 2017, p. 4.

de plus en plus intense a accéléré le rythme du développement social humain. Dans ce processus, avec l'utilisation généralisée de la technologie numérique dans la survie de tous les êtres humains, l'ordre de la société humaine a été bouleversé, et la terre sur laquelle les êtres humains vivent et se développent va évoluer vers une « terre numérique » avec un développement numérique. Dans un tel monde numérique, l'humanité doit apprendre à s'adapter aux changements induits par la technologie numérique et s'engager dans la croissance d'un nouvel ordre d'autonomisation technologique pour le développement social humain. La cinquième session plénière du 19ᵉ Comité central du Parti a proposé que « nous développions une économie numérique, renforcions la construction d'une société et d'un gouvernement numériques, et améliorions l'intelligence numérique des services publics et de la gouvernance sociale. » Il s'agit également de la clarification officielle de la connotation du développement numérique, à savoir l'économie numérique, la société numérique et le gouvernement numérique comme les trois piliers pour mener à bien l'innovation et l'application des technologies numériques.

Chaîne de blocs et l'économie numérique. L'économie numérique est une nouvelle forme d'économie après l'économie agricole et l'économie industrielle, qui s'est formée avec l'essor et l'application généralisée des technologies numériques de nouvelle génération. La première personne à avoir inventé le terme « économie numérique » est le chercheur canadien Don Tepescott, connu comme le « père de l'économie numérique ». L'émergence de la technologie chaîne de blocs a renforcé le potentiel d'allocation des ressources de l'économie numérique, qui est une forme économique avancée orientée vers l'allocation optimale des ressources. L'émergence de la technologie chaîne de blocs a renforcé le potentiel d'allocation des ressources de l'économie numérique[54]. Par la suite, avec la publication de trois ouvrages, *Digital Survival, The Digital Economy* et *The Rise of the Network Society*, ainsi que la promotion conjointe par les médias et les gouvernements, le concept d'économie numérique est devenu de plus en plus populaire et profondément ancré dans l'esprit des gens[55]. Un examen de l'histoire du développement économique de l'humanité révèle qu'avant le XVIIIᵉ siècle, la civilisation humaine pouvait être classée essentiellement comme une économie agricole, tandis que les deux révolutions industrielles, représentées par la « mécanisation » dans la

---

54. Don Tapscott, *The Digital Economy : Promise and Peril in the Age of Networked Intelligence*, New York : McGraw Hill, 1996, p. 3.

55. YAN Deli, *L'économie numérique*, École du Parti du Comité central du Parti communiste chinois Presse, 2020, p. 6.

seconde moitié du XVIIIe siècle et l' « électrification » dans la seconde moitié du XIXe siècle, ont eu un impact sur l'économie. Les deux révolutions industrielles, représentées par la mécanisation dans la seconde moitié du XVIIIe siècle et l'électrification dans la seconde moitié du XIXe siècle, sont devenues des tournants importants dans l'histoire du développement économique de l'humanité[56]. Avec le développement de la technologie numérique, le développement économique humain a commencé à passer d'une économie industrielle à une économie numérique. L'économie numérique est née des nouveaux besoins de l'économie industrielle et de l'émergence de la technologie numérique. La pénétration progressive des nouvelles technologies dans les processus dynamiques complexes de l'économie, de la société et de la vie a également entraîné des changements perturbateurs dans le mode de fonctionnement de la société humaine et de son organisation économique. On peut dire que nous vivons aujourd'hui à l'ère du « darwinisme numérique », dont le processus de sélection visant à déterminer si les humains sont capables de s'adapter à l'existence numérique est au cœur de cette ère. La technologie Chaîne de blocs est devenue l'un des outils les plus importants pour la migration vers une société numérique et pour les activités économiques numériques.[57] Dans la vague d'applications de la technologie chaîne de blocs qui balaie le monde, le meilleur moment pour développer une économie numérique utilisant la technologie chaîne de blocs est devenu l'une des propositions technologiques actuelles pour le développement mondial. Dans le mode traditionnel d'interaction économique humaine, nous hésitons et nous nous inquiétons souvent du crédit des contreparties, de l'authenticité des instruments commerciaux et de l'amélioration de l'efficacité des opérations économiques. Tout cela est toutefois appelé à changer avec l'arrivée de la technologie chaîne de blocs. La technologie Chaîne de blocs utilise des algorithmes cryptographiques et des mécanismes de consensus pour garantir que les données ne peuvent pas être altérées ou falsifiées, ce qui rend le coût de la répudiation[58], de l'altération et de la fraude énorme, et aide à établir des règles et un ordre sûrs et fiables pour l'économie numérique, permettant à la société humaine de coopérer plus étroitement et

---

56. ZHANG Yifeng, « Chaîne de blocs : un nouvel outil pour construire un monde numérique », *Construction de technologies de l'information*, n° 11, 2018, p. 37.

57. LIU Quan, ed., *Chaîne de blocs et intelligence artificielle : construire un monde d'économie numérique intelligente*, Maison d'édition des postes et télécommunications du peuple, 2019, p. 94.

58. CAO Hongli et HUANG Zhongyi, « Chaîne de blocs : construire une infrastructure pour l'économie numérique », *Sécurité du cyberespace*, n° 10, 2019, p. 78.

posant les bases de la confiance pour une gouvernance humaine collaborative de l'économie numérique. Avec le renforcement de la technologie chaîne de blocs, le modèle traditionnel « d'interconnexion des données » de l'économie numérique se transformera en « interconnexion de la confiance » et en « interconnexion de la valeur », et la nouvelle économie numérique sera capable de La nouvelle économie numérique peut transférer efficacement des informations et de la valeur sur la base de la confiance entre pairs, bouleversant ainsi tous les aspects de la finance, de la fabrication, de la vie et de la consommation. Plus précisément, la technologie de livre de compte distribué de la chaîne de blocs peut affaiblir l'asymétrie d'information du réseau, les mécanismes de consensus peuvent aider à dissoudre la confiance numérique humaine, et le cryptage asymétrique et les contrats intelligents peuvent sécuriser davantage l'économie numérique[59]. La chose la plus importante pour une économie numérique digne de confiance est de parvenir à un consensus, et en ce qui concerne la formation du mécanisme de consensus, la chaîne de blocs aide toutes les parties à parvenir à un consensus au préalable, puis un ensemble de mécanismes de consensus est formé sur la base du consensus et de la confiance pour résoudre le problème du monopole dans la chaîne. La révolution numérique a changé la nature de l'innovation, et l'autonomisation technologique a élargi les limites du champ de l'économie numérique et construit un modèle d'économie numérique inclusif.

Chaîne de blocs et la société numérique. L'humanité migre du monde physique vers le monde numérique, mais la migration numérique de la société humaine n'est pas un processus sans heurts, et le monde physique et le monde numérique ne correspondent pas l'un à l'autre et ne s'adaptent pas parfaitement. Qu'il s'agisse de la transformation de la technologie ou de la construction de règles, il existe une série de dilemmes, tels que les obstacles techniques, les obstacles juridiques, les obstacles liés aux données et d'autres défis cartographiques qui créent un « fossé » entre le monde physique et le monde numérique, bloquant la numérisation du monde physique et la liaison et l'interopérabilité des deux mondes[60]. Mais heureusement, chaque avancée technologique a toujours contribué au développement et au progrès de la société, et les changements dans les fondements du système social causés par le développement des technologies de l'information ont conduit à la formation

---

59. KUANG Jinsong et PENG Wenbin, « La technologie Chaîne de blocs stimule le développement de l'économie numérique : logique théorique et orientation stratégique », *Social Science*, n° 9, 2020, p. 68-69.

60. LIU Quan, ed., *Chaîne de blocs et intelligence artificielle : construire un monde d'économie numérique intelligente*, Maison d'édition des postes et télécommunications du peuple, 2019, p. 3-9.

d'un nouvel ordre social. Les changements numériques ont reconfiguré les mondes réel et virtuel des personnes, et « l'existence numérique » est devenue une réalité au-delà de toute prophétie, avec une société numérique à l'horizon[61]. En tant que forme sociale et culturelle spécifique, la « société numérique » a été nourrie par le développement rapide et l'utilisation généralisée des technologies de l'information contemporaines, telles que la numérisation, la mise en réseau, les mégadonnées et l'intelligence artificielle[62]. Dans sa vision du monde numérique du futur, Kevin Kelly a déclaré : « Les mondes miroirs relient le monde physique aux informations numériques virtuelles, créant ainsi une expérience interactive transparente entre les personnes et les ordinateurs ». La technologie Chaîne de blocs a mis le jumeau numérique sur la bonne voie et dans la réalité. Sous l'impulsion de concepts avancés comme le jumeau numérique et sous l'impulsion de la technologie numérique, la migration numérique de la société humaine s'accélère progressivement. Dans le contexte de l'ère numérique actuelle, la production et la vie humaines ont commencé à passer de la numérisation et de la mise en réseau à l'intelligence, « les données, les algorithmes et la puissance arithmétique devenant le nouveau moteur et le support technique du développement »[63], ce qui accélère la tendance à la reconstruction de la civilisation industrielle avec une technologie numérique intelligente. La société humaine est entrée dans l'ère de ce que le philosophe et sociologue DE Jürgen Habermas a appelé la « société complexe »[64]. Dans cette société extrêmement complexe, l'interaction humaine, la confiance et la coopération sont confrontées à de nouveaux problèmes et défis, et les multiples caractéristiques techniques de la chaîne de blocs sont le dernier moyen d'aborder et de résoudre ces problèmes et défis. Les caractéristiques techniques fondamentales « décentralisées » de la chaîne de blocs peuvent permettre aux gens de bénéficier d'une plus grande égalité et d'une plus grande liberté dans la participation à la gouvernance sociale, ainsi que d'une

---

61. WU Xinhui, « La confiance numérique et la reconstruction de la confiance dans la société numérique », *Apprentissage et pratique*, n° 10, 2020, p. 87.

62. LI Yi, « La tendance de développement de la "société numérique", les caractéristiques de l'époque et la croissance de l'industrie », *Journal de l'école du parti du Comité municipal de Hangzhou du Parti communiste chinois*, n° 5, 2019, p. 83.

63. MA Changshan, « La logique de la gouvernance dans la société numérique et son déploiement de l'État de droit », *Legal Science (Journal de l'Université de sciences politiques et de droit du Nord-Ouest)*, n° 5, 2020, p. 5.

64. PEI Qingqi, MA Delin et ZHANG Leping, « Chaîne de blocs et la reconstruction numérique de la gouvernance sociale », *Journal de l'Université normale du Xinjiang (édition philosophie et sciences sociales)*, n° 5, 2020, p. 118.

information ouverte et transparente et d'une supervision mutuelle, ce qui renforce essentiellement l'autonomie des gens et contribue à optimiser en permanence le paradigme de gouvernance sociale existant, à renforcer l'équité sociale et le crédit social. La reconstruction, la transformation et la mise à niveau du système de gouvernance de la société numérique contribuent également à l'amélioration de la capacité de gouvernance de la société numérique. En tant que technologie de soutien de base pour le développement social, la chaîne de blocs transforme les questions de gouvernance sociale difficiles à quantifier en question numériques, réalise l'intégration numérique, en réseau et intelligente de la gouvernance sociale, promeut une société crédible vers une société programmable, construit une société numérique crédible plus parfaite et crée un modèle de gouvernance sociale de co-construction, de cogestion et de partage. En tant que technologie de soutien importante pour le système de gouvernance sociale numérique, la chaîne de blocs est une technologie d'infrastructure et de gouvernance importante dans la transformation de la société numérique, ce qui la distingue des autres technologies et applications.

Chaîne de blocs et gouvernement numérique. « L'administration numérique est un processus de développement et de transformation systématique du concept de gouvernance de l'administration, des limites de responsabilité, de la forme organisationnelle, des modes d'exécution des tâches et des moyens de gouvernance, afin de s'adapter à la transformation numérique de l'économie et de la société et de la promouvoir. »[65] Le processus de numérisation de l'administration dans les sociétés humaines est largement identique et peut être divisé en trois étapes : « l'informatisation de l'administration », « l'administration en ligne » et « l'administration numérique »[66], chacune d'entre elles étant optimisée et améliorée grâce aux éléments suivants Chacune de ces étapes est déterminée par le développement technologique et la politique, mais la durée de chaque étape de transformation varie d'un pays à l'autre en raison des différences de technologie et de politique. Dans les sociétés agraires et industrielles traditionnelles, la gouvernance gouvernementale visait à contrôler la société ; dans la société de

---

65. BAO Jing, FAN Ziteng et JIA Kai, « Recherche sur la forme de gouvernance du gouvernement numérique : analyse conceptuelle et cadre hiérarchique », *E-Gouvernement*, n° 11, 2020, p. 3.

66. HUANG Huang, « Le gouvernement numérique : politiques, caractéristiques et concepts », *Études sur la gouvernance*, n° 3, 2020, p. 8-9.

l'information, la gouvernance gouvernementale cherche à servir la société.[67] Il est clair que le gouvernement numérique n'est pas simplement l'électronisation du travail et des processus gouvernementaux, mais aussi l'utilisation de la technologie numérique pour enrichir la pensée numérique et faciliter les services numériques. Le gouvernement numérique n'est pas une nouveauté, c'est un passage de la gestion à la gouvernance, de l'innovation technologique à la pratique d'application. Le gouvernement numérique rend le processus administratif serviable, intelligent, systématique et précis, visant à maximiser l'intérêt public et à atteindre l'objectif de modernisation de la gouvernance nationale[68]. Sous l'impulsion de l'innovation technologique, l'administration numérique est profondément intégrée dans de nombreux scénarios de gouvernance et de services gouvernementaux, et réalise progressivement de nombreuses nouvelles possibilités dans les services aux entreprises. La construction d'un gouvernement numérique est également un soutien nécessaire à la Chine pour construire une « communauté de destin humain » dans le paysage de la gouvernance mondiale[69]. Le « gouvernement numérique » basé sur la technologie chaîne de blocs peut répondre aux besoins d'immuabilité, de traçabilité, de sécurité et de fiabilité des données, ainsi que de stockage distribué et de protection de la vie privée, ce qui peut optimiser le processus des services gouvernementaux, promouvoir le partage des données gouvernementales, réduire les coûts de fonctionnement du « gouvernement numérique » et renforcer l'efficacité de la collaboration gouvernementale. Il jouera un rôle important dans l'optimisation du processus des services gouvernementaux, la promotion du partage des données gouvernementales, la réduction des coûts de fonctionnement du « gouvernement numérique » et l'amélioration de l'efficacité de la collaboration gouvernementale[70]. Dans la pratique internationale du gouvernement numérique basé sur la chaîne de blocs, des pays comme l'Estonie, les États-Unis et la Géorgie attachent une grande importance à la recherche et à l'application de la technologie chaîne de blocs, parmi lesquels l'Estonie est considérée comme un leader mondial du gouvernement numérique. L'Estonie est considérée comme un

67. DAI Changzheng et BAO Jing, « Gouvernance gouvernementale numérique – un examen basé sur l'évolution des formes sociales », *Administration chinoise*, n° 9, 2017, p. 24.

68. WANG Huanran, *La société de chaîne de blocs : la chaîne de blocs aide à moderniser la capacité de gouvernance de l'État*, Presse de l'industrie mécanique, 2020, p. 282.

69. BAO Jing, FAN Ziteng et JIA Kai, « Recherche sur la forme de gouvernance du gouvernement numérique : analyse conceptuelle et cadre hiérarchique », *E-Gouvernement*, n° 11, 2020, p. 10.

70. DING Fang et Jiaodi, « L'application de la technologie Chaîne de blocs dans le "gouvernement numérique" », *Journal économique et commercial de la Chine (Volume moyen)*, n° 3, 2020, p. 6.

leader mondial en matière de gouvernement numérique, avec son infrastructure de signature sans clé (KSI) et son projet d'État numérique à l'avant-garde des applications de la technologie chaîne de blocs[71]. Les caractéristiques de la chaîne de blocs permettent au gouvernement d'atteindre des objectifs de plus haut niveau tels que la transparence, la sécurité, l'inclusivité et la segmentation de la valeur[72]. Il convient de noter que dans la technologie numérique hautement développée d'aujourd'hui, la Co progression du gouvernement numérique et du gouvernement de l'État de droit est une voie nécessaire pour moderniser le système et la capacité de gouvernance du pays, et l'intersection de la démocratie consultative et de la technologie de gouvernance est devenue une préoccupation essentielle dans la transformation numérique du gouvernement. Parmi les nombreux mécanismes et modèles traditionnels de gouvernance en Chine, on ne peut ignorer la démocratie consultative en tant que système politique qui intègre les relations sociales, réduit les conflits sociaux et élargit le consensus social. L'efficacité de la consultation est directement limitée par le champ d'application restreint de la consultation, le petit nombre de participants, les lieux de consultation limités, les mauvais canaux de consultation et le processus de consultation compliqué[73]. Mais le plus important est le manque de soutien technique et institutionnel nécessaire à la consultation et à la démocratie. L'utilisation de la technologie basée sur la chaîne de blocs, en particulier la chaîne de blocs de souveraineté, est la percée clé pour résoudre ce problème. La chaîne de blocs de souveraineté, en tant que règle des institutions, ajoute les caractéristiques de souveraineté, de supervision gouvernementale, d'intervention technologique et de décentralisation non complète, qui sont imprégnées de volonté souveraine, par rapport à la technologie chaîne de blocs. Selon le concept de chaîne de blocs de souveraineté, elle fait de la démocratie participative un algorithme permettant d'établir un ensemble de mécanismes de consensus et de gouvernance partagée basés sur une régulation technique, fournissant un support numérique aux pratiques démocratiques dans la société numérique. L'invention de la chaîne de blocs de souveraineté nous offre une nouvelle voie de la bonne gouvernance à la bonne gouvernance. La bonne gouvernance est centralisée, où

---

71. WANG Yimin, *Gouvernement numérique*, Presse de l'école du Parti du Comité central du Parti communiste chinois, 2020, p. 167.

72. WANG Yanchuan, CHEN Zihan et YI Ran, *Gouvernance des chaînes de blocs : principes et scénarios*, Maison d'édition du peuple de Shanghai, 2021, p. 213.

73. LIAN Yuming, « Salut à la nouvelle ère – L'utilisation de la technologie de gouvernance basée sur la chaîne de blocs de souveraineté dans la démocratie consultative », *CCPPC Chine*, n° 6, 2018, p. 81.

l'autorité part du centre et s'étend lentement vers l'extérieur avec une efficacité décroissante. La bonne gouvernance est décentralisée, basée sur des mécanismes de consensus et programmée et codée pour permettre la gouvernance entre de multiples sujets. Si la technologie de gouvernance basée sur la chaîne de blocs de souveraineté peut être appliquée à la démocratie consultative, la contribution à la construction du système de démocratie consultative aux caractéristiques chinoises et au renforcement de la civilisation institutionnelle de la société humaine sera énorme.

Section III
La technologie au service du bien

La technologie change le monde, et la bonté éclaire l'avenir. La technologie est aussi une arme à double tranchant, une épée de Damoclès suspendue au-dessus de la tête de l'humanité. Elle est « l'épée brillante » de la justice et la complice des seigneurs de guerre ; elle apporte la liberté à l'homme mais lui met aussi des chaînes. Si les nouvelles technologies apportent des avantages à l'humanité, elles brisent également les frontières et les valeurs éthiques. Les moyens de tourner la technologie vers le bien aurons une grande incidence sur la survie des êtres humains et sur la régulation et la normalisation de l'ordre social. L'âme de la technologie est toujours de montrer son « côté angélique » plutôt que son « côté diabolique », d'être utilisé pour les hommes plutôt que de les pousser à se détruire eux-mêmes. Les personnes sont la mesure de la technologie, et les valeurs déterminent l'orientation de la technologie. Dans le présent et dans un avenir probable, de nouvelles technologies vont apparaître et nous vivrons dans un environnement de plus en plus technologique. Ce n'est qu'en adhérant au concept de technologie pour le bien, en évitant la « cupidité technologique » et en rendant la technologie plus chaleureuse que nous pourrons construire un nouvel ordre numérique qui soit durable, stable, équitable et juste.

I. La règle de la conscience et de l'altruisme

La technologie est une manifestation de la nature humaine, un moyen pour l'homme et la nature de fusionner et de s'harmoniser, un moyen de combiner la bonté et la conscience de la nature humaine avec la vérité objective du monde extérieur. La conscience est ce que l'on appelle la bonté, le cœur du bien et du mal inhérent au cœur humain sans apprentissage ni réflexion, elle est à la fois la conscience morale et l'émotion morale du cœur humain. La conscience est un produit naturel de la société numérique, et la technologie qui s'écarte et perd cette conscience finira par échouer. À l'ère du numérique, la technologie devrait adhérer à la ligne de fond de la conscience et de l'altruisme pour le bien. Ce n'est que de cette manière que nous pourrons mieux promouvoir la technologie dans le sens de servir les valeurs communes et les intérêts communs de l'humanité.

De l'esprit du contrat à la règle de la conscience. L'esprit de contrat est un produit de l'évolution de l'humanité, qui est passée d'une économie naturelle à une économie de marchandises et d'une société d'identité à une société de contrat. Il s'agit d'une bizarrerie culturelle qui a grandi en même temps que l'économie de marchandises, l'économie de marché et la politique démocratique[74]. Ce que l'on appelle l'esprit contractuel se réfère à l'existence d'une économie de marchandises, ainsi qu'à la relation contractuelle et aux principes inhérents qui en découlent, une orientation de valeur de liberté, d'égalité et de confiance. Le développement de l'économie maritime dans la Grèce antique a donné lieu à la prospérité de l'économie marchande, et avec le développement de l'économie marchande et la diffusion des formes contractuelles, l'idée et la logique du contrat ont imprégné tous les domaines de la vie sociale et de la conscience sociale, et l'esprit du contrat s'est enraciné dans la culture occidentale. La première forme d'esprit contractuel remonte à la théorie de la justice d'Aristote, dans laquelle il divisait les interactions humaines en interactions volontaires et involontaires, et l'idée de signer un contrat était incluse dans les interactions volontaires[75]. Dans la Grèce antique, l'esprit de contrat se manifeste surtout dans l'école d'Épicure. Cette école croyait que l'État et la loi étaient le produit d'un contrat social, et que la valeur du contrat était de garantir la liberté et la sécurité de l'individu et donc de maintenir la stabilité de l'État ou de la cité-État. L'esprit de contrat, qui est au cœur de la civilisation occidentale moderne, continue de transcender les frontières institutionnelles et régionales, mais pour des raisons extrêmement complexes, il n'est pas encore devenu une valeur universelle mondiale. En revanche, beaucoup de gens sont plus à l'aise avec le fait de ne pas respecter les règles, préférant des gains à court terme en les enfreignant, heureux de considérer le non-respect des règles du jeu comme

---

74. LI Lujun, « L'esprit du contrat et la civilisation judiciaire », *Forum de loi*, n° 6, 2018, p. 64.

75. CONG Bin, « Conscience de la règle, esprit du contrat et pratique de la règle de droit », *Assemblée populaire nationale de Chine*, n° 15, 2016, p. 17.

un signe de sagesse, et le manque d'esprit contractuel abonde[76]. Du point de vue de la nature humaine, il y a un côté animal et un côté angélique à la nature humaine, du premier, l'homme a l'amour de soi et l'intérêt personnel, du second l'homme est compatissant et altruiste, tandis que le contrat vient du côté animal de l'homme, la conscience vient du côté angélique de l'homme. Le contrat est conclu parce que l'homme est un être économique rationnel et intéressé. Selon un corollaire naturel du principe de « l'intérêt personnel et de la rationalité », l'homme agent économique a tendance à agir de manière opportuniste en utilisant des moyens inappropriés pour son propre bénéfice, comme le mensonge, la tricherie, la rupture de promesses de comportement futur, etc.[77] D'un point de vue social, une société saine requiert donc à la fois un esprit de contrat et une règle de conscience. La conscience, ou bonté, est une force morale élevée[78]. Selon Rousseau, la conscience est le point de départ de l'existence humaine, et il faut choisir le bien, qui ne peut venir que de sa conscience ; la conscience est donc l'autorité suprême pour juger de ce qui est vrai et bon. L'esprit d'entreprise technologique a été le principal moteur du progrès de la civilisation humaine au cours du dernier demi-siècle[79]. Et pour un certain temps encore, l'esprit de bonté qui gouverne la science et la technologie sera une garantie importante pour le bond en avant de la civilisation humaine. La bonté dans la technologie est le signe d'une société numérique universelle, inclusive et adaptative, et elle façonne la première caractéristique de la société numérique – l'altruisme pour le bien. La conscience est la connotation de la technologie pour la bonté, et la diffusion et la popularité mondiales de Yangming Xinxue sont devenues l'une des sources culturelles pour la construction d'une communauté de la destinée humaine. Comme le dit Cheng Zhongying, professeur titulaire de philosophie à l'université d'Hawaï, « l'idéalisme moral de Yangming Xinxue, avec la conscience morale en son centre, est sans aucun doute le bon remède aux maux déshumanisants du déclin moral, de la recherche du profit et du matérialisme dans le monde actuel »[80]. Le pillage et la destruction effrénés de la nature par l'homme

---

76. WANG Zhongqiu, *L'esprit de l'alliance*, New World Press, 2019, p. 14.

77. CHEN Lixu, « La société moderne a besoin à la fois d'un contrat et d'une conscience », *Observation et réflexion*, n° 1, 1999, p. 26.

78. ZHENG Wanqing, « Construire une société contractuelle sous la tutelle de la conscience – Une discussion sur le produit moral de la règle de droit », *Observations et réflexions*, n° 2, 1999, p. 16.

79. XIE Wenyu, « Conscience et Lumières : la question du droit de juger le vrai et le bien », *Journal de la recherche de la vérité*, n° 1, 2008, p. 47.

80. XIN Hongjuan, « La diffusion de la théorie de l'esprit de Wang Yangming dans le monde occidental », *Guangming Daily*, 11 mai 2019, p. 11.

ont laissé l'homme et la nature, l'homme et lui-même, et l'homme et le monde dans un état de déséquilibre, un problème qui pourrait devenir encore plus grave au XXIᵉ siècle. « Le problème pourrait être encore plus grave au XXIᵉ siècle. Grâce au « tout ce qui est dans le ciel et sur la terre est uni », nous pouvons vivre avec l'incertitude et avec le monde turbulent.

Les connotations culturelles de la règle de conscience. L'esprit comme raison : le fondement théorique de la règle de conscience. « L'esprit comme raison » est une proposition importante de l'école philosophique chinoise traditionnelle de la téléologie, proposée par le philosophe Lu Jiuyuan de la dynastie Song et affinée par Wang Yangming sous la dynastie Ming. Selon Wang Yangming, les choses concrètes passent rapidement, et donc si l'on veut sauver la Raison du risque de disparaître, il faut la confier à l'Esprit, qui est constant et immuable[81]. « L'esprit est la Raison » est une combinaison de l'esprit, qui est capable de perception et de maîtrise, et de la Raison, qui est la synthèse de toutes les bonnes vertus, pour former une essence suprême de bonté[82]. « L'interconnexion de l'esprit et de la raison, l'esprit construisant la raison et la raison construisant la raison ». L'esprit construit la raison, et la raison construit l'esprit, et dans cette construction mutuelle, ils deviennent une unité inséparable. Le développement ultérieur de « l'esprit est la raison » est que « la conscience est le Principe Divin », et ainsi la construction mutuelle de « l'esprit » et de « la raison » est transformée en conscience. La relation inter-constructionnelle entre l'esprit et la raison se transforme ainsi en une relation inter-constructionnelle entre la conscience et les normes éthiques. D'une part, la conscience est la base fondamentale de la formulation des normes éthiques, et toutes les normes éthiques devraient être conformes à la nature bonne innée de l'homme. D'autre part, les normes éthiques aident à faire la distinction entre la conscience et les désirs égoïstes, et contribuent ainsi à renforcer et à promouvoir la conscience dans le cœur de chacun[83]. L'unité de la connaissance et de l'action : le sujet théorique de la règle de conscience. Le problème de la connaissance et de l'action est un problème de longue date dans l'histoire de la philosophie chinoise,

---

81. LI Chenggui, « Comment "l'esprit est une raison" est devenu la pierre angulaire de la théorie de l'esprit de Wang Yangming : l'héritage de Wang Yangming et l'argument de "l'esprit est une raison" », *Journal du Collège de Guiyang (édition des sciences sociales)*, n° 6, 2020, p. 1.

82. LI Chenggui, « La construction et le fonctionnement de "l'esprit comme raison" », *Academia*, n° 8, 2020, p. 125.

83. YANG Daoyu, « La signification épistémologique de "l'esprit comme raison" », *Journal Zhongzhou*, n° 5, 2015, p. 100-101.

depuis que les Shang Shu ont avancé la proposition selon laquelle « la connaissance est facile et l'action est difficile », et il a fallu attendre la philosophie de Zhu Zi pour que le problème soit fondamentalement résolu. Wang Yangming, après son illumination à Longchang, la troisième année du règne de Ming Wuzong (1508), a élaboré l'année suivante la théorie de « l'unité de la connaissance et de l'action »[84].

« La théorie de l'unité de la connaissance et de l'action » est fondée sur la cosmologie de la conscience de Wang Yangming, qui stipule : « Celui qui sait est aussi celui qui sait ». La soi-disant unité de la connaissance et de l'action est la conscience de connaître le bien et de connaître le mal, qui est en harmonie avec le cœur humain. « La doctrine de l'unité de la connaissance et de l'action » tourne autour des caractéristiques de la conscience, de sa manifestation et de sa mise en œuvre, dans le but de demander au corps de reconnaître la conscience : dès qu'il a une mauvaise pensée, il faut l'éliminer ; dès qu'il a une bonne pensée, il faut agir. Ce n'est que de cette manière que nous pouvons réaliser notre propre conscience et connaître notre véritable moi[85]. En ce sens, l'unité de la connaissance et de l'action est la proposition de l'éthique de la conscience, et on peut même dire que la conscience elle-même se manifeste nécessairement comme l'unité de la connaissance et de l'action, et vice versa, avec pour objectif l'autoréalisation de la conscience. A la conscience : la sublimation théorique de la règle de conscience. L'histoire de l'humanité est l'histoire du développement de la conscience humaine, un processus dans lequel la conscience humaine se manifeste et se développe constamment. La découverte de la sagesse, le progrès de la science et de la technologie, et le développement de la société sont étroitement liés à la manifestation et au développement de la conscience[86]. La conscience est la nature de l'être humain et le principe du ciel ; être consciencieux, c'est reconnaître sérieusement sa propre conscience et l'incarner dans les choses et les objets.[87] Selon Wang Yangming, la « conscience » n'est pas un terme, mais un processus objectif d'activité dans lequel tout ce qui est dans le ciel et la terre subit un changement structurel et dynamique. « Le sens

---

84. WU Zhen, « La théorie du "savoir et faire" comme éthique de la conscience – Centrée sur "Une pensée qui se déplace est un savoir et un faire" », *Academic Monthly*, n° 5, 2018, p. 15.

85. LAI Zhongxian, « Longchang éclaire la conscience et nourrit la nature dans la pratique – Sur le noyau et la nature des études Yangming », *Journal Zhongzhou*, n° 3, 2010, p. 156.

86. WU Wei, « La théorie du Zhi Liang Zhi – Une étude préliminaire de l'idéologie de l'esprit de Yang Ming », *Gestion de l'enseignement supérieur*, n° 4, 2010, p. 86.

87. HUANG Mingtong, « La théorie du "Zhi Liang Zhi" de Wang Yangming et la civilisation sociale », *Journal du Collège de Guiyang (édition sciences sociales)*, n° 4, 2019, p. 12.

fondamental de Zhi Liang Zhi est d'être extrêmement consciencieux, c'est-à-dire d'élargir sa conscience, d'aller jusqu'au bout et de l'étendre à la vie quotidienne de la nature humaine. »[88] C'est la même chose que ce que Mencius entendait par la plénitude de la nature. En ce sens, « être consciencieux », c'est passer de l'essence de la conscience à son utilisation[89]. Aujourd'hui, avec le développement rapide de la science et de la technologie, l'humanité vit déjà dans le même village global, et la construction d'une communauté de destin humaine est une nécessité historique pour le développement du monde. En tant que sublimation théorique de la règle de conscience, on peut dire que ce n'est qu'à travers la voie de l'éveil moral des êtres humains que la grande tâche de construire une communauté de destin humain peut être réalisée.

L'altruisme : le pouvoir de faire le bien. Le philosophe positiviste et sociologue français du XIXe siècle Comte a emprunté le mot latin alter pour signifier la bonté par opposition à l'égoïsme, et a introduit pour la première fois le terme « altruisme » dans l'éthique, qu'il voulait décrire le désintéressement d'une personne qui donne aux autres. Il voulait utiliser ce terme pour décrire l'altruisme d'une personne qui donne aux autres. L'altruisme a été étudié en profondeur et défini par de nombreuses disciplines, notamment la sociologie, la biologie et la psychologie. Les sociologues, par exemple, définissent le comportement altruiste comme un comportement qui est « clairement préjudiciable à l'organisme qui l'exécute, mais bénéfique à un autre organisme avec lequel on a peu de liens ». Les biologistes définissent l'altruisme comme « un comportement qui profite aux autres au détriment de soi-même »[90]. Les psychologues, contrairement aux sociologues et aux biologistes, qui mettent l'accent sur les coûts de l'altruisme et ignorent les motivations du comportement altruiste, « définissent très majoritairement l'altruisme en termes comportementaux, comme une action qui n'attend pas de récompense future et qui est motivée par le libre arbitre, c'est-à-dire par un comportement volontaire et auto-sélectionné. C'est-à-dire qu'il s'agit d'un acte d'aide aux autres de sa propre

---

88. HUANG Baicheng et ZHAO Jing, « La doctrine du Zhi Liang Zhi de Wang Yangming et ses connotations pratiques », *Journal de l'Université de technologie de Wuhan (édition des sciences sociales)*, n° 6, 2010, p. 889.

89. WANG Zhongyuan, « Une analyse de la pensée d'amélioration sociale de Wang Yangming dans "Zhi Liang Zhi" », *Rechercher*, n° 1, 2016, p. 125.

90. WANG Yanfei et ZHU Yu, « Examen des études théoriques sur le développement du comportement altruiste », *Journal de l'Université de technologie de la Chine du Sud (édition des sciences sociales)*, n° 4, 2003, p. 37.

volonté et de son propre choix. »[91] L'altruisme est généralement considéré comme une caractéristique qui consiste à aider volontairement les autres sans attendre de récompense future pour ce faire. L'altruisme est un phénomène objectif, tant dans le règne animal que dans la société humaine[92]. Du point de vue de la nature humaine, qui est par nature bonne, chacun est capable d'agir dans un but d'altruisme désintéressé. « Le principe moral général du confucianisme, le 'ren', est un altruisme désintéressé. Les Confucianistes ont successivement défini le 'ren' comme 'l'amour des autres' : l'amour des autres est clairement la motivation psychologique de l'altruisme désintéressé, tandis que l'altruisme désintéressé est l'expression comportementale de l'amour des autres. »[93] L'économiste anglais classique Adam Smith commence également sa *Théorie des sentiments moraux* en soulignant la nature altruiste de l'homme : « Aussi égoïste que l'on puisse penser que quelqu'un puisse être, il y a toujours dans la nature de cette personne quelque chose d'évident qui la pousse à se préoccuper du sort des autres et à considérer leur bonheur comme le sien, bien qu'elle n'ait rien d'autre à gagner que de voir leur bonheur »[94]. Il est donc clair que l'altruisme n'est pas illusoire, mais non seulement nécessaire, mais vital. À l'ère du numérique, le concept d'altruisme doit être développé. Les progrès rapides et l'utilisation généralisée de la technologie numérique ont multiplié la capacité de la technologie à faire le bien comme le mal. D'une part, les diverses nouvelles technologies offrent à la technologie un énorme potentiel pour faire le bien ; d'autre part, la technologie des mégadonnées à un seuil plus bas pour le mal, des formes plus insidieuses et diverses, et un pouvoir destructeur instantané et énorme[95]. C'est la température de la nature humaine qui est la mesure de la technologie. À l'avenir, alors que la technologie numérique continue d'innover et de s'épanouir, la gouvernance sociale ne manquera pas d'être confrontée à des défis de plus en plus nombreux. Ce n'est qu'en adhérant à une approche axée sur les personnes et en établissant le concept d'altruisme que

---

91. GAO Xianqin, « Un aperçu de l'étude du comportement altruiste », *Journal de Heihe*, n° 1, 2010, p. 43.

92. SONG Guiwu et WANG Zhenyu, « L'altruisme : une sorte d'équilibre de la navigation d'intérêt », *Sciences sociales verticales*, n° 1, 2005, p. 54.

93. WANG Haiming, « Une nouvelle exploration de l'altruisme », *Journal Qilu*, n° 5, 2004, p. 76.

94. Adam Smith [Angleterre], *Théorie des sentiments moraux*, traduit par JIANG Ziqiang *et al.*, Presse commerciale, 2015, p. 5.

95. SI Xiao et MA Yongwu, *et al.*, eds., *Technologie pour le bien : Le meilleur choix à l'ère des mégadonnées*, Presse de l'université de Zhejiang, 2020, p. 4-5.

l'humanité pourra profiter pleinement des dividendes de la technologie et que la civilisation humaine pourra passer à un stade supérieur.

II. De l'innocence et de la neutralité à la bonté

La technologie est la première force productive, et c'est à l'aide de la technologie que l'humanité est passée de l'ignorance à la civilisation. Il n'y a pas de « péché originel » dans la technologie elle-même, mais le lieu et la manière dont elle est utilisée dépendent entièrement des personnes. En dernière analyse, la technologie ne peut être utilisée au mieux que si elle est guidée par un esprit humaniste pour le bien.

Google : la controverse du « ne jamais faire le mal ». Google est connu depuis longtemps pour sa culture et ses valeurs « ne jamais faire le mal ». Pour Google, le principe « ne jamais faire le mal » est passé du statut de slogan informel de l'entreprise à celui de valeur fondamentale pour ses employés et d'aspiration pour son personnel. La devise de Google « Never do evil » (ne jamais faire le mal) est née en 1999, lorsque le capital commercial a été introduit pour lever les fonds nécessaires à la croissance de l'entreprise. En conséquence, Amit Patel a publiquement publié un manifeste « Never Evil », déclarant : « Faites ce qui est juste : pas de mal. Nous sommes honnêtes et droits dans tout ce que nous faisons. Nos pratiques commerciales sont irréprochables. Nous gagnons de l'argent en faisant de bonnes choses. » Grâce à la déclaration « ne jamais faire le mal », les utilisateurs ont naturellement fait confiance aux produits de Google et, par conséquent, Google a connu une croissance très rapide, ouvrant des territoires dans le monde entier et créant une très grande famille de lignes de produits. Mais à mesure que l'empire commercial de Google s'étend, la devise « ne jamais faire le mal » est de plus en plus remise en question. Le Sydney Morning Herald d'Australie a un jour fait le commentaire suivant : « 'Ne jamais faire le mal'est un excellent slogan public, mais il est très vague car les actionnaires ne se soucient pas vraiment de savoir si Google fait le mal, ils ne se préoccupent que du retour sur investissement. » Faire tomber l'aura du « ne jamais faire le mal » de la tête de Google révèle une entreprise commerciale qui s'enorgueillit de ses normes morales élevées, mais commet des actes d'injustice. Par exemple, dans le scandale du Prismgate en juin 2013, Google et neuf autres sociétés Internet américaines ont été accusées de participer au projet Prism en fournissant des données d'utilisateurs à des agences de renseignement gouvernementales telles que le FBI et la NSA.

En 2018, il a été révélé que Google était impliqué dans le projet Maven du ministère américain de la Défense, fournissant des technologies pour développer « des technologies qui pourraient aider le gouvernement américain à effectuer une surveillance militaire et potentiellement même prendre des vies ». En outre, Google a également été dénoncé pour avoir volé des droits d'auteur, défié les frontières morales d'autres pays, bafoué de manière flagrante les lois et règlements d'autres pays, fraudé le fisc et même bousculé les valeurs culturelles américaines. Google a toujours dominé l'accès à l'information et est devenu le moteur de recherche dominant sur l'Internet, un monopole qui l'a conduit à ne pas suivre sa devise d'entreprise « ne jamais faire le mal ». Le 5 avril 2018, cette devise a été supprimé du code de conduite de Google et remplacé par « Do the right thing » (faire la bonne chose). La différence entre ne jamais faire le mal et faire le bien n'est pas une question d'être meilleur et d'être meilleur, mais une différence d'ordres de grandeur. Quelle est la « bonne chose à faire » ? Est-il « juste » selon le critère du « bien » ou du « profit » ? C'est un jeu sans fin, sans réponse claire. L'érudit chinois Chen Yu'an écrit qu'avec le retour à la normalité des jugements sur le « bien et le mal » fondés sur les lois humaines fondamentales, la voie profitable des entreprises technologiques utilisant les nouvelles technologies pour faire des profits ou pour commettre le mal avant le blanchiment ne sera pas ignorée, tolérée ou même acceptée plus passivement par les consommateurs. À l'avenir, ne jamais faire le mal ne sera plus la cerise sur le gâteau, mais un principe indispensable de survie. Cependant, le paradoxe est toujours basé sur les deux plus grandes conventions du « bien, du mal et de la justice ». Seules les entreprises qui parviendront à résoudre ce paradoxe et à trouver le meilleur équilibre entre le bien, le mal et la droiture seront en mesure de parvenir à un développement durable à l'avenir.

Tencent : une vision de la technologie pour le bien. En mai 2019, Ma Huateng, président du conseil d'administration et PDG de Tencent, s'est exprimé pour la première fois en public sur la nouvelle vision et la nouvelle mission de l'entreprise : « Nous voulons que la 'technologie pour le bien' fasse partie de la vision et de la mission de Tencent à l'avenir. Nous croyons que la technologie peut être bénéfique à l'humanité ; que l'humanité doit faire bon usage de la technologie, éviter les abus et éliminer les mauvais usages ; et que la technologie doit s'efforcer de résoudre les problèmes sociaux engendrés par son propre développement. » En novembre de la même année, à l'occasion de son 21ᵉ anniversaire, Tencent a officiellement annoncé sa nouvelle vision de la mission : « Basée sur l'utilisateur, la technologie au service du bien ». « Tout est basé sur la valeur pour l'utilisateur, l'intégration de la responsabilité sociale dans les produits et services, la promotion de l'innovation technologique et du patrimoine culturel, l'aide à la mise à niveau de diverses industries et la promotion du développement social durable. »[96] Pour la technologie pour le bien, Ma Huateng estime que « la technologie est une capacité, et pour le bien est un choix. Notre choix de la technologie pour le bien signifie non seulement que nous devrions indéfectiblement améliorer nos capacités technologiques pour fournir aux utilisateurs de meilleurs produits et services et améliorer continuellement la productivité et la qualité de vie des gens, mais aussi que nous devrions agir et faire quelque chose à ce sujet. » Dans l'histoire du développement de Tencent, il y a deux lignes de vie les plus importantes : les « utilisateurs » et la « responsabilité ». En tant que nouvelle mission et vision de Tencent, *Technology for Good* met en avant les deux mots clés « utilisateurs » et « responsabilité », et propose qu'il ne s'agisse pas simplement d'un bien public Internet, mais d'une foi commune dans l'évolution de l'humanité, de la civilisation industrielle à la civilisation numérique. Le principal moteur de la technologie au service du bien est l'innovation technologique, qui est essentiellement une question d'éthique dans la technologie. Les entreprises technologiques, représentées par Tencent, défendent le concept de « technologie pour le bien » et proposent trois niveaux d'éthique technologique dans le cadre de ce concept : premièrement, la confiance technologique. Premièrement, la confiance dans la technologie, ce qui signifie que les nouvelles technologies telles que l'intelligence artificielle doivent être guidées par des valeurs, notamment les principes de convivialité, de fiabilité, de connaissabilité et de contrôlabilité. Deuxièmement, le bien-être individuel. La société future doit être une société intelligente dans laquelle les hommes et les machines coexistent, et dans laquelle les individus peuvent se développer de manière plus libre, plus intelligente et plus heureuse. Troisièmement, la durabilité sociale. Nous ferons bon usage de l'énorme potentiel des nouvelles technologies, telles que l'intelligence artificielle, pour instaurer une société intelligente saine, inclusive et durable, et continuerons à promouvoir le développement économique et le progrès social. Comme le souligne le livre blanc 2020 du Tencent Research Institute intitulé « A Thousand Miles for Good », « par le passé, la technologie au

---

96. SI Xiao et MA Yongwu, *et al.*, eds., *Technologie pour le bien : Le meilleur choix à l'ère des mégadonnées*, Presse de l'université de Zhejiang, 2020, p. 1.

service du bien était une vision, une idée et un concept. À l'avenir, la technologie au service du bien sera une pratique, une innovation, un produit et une solution. » Aujourd'hui, la technologie au service du bien est progressivement passée du concept à l'action, de la vision à la réalité. Par exemple, le mécanisme de collégialité des plaintes pour « lavage » de la plate-forme publique WeChat utilise une série de moyens techniques et non techniques pour lutter contre le « lavage » par les auteurs du numéro public WeChat et protéger l'originalité ; le « cross-âge » du Youtu Lab de Tencent. La capacité de « reconnaissance faciale inter-âges » du Tencent Youtu Lab a permis de retrouver un certain nombre d'enfants qui avaient été enlevés pendant plus de 10 ans ; « Tencent Foraging » utilise l'intelligence artificielle pour identifier et prédire plus précisément les risques de maladie, aidant ainsi les cliniciens à améliorer la précision et l'efficacité des diagnostics ... On peut dire que la technologie au service du bien est partout. Ce n'est pas seulement une vision et une mission, mais c'est aussi devenu une proposition de l'époque et même une ligne directrice commune pour la société numérique.

De l'innocence et de la neutralité au choix du bien. La dimension de l'innocence technologique. Au fur et à mesure que les temps ont changé et que la technologie a progressé, le dilemme entre le droit et la technologie est devenu de plus en plus évident et des cas difficiles sur le positionnement de la technologie dans le système judiciaire ont émergé à plusieurs reprises. L'innocence technologique a souvent été utilisée pour s'opposer à la réglementation de la technologie par la loi, ou pour exonérer ceux qui sont au service de la technologie. L'innocence technologique est un principe juridique établi par la Cour suprême des États-Unis en 1984 dans l'affaire Universal City Studios, Inc. contre Sony Corporation of America[97]. Selon ce principe, « la question de savoir si un produit ou une technologie est utilisé à des fins licites ou illicites échappe à la prévoyance et au contrôle du fournisseur du produit ou de la technologie, et le fournisseur ne peut être tenu responsable de l'infraction d'un autre parce que le produit ou la technologie est devenu un instrument d'infraction »[98]. L'innocence technologique « est importante pour la promotion du progrès technologique, non seulement dans le domaine des droits de propriété intellectuelle, mais aussi dans le domaine pénal, où elle a pour fonction

---

97. En Chine, l'innocence technique est généralement appliquée dans le domaine de la responsabilité civile, et il n'existe aucun précédent de son utilisation comme défense pénale avant l' « affaire de la fasttrack », mais elle peut théoriquement être appliquée dans le domaine pénal.

98. CHEN Hongbing, « Sur la frontière du crime dans les actes technologiquement neutres », *Journal de l'université de Nantong (édition sciences sociales)*, n° 1, 2019, p. 58.

d'exclure la responsabilité civile pour contrefaçon contributive »[99]. Toutefois, l'innocence technologique a ses propres limites et « si elle est absolutisée, elle conduira inévitablement à une violation généralisée, avec des conséquences inimaginables »[100]. La neutralité technologique. Le concept de neutralité technologique a plusieurs significations, dont au moins la neutralité fonctionnelle, la neutralité en matière de responsabilité et la neutralité en matière de valeur dans la littérature existante.[101] Parmi elles, la neutralité fonctionnelle et la neutralité de la responsabilité indiquent la neutralité de la valeur de la neutralité technologique, ou plutôt, la neutralité fonctionnelle et la neutralité de la responsabilité impliquent une position de neutralité de la valeur dans un sens plus profond. En bref, la neutralité technologique renvoie, dans un sens plus profond, à la neutralité des valeurs. En tant qu'exploitant d'une plate-forme Internet, la question de savoir s'il doit adopter une position neutre sur le contenu des informations diffusées au nom de la neutralité technologique, sans porter de jugement de valeur sur leur contenu, a été de plus en plus contestée et remise en question avec l'influence croissante des plate-formes Internet et la survenance d'un grand nombre d'incidents sociaux typiques, et la pratique judiciaire a montré une tendance à des conditions d'application de plus en plus strictes et à un rétrécissement du champ d'application[102]. En fait, la neutralité technologique n'est pas invincible, elle ne reflète qu'un état relativement indépendant de la valeur technologique dans le monde social, et l'émergence de chaque technologie modifie l'équilibre du contrôle entre le détenteur du droit et l'utilisateur, ce qui rend impossible la « neutralité » de la technologie au sens propre. La technologie au service du bien. « Jamais la société humaine n'a autant bénéficié des progrès de la technologie et jamais elle n'a été confrontée à des problèmes aussi difficiles découlant de la technologie. »[103] Il n'y a peut-être pas de solution unique, mais la technologie est un outil important

---

99. CHEN Xingliang, « Entre la technologie et le droit : commentaires sur le verdict de la première instance dans l'affaire Fasttrack », *Quotidien du tribunal du peuple*, 14 septembre 2016, p. 3.

100. HUANG Xuwei, « L'affaire de la contrefaçon Fasttrack et la théorie de l'innocence technologique », *Éditions de Chine*, n° 23, 2016, p. 51.

101. ZHENG Yushuang, « Décrypter l'énigme de la neutralité technologique – Révision de la jurisprudence sur les relations entre le droit et la technologie », *Journal de l'Université de sciences politiques et de droit de l'Est de la Chine*, n° 1, 2018, p. 87.

102. JIANG Xianliang, « Le bien et le mal de la "neutralité technologique" », *Xiaokang*, n° 33, 2018, p. 32.

103. ZHENG Yushuang, « Décrypter l'énigme de la neutralité technologique – Révision de la jurisprudence sur les relations entre le droit et la technologie », *Journal de l'Université de sciences politiques et de droit de l'Est de la Chine*, n° 1, 2018, p. 97.

pour le bien commun et le bien-être de l'humanité, et la manière de la faire évoluer dans le bon sens est une question importante et incontournable pour la survie et le développement de l'humanité aujourd'hui. La technologie elle-même est sans péché et neutre, le « péché originel » n'existe pas, et les problèmes qui se posent aujourd'hui sont en définitive des problèmes humains[104]. Comme le disait Albert Einstein, « la science est un outil puissant, et c'est à l'homme lui-même, et non à l'outil, de l'utiliser d'une manière qui lui apportera le bonheur ou le désastre ». La bonté est « un précieux trésor spirituel de la nation chinoise et une mesure de valeur pour l'application des nouvelles technologies et leur impact », et « la bonté signifie la vertu, ce qui signifie que nous devons choisir la bonté et la suivre »[105]. À l'ère du numérique, nous devons adhérer au concept de technologie au service du bien, exploiter pleinement l'énorme potentiel des nouvelles technologies, faire en sorte qu'elles profitent à la vie de la majorité des gens, éviter la « cupidité technologique », rendre la technologie plus chaleureuse et responsable, afin que le sentiment d'accès, de bonheur et de sécurité des gens soit plus abondant, plus sûr et plus durable.

III. Vers une justice numérique

Des ordinateurs à l'Internet, du tout connecté au tout intelligent. La surutilisation de l'Internet nous a amenés à prêter attention aux problèmes de santé numérique ; la fuite d'informations personnelles sur Facebook nous a amenés à réfléchir aux dommages causés par la transformation de tous les goûts humains en données, en algorithmes et en monétisation ; le cas des bébés génétiquement modifiés nous a amenés à nous inquiéter des risques imprévisibles qui peuvent résulter du manque d'éthique dans la technologie. Dans un monde numérique complexe et en constante évolution, la manière d'assurer la justice devient un nouveau défi pour l'humanité à l'avenir.

De la dépendance à l'égard des choses à la dépendance à l'égard des chiffres. Nous ne pouvons pas nier l'existence de l'ère numérique, ni l'empêcher d'avancer, tout comme nous ne pouvons pas lutter contre les forces de la nature[106]. Le monde

---

104. CUI Wenjia, « La technologie au service du bien dépend des contraintes réglementaires et éthiques », *Quotidien du peuple de Pékin*, 10 mai 2019, p. 3.

105. SI Xiao, YAN Deli et DAI Jianjun, « La technologie au service du bien : les nouvelles applications technologiques et leur impact », *Time Business & Economics*, n° 22, 2019, p. 31.

106. Nicolas Negroponte [États-Unis], *La survie numérique*, traduit par HU Yong et FAN Haiyan, Presse de l'industrie électronique, 2017, p. 229.

numérique est comme une vaste rivière d'étoiles. Les humains l'explorent sans relâche, et les résultats de cette exploration sont le moteur de l'évolution humaine. Les êtres humains sont à la fois producteurs et consommateurs de données. Lorsque la production basée sur les données, la vie basée sur les données et la vie basée sur les données deviendront une réalité, l'intelligence humaine fusionnera avec l'intelligence artificielle et les humains naturels deviendront des « humains de données ». Les données définissent tout, les données connectent tout, et les données transforment tout, et si la dépendance des personnes envers les personnes et des personnes envers les choses n'a pas été complètement éliminée[107], la dépendance des personnes envers les « données » a émergé. La première est la dépendance des personnes. Au cours de la période socio-historique où l'économie était principalement naturelle, en raison des limites du niveau de productivité, les gens ont formé des relations sociales principalement caractérisées par la « dépendance humaine » à travers le travail dans la production sociale[108]. La raison de cette relation est que sous le niveau de productivité arriéré de l'économie naturelle, l'individu était de facto inexistant et chaque individu était dépendant d'un groupe particulier. En d'autres termes, « la survie et le développement de l'homme ne sont que la survie et le développement dans l'espace dessiné au sein du commun, l'homme est un homme qui ne doit pas quitter un instant la communauté »[109]. Cela crée une « dépendance humaine » dans laquelle l'individu est complètement ou essentiellement dépendant de la communauté. Marx parle de la dépendance

---

107. La question du développement humain est une partie importante de la doctrine de l'homme de la philosophie marxiste. Dans ses *Manuscrits économiques de 1857-1858*, Marx a divisé le processus de développement de l'homme en trois étapes : le stade de la dépendance humaine, le stade de la dépendance matérielle et le stade du développement libre et complet de l'homme. « La dépendance humaine (qui se développe d'abord de façon tout à fait naturelle) est la forme sociale initiale dans laquelle la capacité productive de l'homme ne se développe que dans des limites étroites et dans des lieux isolés. L'indépendance humaine, fondée sur la dépendance à l'égard des choses, est la deuxième grande forme, dans laquelle se forme un système d'échanges sociaux et matériels universels, de relations globales, de besoins multiformes et de capacités globales. La libre individualité, fondée sur le plein épanouissement de l'individu et sur le fait que sa capacité de production sociale commune devienne sa richesse sociale, est la troisième étape. La deuxième étape crée les conditions de la troisième étape. » (Marx [Allemagne], Engels [Allemagne], *The Complete Works of Marx and Engels (Vol. XLVI – above)*, traduit par le Bureau de compilation des œuvres de Marx, Engels, Lénine et Staline du Comité central du Parti communiste chinois, People's Publishing House, 1979, p. 104.)

108. ZOU Shunkang, « L'évolution de la dépendance et le développement de la personnalité morale – Le chemin de la pensée dans l'idée de Marx du développement complet et libre de l'homme », *Études en sciences sociales*, n° 5, 2015, p. 153.

109. Laboratoire clé de la stratégie des mégadonnées, *Chaîne de blocs de souveraineté 1.0 : Internet de l'ordre et Communauté de destin pour l'humanité*, Presse de l'université de Zhejiang, 2020, p. 64.

humaine comme « d'abord entièrement naturelle, comme la première forme sociale ». Dans de telles relations sociales, « ni l'individu ni la société ne peuvent concevoir un développement libre et complet, car ce développement est en contradiction avec la relation originelle (entre l'individu et la société) »[110]. La seconde est la dépendance matérielle. Ce n'est qu'avec l'avènement des révolutions bourgeoises et industrielles modernes que cette dépendance a été complètement brisée. La révolution industrielle a entraîné le développement rapide des forces productives de la société, qui a considérablement augmenté la productivité du travail, le passage des ateliers manuels à la production par grandes machines, et le remplacement final de l'économie naturelle par une économie de marchandises[111]. Cependant, lorsque le capitalisme a brisé les anciennes dépendances, la société est tombée dans un autre abîme, à savoir le culte de la technologie, qui a transformé les personnes d'une « dépendance humaine » en une « dépendance matérielle ». À ce stade, la technologie agit comme un moteur pour réparer et reconstruire la relation écologique, harmonieuse et durable entre l'homme, la technologie et le monde, catalysant l'intégration des personnes et du monde et modifiant le paysage entre les personnes et le monde. La technologie bouleverse et remodèle la façon de penser et le paradigme de la pratique dans tous les domaines, et est devenue une force décisive dans la vie sociale humaine. L'aliénation de l'homme est une partie inévitable du développement de la société humaine, et chaque pas en avant s'accompagne d'un profond sentiment d'aliénation. On peut donc dire que l'homme est un animal qui est constamment aliéné par la technologie. Troisièmement, il y a la dépendance aux chiffres. À l'heure actuelle, les données sont devenues une ressource stratégique fondamentale et un facteur de production essentiel, et nous avons développé une dépendance aux mégadonnées à laquelle il est difficile d'échapper. Les mégadonnées donnent à la vie contemporaine une connotation moderne[112], nous promettant une nouvelle base et de nouvelles

---

110. Marx [Allemagne], Engels [Allemagne], *Les oeuvres complètes de Marx et Engels (Vol. 46 – top)*, traduit par le Bureau pour la compilation des œuvres de Marx, Engels, Lénine et Staline, Comité central du Parti communiste chinois, Maison d'édition du peuple, 1979, p. 485.

111. ZOU Shunkang, « L'évolution de la dépendance et le développement de la personnalité morale – Le chemin de la pensée dans l'idée de Marx du développement complet et libre de l'homme », *Études en sciences sociales*, n° 5, 2015, p. 153.

112. MENG Xianping, « Le développement libre et complet des êtres humains à l'ère des mégadonnées et l'analyse des voies réalistes », dans les *Actes de la conférence annuelle 2015 de la Société chinoise pour le socialisme scientifique*, du Comité professionnel du socialisme mondial contemporain, de l'École du Parti du Comité municipal du PCC de Zhaoqing et du Collège administratif de Zhaoqing, 2015, p. 153.

racines sur lesquelles nous pouvons nous construire et nous maintenir dans le monde numérique[113]. En tant que force productive importante, les mégadonnées s'avère de plus en plus être une opportunité pour la libération complète et le développement libre et global de l'humanité, entraînant le développement des relations de production et de la société, brisant non seulement la dépendance inégale de l'homme envers l'homme, mais aussi la dépendance de l'homme envers les choses, le libérant de sa dépendance et de son affiliation aux choses, et faisant de lui une nouvelle personne qui existe et se développe librement sur les données.

Une nouvelle théorie de la justice à l'ère numérique. Qu'est-ce que la justice ? C'est une question sur laquelle il existe de nombreuses opinions différentes. La justice est la norme la plus élevée de l'humanité, « généralement comprise comme la norme la plus élevée de l'ordre social »[114]. En tant que mesure importante de la civilisation sociale, la justice a évolué avec les temps. À l'ère numérique, alors que les frontières entre le gouvernement et la société, les groupes et les individus, les entreprises et les utilisateurs, et le soi et les autres ont profondément changé[115], des questions telles que la discrimination algorithmique, la société de la boîte noire, l'affaiblissement de la vie privée et la fracture numérique, ainsi que d'autres injustices découlant de l'utilisation des données, sont devenues de plus en plus importantes. Dans ce contexte, afin de parvenir à un développement juste de la société et d'empêcher tout traitement injuste dans l'utilisation des données, l'humanité doit envisager l'intersection des deux thèmes des « données » et de la « justice » – la « justice numérique ». « Justice numérique ». La justice numérique est une valeur concernant la manière dont les données peuvent être utilisées pour promouvoir le bien-être social et la liberté individuelle. La justice numérique « n'est pas fixée a priori, mais s'étend et se développe à partir de notions générales de justice sociale. »[116] Elle fournit une grille d'analyse pour réfléchir à la légitimité de la gouvernance technologique, qui peut être mise en balance avec les valeurs dans le cadre d'une analyse de la légitimité de la justice numérique. Actuellement,

---

113. Martin Heidegger [Allemagne], *Œuvres choisies de Heidegger*, traduites par SUN Zhouxing, Presse de la librairie Sanlian, 1996, p. 1240.

114. Clifford G. Christians [États-Unis], « Une nouvelle théorie de la justice à l'ère numérique », traduit par LIU Moxiao, *Journal of Global Media*, n° 1, 2019, p. 99.

115. MA Changshan, « La logique de la gouvernance dans la société numérique et son déploiement de l'État de droit », *Legal Science (Journal de l'Université de sciences politiques et de droit du Nord-Ouest)*, n° 5, 2020, p. 11.

116. SHAN Yong, « Les compromis de valeur dans la gouvernance technologique du crime : une perspective de justice des données », *État de droit et développement social*, n° 5, 2020, p. 193.

la recherche sur les questions de justice numérique en est encore à ses débuts, mais les idées ne manquent pas. Le livre *Digital Justice – When Dispute Resolution Meets Internet Technology* d'Ethan Cash et Oana Rabinovich Ani, les pionniers de la théorie de la justice numérique mondiale et les parrains de l'ODR dans le monde, ont proposé pour la première fois une théorie de la justice numérique dans le monde de l'Internet, soulignant que la théorie de la justice numérique remplacera progressivement la théorie de la justice traditionnelle en tant que principes et directives pour le monde numérique. La théorie de la justice numérique est une théorie qui remplacera progressivement les théories traditionnelles de la justice en tant que principes et directives du monde numérique. La théorie de la justice numérique est une théorie qui engage tout le monde dans le traitement, la prévention et la résolution des conflits en ligne. Elle constitue « un point de repère, non seulement dans l'étude de la théorie de la justice, mais aussi dans nos instructions et codes pour l'avenir, pour comprendre l'avenir, pour maîtriser l'avenir ».[117] Bien que la signification de la justice numérique en tant que concept en développement soit loin d'être établie, la théorie de la justice numérique remodèle l'équité et la justice dans le monde et la société numériques. Dans l'existence numérique d'aujourd'hui, la justice numérique doit être renforcée par l'utilisation de la technologie pour « approcher » et réaliser la « justice ». Depuis Aristote, la question de savoir quels résultats sont justifiés par certains processus est au cœur des théories de la justice. Par rapport à la justice traditionnelle, la justice numérique est différente à deux égards : sur le plan théorique, la justice numérique est fondée sur une société numérique et constitue une théorie de la justice dynamique et ascendante. Dans une société numérique, les lois et les règles doivent être redéfinies, et les concepts de justice et d'éthique doivent être remodelés. La technologie numérique s'est incontestablement chargée de la mission de révolution numérique et de remodelage du concept de justice, avec un impact profond sur la résolution des conflits en ligne et les tribunaux sur Internet, transformant fondamentalement la voie de la justice centrée sur les tribunaux[118]. Sur le plan pratique, la justice numérique s'oppose au modèle de valeur monolithique et au contrôle absolu des données, souligne que la gouvernance technologique ne peut pas être étendue de manière irréfléchie au nom du maintien de la sécurité, se concentre sur les freins

---

117. ZHAO Lei et CAO Jianfeng, « La "Justice par les chiffres" est dans l'air », *Le Procureur du jour*, 22 janvier 2020, p. 3.

118. *Ibid.*

et contrepoids au pouvoir des données, prête attention à la participation sociale dans la gouvernance technologique, demande que la gouvernance technologique revienne à une approche axée sur les personnes et fondée sur les droits, transcende le contrôle des données par l'autonomisation technologique, renforce l'étendue et la profondeur de la participation publique en se basant sur une position de prévention des victimes., et promeut la gouvernance technologique à partir de L'objectif est de promouvoir la gouvernance technologique en passant d'une gestion fermée à une gouvernance ouverte[119].

Une communauté numérique de destin. Nouvelle forme de mondialisation, la mondialisation numérique intègre de plus en plus l'humanité dans un même espace et rapproche les pays du monde. Dans le même temps, cependant, l'absence de justice numérique a conduit au développement d'une autre direction de la mondialisation numérique, à savoir les forces anti-mondialisation numérique. À l'heure actuelle, le développement mondial est confronté à une série de défis majeurs tels que la pollution de l'environnement, la surexploitation des ressources, le déséquilibre écologique, l'utilisation abusive de la technologie numérique et de la technologie de recombinaison génétique, ainsi que la technologie nucléaire incontrôlée liée au développement technologique, tous ces problèmes étant étroitement liés à l'absence de justice numérique. Si l'on considère cette question dans une nouvelle perspective de l'histoire du monde, il est nécessaire d'éliminer l'injustice de la mondialisation numérique. L'initiative visant à créer une communauté de destin numérique est une réponse à ce problème. Une communauté numérique de destin est à la fois une réponse nécessaire aux conflits généralisés dans divers domaines, provoqués par l'utilisation irrationnelle de la technologie numérique, et un reflet objectif de l'interdépendance maximale du destin mondial provoquée par l'innovation technologique contemporaine[120], offrant la possibilité de progresser vers une justice numérique à l'échelle mondiale. En ce qui concerne la forme spatiale naturelle du numérique, au stade de la dépendance humaine, l'économie naturelle crée le temps naturel, et le temps est une existence naturelle chaotique qui détermine que le numérique prend une forme spatiale naturelle simple. Dans la forme spatiale naturelle du numérique, l'être humain dans la communauté naturelle développe d'abord ses propres capacités de raisonnement. À partir d'un

---

119. SHAN Yong, « Les compromis de valeur dans la gouvernance technologique du crime : une perspective de justice des données », *État de droit et développement social*, n° 5, 2020, p. 196.

120. CHEN Xixi, « La communauté de la destinée humaine : un examen de la révolution scientifique et technologique en tant que dimension », *Mongolia Social Science (édition chinoise)*, n° 5, 2018, p. 23.

mode de conscience primitif, les nombres se concrétisent progressivement, passant du « semblable » à « l'image », acquérant une sorte de pictogramme et formant un concept abstrait, présentant le processus d'évolution naturelle des nombres et révélant la croissance rationnelle des êtres humains. En tant que reflet de la réalité sociale, les chiffres évoquent la rationalité des valeurs, et les chiffres sont intrinsèquement liés à la justice[121]. Dans la forme spatiale naturelle des nombres, la stratification des nombres naturels construit la structure différenciée de la communauté naturelle, renforçant progressivement l'antagonisme des classes, et le règne autoritaire de la classe dominante envahit la vie productive et la vie quotidienne des gens. Les chiffres présentent en général un état d'injustice. En ce qui concerne la forme socio-spatiale du numérique, le développement de la capacité de production humaine modifie la façon dont le temps humain existe pendant la phase de dépendance matérielle, et le temps naturel est remplacé par le temps social, ce qui entraîne la transformation de la forme spatiale naturelle du numérique en une forme spatiale sociale, avec la logique de la technologie numérique au premier plan[122]. Dans la forme socio-spatiale du numérique, le numérique devient une partie importante de la production et de la vie humaines, et la maîtrise du numérique par l'homme ne cesse de s'approfondir, entraînant la croissance de sa capacité rationnelle. Dans le même temps, l'être humain passe d'une personne attachée à une communauté naturelle à une chose attachée à une communauté illusoire, acquérant un certain degré de liberté personnelle et renforçant la construction d'une justice numérique, mais cette justice est de nature formelle. Dans la communauté illusoire, la technologie numérique est contrôlée par les capitalistes, qui s'appuient sur le monopole numérique pour établir secrètement un état d'oppression d'exploitation économique, d'agression politique et d'érosion culturelle, renforçant la hiérarchie entre les personnes et les nations, créant une fracture numérique dans le monde, établissant une structure globale de différenciation et créant une fausse justice numérique. En ce qui concerne la forme spatiale libre du numérique, au stade de la relation de dépendance du nombre, le développement élevé de la capacité de production humaine transformera le temps social en temps libre, et le numérique passera de la forme spatiale sociale à la forme spatiale libre. Dans l'espace libre des nombres, le temps de travail n'est plus la source

121. HUANG Jingqiu et DENG Bojun, « L'évolution historique de la communauté de la destinée humaine depuis la forme spatiale du numérique », *Science Social de Yunnan*, n° 6, 2019, p. 42-44.

122. *Ibid.*, p. 44-46.

de la richesse, « dès que les formes directes du travail cessent d'être la grande source de la richesse, le temps de travail cesse d'être, et n'est pas nécessairement, la mesure de la richesse[123] » et « la mesure de la richesse devient le temps libre ou le temps du libre développement de la personnalité[124] ». Lorsque le temps libre remplace le temps de travail comme mesure de la richesse et que les individus travaillent dans le but de se valoriser, le travail humain cesse d'être un moyen de gagner sa vie et devient une activité humaine consciente. À l'ère numérique, la forme d'espace libre du numérique présentera la forme libre du monde, dissipera l'espace inégal de la société, héritera du noyau de la communauté de la destinée humaine pour servir le libre développement de tous les êtres humains, construira la communauté de la destinée numérique, créera un mode de vie libéralisé, promouvra fortement la croissance de la capacité rationnelle humaine et construira la justice substantielle du numérique[125].

Dans une communauté de destin numérique interdépendante, chaque personne pourra s'approprier les produits numériques qu'elle produit sans que d'autres se les approprient sans compensation ou contre compensation, et la nature exploitante du travail numérique ne sera pas présente. L'homme acquiert une véritable subjectivité à partir de la non-subjectivité, réalisant le passage d'une personne indépendante formalisée à une personne libre substantielle. Le numérique construit la véritable indépendance de l'homme, réalisant une interaction égale entre les personnes et renforçant le libre développement entre les personnes. À cette fin, dans la forme numérique de l'espace libre, la technologie numérique ne deviendra plus un moyen pour les capitalistes d'exploiter les gens, mais évoluera vers la capacité des gens à acquérir la liberté, où chacun peut posséder de manière égale les moyens de production, utiliser librement les ressources numériques, posséder pleinement les produits numériques, etc., et mener des activités de production et d'interaction libres, égales, démocratiques et tolérantes, dissiper la dichotomie du

---

123. Marx [Allemagne], Engels [Allemagne], *Les oeuvres complètes de Marx et Engels (Vol. 8)*, traduit par le Bureau pour la compilation des œuvres de Marx, Engels, Lénine et Staline, Comité central du Parti communiste chinois, Maison d'édition du peuple, 2009, p. 196.

124. Marx [Allemagne], Engels [Allemagne], *Les oeuvres complètes de Marx et Engels (Vol. 5)*, traduit par le Bureau pour la compilation des œuvres de Marx, Engels, Lénine et Staline, Comité central du Parti communiste chinois, Maison d'édition du peuple, 2009, p. 874.

125. HUANG Jingqiu et DENG Bojun, « L'évolution historique de la communauté de la destinée humaine depuis la forme spatiale du numérique », *Science Social de Yunnan*, n° 6, 2019, p. 46-47.

sujet et de l'objet entre les gens, objectiver et éliminer le modèle de l'aliénation[126]. De cette façon, nous pouvons briser l'oppression du pouvoir dans le monde réel et construire une communauté de destin numérique dans un état de justice. Ainsi, dans la communauté numérique du destin, la forme spatiale libre du numérique établira un espace et un temps libre, construira une association humaine libre, réalisera un développement libre et complet, et construira véritablement un ordre numérique durable et stable, progressant ainsi vers la justice numérique.

---

126. HUANG Jingqiu et DENG Bojun, « L'évolution historique de la communauté de la destinée humaine depuis la forme spatiale du numérique », *Science Social de Yunnan*, n° 6, 2019, p. 46-47.

Chapitre V

LA RECONSTRUCTION DE LA CIVILISATION

Nous profitons tous des fruits de la civilisation moderne. Mais nous ne savons pas vraiment comment commencer et vers qui nous tourner. Le monde tel que nous le vivons semble confus, fragmenté, désordonné et chaotique. Les experts du monde matériel peuvent interpréter tout et n'importe quoi dans le contexte du monde matériel ; mais nous sommes devenus moins conscients de notre propre vie. En bref, nous vivons dans un monde postmoderne, une époque où tout est possible et tout est incertain.

—Václav Havel

Section I
Le paradigme de la civilisation

À l'heure où la science et la technologie déconstruisent le passé et préparent l'avenir avec plus de rapidité et de vigueur, nous devons revenir à certaines des questions les plus fondamentales afin de dissiper la confusion qui règne dans nos esprits et de connaître la voie à suivre. Par exemple, de quel type de civilisation l'humanité a-t-elle besoin ? Quel est le but de la civilisation et le choix que l'humanité doit prendre ? Pour comprendre le saut et la reconfiguration des civilisations futures, nous devons transcender les limites de notre époque, sortir du « piège » de la théorie du choc des civilisations et effectuer des analyses comparatives entre l'histoire et la réalité, verticalement et horizontalement. À l'ère moderne, caractérisée par un développement technologique rapide, la convergence des civilisations est le courant dominant de l'histoire, et le conflit ne domine pas. Avec le développement accéléré de la nouvelle révolution technologique que représente la chaîne de blocs, la civilisation est entrée dans l'ère de la grande convergence, et l'humanité va ainsi réaliser un grand saut de la civilisation industrielle à la civilisation numérique. La technologie numérique a déclenché une révolution du paradigme dans la civilisation, et la construction de la civilisation numérique nécessite de modifier le cadre existant et le paradigme analytique de la civilisation humaine afin de réaliser des changements fondamentaux dans tous les aspects de la politique, de l'économie, de la société, de la culture et des modes de vie, ce qui est l'éclairage le plus important que nous a donné le mouvement des données au cours des dernières années.

I. Du choc des civilisations à la convergence des civilisations

Qu'est-ce que la civilisation ? L'explication de base donnée dans notre dictionnaire chinois est la suivante : « civilisation », « le fait (d'avoir) atteint un stade supérieur de développement social et d'avoir une culture supérieure ». Selon le *Dictionnaire encyclopédique Mayr* de la RDA (1971), la « civilisation » est « le stade de développement de la société humaine qui succède aux formes de vie les plus rudimentaires des sociétés primitives et qui se caractérise par une augmentation de la productivité et, en relation avec celle-ci, par le développement de l'agriculture, de l'élevage, de l'artisanat, du commerce et de l'industrie, ainsi que de l'agriculture et de l'élevage. le développement de l'organisation sociale et étatique. Il fait aussi généralement référence à la culture matérielle ». *L'Encyclopédie soviétique* (1978) indique que « le mot 'civilisation' (du latin civils – des citoyens, de l'État), (1) un synonyme de culture. Dans les écrits marxistes, un mot est utilisé pour désigner la culture matérialiste. (2) Le niveau et l'étendue du développement social, de la culture matérielle et spirituelle (civilisation du sac suspendu, civilisation moderne). (3) Le degré de développement social après l'âge de la barbarie (Lu Morgen, Vern Engels). » *L'Encyclopédie japonaise du monde* (1981), quant à elle, explique « qu'il est communément admis, comme le philosophe DE de l'histoire W. Dilthey l'a dit, que les systèmes culturels sont des domaines de la religion, l'art, la science, etc. qui sont des domaines supérieurs d'idéal, de haute valeur spirituelle ; en revanche, la civilisation est un concept appartenant à un domaine inférieur de choses concrètes, matérielles, comme la technologie. Cette tendance est particulièrement forte en Allemagne, où une distinction stricte est faite entre culture et civilisation. Mais la distinction n'est pas claire parmi les universitaires anglo-américains. Les chercheurs anglo-américains considèrent la culture comme un ensemble de manières d'agir, et considèrent que les conditions matérielles qui constituent la base de ces manières d'agir sont la civilisation. Et le comportement comprend également les connaissances, les croyances, les technologies, les positions morales, les habitudes, etc. » En outre, Wallerstein, historien, sociologue, économiste politique international de renom et principal fondateur de la théorie du système mondial, définit la civilisation comme « une association particulière de visions du monde, de coutumes, de structures et de cultures (cultures matérielles et supérieures) ». Le penseur, homme d'État, éducateur, historien et littéraire chinois moderne Liang Qichao déclare dans *L'esprit de la civilisation* : « La civilisation est à la fois physique et spirituelle ; il est facile de trouver une civilisation physique, mais difficile de trouver une civilisation spirituelle. » D'après ces définitions et analyses ci-dessus, la civilisation présente trois caractéristiques fondamentales. Premièrement, elle est historique, c'est-à-dire quelque chose qui a été précipité par le temps ; deuxièmement, elle est progressive, la civilisation se développe et avance constamment ; troisièmement, elle est globale, la civilisation est la somme de la civilisation matérielle et spirituelle.

Trois paradigmes analytiques existent généralement dans l'étude de la civilisation ou les études comparatives. Dans le premier, la civilisation est divisée en civilisation primitive, civilisation de la société esclavagiste, civilisation de la société féodale, civilisation capitaliste et civilisation socialiste selon la forme de la société. Dans la deuxième catégorie, les civilisations sont classées en civilisations nomades, agricoles et industrielles en fonction du progrès des forces productives.

La troisième catégorie regroupe un certain nombre de grandes civilisations classées par les spécialistes occidentaux du monde moderne en fonction de l'ethnie, de la religion, du pays, du système et de la situation géographique : les 16 grandes civilisations proposées par l'historien américain Carol Quigley, les 23 grandes civilisations proposées par l'historien britannique Arnold Toynbee, les 12 grandes civilisations proposées par Matthew Melko, professeur au département de sociologie et d'anthropologie de l'université de Wright State aux États-Unis et les huit civilisations majeures proposées par Samuel Huntington, politologue américain de renom, en sont les représentants. De ces trois paradigmes dits analytiques de la division civilisationnelle, le troisième paradigme de l'analyse comparative est plus proche de l'étude de l'évolution de l'ordre mondial, le « paradigme civilisationnel » est, selon les termes de Huntington, un « cadre de réflexion sur la politique mondiale … ».[1] Cependant, les études civilisationnelles basées sur le troisième paradigme de l'analyse civilisationnelle ont tendance à se concentrer davantage sur la comparaison horizontale des civilisations et l'étude de l'ordre mondial, ce qui tend à ignorer la progressivité des civilisations et à amplifier leurs différences, conduisant ainsi à des conclusions qui manquent d'une perspective historique plus large, ce qui est l'une des principales raisons pour lesquelles Huntington est finalement arrivé à la « théorie du choc des civilisations ».

Le concept de « paradigme » a été introduit pour la première fois par le philosophe des sciences Thomas Kuhn dans *La structure des révolutions scientifiques*[2]. Kuhn a soutenu que « le progrès de la pensée et de la science consiste à remplacer les anciens paradigmes par de nouveaux ». Kuhn a proposé qu'en général, la science est toujours guidée par une théorie dominante sur une longue période de temps, ce qui maintient le développement scientifique relativement stable, un état de la science appelé « science conventionnelle », et cette « théorie dominante » est le paradigme. Cet état de la science est appelé « science conventionnelle » et cette « théorie dominante » est le paradigme. Lorsqu'une révolution scientifique se produit, il s'agit souvent du passage d'un paradigme à un autre, et la science dans son ensemble, après une période relativement courte de changement brutal,

---

1. YANG Guangbin, « La proposition et l'exploration de la politique mondiale », *Journal de l'Université Renmin de Chine*, n° 1, 2021, p. 8.

2. XIA Tao et SHAO Renli, « Reconceptualiser le "paradigme de la civilisation" », *Forum académique*, n° 3, 2007, p. 71.

passera d'une norme à une autre, en maintenant une nouvelle stabilité[3]. Nous pouvons donc constater que la « théorie dominante » évolue à différents stades du développement de la pensée et de la science, et que le paradigme dans lequel nous étudions le problème doit également être progressif. En outre, le paradigme de l'étude de l'ordre civil du point de vue de la pensée et des sciences sociales devrait également être mis à jour et affiné pour éviter de tomber dans le piège de l'ancien paradigme.

Dans le paradigme de la théorie du « choc des civilisations » de Samuel Huntington, il existe au moins trois « pièges civilisationnels » majeurs. Tout d'abord, Huntington ne compare pas et ne dérive pas les grandes civilisations qui ont émergé dans l'histoire du monde de manière séquentielle lorsqu'il effectue la division des civilisations et qu'il compare les civilisations, mais il sélectionne plutôt huit (ou essentiellement sept) civilisations typiques du XXe siècle pour une étude comparative en interceptant de plus petits fragments d'histoire. Deuxièmement, l'analyse de la politique mondiale par Huntington dans une perspective civilisationnelle adopte l'approche consistant à explorer les possibilités verticales dans une comparaison horizontale, ignorant les implications du développement vertical des civilisations pour le futur ordre mondial. Troisièmement, Huntington amplifie la peur et la sensibilité mondiale au conflit dans le contexte de la guerre froide soviéto-américaine, en mettant en évidence les différences civilisationnelles dans une perspective centrée sur la culture et en ignorant l'intégration et l'innovation civilisationnelles. Afin d'éviter de tomber dans ces trois « pièges civilisationnels », nous devons transformer le paradigme des études civilisationnelles et construire un nouveau cadre théorique, en tenant compte des trois caractéristiques fondamentales de la civilisation.

La révolution scientifique et technologique a sans aucun doute joué un rôle central dans l'évolution de la civilisation humaine et de l'ordre mondial depuis l'histoire moderne du monde. Depuis la seconde moitié du XXe siècle jusqu'à aujourd'hui, la révolution de l'information électronique, représentée par les ordinateurs et l'Internet, qui a balayé le monde, jusqu'au développement vigoureux d'un nouveau cycle de révolution des technologies de l'information, la technologie est devenue l'épine dorsale. Si l'on considère l'histoire de la civilisation humaine,

---

3. Irem Lakatos [États-Unis], Elan Musgrave [États-Unis], *La critique et l'évolution des connaissances*, traduit par ZHOU Jizhong, Maison d'édition de Huaxia, 1987, p. 33, 39, 95, 97.

la survie de l'homme est étroitement liée au niveau de développement de la productivité sociale. Et le niveau de développement de la productivité dépend dans une large mesure des progrès de la science et de la technologie. « L'expérience historique a montré que les révolutions scientifiques et technologiques ont toujours été capables de modifier profondément le modèle de développement mondial. »[4] Lorsque nous discutons de l'ordre de la civilisation et du processus de développement de la civilisation, nous devons intégrer la civilisation de la science et de la technologie et en faire un facteur important. Plus précisément, nous devrions adopter le paradigme « 1 + 2 + 3 » de l'analyse des civilisations. Le « 1 » est la civilisation de la science et de la technologie, qui traverse la ligne principale du développement humain ; le « 2 » est la civilisation chinoise horizontale, qui représente le Nouvel Orient, et la civilisation occidentale, qui représente le Grand Occident, les deux principales civilisations qui ont influencé l'ordre mondial ; et le « 3 » est la civilisation chinoise verticale, qui représente le Grand Occident. Le « 3 » est une sélection verticale de civilisations agricoles, industrielles et numériques, représentant différentes époques.

Dans les années 1860, la première révolution technologique est apparue en Occident, de la Grande-Bretagne à la France, en passant par les États-Unis et l'Allemagne. Grâce à la technologie, l'Europe occidentale et l'Amérique du Nord sont progressivement passées d'une civilisation agricole à une civilisation industrielle. Cela a conduit au développement rapide de la civilisation occidentale. Du XIXe au XXe siècle, la fusion de la civilisation occidentale avec la civilisation industrielle, sous l'impulsion de la technologie et de la civilisation, a donné naissance à une nouvelle civilisation matérielle, politique, spirituelle et sociale, qui a progressivement fait de la civilisation industrielle un synonyme de civilisation occidentale. Le rythme sans précédent du développement des civilisations au cours de ces deux siècles a également conduit à la naissance de nombreux paradigmes de recherche sur les civilisations, principalement sous la forme d'une augmentation rapide de l'étude comparative des civilisations par les chercheurs occidentaux. Cependant, il convient de noter un autre aspect important qui a été négligé par les spécialistes occidentaux, à savoir que l'essor de la civilisation

---

4. XI Jinping, « La lutte pour la construction d'une puissance mondiale dans le domaine de la science et de la technologie – Discours prononcé lors de la conférence nationale sur l'innovation scientifique et technologique, de la conférence des académiciens des deux académies et du neuvième congrès national de l'association chinoise pour la science et la technologie », Xinhua, 2016, http://www.xinhuanet.com/politics/2016-05/31/c_1118965169.htm

industrielle a également entraîné une grande convergence des civilisations dans le monde. Dans cette grande fusion, la civilisation occidentale, qui a été la première à entrer dans la civilisation industrielle, a pris l'initiative absolue de cette grande fusion en façonnant, ou en transformant, la civilisation industrielle. L'ensemble du processus de transformation, consciemment ou inconsciemment, a été promu par les élites occidentales, avec « l'eurocentrisme », le « centrisme culturel », « l'égoïsme » et l'idéologie religieuse de la civilisation occidentale, s'ajoute à cela le dernier sentiment de supériorité : « tous sont égaux sur ce territoire et supérieurs à l'extérieur ». Ces préceptes, issus de la culture aristocratique, ont semé les graines du « conflit » à l'époque de la grande intégration des civilisations dans la civilisation industrielle. Ce qui, à son tour, est devenu un grand obstacle à l'intégration d'autres civilisations dans la civilisation industrielle.

Plus précisément, la fusion des civilisations à l'ère de la civilisation industrielle a inclus les civilisations d'Asie de l'Est, avec la civilisation chinoise comme pilier et la civilisation japonaise comme ramification, les civilisations orthodoxes, avec l'Union soviétique ou la Russie comme centre, les civilisations indiennes, avec l'Inde comme noyau, et les civilisations islamiques et latino-américaines, qui ont fusionné avec les civilisations industrielles et leur ont donné un nouveau souffle. Bien que la civilisation chinoise soit restée à la traîne, elle s'est développée de manière innovante grâce à l'inclusion et à l'innovation, et a réalisé une fusion organique avec la civilisation industrielle, en conservant les caractéristiques essentielles de la civilisation chinoise, en s'inspirant des éléments bénéfiques de la civilisation occidentale et en portant la civilisation industrielle vers de nouveaux sommets. L'ensemble du processus d'intégration de la civilisation orthodoxe dans la civilisation industrielle, d'autre part, bien qu'il y ait eu d'énormes rebondissements au milieu – qui avaient beaucoup à voir avec la transformation de la civilisation industrielle par la civilisation occidentale – a finalement trouvé un équilibre entre cette civilisation et la civilisation industrielle, parvenant à un équilibre entre les aspects politiques, économiques et sociaux sous la civilisation industrielle. En outre, la civilisation japonaise, située dans le cercle culturel confucéen, a été la première parmi les civilisations orientales à s'intégrer à la civilisation industrielle dominée par la civilisation occidentale et à donner naissance à un nouveau système politique ; l'Asie du Sud-Est, également située dans le cercle culturel confucéen, a également connu un développement plus rapide dans son intégration à la civilisation industrielle depuis la seconde moitié du XXe siècle, avec l'exemple de Singapour. Bien sûr, il ne faut pas oublier que certaines civilisations sont encore dans un dilemme à cause des graines du « conflit » plantées par la civilisation occidentale dans la civilisation industrielle, ou parce qu'elles n'ont pas encore réalisé une intégration organique avec la civilisation industrielle pour certaines de leurs propres raisons. Avec le développement rapide d'Internet, la progression de la révolution technologique représentée par la nouvelle génération de technologies numériques telles que les mégadonnées, l'Internet des objets, la chaîne de blocs et l'intelligence artificielle, et la promotion de la civilisation industrielle par la nouvelle civilisation orientale représentée par la civilisation chinoise, il est prévisible que la grande fusion des civilisations dans le monde se poursuivra et affichera une tendance à l'intégration accélérée.

II. Internet : une forme avancée de civilisation industrielle

Avec le progrès de la civilisation technologique, la civilisation occidentale et la civilisation industrielle ont réalisé une intégration et un développement profonds, et ont progressivement fait de l'Occident un terrain fertile pour mener le changement technologique mondial. Dans les années 1940, le premier ordinateur polyvalent au monde est né en Occident. Sur cette base, les réseaux informatiques orientés vers les terminaux ont commencé à émerger dans les années 1950, suivis par le développement progressif des réseaux informatiques en réseaux de communication informatique et en réseaux d'interconnexion informatique, la formation progressive de l'Internet mondial et le perfectionnement croissant de l'autoroute mondiale de l'information. Tout au long de l'histoire de l'humanité, c'est grâce au développement de l'industrialisation que l'initiative subjective de l'homme pour comprendre la nature, utiliser la nature et transformer la nature a été rapidement renforcée et que la civilisation matérielle s'est fortement développée. Dans ce contexte, le développement rapide de l'industrie électronique, représentée par les semi-conducteurs, a jeté les bases de la naissance des ordinateurs et des réseaux informatiques, et a facilité l'expansion rapide de l'Internet dans le monde entier.

De la seconde moitié du XXe siècle au début du XXIe siècle, le paysage mondial de l'Internet s'est progressivement dessiné, poussant la mondialisation et l'industrialisation vers de nouveaux sommets. C'est avec Internet que les « quatre tigres asiatiques », la sphère culturelle confucéenne représentée par la civilisation chinoise, et la Chine continentale, ont accéléré leur intégration à l'industrie. L'intégration à la civilisation industrielle s'est accélérée. On peut dire que l'Internet s'est développé en même temps que la civilisation industrielle. Le développement de l'Internet a stimulé le processus d'industrialisation mondiale, favorisé les progrès rapides de la civilisation matérielle et spirituelle et porté à de nouveaux sommets l'intégration de la civilisation traditionnelle et industrielle. En d'autres termes, l'Internet lui-même est un produit de l'industrialisation, ou un produit avancé de la civilisation industrielle, et s'inscrit dans son prolongement. Dans le même temps, dans le cadre de l'analyse « 1 + 2 + 3 », la principale expression de la civilisation technologique de la seconde moitié du XXe siècle au début du XXIe siècle a été Internet. S'il existe une forme avancée de civilisation industrielle – une sous-civilisation dans le cadre de la civilisation industrielle – alors nous pouvons appeler cette « sous-civilisation » la « civilisation Internet », qui est aussi une civilisation technologique.

Une civilisation industrielle pilotée par l'Internet répond à au moins trois caractéristiques fondamentales de la civilisation, ou trois conditions importantes. Des réseaux informatiques à l'Internet mondial, l'Internet a poussé la mondialisation vers de nouveaux sommets, rapprochant l'humanité comme jamais depuis des milliers d'années et l'accélérant dans une ère de communauté de destin. Bien sûr, nous ne nions pas qu'il existe encore de nombreux problèmes dans l'ordre mondial, mais d'un point de vue historique, les mesures prises sont énormes. Deuxièmement, il s'agit d'un progrès, car la société humaine, sous l'impulsion de l'Internet, s'est développée pour atteindre un niveau supérieur, favorisant la prospérité politique, économique et culturelle de toute l'humanité. Troisièmement, elle est globale dans la mesure où ce que l'humanité a réalisé sous l'impulsion d'Internet n'est plus la prospérité d'une civilisation matérielle traditionnelle, ni la prospérité d'une civilisation spirituelle sans base matérielle, mais les deux et en dépendance mutuelle. Du point de vue de l'intégration et de l'innovation culturelles, l'interaction entre les civilisations occidentale et industrielle a poussé la culture occidentale à un niveau supérieur, et a ainsi donné naissance à la cyberculture occidentale, reflet du progrès de la civilisation. Dans le même temps, les civilisations traditionnelles non occidentales ont été plus ou moins influencées par la « civilisation industrielle transformée » dans le processus d'intégration à la civilisation industrielle. D'une part, l'infusion de sang neuf dans le contexte de l'industrialisation a donné une nouvelle vitalité à certaines civilisations en voie d'auto amélioration. D'autre part, la forte assimilation de la culture occidentale aux autres cultures dans une perspective « culture-centrique » a également apporté un sentiment de crise à la survie et au développement des civilisations, ce qui a en fait contribué à leur progrès. Si nous examinons la définition de la civilisation de

Wallerstein, nous constatons que depuis environ un demi-siècle, l'humanité ou les pays du monde, sous l'impulsion d'Internet, ont connu de nouveaux changements dans leur vision du monde, leurs coutumes et leurs cultures, et que le lien particulier entre ces nouveaux changements est une nouvelle forme de civilisation, à savoir la civilisation Internet. Il convient de noter que, même si la civilisation occidentale a envahi les autres civilisations de manière furtive par le biais d'Internet, provoquant un impact énorme sur la diversité des civilisations dans le monde, il est indéniable que nous sommes entrés dans une forme supérieure de civilisation grâce à Internet.

Pour bien comprendre l'Internet en tant que forme avancée de la civilisation industrielle, il est nécessaire de comparer les civilisations industrielles et Internet. À cet égard, nous devons identifier les principales dimensions et les principaux indicateurs du développement vertical des civilisations dans une perspective temporelle. L'identification de ces dimensions et la sélection des indicateurs doivent être conformes au paradigme « 1 + 2 + 3 » de l'analyse des civilisations. Nous avons sélectionné quatre catégories d'indicateurs. La première catégorie est fondée sur le fait que la science et la technologie sont les pierres angulaires du progrès civilisationnel, et l'indicateur de productivité, qui repose sur le lien significatif entre les relations de production et la productivité. La deuxième catégorie est basée sur l'impact des facteurs de production sur l'efficacité de la production, et l'inclusion de l'indicateur des facteurs de production et l'exploration de leur rareté. La troisième catégorie, fondée sur les différences de formes économiques dans les différentes formes de civilisation, identifie l'indicateur de forme économique et explore ses principaux objectifs. La quatrième catégorie, fondée sur le fait que le saut de civilisation entraîne un changement de paradigme et que de nouveaux systèmes théoriques remplaceront progressivement les anciens, et basée sur les schémas d'évolution de la civilisation agricole, de la civilisation industrielle et de la civilisation Internet, identifie l'indicateur important qu'est l'état d'esprit (Tableau 5.1).

En creusant et en comparant le contenu de la première catégorie d'indicateurs, nous constatons tout d'abord que le principal signe de productivité de la civilisation industrielle est la machine, et que le signe de productivité de la civilisation Internet est l'ordinateur. Essentiellement, un ordinateur est aussi une machine, une forme avancée de machine. De ce point de vue, la civilisation de l'Internet est une forme avancée de la civilisation industrielle. Deuxièmement, dans la perspective des relations de production, nous avons choisi d'analyser la propriété des moyens de production, qui joue un rôle déterminant dans les trois éléments des relations de

Tableau 5.1 Comparaison des civilisations de l'industrie et de l'Internet

Catégorie	Indicateurs clés (caractéristiques)	Civilisation industrielle	Civilisation Internet
Catégorie I	Productivité	Machines	Ordinateurs
	Relations de production	Propriété privée	Propriété privée
Catégorie II	(Propriété)	Terre, travail, capital, science et technologie	Capital, science et technologie
	Facteur de production	Pénurie	Plus faible
Catégorie III	Rareté générale	Économie industrielle	Économie de l'Internet
	Forme économique	Production de marchandises, pillage et création de richesses	Circulation des marchandises, accumulation des richesses et monopole
Catégorie IV	Objectif principal	Pensée industrialisée	Réflexion sur l'Internet
	État d'esprit	Efficacité	Efficacité
	Caractéristiques	Intérêt personnel	Intérêt personnel

production, principalement la propriété privée dans la civilisation industrielle et aussi dans la civilisation de l'Internet. La civilisation de l'Internet et la civilisation industrielle sont une seule et même chose.

En ce qui concerne la deuxième catégorie d'indicateurs, les facteurs de production à l'ère de la civilisation industrielle sont principalement la terre, le travail, le capital et la science et la technologie, comme le mentionne l'économie occidentale. Dans l'ensemble, les terrains urbains, la main-d'œuvre qualifiée, les capitaux imparfaitement mobiles et les sciences et technologies naissantes et en développement étaient tous rares dans le monde de la civilisation occidentale à l'ère industrielle. À l'ère de la civilisation de l'Internet, les contraintes du facteur terre ont été quelque peu réduites grâce à « l'accès à l'Internet » ; la main-d'œuvre qualifiée n'est plus une ressource particulièrement rare en raison de la croissance massive du nombre de personnes instruites ; et l'accumulation du capital, le pillage du capital et les monopoles financiers – y compris l'expansion de la civilisation occidentale sur d'autres civilisations – ont été un facteur majeur. Notamment l'expansion, le pillage et le monopole de la civilisation occidentale sur les autres civilisations, ont eu tendance à réduire les limites du facteur capital sur le développement de la civilisation de l'Internet ; en outre, le progrès de la science et de la technologie et l'augmentation de l'efficacité de la production ont libéré davantage le rôle des trois facteurs de production : la terre, le travail et le capital. Dans l'ensemble, la productivité totale des facteurs a été considérablement améliorée à l'ère de la civilisation Internet. Cependant, la rareté de chaque facteur de production n'a pas été complètement résolue, et le degré de rareté a montré des changements principalement régionaux et structurels. C'est la raison pour laquelle l'Internet a contribué au développement rapide de la mondialisation. Par conséquent, en général, la rareté des facteurs de production n'a pas changé entre l'ère de la civilisation industrielle et l'ère de la civilisation de l'Internet, mais seulement dans une certaine mesure, et la forme de la civilisation n'a pas subi un saut essentiel. En d'autres termes, du point de vue des facteurs de production, la civilisation Internet est simplement une forme supérieure de la civilisation industrielle.

À partir de la troisième catégorie d'indicateurs, fondée sur l'importance de la productivité, des relations de production et des facteurs de production sous forme économique, nous pouvons juger en gros que la conclusion selon laquelle « Internet est une forme supérieure de civilisation industrielle » ne changera pas. Plus précisément, la forme économique ou le modèle de développement économique de la civilisation industrielle, ou du sujet économique, peut être résumé comme l'économie industrielle. L'objectif principal de l'économie industrielle est la production de biens, dont le but ultime est de servir la création de richesses par le pillage des ressources et des capitaux. À l'ère de la civilisation de l'Internet, la forme économique est l'économie de l'Internet, dont l'objectif principal, dans le contexte d'une augmentation significative de la productivité et d'un excès relatif de capacité de production, est de parvenir à l'accumulation de richesses par-delà les régions et les siècles en espérant la circulation mondiale des marchandises et la monopolisation des connaissances, des finances et des technologies. Ce processus, incarné par la mondialisation économique, est la division croissante du travail dans la mondialisation, qui fournit l'occasion parfaite pour l'intégration de la civilisation chinoise dans la civilisation industrielle, et constitue la toile de fond de l'époque où la Chine est devenue le premier pays manufacturier du monde pendant plus de dix années consécutives. Bien sûr, dans ce processus, la consolidation de la « structure centre-périphérie » de l'ordre international est devenue un défi que la civilisation chinoise doit relever. En résumé, nous pouvons constater que les principaux objectifs de l'économie industrielle et de l'économie Internet sont fondamentalement les mêmes, à savoir une relation entre la première et la seconde. Dans cette perspective, la civilisation de l'Internet reste le domaine de la civilisation industrielle.

Enfin, si l'on considère la quatrième catégorie d'indicateurs (en considérant les changements dans les modes de pensée comme des éléments essentiels des systèmes théoriques ou des changements de paradigme), si l'on compare la civilisation industrielle à la civilisation agricole, on peut fondamentalement arriver à la conclusion que le principal mode de pensée de l'ère agricole était la pensée de la survie, qui, bien sûr, n'est pas unique ; tandis que la pensée de l'ère industrielle, que nous pouvons appeler la pensée industrialisée est, en substance, la réflexion sur le développement. En termes abstraits, à l'époque de la civilisation agricole, le point de départ des activités de réflexion des gens était la question de la survie ou de mieux survivre ; à l'époque de la civilisation industrielle, le point de départ des activités de réflexion des gens était la question de mieux vivre. De même, nous pouvons appeler la pensée de l'ère de la civilisation de l'Internet : la pensée de l'Internet – « La pensée de l'Internet est la pensée des gens basée sur l'Internet pour penser et résoudre les problèmes. »[5] Si l'on compare la pensée industrialisée et la pensée Internet, on constate tout d'abord qu'il s'agit dans les deux cas d'une pensée de développement ; ensuite, les deux se concentrent sur la question de l'efficacité ; et enfin, les deux présentent des caractéristiques évidentes d'intérêt personnel dans le contexte de la culture occidentale. Comme nous le savons tous, l'économie occidentale et la science politique internationale sont fondées sur l'hypothèse de l'homme rationnel. Qu'est-ce que l'hypothèse de l'homme rationnel ? En termes simples, il s'agit d'une part de la rationalité totale, d'autre part de l'égoisme, d'une part de la recherche de la maximisation du profit, et enfin d'une part de la capacité à émettre des jugements précis sur la base d'un grand nombre de connaissances et de capacités de calcul. En dernière analyse, « l'hypothèse de l'homme rationnel concerne les droits individuels », qui sont déterminés par la transformation de la civilisation occidentale en civilisation industrielle dans son contexte culturel. Par conséquent, du point de vue de la pensée, la pensée Internet n'est pas en dehors du cercle de la pensée industrielle. Sur cette base, et en considérant les trois dimensions ci-dessus ensemble, nous pouvons naturellement conclure que l'Internet (civilisation) est une forme avancée de la civilisation industrielle.

---

5. ZHOU Wenzhang, « Parler de la pensée Internet », *Guangming Daily*, 9 avril 2016, p. 6.

III. Chaîne de blocs : un symbole important de la civilisation numérique

La civilisation numérique est devenue un sujet de préoccupation croissant pour les pays et les sociétés du monde entier. Cependant, aucun consensus n'a été atteint sur la connotation et l'extension de la civilisation numérique, et encore moins sur la construction d'un système systématique de civilisation numérique. Selon certains, la civilisation numérique est une ère intelligente fondée sur une nouvelle génération de technologies numériques telles que les mégadonnées, le cloud computing, l'Internet des objets, la chaîne de blocs et l'intelligence artificielle. Un autre point de vue donne une définition issue de la tradition : « Dans l'optique de la philosophie de la communication, la civilisation numérique, en tant que catégorie physique, est constituée des réalisations matérielles et spirituelles très brillantes de la société humaine atteintes par la technologie numérique ; en même temps, en tant que catégorie de valeur, la civilisation et l'incivisme sont la contradiction globale du développement social, et la civilisation numérique se propage et fait des bonds en avant en fissurant et en contrant l'incivisme et l'anti civilisation. »[6] Ces deux définitions données autour de l'endogénéité et de l'extensivité de la civilisation ont une certaine validité, mais toutes deux sont plutôt unilatérales et manquent de systématicité.

Deux questions doivent être étudiées avant de discuter de ce qu'est la civilisation numérique : les aspects techniques de la civilisation numérique et la spatio-temporalité de la civilisation numérique. Premièrement, du point de vue de la dynamique de la formation de la civilisation numérique, celle-ci repose principalement sur la nouvelle génération de technologie numérique, qui est la civilisation numérique sous la catégorie de la civilisation technologique. Deuxièmement, du point de vue de la spatio-temporalité, quand et où se situe la civilisation numérique ? Le « temps » est une question verticale basée sur l'histoire, tandis que l' « espace » est une question horizontale basée sur la géographie. À l'heure actuelle, la civilisation numérique se trouve encore dans une position temporelle de « l'avenir n'est pas encore arrivé », car nous sommes encore dans une ère « non civilisée » sous l'ère de la civilisation de l'Internet ; en même temps, le monde nécessaire à la civilisation numérique dans l'espace – le monde numérique – n'est pas

---

6. JI Yanjing, « Qu'est-ce que la civilisation numérique ? », *Science sociale chinoise*, 2014, http://www.cssn.cn/zt/zt_xkzt/zt_wxzt/jnzgqgnjtgjhlw20zn/ztwz/jyjsmsszwm/201404/t20140417_1069965.shtml.

encore complètement développé. – Dans le même temps, le monde spatialement nécessaire de la civilisation numérique – le monde numérique – n'a pas encore été entièrement construit. Ici, deux questions majeures doivent être appréhendées. Premièrement, le corps principal de la civilisation numérique est la civilisation du monde numérique, qui est la somme de l'interaction entre la civilisation du monde numérique et la civilisation du monde matériel. Deuxièmement, la nouvelle génération de technologies numériques constitue la base matérielle et un catalyseur important pour le passage de la non-civilisation de l'Internet à la civilisation numérique. Dans cette optique, nous pouvons provisoirement définir la civilisation numérique comme la somme historique de la nouvelle génération de technologies numériques qui a propulsé l'humanité dans l'ère de la coexistence des mondes physique et numérique, et a créé de nouvelles réalisations dans les domaines matériel et spirituel, politique, économique, social, culturel, écologique et autres, et constitue une toute nouvelle étape dans le développement de la civilisation humaine. Nous pouvons en déduire une conclusion importante : la chaîne de blocs est un symbole important de la civilisation numérique. En effet, d'une part, en ce qui concerne la nouvelle génération de technologies numériques, qu'il s'agisse des mégadonnées, ou du cloud computing, ou de l'intelligence artificielle et de l'Internet quantique, toutes souffrent des mêmes problèmes que l'Internet – irrégularité, insécurité et instabilité, c'est-à-dire désordre, manque de confiance, injustice, etc. Mais, heureusement, la chaîne de blocs, avec son grand livre distribué, son immuabilité, ses contrats intelligents et sa relative décentralisation, peut résoudre efficacement les problèmes d'autres applications de la technologie numérique de nouvelle génération. En ce sens, la chaîne de blocs est un symbole important de la civilisation numérique.

En ce qui concerne la connotation du monde numérique, la plupart des chercheurs, représentés par le chercheur Wang Feiyue de l'Académie chinoise des sciences, estiment que le monde numérique est parallèle au monde physique et qu'il s'agit d'une cartographie du monde physique. Nous pensons qu'au stade initial de sa formation, le monde numérique est en fait une cartographie du monde physique, un monde jumeau. Cependant, après la formation du monde numérique, il est probable qu'il y aura un certain degré de détachement et d'interaction au sein de ce monde par rapport au monde physique. En même temps, le monde numérique n'est pas seulement une cartographie à sens unique du monde physique, mais devrait être une interaction, une interaction et une interdépendance à double sens. On peut donc se demander de quoi dépend le monde numérique pour sa formation et son bon fonctionnement. En d'autres termes, quels seraient les piliers du monde numérique ? Nous pensons qu'une identité numérique, une monnaie numérique et l'ordre numérique sont les trois piliers du monde numérique. Qu'il s'agisse d'identité numérique, de monnaie numérique ou d'ordre numérique, la pierre angulaire est la chaîne de blocs, ou une « technologie semblable à la chaîne de blocs » avec des caractéristiques de chaîne de blocs. Ainsi, comme l'a déclaré Kevin Kelly lors de Digital Expo 2019, « la chaîne de blocs sera la pierre angulaire de la civilisation numérique, bouleversant la façon dont la confiance s'est établie dans toute l'humanité depuis des milliers d'années et apportant de nouvelles idées pour la transformation numérique. »[7] Qu'on la qualifie de « pierre angulaire » ou de « symbole important », la chaîne de blocs revêt sans aucun doute une grande signification et une grande importance pour la formation de la civilisation numérique.

En outre, il est important de noter que la civilisation numérique est différente de la civilisation de l'Internet, c'est une étape complètement nouvelle du développement de la civilisation humaine. En d'autres termes, la civilisation numérique basée sur la chaîne de blocs n'appartient pas à la catégorie de la civilisation industrielle, mais constitue une forme de civilisation aussi importante que la civilisation agricole et la civilisation industrielle, voire plus importante et plus avancée, dans le processus de la civilisation humaine, facilitée par la civilisation technologique. Pour expliquer cela, nous suivons toujours le paradigme « 1 + 2 + 3 » de l'analyse des civilisations et adoptons une approche similaire pour l'analyse de la civilisation de l'Internet. Nous avons ajouté une cinquième catégorie aux quatre catégories d'indicateurs, couvrant trois domaines : les modèles sociaux, l'ordre international et les échanges culturels. C'est le dépassement de la civilisation numérique dans les indicateurs suivants qui en fait une étape totalement nouvelle dans le processus de la civilisation humaine (Tableau 5.2).

---

7. LI Weirui et JIA Zhi, « Chaîne de blocs peut devenir la pierre angulaire de la civilisation numérique », *Guizhou contemporain*, n° 22, 2019, p. 20.

Tableau 5.2   Comparaison des civilisations industrielle, Internet et numérique

Catégorie	Indicateurs clés	Civilisation industrielle	Civilisation Internet	Civilisation numérique
Catégorie I	Productivité	Machines	Ordinateurs	Données
	Relations de production (propriété)	Propriété privée	Propriété privée	Propriété publique comme pilier
Catégorie II	Facteur de production	Capital, science et technologie, travail, terre	Capital, science et technologie	Données, science et technologie, capital
	Rareté générale	Pénurie	Plus faible	Plus abondant
Catégorie III	Forme économique	Économie industrielle	Économie de l'Internet	Économie numérique
	Objectif principal	Production de marchandises, pillage et création de richesses	Distribution des biens, accumulation des richesses	Flux de valeur, accumulation de valeur
Catégorie IV	État d'esprit	Pensée industrialisée	Réflexion sur l'Internet	Pensée chaîne de blocs
	Fonction 1	Efficacité	Efficacité	Équilibre entre l'efficacité et l'équité
	Fonction 2	Intérêt personnel	Intérêt personnel	Équilibre entre l'altruisme, l'intérêt personnel et l'altruisme

Catégorie	Indicateurs clés	Civilisation industrielle	Civilisation Internet	Civilisation numérique
Catégorie V	Modèles sociaux	Fermeture d'esprit	Relativement fermé	Transparence et ouverture
	Ordre international	Concurrence déloyale	Concurrence non structurée	Une concurrence ordonnée et une coopération gagnant-gagnant
	Échange culturel	Expansion	Expansion	Égalité et compréhension mutuelle, dialogue et tolérance

Tout d'abord, du point de vue de la première catégorie d'indicateurs de productivité, dans le cadre principal de la civilisation technologique, les données constituent la « première force productive » à l'ère de la civilisation numérique, ce qui est une caractéristique importante qui distingue la civilisation numérique de la civilisation Internet et de la civilisation industrielle ; du point de vue des relations de production, sur la base de l'exploitation et de l'utilisation de la valeur des applications de données, il est évident que la forme ouverte et partagée de la propriété publique est plus propice au progrès de la productivité. Du point de vue des relations de production, il est évident que la forme ouverte et partagée de la propriété publique est plus propice au progrès de la productivité basée sur l'exploitation et l'utilisation des valeurs d'application des données. Ainsi, il est décidé en substance que la civilisation numérique n'appartient plus à la catégorie de la civilisation industrielle.

Deuxièmement, dans la deuxième catégorie d'indicateurs des facteurs de production, l'ère de la civilisation numérique verra l'essor rapide du facteur « données » qui, sur la base de l'autonomisation du capital, de la technologie et du travail, inversera la situation de pénurie des facteurs de production et réduira considérablement les limites de la pénurie de ressources sur la productivité et les relations de production. Dans le même temps, dans le monde numérique, la terre ne devient plus une ressource très rare ; le flux et le développement de la monnaie numérique permettent une diminution relative de la rareté du capital dans un flux accéléré ; le développement de l'Internet des objets, de l'intelligence artificielle et de l'Internet quantique permet une diminution relative de l'importance du travail qualifié général et une contraction de la rareté des facteurs de travail vers des personnes hautement qualifiées et un rétrécissement du champ d'action.

Toujours en ce qui concerne la troisième catégorie d'indicateurs de forme économique, le pilier de l'ère de la civilisation numérique est l'économie numérique. Il convient de noter que dans le cadre de l'interaction entre les mondes numérique et physique, bien que l'économie numérique devienne le corps principal, l'économie industrielle du monde physique occupe toujours une position importante, et une situation de bonne interaction entre les économies réelle et numérique se formera. En regardant plus loin, l'objectif principal poursuivi par l'économie numérique dans la perspective de la civilisation numérique ne se limite plus à la production et au flux de marchandises et à l'accumulation de richesses, mais s'oriente vers le flux et l'accumulation de valeur. C'est un aspect important qui distingue la civilisation numérique de la civilisation industrielle et de la civilisation Internet.

En outre, selon la quatrième catégorie d'indicateurs de mode de pensée, la pensée à l'ère de la civilisation numérique est la pensée chaîne de blocs, la pensée du consensus (pensée de la confiance), la pensée distribuée, la recherche non seulement de l'efficacité mais aussi d'un équilibre entre l'efficacité et l'équité ; elle n'est plus complètement intéressée, mais un équilibre entre l'intérêt personnel et l'altruisme, l'altruisme étant l'objectif principal. C'est très différent de la pensée industrialisée et de la pensée Internet. Plus précisément, à l'ère de la civilisation numérique, nous ne présupposons plus l'hypothèse de l'homme rationnel, mais celle de l'homme de données. Cela s'explique par le fait que l'hypothèse de l'homme rationnel est unilatérale à trois égards : « Tout d'abord, il manque une vision claire et rationnelle de la richesse, ensuite, il ne prévoit pas d'éthique économique et de principes moraux, et enfin, il manque un sens de l'équité de la richesse. »[8] En revanche, l'hypothèse de l'homme de données, avec ses fondements d'altruisme et de partage, est mieux adaptée aux exigences de l'ère de la civilisation numérique.

Enfin, nous examinons la cinquième catégorie d'indicateurs : en termes de formes sociales, sur la base du cadre de l'ordre construit à l'ère de la civilisation numérique, les privilèges ne seront plus visibles partout dans les sociétés ou les sociétés internationales dominées par les individus et les nations, et les sociétés deviendront plus transparentes et ouvertes ; en termes d'ordre international, la concurrence désordonnée ne sera plus le courant dominant de l'ordre international,

---

8. PENG Ningyuan, « Le caractère unilatéral de l'hypothèse de "l'homme rationnel" dans l'économie occidentale », *Fortune Times*, n° 12, 2020, p. 207.

et la concurrence ordonnée et la coopération gagnant-gagnant seront le courant dominant ; en termes de culture, l'égalité et l'appréciation mutuelle, le dialogue et la tolérance deviendront le courant dominant, et l'expansion culturelle dans la perspective du centrisme culturel perdra de plus en plus sa vitalité.

Section II
La trilogie de la civilisation numérique

C'est une époque de grands changements, avec l'émergence et la coexistence de multiples civilisations. Tout comme la civilisation occidentale a rencontré la civilisation industrielle, les grandes civilisations du monde s'accélèrent vers le carrefour de la civilisation numérique. Il y a plus de deux cents ans, la civilisation occidentale a saisi l'occasion de précéder et de transformer la civilisation industrielle, établissant ainsi sa place dans l'ordre international. Plus de deux cents ans plus tard, la civilisation chinoise doit être plus consciente de ses inquiétudes et de ses possibilités, et s'efforcer d'être à l'avant-garde de son temps dans son intégration à la civilisation numérique. Si l'Internet et l'Internet des objets construisent ensemble une autoroute vers le futur, alors les mégadonnées est une voiture qui roule sur cette route, la chaîne de blocs est le flux de circulation formé par ces voitures, le droit des droits numériques est le navigateur qui guide le flux de circulation en fonction de la destination, et la chaîne de blocs de souveraineté est les règles et l'ordre qui permettent à ces voitures de rouler légalement et en bon ordre sur l'autoroute. Les données de la chaîne de blocs, la loi du droit du nombre et la chaîne de blocs de souveraineté s'efforcent de résoudre les trois problèmes fondamentaux du nouvel ordre de la civilisation numérique, et sont les principales pierres angulaires pour faire passer l'humanité de la civilisation industrielle à la civilisation numérique. Parmi elles, les données en bloc résolvent le problème de la convergence. Dès lors que tout est compatible avec les données, la convergence devient possible. C'est la signification de la « numérisation de tout, la sagesse dans la convergence ». La méthode du droit au compte résout le problème du partage. L'essence du droit des droits numériques est le droit de partager, et le droit de partager est une construction institutionnelle basée sur une culture altruiste. La chaîne de blocs de souveraineté aborde la question de la technologie pour le bien, c'est-à-dire, quelle est l'âme de la technologie. La « bonté » ici est la « conscience » prônée par Yangming Xinxue. Si les trois valeurs majeures que sont l'intégration, le partage et la conscience sont établies théoriquement, les barrières culturelles qui empêchent l'humanité de progresser vers la civilisation numérique seront levées et la communauté de destin humaine sera stable et de grande envergure.

I. Les données en blocs : une solution pour la convergence

Tout comme les télescopes nous permettent de sentir l'univers et les microscopes d'observer les microbes, les mégadonnées changent nos vies et notre façon de comprendre le monde, devenant une source de nouvelles inventions et de nouveaux services, et d'autres changements se profilent à l'horizon…[9] Cependant, la prolifération des données massives a également entraîné une augmentation de l'incertitude. L'explosion des données pose le problème du gaspillage et de la congestion des données, et ce problème humain est appelé le « paradoxe des données massives ». C'est dans ce contexte que la chaîne de blocs est née.

Données en blocs : un paradigme de pensée dans un domaine remixé. Données ponctuelles : données isolées provenant de systèmes discrets. Avec la convergence de la technologie numérique, de la production et de la vie humaine, et la diffusion rapide de l'Internet, les données mondiales se caractérisent par une croissance explosive et une agrégation massive. Toutefois, les données de grande envergure existent de manière indépendante, sans passerelles de connexion, et constituent des données ponctuelles discrètes et isolées. Les données ponctuelles constituent une source importante des mégadonnées et se caractérisent par leur grand volume, leur décentralisation et leur indépendance. Ce type de données a été identifié et stocké dans divers systèmes correspondants, mais n'a pas été associé à d'autres données en termes de valeur, ou bien l'association de valeur n'a pas été présentée, ce qui fait qu'elles ne sont pas utilisées, analysées ou même accessibles. Données en barres : une collection de données dans une seule dimension. Qu'il s'agisse des données internes recueillies par les industries traditionnelles, des données sectorielles telles que la santé, l'éducation, les transports, la finance et la sécurité détenues par les gouvernements à tous les niveaux, ou des nouvelles données industrielles telles que le commerce électronique et la finance numérique stockées par les sociétés Internet, toutes peuvent être définies comme des données en barre, c'est-à-dire des données mises en chaîne dans une industrie et un domaine donnés. Actuellement,

---

9. Victor Mayer-Schönberg [Angleterre], et Kenneth Cukier [Angleterre], *L'ère des mégadonnées : la grande transformation de la vie, du travail et de la pensée*, Maison d'édition du peuple de Zhejiang, 2013, p. 1.

la plupart des applications des mégadonnées sont présentées sous forme de données en bande. Dans une certaine mesure, les données en bande ont permis de réaliser une agrégation ciblée des données et d'améliorer l'efficacité de l'utilisation des données, mais les données en bande emprisonnent les données dans des chaînes isolées, formant une « île de données » ou une « cheminée de données ». Données en bloc : agrégation de liens sur une plate-forme spécifique. Les données en bloc sont l'agrégation de données ponctuelles éparses et de données en barres segmentées sur une plate-forme spécifique, et l'effet d'agrégation continu. Les données en bloc contiennent un mécanisme hautement associatif qui fournit les conditions pour l'agrégation continue des données. L'agrégation associative des données des blocs a lieu sur une plate-forme spécifique et n'est pas limitée à une zone administrative ou à un espace physique particulier. L'agrégation associative de données en bloc permet l'agrégation transfrontalière de données provenant de différentes industries, secteurs et domaines. Les caractéristiques de plate-forme, de pertinence et d'agrégation des données en bloc favorisent le développement de les mégadonnées en une nouvelle étape d'intégration et de développement des données en bloc, brisant les limites du « bar » et permettant l'intégration organique des données dans le « bloc »[10].

Les données en bloc sont le signe que l'ère des mégadonnées est vraiment arrivée. À l'heure actuelle, un nouveau cycle de révolution technologique et de mutation industrielle se trouve à une intersection importante. Avec l'implication rapide d'une nouvelle génération de technologies numériques dans la production et la vie humaines, les activités humaines se transforment de plus en plus en données qui peuvent être enregistrées, collectées, traitées et analysées par des codes, et nous sommes entrés dans une nouvelle étape de développement marquée par les mégadonnées. Du point de vue du processus de civilisation humaine, les mégadonnées est un produit important dans la transition de la civilisation de l'Internet à la civilisation numérique, un symbole important de la migration numérique humaine, et un support important dans la formation du monde numérique. Nous devons avoir une compréhension profonde des lois du mouvement des données. Et la chaîne de blocs est une philosophie des données qui étudie les lois du mouvement des données. Plus précisément, les données sont en mouvement, le mouvement des données est réglementé, et ce que le mouvement

---

10. Laboratoire clé de la stratégie des mégadonnées, *Données en blocs 3.0 : Internet régulé et souveraineté de la chaîne de blocs*, Presse CITIC, 2017, p. 47-57.

des données révèle est la croissance de l'ordre à l'ère de la civilisation numérique. En se basant sur le présent, en faisant face à l'avenir, en maîtrisant les données de bloc, nous pouvons vraiment comprendre la connotation profonde de l'ère des mégadonnées, et nous pouvons voir plus loin que les données de bloc sont la forme avancée du développement des mégadonnées, la valeur centrale de l'intégration des mégadonnées, et la solution de l'ère des mégadonnées. Avec la chaîne de blocs comme symbole, l'humanité va véritablement entrer dans l'ère des mégadonnées.

Les données en bloc sont un système de valeurs où les données, les algorithmes et les scénarios sont fusionnés et appliqués. La chaîne de valeur des données en bloc vise à réaliser l'intégration de la valeur au-delà de la dotation en ressources. Il s'agit d'un système de valeur dont le cœur est constitué par l'ensemble de la chaîne industrielle, de la chaîne de services et de la chaîne de gouvernance. Grâce à l'effet superposé des données, des algorithmes et des scénarios, la vision des données et la méthodologie de la collecte, de la transmission, du stockage, de l'analyse et de l'application des données à l'échelle et avec précision, dans le cadre de l'architecture du système de données en bloc, construisent pour nous un système de valeur qui intègre le flux technologique, le flux matériel, le flux de capitaux, le flux de talents et le flux de services. Dans le but de découvrir des corrélations potentielles et de prédire l'avenir de quantités massives de données complexes au sein de données en bloc, le principal paradigme est une simplification systématique des théories complexes afin de parvenir à des prédictions plus précises de l'incertitude et de l'imprévisibilité. La convergence entre les données en bande et les données en bloc entraînera un changement radical de la mentalité et du paradigme comportemental de la société humaine – une philosophie des données qui non seulement révolutionne notre vision du monde, nos valeurs et notre méthodologie, mais nous ouvre également une nouvelle ère, une nouvelle vie et un nouvel avenir.

Les données en bloc donnent lieu à de nouveaux modèles organisationnels et deviennent une nouvelle force de changement pour l'avenir. La chaîne de blocs est à la fois un modèle économique et une innovation technologique, mais aussi une nouvelle vision du monde, des valeurs et une méthodologie qui conduiront et donneront naissance à de nouveaux modèles organisationnels. Les organisations de données en bloc renforcent leur position stratégique par l'agrégation des ressources et le rééquilibrage pour devenir le premier haut lieu de la maîtrise des tendances futures. L'organisation en blocs de données est une structure organisationnelle efficace avec des ressources partagées, annonçant une nouvelle direction pour le développement organisationnel. Les organisations sans frontières, les autoorganisations et les organisations en nuage peuvent toutes être considérées comme une sorte d'organisation de données en bloc en gestation et en croissance. La culture altruiste de la donnée est la pierre angulaire théorique de l'organisation de la chaîne de blocs et son point de départ est l'hypothèse de la personne de la donnée. Dans l'organisation de données en bloc, le pouvoir des données devient la compétence centrale de l'organisation. Le pouvoir des données et les relations entre les données influencent les relations sociales, ce qui déclenchera des changements et une reconfiguration de l'ensemble du modèle de développement social. Tout ceci est un signe du puissant potentiel organisationnel apporté par la trinité « planéité, plate-forme, pertinence et convergence » de l'organisation de la chaîne de blocs. Il s'agit d'une force motrice importante pour la survie et le développement des organisations, et en fin de compte pour la formation d'un nouveau paradigme d'organisations partagées.

L'activation de la science des données est devenue une nouvelle solution pour le développement des mégadonnées à l'ère de l'intelligence artificielle. Le phénomène de « congestion des données » est de plus en plus courant et est devenu l'un des problèmes sociaux les plus importants pour l'humanité. À l'ère des surplus de données, la plupart des données sont invalides et seul un petit pourcentage de données est valide. En fait, le « gros » n'est pas la valeur des mégadonnées, le « vivant » est la clé pour réaliser la valeur des mégadonnées. Nous devrions considérer les mégadonnées comme une sorte de données « vivantes », car ce n'est qu'en les activant que les mégadonnées peuvent avoir une vie et devenir le « sol » et « l'air » sur lesquels les gens du monde futur pourront vivre et se développer. « L'air ». À cette fin, nous devons explorer l'utilisation de la technologie numérique pour simplifier la complexité des mégadonnées, emprunter l'approche théorique des sciences de la vie pour résoudre le problème du désengorgement des données, et utiliser la réflexion de la sociologie des données pour exploiter le trésor des données précipitées. Les données en bloc, qui sont des données agissant sur des scénarios par le biais d'algorithmes, le moteur de cette action est la science des données d'activation, qui fournit des solutions à notre recherche de données valides. En tant qu'hypothèse théorique, la science de l'activation des données est comme un « œil dans le ciel » vers l'univers profond des mégadonnées. Il s'agit d'une prévision de l'avenir de l'humanité à l'ère du cerveau en nuage, d'une révolution paradigmatique de la pensée des mégadonnées qui va au-delà des théories complexes du déterminisme et du probabilisme de l'un ou l'autre et de l'autre sur le monde chaotique des données.

La théorie de l'évolution des données, la théorie du capital des données et la théorie des jeux de données proposées par Block Data pourraient devenir la « nouvelle triade » de la civilisation numérique. L'ouvrage de l'universitaire américain Cesar Hidalgo intitulé *The Nature of Growth* a été salué comme « un jalon important dans la théorie de la croissance économique au XXIᵉ siècle », car il met en avant un point important : la nature de la croissance économique est la croissance de l'information, ou la croissance de l'ordre. Il a fait valoir que les pays qui savent promouvoir la croissance de l'information prospéreront. L'évolution des données, le capitalisme des données et la théorie des jeux de données reconstruisent l'ordre de l'homme et de la technologie, de l'homme et de l'économie, et de l'homme et de la société à l'ère de la civilisation numérique. Nous devons comprendre que l'essence de la croissance à l'ère de la civilisation numérique n'est pas la croissance du PIB, mais la croissance de la civilisation et de l'ordre. Les nouvelles « trois théories » remodèlent la structure sociale, la fonction économique, la forme d'organisation et le monde des valeurs, redéfinissent la composition de la future société humaine avec les êtres humains naturels, robotiques et génétiques comme pilier, et redistribuent le nouveau paradigme des droits et des récits de pouvoir avec les données comme élément clé. Il s'agit à la fois d'une vision ambitieuse pour l'étude de la vie future et d'une découverte majeure pour l'étude de la croissance future de la civilisation et de l'évolution de l'ordre.

Les données en bloc accélèrent le processus du conflit civilisationnel vers la convergence civilisationnelle et l'ordre civilisationnel. La chaîne de blocs devient un maillon essentiel du développement de l'économie numérique. L'économie numérique est un modèle de développement économique qui utilise les données comme élément clé. Les données ne sont pas ici une ressource de données au sens général, mais un mécanisme axé sur les données qui permet de transformer les données en richesse au sens large. Ce mécanisme permet de réaliser l'allocation des ressources par la déconstruction et la reconstruction des données, favorisant ainsi la transformation continue des ressources de données en valeur et l'accumulation de valeur, ce qui est l'essence même de la chaîne de blocs. La base du partage des données est l'ouverture, et le principe de l'ouverture des données est la fusion. Les données par blocs offrent une solution pour la fusion des données et constituent une base importante pour que les données mettent en valeur leur valeur applicative. La caractéristique la plus importante des données en bloc est qu'elles rassemblent des données ponctuelles éparses et divers types de données en barres segmentées sur une plate-forme spécifique pour créer un effet d'agrégation continu. Cet effet d'agrégation permet d'effectuer des jugements et des prévisions plus rapides, plus complets, plus précis et plus efficaces grâce à la fusion de données multidimensionnelles et à l'analyse des corrélations, révélant ainsi les lois essentielles des choses et accélérant l'évolution de l'ordre et la croissance de la civilisation. Alors que le monde est au cœur d'un siècle de changements sans précédent, d'Internet à la chaîne de blocs, de l'ordre social aux normes éthiques, de l'économie numérique à la gouvernance numérique, les chocs de civilisations sont inévitables, plus ou moins, ou pour longtemps. La solution efficace pour promouvoir l'intégration des civilisations et l'ordre civilisationnel est la « donnée-ification » des civilisations et la civilisation des données, que nous appelons la civilisation numérique. Dans le processus d'accélération de la civilisation numérique, la chaîne de blocs devient un moteur de l'intégration des civilisations, ce qui est précisément la signification de l'ère de la « numérisation de tout, sagesse dans l'intégration ».

II. La loi des nombres : un poids jurisprudentiel partagé

Le passage d'une civilisation de l'Internet à une civilisation numérique passe grosso modo par trois étapes. La première étape est celle où toutes les personnes et les choses sont reliées entre elles comme jamais auparavant à l'aide d'Internet, des mégadonnées et de l'Internet des objets. C'est ce que nous avons vécu et vivons actuellement, et c'est la première transformation complète du monde physique par une nouvelle génération de technologie numérique. Sur la base de cette transformation, les pays et les régions du monde, principalement les pays, sont entrés dans un stade avancé de la mondialisation, formant un modèle de base de données connectées, d'informations connectées, d'intérêts connectés et de destin partagé. Dans ce processus, la gouvernance mondiale de l'Internet et la concurrence pour la souveraineté des données sont devenues les questions centrales de la gouvernance mondiale. La deuxième étape est celle de la mise en correspondance du monde physique avec le monde numérique. À ce stade, divers litiges sont progressivement exposés dans la politique mondiale, la politique intérieure, la mise à niveau industrielle, la survie et le développement personnels en raison du conflit entre les droits des données individuelles ou nationales et le pouvoir des données. En d'autres termes, c'est à ce stade que le monde numérique commence à prendre forme. Si le monde physique est le premier monde, ce début de naissance du prototype est le deuxième monde. À ce stade, de nombreuses contradictions telles que le remixage et le désordre, la protection des données, le flux et le monopole, l'hégémonie numérique et la souveraineté des données, la violence numérique et l'autodéfense numérique sont davantage révélées, et la question de l'ordre dans le monde numérique devient un thème central. Dans la troisième étape, basés sur les deux premières, les « quatre piliers » du monde numérique, tels que la monnaie numérique, l'identité numérique et l'ordre numérique, sont progressivement établis, formant une bonne interaction avec le monde physique et réalisant fondamentalement le saut de civilisation. Dans l'ensemble, nous sommes maintenant à la fin de la première phase et au début de la deuxième phase, où le premier niveau de gouvernance mondiale de l'Internet et le deuxième niveau de construction institutionnelle du monde numérique sont devenus des questions centrales. Pour résoudre ces problèmes, il faut trouver l'origine de la construction des institutions et du fonctionnement de l'ordre dans le monde numérique sur la base de la maîtrise des lois du mouvement des données. « Si la loi tourne avec les temps, vous serez gouvernés, et si la gouvernance est appropriée au monde, vous réussirez. » Nous pensons que cette origine est la règle de droit pour les données – la question des droits des données et la construction de l'ordre des données avec les droits des données comme noyau. Sans le « droit », les « données » n'ont aucun sens, car seul le « droit » peut véritablement refléter la valeur des « données ». Valeurs : le droit des droits numériques est un ensemble de structure jurisprudentielle de « droits numériques – système de droits numériques – droit des droits numériques » construit sur la base d'*homo numericus*.

À l'ère de la civilisation numérique, les êtres humains ont commencé à reconceptualiser la relation entre les êtres humains et les données, et à envisager les droits d'*homo numericus*. Les mégadonnées est un facteur de production, une ressource innovante, une forme d'organisation et un type de droit. L'utilisation des données est devenue un moyen important d'accroître la richesse, et l'affirmation des droits sur les données est devenue un symbole important de la civilisation numérique. De nombreuses questions de droits et d'obligations se posent tout au long de la gouvernance du cycle de vie des données, impliquant des droits et des intérêts tels que la vie privée, les droits de propriété des données et la souveraineté des données. Les droits sur les données, les droits de partage et la souveraineté des données sont devenus les nouveaux droits et intérêts à l'ère des mégadonnées. Le droit aux données est la convention maximale pour le partage des données afin de réaliser une valeur. L'ère numérique est multidimensionnelle et dynamique, et la conception des droits sur les données ne doit pas seulement refléter la distribution unidirectionnelle des droits de propriété des données brutes, mais aussi la structure dynamique et les questions de droits de multiples sujets. Par conséquent, un nouveau type de droit est en train d'émerger, qui couvre toutes les formes de données, les utilise activement et autorise les autres à les utiliser – le droit numérique.

L'hypothèse de la personne concernée est le point de départ logique du droit des droits numériques. Comme l'a souligné le célèbre juriste Yan Cun-sheng, « le droit est un phénomène social propre à la société humaine, et sa création et son développement, sa formulation et sa mise en œuvre sont inséparables de l'être humain, ce qui détermine que toute étude du droit, si elle veut s'élever à la hauteur de la philosophie, ou toute étude du droit par la philosophie du droit, doit prendre comme point de départ l'étude de la nature de l'être humain, de manière à saisir la racine du phénomène du droit et à trouver l'origine du phénomène. La clé pour comprendre le phénomène du droit »[11]. Tout au long de l'histoire du développement humain, nous pouvons obtenir cinq hypothèses classiques formulées à partir de la nature humaine. La première est l'hypothèse de la nature humaine, la plus courante à l'ère de la civilisation industrielle et le point de départ de nombreuses disciplines d'étude sous la civilisation occidentale, à savoir l'hypothèse de l'homme économique. La seconde correspond à l'hypothèse de l'homme économique, le concept de l'homme moral, qu'Adam Smith a introduit dans sa théorie des sentiments moraux dans le cadre de sa réflexion sur l'hypothèse de l'homme économique, et que nous pouvons considérer comme l'hypothèse de l'homme moral. Dans le récit de Smith, l'homme moral est altruiste, rationnel et cherche à maximiser les intérêts du groupe. L'homme économique et l'homme moral, sont deux aspects de l'hypothèse de la nature humaine. De l'homme économique à l'homme moral, l'intérêt personnel devient l'altruisme, et la maximisation des intérêts individuels devient la maximisation des intérêts du groupe, mais l'hypothèse de la « rationalité » ne change pas, et l'unilatéralité demeure. Il y a aussi l'hypothèse de l'homme politique, de l'homme social et de l'homme culturel. Mais quelles que soient les hypothèses retenues, il est difficile de les adapter aux exigences des lois sur la circulation des données, à la demande de droits sur les données et à la construction de l'ordre numérique à l'ère de la civilisation numérique. Nous entrons dans une nouvelle ère de civilisation structurée par l'économie numérique,

---

11. YAN Cunsheng, « Explorer les fondements humains du droit – Le véritable sens de la jurisprudence naturelle occidentale », *Journal de l'Université de sciences politiques et de droit de l'Est de la Chine*, n° 5, 2005, p. 8.

la société numérique et le gouvernement numérique. L'ouverture de la civilisation numérique dépend de l'arrangement du système des droits numériques, de la conception des règles des droits numériques et de la clarification du droit des droits numériques, et la législation des droits numériques est une tendance inévitable dans le développement de la société humaine. L'hypothèse de la nature humaine est le point de départ logique et le noyau de valeurs de l'étude du droit des droits numériques. Nous présupposons que la nature humaine du droit des droits numériques est la personne des données, et le noyau de l'hypothèse de la personne des données est l'altruisme. C'est précisément parce que l'altruisme est possible que la revendication de droits numériques devient possible et que la loi sur les droits numériques à une base de légitimité.

Le concept d'altruisme est un moteur important pour le développement d'une société numérique. S'il n'est pas possible de partager, de faire circuler ou d'échanger des données, il sera difficile de tirer parti de leur valeur. Dans le monde numérique du futur, la société numérique sera décentralisée et aplatie, et le bénéfice mutuel devrait être le consensus de l'époque. Dans le futur monde numérique et le monde physique évolué, le comportement humain pourrait sortir du domaine de la rationalité et devenir plus complexe. La rationalité ne sera pas la norme de base que les gens adopteront, et elle ne la sera pas, car aucun d'entre nous ne peut être complètement rationnel dans le monde numérique. En outre, il faut voir que l'intérêt personnel et l'altruisme sont dialectiquement intégrés. De l'ère d'Internet à l'ère numérique, si l'on veut être intéressé, l'altruisme est nécessairement un prérequis. La seule différence est que le nombre et la rigueur des conditions préalables varient, mais l'altruisme est inévitable. La navigation sur carte en est un bon exemple. Qu'il s'agisse de Gaode Maps ou de Baidu Maps, la précision de la navigation résiste à l'apport de l'entreprise, mais aussi au partage des trajets des utilisateurs afin d'optimiser constamment les itinéraires de navigation. En d'autres termes, le partage altruiste des voyages est une condition importante pour obtenir le « meilleur voyage » à court terme pour notre propre bénéfice. Le monde numérique de l'avenir sera rempli d'exemples de ce genre. Bien sûr, nous ne pouvons ignorer l'importance de la protection de la vie privée, mais le partage est une loi importante du monde numérique.

Le thème central de la préoccupation du régime de partage est l'équilibre entre les droits individuels des données et l'intérêt public. Le partage est l'utilisation efficace des données, l'expression ultime de la propriété des données. Contrairement aux droits de propriété, les droits numériques ne sont plus exprimés comme un droit de possession, mais comme un droit non exclusif de partage, souvent exprimé comme « plusieurs droits en un seul numéro ». Une fois que le droit au nombre a été élevé du rang de droit naturel à celui de droit public et communautaire, il transcende nécessairement sa propre forme et est cédé en tant que droit social. Le droit de partager deviendra une nouvelle règle jurisprudentielle qui transcende le droit de la propriété et constitue la marque de la civilisation numérique. De la civilisation agricole à la civilisation industrielle puis à la civilisation numérique, le droit va faire le saut du « droit humain » au « droit matériel » puis au « droit numérique ». La civilisation numérique fournit l'origine de la valeur et l'impulsion de l'innovation pour la création du droit des droits numériques, et le droit des droits numériques fournit également la base juridique pour la construction institutionnelle et le fonctionnement ordonné de la civilisation numérique. Le droit numérique est un produit du processus de saut civilisationnel, et sera la pierre angulaire de la progression de l'humanité de la civilisation industrielle à la civilisation numérique.

III. La chaîne de blocs de souveraineté : un code commun pour une technologie au service du bien

La technologie est le principal moteur du progrès de la civilisation humaine. En ce début de XXIe siècle, une nouvelle vague de révolution technologique déferle et s'agite, et nous fait passer de l'ère de la civilisation de l'Internet à celle de la civilisation numérique. C'est un processus formidable, et c'est aussi un processus effrayant. On ne peut s'empêcher de se demander si notre monde deviendra meilleur ou pire lorsque la nouvelle génération de technologies numériques que nous connaissons aujourd'hui et que nous ne connaîtrons peut-être pas à l'avenir sera pleinement intégrée à l'humanité. Lorsque toute l'humanité se rencontrera dans le monde numérique, le monde deviendra-t-il vibrant ou violent ? Devenir meilleur, devenir plus dynamique, devraient être l'attente de tout pays, de toute région, de toute organisation, de toute entreprise, de tout le monde. Avec ce consensus de base, la construction de l'ordre à l'ère de la civilisation numérique est bien documentée.

La clé pour déterminer si la technologie est mauvaise ou bonne réside dans le choix du sujet. Lorsque nous discutons du bien et du mal de la science et de la technologie, nous parlons la plupart du temps de la technologie, et non de la science. C'est parce que la science est si éloignée de nous que nous ne nous percevons ni bien ni mal à son sujet. La technologie se situe quelque part entre la science et l'homme, beaucoup plus près de nous, et nous pouvons souvent ressentir intuitivement le bien qu'elle apporte, ou le mal qu'elle apporte. Comme dans la discussion sur la recherche sur la science de la fusion et la bombe atomique, nous ne craignons pas la fusion – parce qu'elle semble lointaine, comme si elle se trouvait dans un endroit intouchable. Mais nous craignons la bombe atomique en raison de son immense pouvoir de destruction – y compris la destruction de la vie et de la civilisation. Nous ne pouvons pas facilement juger si la fusion est bonne ou mauvaise, mais lorsqu'elle est utilisée dans les centrales nucléaires, nous savons que cette technologie est « pour le bien » et au service de l'humanité. « La technologie est une capacité, le bien est un choix » est la conclusion à laquelle la plupart des gens arrivent lorsqu'ils discutent de la technologie pour le bien, c'est-à-dire que le fait que la technologie soit bonne ou non dépend des choix humains.

Éviter la technologie pour le mal est le premier pas vers la technologie pour le bien. Les géants (entreprises) de l'Internet sont un symbole important de l'ère de l'Internet et sont les leaders de la nouvelle génération de la révolution technologique numérique. Le choix des géants de l'Internet concerne la formation de l'ordre de l'Internet. Éviter la technologie pour le mal, la valeur de Google de ne jamais faire le mal et la mission et la vision de Tencent de la technologie pour le bien sont exemplaires pour les autres acteurs de l'Internet, ce qui est le premier pas vers la technologie pour le bien. Cependant, toutes les nouvelles technologies ne sont pas entre les mains des « bonnes » entreprises de l'Internet, ni entre les mains des autorités publiques au service de la population. Par exemple, lorsque la technologie Internet de pointe est entre les mains de certains pays, elle devient un moyen « d'écouter » les secrets d'autres pays ; lorsque la technologie des mégadonnées et la technologie de l'informatique en nuage sont entre les mains de certaines entreprises, elles deviennent des outils pour « tuer des gens » ; lorsque la technologie de l'intelligence artificielle est entre les mains de certaines entreprises violentes, elle devient un moyen de « tuer des gens ». Entre les mains de certaines organisations violentes, la technologie de l'intelligence artificielle est devenue une arme pour les « attaques suicides ». Dans le processus de transition de la civilisation de l'Internet à la civilisation numérique, la technologie numérique n'est pas seulement le moteur du progrès économique, mais elle crée également une fracture de l'information, une fracture économique et une fracture numérique, qui continueront à diviser la société humaine et pourraient conduire à la désintégration de la civilisation traditionnelle et à la perturbation de l'ordre civilisationnel, voire à l'effondrement des valeurs humaines fondamentales et de la vision du monde.

Le mal de la technologie est un énorme obstacle sur la voie de la civilisation numérique.

La naissance de la chaîne de blocs de souveraineté offre une solution pour éviter le mal de la technologie et pour obtenir le bien de la technologie. Nous savons tous que la technologie chaîne de blocs est une solution technologique qui utilise une structure de données chaîne de blocs pour vérifier et stocker les données, un algorithme de consensus de nœuds distribués pour générer et mettre à jour les données, une approche cryptographique pour sécuriser la transmission et l'accès aux données, et un contrat intelligent composé de code de script automatisé pour maintenir collectivement une base de données fiable[12]. La technologie chaîne de blocs présente les caractéristiques essentielles d'immuabilité, de contrats intelligents et de décentralisation, ainsi que les caractéristiques associées de données distribuées et chronologiques, d'ouverture, de consensus, d'anonymat, de sécurité et de maintenance collective, qui forment l'image numérique de la chaîne de blocs. Sur la base de ces caractéristiques, elle rend la chaîne de blocs distincte des nouvelles technologies telles que les mégadonnées, l'Internet des objets, l'intelligence artificielle et les ordinateurs quantiques – fournissant aux humains une technologie tout en fournissant également de nouvelles règles pour la production et la vie humaines. Ces règles modifient en outre la façon de penser des êtres humains, influencent le modèle économique, changent le mode de développement économique, remodèlent le mode d'interaction sociale, reconfigurent le mode d'interaction nationale et favorisent le changement de l'ordre mondial, ce qui constitue un changement global pour les êtres humains. Cependant, nous constatons que la technologie chaîne de blocs, comme d'autres technologies numériques, a aussi ses défauts. Par exemple, dans le processus où chaîne de blocs et bitcoin vont de pair, la technologie chaîne de blocs a été réduite à un complice du blanchiment d'argent et de l'évasion fiscale. Pour éviter de passer du « diable subjectif » au « diable objectif », nous devons transformer la chaîne de blocs.

Tout en héritant des bonnes caractéristiques de la chaîne de blocs, la chaîne de blocs de souveraineté en diffère également de manière significative. Au sens strict, la chaîne de blocs de souveraineté est une solution technologique chaîne de blocs dont l'État est le corps principal. Dans un sens plus large, la souveraineté représente un certain sujet (par exemple, les êtres humains, les nations, etc.) et la

---

12. SUN Jian, *Encyclopédie de la chaîne de blocs*, Presse de l'industrie électronique, 2018, p. 54.

chaîne de blocs de souveraineté est la technologie chaîne de blocs sous la prémisse d'une certaine règle, dont la condition première est de répondre à l'éthique et à la réglementation. Au niveau du monde numérique, la chaîne de blocs de souveraineté met l'accent sur les intérêts et l'ordre de l'humanité dans son ensemble, plutôt que sur l'hégémonie et l'oppression ; dans l'ordre international, la chaîne de blocs de souveraineté met l'accent sur le respect de la souveraineté des données et de la souveraineté nationale, et sur la formulation égale des règles et des systèmes, plutôt que sur un état de super souveraineté ou de non-souveraineté. Au niveau de la réglementation régionale, la chaîne de blocs de souveraineté souligne que le monde numérique doit être réglementé par les souverains (sujets), et non pas non-réglementé. Dans la structure de gouvernance, l'accent est mis sur l'altruisme et le partage dans le cadre d'une coexistence polycentrique et multi-civilisationnelle, plutôt que sur une décentralisation absolue. En outre, au niveau du consensus, la chaîne de blocs de souveraineté met l'accent sur l'harmonie et l'inclusion plutôt que sur l'efficacité ; au niveau du contrat, elle met l'accent sur les mécanismes de génération automatique dans le cadre juridique des droits numériques plutôt que sur le « code comme loi » ; au niveau de l'application, elle met l'accent sur l'application limitée plutôt que sur l'application illimitée et inconditionnelle[13].

La chaîne de blocs de souveraineté contribue à l'élaboration de lignes directrices communes pour une technologie au service du bien. Nous pouvons résumer ces lignes directrices comme une pensée chaîne de blocs de souveraineté, une culture chaîne de blocs de souveraineté, un esprit chaîne de blocs souverain et des valeurs chaîne de blocs de souverainetés, qui seront une pierre angulaire importante pour le fonctionnement du monde de la civilisation numérique. En termes de relation entre la pensée et la conscience, si la technologie pour le bien est une sorte de conscience dans le traitement de la relation entre la technologie et les êtres humains, alors la chaîne de blocs de souveraineté est la pensée dans le traitement de cette paire de relations, que nous appelons la pensée chaîne de blocs de souveraineté, qui est l'expansion et l'approfondissement de la pensée chaîne de blocs, et qui est basée sur la pensée distribuée, la pensée consensuelle, la pensée décentralisée, etc., et qui se fusionne davantage pour former la pensée souveraine (pensée de la subjectivité) et la pensée altruiste. Il s'agit d'une cohésion supplémentaire de la pensée de la souveraineté (pensée de la subjectivité) et de la

---

13. Bureau du gouvernement populaire de la ville de Guiyang, *Développement et application de la chaîne de blocs à Guiyang (livre blanc)*, Maison d'édition du peuple de Guizhou, décembre 2016, p. 20-35.

pensée altruiste basée sur la pensée distribuée, la pensée du consensus et la pensée décentralisée. L'objectif est de parvenir à un équilibre entre équité et efficacité sur la base de la réduction des coûts d'exploitation et de l'amélioration de l'efficacité. En termes de processus de civilisation, si la pensée chaîne de blocs de souveraineté préfère la chaîne de blocs – une solution – alors les valeurs chaîne de blocs de souveraineté préfèrent la souveraineté – une proposition de valeur. Ces orientations de valeur sont les suivantes : appliquer la méthode de pensée de la chaîne de blocs de souveraineté, défendre les huit concepts civilisationnels de coexistence civilisationnelle, de coexistence pacifique, d'égalité et d'appréciation mutuelle, d'ouverture et de tolérance, de compréhension et de respect mutuels, de main dans la main, de bénéfice mutuel et de gagnant-gagnant, et d'universalité, résister aux trois actes majeurs d'invasion civilisationnelle, d'assimilation civilisationnelle et d'extinction civilisationnelle, et construire un système civilisationnel et un ordre civilisationnel dans le monde numérique. Poussés par la pensée et les valeurs de la chaîne de blocs de souveraineté, les êtres humains créent en outre une culture chaîne de blocs de souveraineté par la transformation éthique de la nouvelle génération de technologie numérique, ainsi que par la pratique et l'exploration dans l'application de la technologie – dont le cœur est l'équilibre entre la culture de l'intérêt personnel et la culture altruiste avec la culture altruiste comme pilier. Et avec les valeurs et la culture, la pensée chaîne de blocs de souveraineté formera l'esprit chaîne de blocs souverain à l'ère de la civilisation numérique, guidant l'humanité vers une nouvelle prospérité et créant une civilisation plus riche.

Section III
Demain pour l'humanité

Le paradigme de la civilisation est le point de départ pour répondre à la question de l'époque et à la question de la civilisation : « L'avenir de l'humanité ». Depuis que la Renaissance, dans l'Europe médiévale, a libéré l'homme de la servitude de Dieu, la civilisation occidentale a rapidement évolué vers la civilisation industrielle et l'a parfaitement transformée. L'égoïsme et l'individualisme extrêmes qu'elle a engendrés ont conduit l'humanité à une situation de « matérialisme », qui est non seulement une raison importante pour laquelle d'autres civilisations ont été incapables de s'intégrer pleinement à la civilisation industrielle, mais aussi un facteur important de la stagnation et de l'effondrement du multilatéralisme dans le système actuel de gouvernance mondiale, et une source importante de mal technologique dans la nouvelle révolution technologique. Dans le processus de passage de la civilisation de l'Internet à la civilisation numérique, la nouvelle révolution technologique est un feu qui réduira le monde entier en cendres sans le paradigme d'intégration civilisationnelle fourni par la civilisation chinoise et sans un nouveau regard sur les droits et l'éthique. Du point de vue du paradigme civilisationnel, la transformation de la civilisation humaine et le renouveau de la civilisation chinoise constituent une nouvelle orientation et une nouvelle voie pour le développement de la civilisation humaine aujourd'hui. Cette nouvelle interaction et cette fusion civilisationnelle seront fondées sur une nouvelle révolution technologique et humaniste, avec pour connotation l'instauration du droit au partage et une nouvelle éthique, et incarnera généralement un nouveau paradigme de la civilisation humaine dans lequel l'altruisme et la justice numérique sont réunis. Ce concept de droits et d'éthique, mené par le droit au partage, les droits de l'homme numériques et l'éthique mondiale, favorisera le développement global des êtres humains et fera passer la société humaine et la civilisation humaine de la « survie du plus fort » à la « survie du bon ».

I. L'orientation de la civilisation dans l'ère post-épidémique

La propagation soudaine et rapide de la nouvelle épidémie à travers le monde a accéléré l'évolution du « plus grand changement du siècle ». Cela a rendu une chose encore plus claire : la civilisation humaine a atteint un nouveau point d'inflexion. Nous vivons une période de transition et de changement, et les questions soulevées par l'épidémie sur l'orientation de la civilisation et de la gouvernance mondiale ne font que commencer. D'une part, la nouvelle épidémie de coronavirus et sa gouvernance ont mis en évidence les tensions entre l'homme et la nature et entre les nations, accélérant le remodelage et l'ajustement de l'ordre mondial. Dans le cadre de l'épidémie, les pays et les régions sont constamment en friction et enchevêtrés au sujet de la source du virus, des échanges économiques et de l'approvisionnement en vaccins, ce qui a sérieusement ralenti le rythme de la gouvernance mondiale de l'épidémie. Dans le même temps, les différents degrés de reprise économique entre les pays et les régions, dus aux différences de philosophie et d'efficacité de la gouvernance, ont creusé l'écart entre les pays et les régions. Cela ne cessera d'accroître la difficulté de la gouvernance mondiale et d'accélérer le remodelage et l'ajustement de l'ordre mondial. D'autre part, la nouvelle épidémie de coronavirus a accéléré un nouveau cycle de révolution technologique et de changement industriel.

Pendant l'épidémie, l'équilibre entre la prévention et le contrôle de l'épidémie et la reprise du travail et de la production est au centre des préoccupations des pays du monde entier. Pour faire face à cette contradiction, une nouvelle génération de technologie numérique a accéléré la réalisation de son utilisation dans de nouvelles industries, plate-formes et modèles, donnant naissance à de nouvelles industries telles que le télé-enseignement, la télémédecine et le télétravail. En un sens, sous l'impulsion de l'épidémie, la marche de l'humanité vers le monde numérique s'est encore accélérée.

À l'ère post-épidémique, le risque d'incivilité numérique s'accroît. Dans le processus de migration de l'homme vers le monde numérique et de création de celui-ci, la civilisation occidentale apportera au monde numérique les correspondances infinies du monde physique et prendra l'avantage par sa transformation du monde numérique. Par exemple, consciemment ou inconsciemment, la civilisation occidentale apportera avec elle ses idées égoïstes, sa culture individualiste et les diverses théories politiques, économiques et culturelles nées dans le monde de la civilisation industrielle qui en découle, pour guider la construction du monde numérique. Si le monde numérique est une cartographie du monde physique, un monde parallèle, alors le monde numérique n'est pas nécessairement meilleur que le monde physique, et peut même être plus chaotique, en raison de l'extrémisme de la civilisation occidentale dans le processus de libération des personnes. Comme le dit le proverbe, « on ne récolte que ce que l'on a semé ». L'émancipation de l'individu à la Renaissance, tout en créant une civilisation industrielle, a également entravé le progrès de la civilisation – le passage à une civilisation numérique. Dans le même temps, dans la perspective traditionnelle de la civilisation occidentale, le progrès technologique risque de s'aliéner en une opportunité d'expansion capitaliste dans le monde, et la fracture technologique déchirera encore davantage l'ensemble du monde humain. À ce carrefour critique, si d'autres civilisations ne s'avancent pas pour remettre en question l'égoïsme extrême et proposer un nouvel ensemble de solutions, le processus de civilisation numérique risque de tomber dans le cercle étrange dominé par la civilisation occidentale. La civilisation numérique pourrait même devenir une « seconde civilisation industrielle », une descente d'une vision de la civilisation vers la non-civilisation. Si cela se produit, le grand pas que l'humanité est sur le point de faire deviendra un petit pas, voire un pas en arrière.

À ce moment critique où de multiples civilisations se rencontrent, à ce moment crucial du passage d'un changement quantitatif à un changement qualitatif, le monde doit se rassembler en étroite solidarité pour l'idéal commun d'une civilisation numérique. Tout au long de l'évolution de la civilisation humaine depuis l'ère moderne, des civilisations agricoles aux civilisations industrielles, l'objectif de toutes les civilisations a toujours été le développement personnel et la perfection. Depuis le XXe siècle, alors que les mouvements de libération nationale ont balayé le monde, les États-nations et les États religieux sont entrés dans une nouvelle phase de développement. Au début du XXIe siècle, la grande majorité des pays du monde étaient entrés dans la phase d'industrialisation, notamment les civilisations chinoise, indienne et islamique, ainsi que la région de l'Asie du Sud-Est, l'Afrique et l'Amérique du Sud, qui ont toutes progressé positivement dans l'industrialisation et sont parvenues à une meilleure intégration à la civilisation industrielle dans les contraintes de la culture occidentale existante, ce qui a jeté des bases solides pour la transition des civilisations non occidentales vers la civilisation numérique. Dans le même temps, les civilisations qui rattrapent leur retard sont désireuses de se faire entendre dans le développement et le progrès de la civilisation. À cette fin, les civilisations doivent se pousser et pousser les autres à se rallier au concept d'ouverture, de tolérance et de progrès commun, afin d'éviter que l'humanité ne tombe dans l'encerclement de la civilisation occidentale, du monde numérique au monde physique, à une jonction importante dans le bond en avant de la civilisation. Si nous nous tournons vers l'avenir, nous constatons que l'intégration et la résonance organiques de la civilisation chinoise et de la civilisation numérique constitueront la meilleure solution pour la deuxième grande intégration de la civilisation humaine et le saut vers la civilisation numérique.

Premièrement, la civilisation chinoise est un résultat et un modèle de fusion des civilisations. L'histoire de la civilisation chinoise est une histoire de fusion civilisationnelle, la civilisation la plus extraordinaire et la plus résistante de la longue histoire de l'humanité. Si l'on laisse de côté la fusion des civilisations résultant de l'intégration de multiples groupes ethniques, nous avons au moins deux précédents de fusion de civilisations à grande échelle dans toute l'histoire de la civilisation chinoise. La première a été la fusion organique de la civilisation chinoise avec la civilisation bouddhiste entre les IIe et VIIe siècles de notre ère. Pendant la dynastie des Han, le bouddhisme a commencé à se répandre vers l'est de la Chine, ouvrant un nouveau chapitre dans la fusion de la civilisation chinoise, représentée par le confucianisme et le taoïsme, avec les enseignements bouddhistes. Au cours des dynasties des Wei, Jin et du Nord, notamment la dynastie des Liang, la civilisation bouddhiste s'est enracinée en Chine. Sous les dynasties des Sui et des Tang, la diffusion orientale du bouddhisme est entrée dans une période d'épanouissement et de fécondité. Après la dynastie des Tang, le confucianisme, le bouddhisme, le bouddhisme et le taoïsme ont fusionné, et la civilisation bouddhiste est devenue une partie importante de la civilisation chinoise. On peut dire que le processus d'intégration entre les civilisations chinoise et bouddhiste a été un processus d'acceptation par la civilisation chinoise de la civilisation bouddhiste, un processus d'intégration pacifique. Grâce à cette intégration, la civilisation chinoise a fourni un bon terreau pour le développement de la civilisation bouddhiste, lui permettant de se développer et de progresser au fil du temps. Le second est la fusion de la civilisation chinoise avec la civilisation industrielle depuis les guerres de l'opium, la fusion de la civilisation chinoise de passive à active, le cas le plus réussi de fusion de civilisations avec la civilisation industrielle, qui depuis le XVIIIᵉ siècle est synonyme de civilisation occidentale, de modernisation de la civilisation chrétienne. C'est ainsi que la civilisation chinoise a subi de nombreux obstacles dans son intégration à la civilisation industrielle transformée. Cependant, sous la direction ouverte et tolérante de la civilisation chinoise, la Chine est devenue la deuxième plus grande économie du monde, le premier pays manufacturier, et possède le système manufacturier le plus complet du monde. On peut dire que la civilisation chinoise a fait ses preuves en matière d'acceptation des autres civilisations et d'intégration dans les nouvelles.

Deuxièmement, en ce qui concerne les qualités de la civilisation, qu'il s'agisse de la « tolérance », de « l'universalité », de « l'harmonie et de la différence », du « juste milieu », etc. « Faites aux autres ce que vous voudriez qu'ils vous fassent ». « Cherchez un terrain d'entente tout en préservant les différences ». Ou encore « Il n'y a pas de différence dans l'éducation ». « Au sein des quatre mers, tous sont des frères » et « la communauté de la destinée humaine », qui soulignent tous la nature ouverte et inclusive de la civilisation chinoise tous ces éléments sont les caractéristiques de l'ouverture et de la tolérance de la civilisation chinoise. Et qu'il s'agisse du rêve américain, de la doctrine Monroe, de la doctrine Truman, ou de « l'America First », « L'Amérique d'abord », ces éléments représentent tous l'extrême intérêt personnel des États-Unis.

Enfin, la civilisation chinoise et la chaîne de blocs de souveraineté sont compatibles dans leur concept et leurs caractéristiques, et sont les meilleurs « partenaires » pour construire un ordre civilisationnel numérique. Premièrement, la chaîne de blocs de souveraineté est de nature altruiste, et la civilisation chinoise est également altruiste, que ce soit dans son acceptation de la civilisation bouddhiste ou dans sa promotion des nouveaux développements de la civilisation industrielle.

Deuxièmement, en ce qui concerne ses caractéristiques fondamentales, la Chaîne de blocs de souveraineté met l'accent sur le collectivisme, tout comme la civilisation chinoise. En particulier, le système économique de base de la nouvelle Chine, avec la propriété publique comme pilier, peut former la meilleure combinaison avec l'altruisme et le collectivisme chaîne de blocs, constituant ensemble un bien public pour faire face au choc des civilisations et réaliser leur développement et leur intégration. Troisièmement, en termes de caractéristiques clés, la chaîne de blocs de souveraineté et la civilisation chinoise mettent toutes deux l'accent sur l'équité, la sécurité, la confiance, l'égalité et la coexistence. Quatrièmement, la chaîne de blocs de souveraineté met l'accent sur l'ordre et les règles, tandis que la civilisation chinoise souligne « qu'aucune règle ne peut faire un cercle ».

Si la fusion des civilisations du monde avec la civilisation industrielle a été la première grande fusion de l'histoire de la civilisation humaine, alors la fusion avec la civilisation numérique sera la deuxième grande fusion de l'histoire de la civilisation humaine.

II. La nouvelle révolution technologique et le nouvel humanisme

Le XXe siècle a été l'un des pires siècles pour l'humanité et l'un des plus rapides pour le progrès de la civilisation humaine. « Les leçons amères du XXe siècle nous obligent à repenser le type de nouveau monde que l'humanité doit construire au XXIe siècle, en particulier le monde spirituel de l'humanité, à redéfinir la condition humaine et à reconsidérer le sens de l'existence humaine. »[14] L'expérience du progrès du XXe siècle nous oblige à réexaminer la révolution technologique et la mondialisation, à faire le point sur les différences dans le rôle de la révolution technologique pour le développement économique et le progrès social, et à définir la nouvelle orientation de la nouvelle révolution technologique et de la mondialisation dans l'humanité de demain.

Pour envisager les « lendemains de l'humanité », il faut saisir la ligne directrice de la civilisation numérique et examiner l'impact des deux variables, la nouvelle révolution technologique et le nouvel humanisme, sur le processus de civilisation dans le cadre de l'intégration du monde numérique. Actuellement, sur la base d'Internet, avec la montée en puissance d'une nouvelle génération de révolution technologique numérique représentée par les mégadonnées, l'Internet des objets, le cloud computing, la chaîne de blocs, l'intelligence artificielle et l'information

---

14. LE Daiyun, « Le nouvel humanisme au XXIe siècle », *Académique Mensuel*, n° 1, 2008, p. 10.

quantique, la nouvelle révolution technologique s'accélère vers nous, et les portes du monde numérique s'ouvrent à nous. Cependant, ce à quoi ressemble le monde numérique, qui doit l'établir, comment il doit être établi, comment il doit fonctionner, comment il doit être maintenu et où sont les limites, voilà la série de questions auxquelles nous devons activement faire face et que nous devons résoudre en temps utile.

La révolution technologique a toujours fait partie de l'histoire du développement humain et constitue un moteur inépuisable pour le « lendemain » de l'humanité. Du XVIIIe siècle au milieu du XXe siècle, la révolution technologique a été centrée sur l'amélioration de la productivité. Dans cette vague de révolution technologique, l'explosion la plus concentrée de nouvelles technologies et les itérations les plus fréquentes de l'histoire de l'humanité, la civilisation industrielle est née. C'était une ère de civilisation où la matérialité fut fortement développée par rapport à l'ère de la civilisation agricole. Qu'il s'agisse de la machine à vapeur, du générateur électrique, du moteur à combustion interne ou de l'ordinateur, ce qu'ils ont apporté à l'humanité, ou amélioré pour l'humanité, c'est la capacité de transformer la nature et de faire évoluer les agrégats économiques. La base économique détermine la superstructure, et au cours de plus de deux siècles, le système politique, le modèle économique, la forme culturelle et l'état social de l'humanité ont tous changé de manière spectaculaire afin de mieux s'adapter au développement du monde matériel. Ainsi, lorsque les gens de cette époque regardent en arrière, ils sont fiers des progrès de la technologie et reconnaissants de la prospérité matérielle qu'elle a apportée à l'humanité. Cependant, un grand nombre de personnes ou de pays mettent la technologie, agent neutre de l'époque, sur un piédestal, tellement obsédés par le matérialisme et la richesse qu'ils ne se soucient pas du fait que la technologie est ce que Marx appelait « un dangereux révolutionnaire ». C'est extrêmement dangereux pour l'humanité, qui est sur le point d'embrasser le monde numérique. Le monde numérique, contrairement au monde physique, ne se construit pas sur l'érection de gratte-ciel et la production d'avions et de canons, mais sur la conception d'institutions, la construction d'un ordre et le perfectionnement de mécanismes. Si les nouvelles technologies sont entre les mains des « éléments dangereux » de la civilisation industrielle, la construction du monde numérique sera un véritable gâchis. Par conséquent, si nous sommes ravis et excités par l'avènement de la révolution technologique, nous devons en même temps examiner les bonnes et mauvaises choses que la nouvelle technologie nous apporte avec un œil critique, un esprit critique et une attitude calme, étudier et utiliser la technologie de manière scientifique, respecter les droits numériques de l'homme, éviter les maux de la technologie et promouvoir la technologie pour le bien.

La civilisation numérique est un choix inévitable pour l'humanité, et l'intégration du monde numérique est une exigence inévitable qui devrait être incluse dans les questions mondiales fondamentales. La civilisation de l'Internet a poussé la civilisation industrielle à un stade plus avancé et a progressivement transformé le commerce mondial, passant du commerce de biens au commerce de services. Dans le commerce des services, l'intégration de la finance internationale, l'intégration du commerce de la connaissance et l'intégration de la consommation culturelle – comme le cinéma, la musique et les jeux – poussent constamment l'humanité à passer de l'échange matériel à l'échange spirituel, et la diversification culturelle et l'échange culturel deviennent des tendances importantes dans le monde. On peut dire que jamais, dans l'histoire de l'humanité, des personnes réparties sur toute la planète n'ont interagi aussi fréquemment, et que les sociétés humaines sont liées entre elles comme jamais auparavant. Si l'ère médiévale, de la navigation jusqu'à la Seconde Guerre mondiale, a été la première mondialisation de l'humanité – même s'il s'agissait de la mondialisation du pillage des richesses matérielles et de la colonisation à grande échelle –, la période qui a suivi la Seconde Guerre mondiale, du GATT à l'Organisation mondiale du commerce en passant par la mondialisation de l'Internet, a été la deuxième mondialisation de l'humanité, la mondialisation des échanges économiques. S'il y a une troisième mondialisation de l'humanité, ce doit être la mondialisation de la société humaine, ou encore, la mondialisation de l'homme. Comme nous l'avons mentionné plus haut, la société humaine a désormais réussi à établir une communication interpersonnelle à travers l'espace, rompant ainsi avec le paradigme de la communication nationale ou organisationnelle en place depuis des milliers d'années. Nous pouvons nous attendre à ce que, avec l'avènement de la nouvelle révolution technologique, la transformation et la cartographie du monde physique par l'Internet ne suffisent plus à répondre aux besoins de communication des êtres humains et que la construction d'un espace numérique permettant à tous de vivre, de se développer, de communiquer et de vivre soit la tendance générale. C'est pourquoi nous ne pouvons pas permettre la fragmentation du monde numérique et devrions faire de la construction d'un monde numérique intégré une question mondiale essentielle, tout comme nous le faisons pour des questions mondiales telles que le changement climatique et la crise financière internationale, et promouvoir conjointement la construction d'un monde numérique.

« L'orientation vers les personnes est une exigence inhérente à la civilisation numérique et une boussole pour faire avancer la nouvelle révolution technologique. » Le développement rapide de la productivité et les profonds changements dans les modes de vie et les structures sociales provoqués par la nouvelle révolution technologique doivent, en dernière analyse, se résumer à la question de savoir comment répondre aux aspirations et aux recherches de l'homme pour une vie meilleure. La nouvelle révolution technologique ne peut pas être un outil d'expansion des désirs humains et « d'expansion désespérée à chaque fois que nous y allons ».[15] Nous devons mettre « l'orientation vers l'homme » au cœur de la nouvelle révolution technologique et éviter l'ancienne voie de « l'orientation vers Dieu » à l'ère de la civilisation agricole et de « l'orientation vers l'objet » à l'ère de la civilisation industrielle, éviter les tensions entre l'homme et la nature, l'homme et l'homme, et l'homme et la société, causées par la poursuite de l'accumulation du capital, de la richesse et du pouvoir, et éviter la « maladie matérialiste » de « l'obsession des choses ». La nouvelle révolution technologique appelle un nouvel humanisme, et le nouvel humanisme appelle des droits de l'homme numériques « centrés sur les personnes ». Pourquoi est-il « centré sur les personnes » ? D'une part, parce que le « centrage sur le peuple » a toujours tendance à tomber dans le cercle étrange de l'individualisme, de l'émancipation illimitée de l'individu, voire de l'inflation, et que nous devrions être « centrés sur le peuple ». D'autre part, le terme « peuple » englobe non seulement la signification des êtres humains, mais aussi celle du collectif, de la nation et de l'humanité. Dans le contexte du développement et de l'application rapides de la technologie numérique, elle exige le respect de la dignité humaine, l'accès équitable au droit à la survie et au développement, le droit de prendre conscience de sa propre valeur et l'obligation de ne pas porter atteinte aux droits et aux intérêts d'autrui ; elle exige également que les organisations telles que les entreprises assument la responsabilité du respect et de la sauvegarde des droits de l'homme, et qu'elles réalisent « le pouvoir et l'autorité des droits de l'homme pour renforcer les contraintes éthiques et la réglementation juridique

---

15. YE Xiaowen, « "L'homme de demain" : deux grands axes d'observation – Une vision sociale et humaine de la modernisation de la traction », *La Tribune du Peuple*, n° 32, 2020, p. 41.

du développement et de l'utilisation de la technologie numérique »[16]. Elle exige également que les entreprises et autres organisations assument la responsabilité du respect et de la sauvegarde des droits de l'homme, de manière à « renforcer les contraintes éthiques et la réglementation juridique sur le développement et l'utilisation des technologies numériques avec le pouvoir et l'autorité des droits de l'homme ». Si nous regardons le monde, la nouvelle révolution technologique apportera l'espoir et la prospérité, et non le chaos et le pillage, lorsque la société humaine sera « centrée sur l'homme », c'est-à-dire lorsque les habitants du monde seront au centre.

Le nouvel humanisme n'est pas un slogan, mais un esprit chaîne de blocs souverain qui doit être mis en œuvre dans le développement du monde et de la civilisation numériques. Si les droits de l'homme numériques « centrés sur les personnes » sont l'un des objectifs du Nouvel Humanisme, alors l'esprit de la chaîne de blocs de souveraineté est le moyen le plus fiable et le plus optimal pour atteindre cet objectif. Les droits de l'homme numériques « centrés sur le peuple » et l'esprit de la chaîne de blocs de souveraineté sont les contributions positives de la civilisation chinoise au développement de la civilisation humaine. Dans l'ordre civilisationnel et l'ordre international dominés par la civilisation occidentale, le « matériel » et le « capital » ont toujours occupé une position dominante, et tant que la structure de base du marché mondial et son mécanisme de fonctionnement restent dominés par le mode de production capitaliste. « Tant que la structure de base du marché mondial et son mécanisme de fonctionnement restent dominés par le mode de production capitaliste, un système mondial qui le dépasse ne peut être établi »[17], les temps appellent à l'essor des civilisations, et la civilisation chinoise a reçu la meilleure occasion de le faire. Nous pensons qu'à une époque où la société humaine est de plus en plus interconnectée, le grand rajeunissement de la nation chinoise ne doit pas se limiter au rajeunissement de la Chine, ni au rajeunissement de la civilisation chinoise seule, mais doit être le progrès de la civilisation humaine mené par la civilisation chinoise. C'est ce qui conduira à un meilleur avenir pour l'humanité.

---

16. ZHANG Wenxian, « Pas de chiffres, pas de droits de l'homme », *Quotidien du peuple de Pékin*, 2 septembre 2019, n° 15.

17. YE Xiaowen, « "L'homme de demain" : deux grands axes d'observation – Une vision sociale et humaine de la modernisation de la traction », *La Tribune du Peuple*, n° 32, 2020, p. 41.

III. Le droit de partager et la nouvelle éthique

À l'heure actuelle, la gouvernance mondiale de l'Internet est devenue un élément important de la promotion du changement du système de gouvernance mondiale ; à l'avenir, la gouvernance du monde numérique deviendra la question centrale que l'humanité devra affronter ensemble. Cependant, qu'il s'agisse de la gouvernance mondiale de l'Internet à l'ère de la civilisation de l'Internet ou de la gouvernance du monde numérique à l'ère de la civilisation numérique, le cœur en est la gouvernance des données. Les données sont le « cinquième élément » du monde physique et le « premier élément » du monde numérique. Elles constituent une force motrice importante pour promouvoir la transformation et la modernisation de l'économie et améliorer l'efficacité de la gouvernance sociale. Renforcer la gouvernance des données et promouvoir le partage des données sont les bonnes choses à faire pour bâtir un gouvernement numérique, construire une société numérique et développer une économie numérique. Comment établir des règles de gouvernance des données, des systèmes et un ordre sont les trois dimensions importantes de la gouvernance des données. L'ordre numérique formé sur la base d'une gouvernance avec et sur les données est le premier ordre de l'ère de la civilisation numérique. Le droit est l'instrument clé de la gouvernance, et un bon droit est une condition préalable à la bonne gouvernance. Le cœur de la gouvernance des données consiste à utiliser la pensée de la règle de droit et la règle de droit pour équilibrer les intérêts, réglementer les relations et normaliser les comportements. S'appuyer sur l'État de droit est le premier choix pour renforcer la gouvernance des données. Le droit est le régulateur de la société, mais le rôle du droit est limité. Il est également nécessaire de s'appuyer sur l'éthique, qui est un complément important pour promouvoir la gouvernance des données. La règle de droit et l'éthique sont les « mains droite et gauche » de la gouvernance des données.

Le droit des numériques est la principale logique et la base essentielle pour établir l'ordre fondamental du monde numérique. Après des milliers d'années de développement dans la société matérielle, le droit de propriété est devenu la pierre angulaire juridique de la société industrielle ; en entrant dans la société numérique, le droit des droits numériques deviendra certainement la pierre angulaire juridique de la société numérique. L'essence de la civilisation numérique est la somme de la production numérique et de la vie numérique fondée sur les droits numériques ; la base de la vie commune de l'humanité dans le monde numérique est l'ordre établi sur la base des droits numériques ; l'avenir de l'humanité est de parvenir à une coexistence pacifique, à un progrès commun et à une prospérité commune dans

le monde numérique, ce qui est la vision commune de l'humanité. Il convient de
noter que les risques de sécurité incontrôlée, d'inexactitude juridique, de défaillance
morale, de désordre éthique et de perte de vie privée à l'ère numérique sont de
plus en plus complexes. La compréhension et la réglementation traditionnelles
du monde numérique par la loi, l'État de droit et la jurisprudence sont apparues
comme des dilemmes théoriques et des lacunes pratiques difficiles à gérer dans le
contexte numérique, en réseau et intelligent actuel. Bien sûr, cela est étroitement
lié à son haut degré de complexité et d'incertitude, et la construction de l'État de
droit à l'ère numérique est encore plus difficile. L'offre institutionnelle existante ne
peut pas s'adapter et répondre à la demande croissante de droits sur les données,
le système juridique mondial des données est loin d'être formé, la réglementation
des données est absente depuis longtemps et il y a un vide dans les lois pertinentes.
D'une part, les pays n'ont pas fait de progrès significatifs dans la législation sur les
droits numériques, ni formé un système juridique pour les droits numériques, et
manquent d'expérience dans l'état de droit pour la gouvernance des données ; d'autre
part, en raison de l'influence de la culture traditionnelle, la civilisation occidentale
représentée par les États-Unis et l'Europe, la « civilisation intermédiaire »
représentée par le Japon, et la civilisation orientale représentée par la Chine, n'ont
pas une compréhension claire des données, des informations, de la vie privée et
d'autres concepts de droits numériques. Le concept de données, d'informations, de
vie privée et autres droits numériques n'est pas uniforme. Par exemple, l'UE utilise
le terme « données personnelles » comme concept de base de la législation sur les
droits numériques, les États-Unis, le Canada, la Nouvelle-Zélande et l'Australie
à dominante anglo-saxonne utilisent le concept de « vie privée », tandis que le
cercle culturel confucéen de la Chine, du Japon et de la Corée utilise le concept
« d'informations personnelles ». En même temps, il existe également de grandes
différences dans l'orientation législative et le mode de législation entre les pays, ce
qui a constitué un grand obstacle à la construction d'un système juridique unifié
des droits numériques dans le monde numérique. Dans ce contexte, l'humanité
évolue vers un monde numérique et doit inclure les droits numériques comme une
question centrale de la gouvernance mondiale dans un cadre multilatéral, former
un consensus sur les principes par le biais d'une consultation égale, et s'efforcer de
formuler un droit international dans le domaine numérique afin de résoudre toutes
sortes de contradictions et d'apporter des solutions à toutes sortes de conflits dans
le monde numérique à l'avenir.

Le droit de partager est l'essence même des droits numériques, et la création d'un droit international dans la sphère numérique devrait maintenir la centralité du droit de partager afin de réaliser l'unité de l'altruisme et de la justice numérique. Avec la naissance des monnaies numériques, l'émergence de sociétés numériques et la création d'un ordre numérique, la mondialisation ne risque pas de régresser à l'état fermé de chaque pays, et un nouveau cycle de mondialisation ne manquera pas de balayer à nouveau le monde et de se poursuivre de manière imparable. Dans ce cycle de mondialisation, l'essor du commerce numérique et l'intégration du monde numérique seront deux tendances majeures, et la formulation de règles numériques pertinentes deviendra un important champ de bataille pour une concurrence et des jeux féroces entre les pays. En partant du principe qu'ils ne doivent pas empiéter sur les intérêts souverains des autres, les pays doivent avoir pour objectif ultime de maximiser les intérêts généraux de l'humanité, de placer le nouveau type de droits de l'ère numérique – le droit de partager – au centre et de promouvoir le développement global du commerce numérique. En même temps, le principe de partage formé sur la base du droit au partage – la jouissance équitable du droit au développement numérique par tous les pays sur la base du partage légitime des données et de la jouissance égale des droits de l'homme numériques par tous les peuples – et l'éthique du partage – avec « partage ». « Cela fait du partage une nouvelle logique dans le monde numérique, et rend l'altruisme et la justice numérique complémentaires, remodelant ainsi le système de règles internationales. Bien sûr, l'ordre international actuel, dominé par la civilisation occidentale, ne permettra probablement pas que cela se produise, mais nous croyons toujours fermement, et en regardant vers l'avenir, qu'au fur et à mesure que le renouveau de la civilisation chinoise et la grande intégration de la civilisation humaine se poursuivront, l'humanité finira par être étroitement unie et par partager le même destin, en construisant un monde meilleur qui appartient à toute l'humanité. Le chemin est encore long avant de parvenir à la « beauté et à la prospérité ». Il faut voir que, théoriquement, le droit n'est pas omnipotent et ne peut pas résoudre tous les problèmes de la gouvernance des données, et encore moins tous les problèmes du processus de construction d'un monde numérique ; de manière réaliste, en raison des différences entre les pays, l'humanité n'est pas encore parvenue à un consensus sur la logique de base, les principes de base et les contenus de base de la construction d'un monde numérique, ainsi que sur les règles de base, les systèmes de base et l'ordre de base du fonctionnement du monde numérique, et n'a pas pris des mesures suffisantes pour assurer la sécurité des données. L'action déjà effectuée n'a pas été suffisante. Dans cette optique, nous devons placer « l'éthique universelle du monde numérique » au premier plan de nos préoccupations afin qu'elle devienne le consensus sous-jacent de tous les pays et régions.

« L'éthique universelle du monde numérique » est fondée sur la méta-éthique, qui part des concepts, règles et contenus fondamentaux du monde numérique et suit l'éthique de base pour parvenir à une étude approfondie ou à une redéfinition de « l'éthique globale ». Tout d'abord, il est nécessaire de discuter de l'éthique du monde numérique dans le contexte de la méta-éthique. Ces dernières années, la plupart des discussions sur l'éthique numérique se sont concentrées sur des cas pratiques, en utilisant une variété de concepts, et il y a eu peu de résultats d'analyse systématique sur le champ disciplinaire et les objets de recherche, en partant des concepts de base. En même temps, étant donné qu'il existe des différences significatives dans la perception du monde numérique entre les pays, nous devrions partir d'une perspective méta-éthique et discuter des nombreux termes et idées liés au monde numérique, afin de « poursuivre une compréhension définitive des questions normatives »[18]. Deuxièmement, l'éthique universelle dans le monde numérique devrait être un développement ou une redéfinition de « l'éthique mondiale », qui a été proposée pour la première fois en 1990 par Hans Kung[19] dans « Responsabilité globale », et en 1993 par la déclaration « Vers une éthique globale », qui proposait « qu'il n'y ait pas d'éthique mondiale ». En 1997, la Division de la philosophie et de l'éthique de l'UNESCO a organisé deux conférences internationales sur l'éthique mondiale, et en 1998, un séminaire d'experts sur « l'éthique universelle : perspectives de la tradition éthique chinoise »[20] s'est tenu à Pékin en 1998. En ce qui concerne la définition de l'éthique globale, elle fait référence aux normes éthiques et aux codes moraux communs à toute l'humanité. Dans le cadre du monde numérique, l'éthique universelle du monde numérique est constituée des normes éthiques et des codes moraux de toute l'humanité dans le monde numérique. Il est important de noter que l'origine de l'éthique mondiale est étroitement liée au christianisme et est un produit de la civilisation chrétienne.

---

18. CHEN Zhen et WANG Guiling, « Bilan et perspectives du développement de la métaéthique occidentale au cours des cent dernières années », *Dynamique philosophique*, n° 11, 2020, p. 88.

19. HansKung, né en Suisse en 1928, est professeur émérite à l'université de Tübingen et directeur de l'Institut d'études chrétiennes.

20. ZHAO Dunhua, « Un examen méta-éthique des conditions de possibilité d'une éthique universelle », *Journal de l'Université de Pékin (Philosophie Science sociale)*, n° 4, 2000, p. 109.

En examinant « l'éthique universelle du monde numérique », il est nécessaire de redéfinir « l'éthique globale » afin de répondre aux exigences de l'ère de la civilisation numérique. Enfin, l'étude et la pratique de l'éthique universelle dans le monde numérique devraient suivre les exigences de l'éthique de la rentabilité. En d'autres termes, le consensus éthique dans le monde numérique devrait adhérer à la pensée de la ligne de fond et prendre la ligne de fond morale comme ligne directrice de base. Il comprend au moins trois niveaux : le premier niveau est constitué des obligations les plus fondamentales de toutes les personnes dans le monde numérique, le deuxième niveau est constitué des obligations liées au droit international dans le domaine numérique, et le troisième niveau est constitué des devoirs et de l'éthique de tous les sujets dans la technologie numérique, l'économie numérique et la société numérique. Nous pensons que le monde s'en portera mieux lorsque la société humaine passera d'une civilisation de l'Internet à une civilisation numérique, sous l'égide de la nouvelle révolution technologique et de la nouvelle révolution humaniste, et soutenue par le droit au partage et la nouvelle éthique !

BIBLIOGRAPHIE

I. Les monographies chinoises

CAI Weide, *Les réseaux interconnectés : le moyen de connecter le monde du futur*, Presse orientale, 2021.

XU Guodong, *La philosophie du droit civil*, Maison d'édition juridique chinoise, 2019.

CHEN Xin, *Coopération dans les dilemmes sociaux : le pouvoir de la confiance*, Presse scientifique, 2019.

Laboratoire clé de la stratégie des mégadonnées, *Données en blocs 3.0 : Internet régulé et souveraineté de la chaîne de blocs*, Presse CITIC, 2017.

Laboratoire clé de la stratégie des mégadonnées, *Données en blocs 5.0 : théories et méthodes de sociologie des données*, Presse CITIC, 2019.

Laboratoire clé de la stratégie des mégadonnées, *Loi sur les droits numériques 1.0 : fondements théoriques*, Presse de littérature des sciences sociales, 2018.

Laboratoire clé de la stratégie des mégadonnées, *Données en blocs 2.0 : révolution normative à l'ère des mégadonnées*, Presse de littérature des sciences sociales, 2020.

Laboratoire clé de la stratégie des mégadonnées, *Chaîne de blocs de souveraineté 1.0 : Internet de l'ordre et Communauté de destin pour l'humanité*, Presse de l'université de Zhejiang, 2020.

DING Xiangtao, *Confiance et ordre dans une société en mutation – Une perspective sur la théorie anthropologique de Marx*, Presse de l'université de Zhejiang, 2013.

DONG Baohua, *La théorie originale du droit social*, Presse de l'Université chinoise de sciences politiques et de droit, 2001.

FEI Xiaotong, *La Chine à la campagne*, Maison d'édition du peuple, 2008.

HE Baohong, *Windward*, Maison d'édition des postes et télécommunications du peuple, 2019.

HE Huaihong, *Y a-t-il un avenir pour l'humanité*, Presse de l'Université normale du Guangxi, 2020.

HE Jianxiang, CAI Junjie et LENG Yuanhong, *Contestation de Bitcoin*, Presse CITIC, 2014.

HU Jiaxiang, *La structure de l'esprit et l'analyse culturelle*, Presse de l'Université de Pékin, 1998.

HU Xunyu, *La construction conceptuelle de l'éthique du pouvoir*, Presse de l'Université de la sécurité publique du peuple chinois et La Presse des Masses, 2010.

HU Yong et WANG Junxiu, éds. *Après la connexion : Reconstruction de l'espace public et redistribution du pouvoir*, Maison d'édition des postes et télécommunications du peuple, 2017.

HUANG Butian et CAI Liang, eds. *Chaîne de blocs démystifiée : construire un Internet de nouvelle génération basé sur le crédit*, Presse de l'Université de Tsinghua, 2016.

HUANG Guangxiao, *Monnaie numérique*, Presse de l'Université de Tsinghua, 2020.

JIANG Xianfu, *Civilisation contractuelle : la source et le flux de la civilisation de la règle de droit*, Maison d'édition du peuple de Shanghai, 1999.

LI Chunling et LV Peng, *Théorie de la stratification sociale*, Presse chinoise des sciences sociales, 2008.

LI Lulu et SUN Zhixiang, *Perspectives sur l'inégalité – Théories de la classe sociale à l'étranger*, Presses de littérature des sciences sociales, 2002.

LIANG Chunxiao, « La révolution Internet remodèle le système économique, le système de connaissances et le système de gouvernance – une observation sur l'impact perturbateur de la révolution des technologies de l'information », dans le Forum 50 de la société de l'information : *Tout redéfinir : Comment voir l'impact de la révolution de l'information ?* China Fortune Presse, 2018.

LIANG Haihong, *L'ère de la connectivité*, Presse de l'Université de Tsinghua, 2014.

LIANG Zhiping, *Débat juridique – Le passé, le présent et l'avenir du droit chinois*, Maison d'édition du peuple de Guizhou, 1992.

LIU Feng, *L'évolution de l'Internet*, Presse de l'Université de Tsinghua, 2012.

LIU Huafeng, *À la recherche d'ancrages monétaires*, Presse de l'université sud-ouest de finance et d'économie, 2019.

LIU Quan, ed. *Chaîne de blocs et intelligence artificielle : construire un monde d'économie numérique intelligente*, Maison d'édition des postes et télécommunications du peuple, 2019.

LIU Youcheng, *Trois formes de développement social*, Maison d'édition du peuple de Zhejiang, 1987.

LONG Baitao, *Monnaie numérique : de l'économie de l'ardoise à l'économie numérique de l'héritage et de l'innovation*, Presse orientale, 2020.

PENG Xushu, *Innovation en matière de monnaie numérique : impacts et réponses*, Presse chinoise des sciences sociales, 2020.

QIU Zeqi, « Vers une société fondée sur les données », Contient le Forum des 50 personnes sur la société de l'information : *L'avenir est là : Reconfigurer et innover avec l'Internet Plus*, Maison d'édition Shanghai Far East, 2016.

SI Xiao et MA Yongwu et autres, eds. *Technologie pour le bien : Le meilleur choix à l'ère des mégadonnées*, Presse de l'université de Zhejiang, 2020.

SUN Jian, *Encyclopédie de la chaîne de blocs*, Presse de l'industrie électronique, 2018.

WANG Huanran, *La société de chaîne de blocs : la chaîne de blocs aide à moderniser la capacité de gouvernance de l'État*, Presse de l'industrie mécanique, 2020.

WANG Wen et LIU Yushu, *La Chine numérique : la chaîne de blocs, la révolution intelligente et l'avenir de la gouvernance nationale*, Presse CITIC, 2020.

WANG Yanchuan, CHEN Zihan et YI Ran, *Gouvernance des chaînes de blocs : principes et scénarios*, Maison d'édition du peuple de Shanghai, 2021.

WANG Yimin, *Gouvernement numérique*, Presse de l'école du Parti du Comité central du Parti communiste chinois, 2020.

WU Xiaobo, *Biographie de Tencent 1998-2016 : l'évolution des sociétés Internet chinoises*, Presse de l'université de Zhejiang, 2017.

WU Zengding, *Le dilemme moral du Léviathan*, Vie, lecture, nouvelles connaissances, 2012.

WU Qing, *La vérité sur la chaîne de blocs*, Mechanical Industry Press, 2019.

XIAO Jun *et al.*, *Communautés virtuelles interculturelles : connexion, confiance et identité*, Presse de littérature des sciences sociales, 2016.

XU Guozhi, *Recherche en science et ingénierie des systèmes*, Shanghai Science and Technology Education Press, 2001.

YAN Hui, *Une étude de la classe sociale numérique en Chine*, National Library Press, 2013.

YANG Dong et MA Yang, *Parler aux dirigeants de la monnaie numérique*, Presse de l'école du Parti du Comité central du Parti communiste chinois, 2020.

YU Keping, *Socialisme*, Presse chinoise des sciences sociales, 1998.

ZHANG Kangzhi et ZHANG Qianyou, *L'évolution de la communauté*, Presse chinoise des sciences sociales, 2012.

ZHANG Shuguang *et al.*, *La reconstruction des valeurs et de l'ordre*, Maison d'édition du peuple, 2016.

ZHANG Wenxian, ed., *Jurisprudence (4ème édition)*, Higher Education Press et Presse de l'Université de Pékin, 2011.

ZHENG Yongnian, *L'autonomisation technologique : l'Internet, l'État et la société en Chine*, traduit par QIU Daolong, Presse orientale, 2014.

Bureau pour la compilation des œuvres de Marx, Engels, Lénine et Staline, Comité central du Parti communiste chinois, *Œuvres choisies de Marx et Engels (Vol. 1)*, Maison d'édition du peuple, 1995.

Institut chinois de développement de l'industrie de l'information électronique, *Route de la soie numérique : opportunités et défis de l'économie numérique dans « une Ceinture et une Route »*, Maison d'édition des postes et télécommunications du peuple, 2017.

ZHOU Yanyun et YAN Xiurong, *Le travail numérique et Karl Marx – Une étude de la théorie de la valeur du travail de Marx à l'étranger à l'ère numérique*, Presse chinoise des sciences sociales, 2016.

ZHU Guanglei, *Analyse de la société chinoise contemporaine par classe*, Maison d'édition du peuple de Tianjin, 1998.

Doris Naisbitt [Autriche], John Naisbitt [États-Unis], *Maîtriser les mégatendances*, traduit par XI Jiangyue, Presse CITIC, 2018.

Engels [Allemagne], *Dialectique de la nature*, Maison d'édition du peuple, 1984.

Ernst Cahill [Allemagne], *La logique des sciences humaines*, traduit par SHEN Hui *et al.*, Presse de l'Université populaire de Chine, 1991.

Gadamer [Allemagne], *La raison à l'âge de la science*, traduit par XUE Hua, Société internationale d'édition culturelle, 1988.

Martin Heidegger [Allemagne], *Œuvres choisies de Heidegger*, traduites par SUN Zhouxing, Presse de la librairie Sanlian, 1996.

Marx [Allemagne], Engels [Allemagne], *Les oeuvres complètes de Marx et Engels (Vol. 46 – top)*, Maison d'édition du peuple, 1979.

Marx [Allemagne], Engels [Allemagne], *Les œuvres complètes de Marx et Engels (Vol. 12)*, traduit par le Bureau pour la compilation des œuvres de Marx, Engels, Lénine et Staline, Comité central du Parti communiste chinois, Maison d'édition du peuple, 1964.

Marx [Allemagne], Engels [Allemagne], *Les œuvres complètes de Marx et Engels (Vol. 46 – top)*, traduit par le Bureau pour la compilation des œuvres de Marx, Engels, Lénine et Staline, Comité central du Parti communiste chinois, Maison d'édition du peuple, 1979.

Marx [Allemagne], Engels [Allemagne], *Les œuvres complètes de Marx et Engels (Vol. 8)*, traduit par le Bureau pour la compilation des œuvres de Marx, Engels, Lénine et Staline, Comité central du Parti communiste chinois, Maison d'édition du peuple, 2009.

Marx [Allemagne], Engels [Allemagne], *Les œuvres complètes de Marx et Engels (Vol. 5)*, traduit par le Bureau pour la compilation des œuvres de Marx, Engels, Lénine et Staline, Comité central du Parti communiste chinois, Maison d'édition du peuple, 2009.

Max Weber [Allemagne], *Économie et société (volume suivant)*, traduit par LIN Rongyuan, Presse commerciale, 1998.

Niklas Luhmann [Allemagne], *Sociologie du risque*, traduit par SUN Yizhou, Guangxi Maison d'édition du peuple, 2020.

E. Bodenheimer [États-Unis], *Jurisprudence : philosophie du droit et méthode juridique*, traduit par DENG Zhenglai, Presse de l'Université chinoise de sciences politiques et de droit, 2004.

Alvin Toffler [États-Unis], *L'avenir des chocs*, traduit par MENG Guangjun *et al.*, Maison d'édition Xinhua, 1996.

Albert Laszlo Barabasi [États-Unis], *Liens : Nouvelle pensée dans les affaires, la science et la vie*, traduit par SHEN Huawei, Maison d'édition du peuple de Zhejiang, 2013.

Bernard Schwartz [États-Unis], *Une histoire du droit américain*, traduit par WANG Jun, Presse de l'Université chinoise de sciences politiques et de droit, 1989.

Brian Arthur [États-Unis], *La nature de la technologie : ce qu'elle est et comment elle évolue*, traduit par CAO Dongming et WANG Jian, Maison d'édition du peuple de Zhejiang, 2018.

David Grunsky [États-Unis], *La stratification sociale (2e édition)*, traduit par WANG Jun *et al.*, Maison d'édition de Huaxia, 2005.

David Weinberg [États-Unis], *Tout est désordre : la révolution du nouvel ordre numérique*, traduit par LI Yanming, Maison d'édition du peuple de Shanxi, 2017.

Jeff Stieber [États-Unis], *Le point de rupture – L'apocalypse évolutive d'Internet*, traduit par SHI Rong, Presse de l'Université populaire de Chine, 2015.

Keith Sunstein [États-Unis], *La Cyber République*, traduit par HUANG Weiming, Maison d'édition du peuple de Shanghai, 2003.

Kevin Kelly [États-Unis], *L'inévitable*, traduit par ZHOU Feng, DONG Li et JIN Yang, Presse de l'industrie électronique, 2016.

Kevin Kelly [États-Unis], *Hors de contrôle : le destin ultime et la fin de l'humanité*, traduit par ZHANG Xingzhou, CHEN Xinwu, WANG Qin, *et al.*, Presse de l'industrie électronique, 2016.

Casey O'Neill [États-Unis], *Hégémonie algorithmique*, traduit par MA Qingling, Presse CITIC, 2018.

Christakis [États-Unis], Fuller [États-Unis], *La Grande Connexion : Comment les réseaux sociaux se forment et l'impact sur le comportement de la réalité humaine*, traduit par JIANJ Xue, Presse de l'Université populaire de Chine, 2012.

Manson Olsen [États-Unis], *La logique de l'action collective*, traduit par CHEN Yu, GUO Yufeng et LI Chongxin, Maison d'édition du peuple de Shanghai, 2018.

Michel Waldrop [États-Unis], *Complexité : une science née au bord de l'ordre et du chaos*, traduit par CHEN Ling, Vie, lecture, nouvelles connaissances, 1997.

Nassim Nicholas Taleb [États-Unis], *Le risque asymétrique*, Presse CITIC, 2019.

Nicolas Negroponte [États-Unis], *La survie numérique*, traduit par HU Yong et FAN Haiyan, Presse de l'industrie électronique, 2017.

Nicholas Christakis [États-Unis], James Fuller [États-Unis], *La Grande Connexion : Comment les réseaux sociaux se forment et l'impact sur le comportement de la réalité humaine*, traduit par JIAN Xue, Presse de l'Université populaire de Chine, 2012.

Paragh Connor [États-Unis], *Superpatch : chaînes d'approvisionnement mondiales, mégapoles et montée d'une nouvelle civilisation commerciale*, traduit par CUI Chuangang et ZHOU Daxin, Presse CITIC, 2016.

Piero Scaruffi [États-Unis], NIU Jinxia, YAN Jingli, *Humanité 2.0 : explorer l'avenir de la technologie dans la Silicon Valley*, Presse CITIC, 2017.

Cesar Hidalgo [États-Unis], *Nature de la croissance*, traduit par Driftwood Translations, Presse CITIC, 2015.

Jennifer Winter [États-Unis], Ryota Ono [Japon], *L'avenir de l'Internet*, traduit par ZHENG Changqing, Presse de l'industrie électronique, 2018.

Sheila Jasanoff [États-Unis] *et al.*, *Manuel de théorie de la science et de la technologie*, traduit par SHENG Xiaoming *et al.*, Presse de l'Institut de technologie de Pékin, 2004.

Irem Lakatos [États-Unis], Elan Musgrave [États-Unis], *La critique et l'évolution des connaissances*, traduit par ZHOU Jizhong, Maison d'édition de Huaxia, 1987.

John C. Havens [États-Unis], *L'avenir en fuite*, traduit par TONG Lin, Presse CITIC, 2017.

John Rawls [États-Unis], *Théorie de la justice*, traduit par HE Huaihong *et al.*, Presse chinoise des sciences sociales, 1988.

Joseph S. Nye [États-Unis], John D. Donahue [États-Unis], eds., *La gouvernance dans un monde globalisé*, traduit par WANG Yong *et al.*, World Knowledge Press, 2003.

Alain de Botton [Suisse], *L'anxiété de l'identité*, traduit par CHEN Guangxing et NAN Zhiguo, Maison d'édition de traduction de Shanghai, 2020.

Aristote [Grec], *Politique*, Presse commerciale, 1983.

Yuval Harari [Israël], *Une brève histoire du futur*, traduit par LIN Junhong, Presse CITIC, 2017.

Pietro Penfante [Italien], *Manuel de droit romain*, traduit par HUANG Feng, Presse de l'Université chinoise de sciences politiques et de droit, 1992.

David Hume [Angleterre], *Traité de la nature humaine*, traduit par GUAN Wenyun, Presse commerciale, 1983.

Harold Innes [Angleterre], *Le biais de communication*, traduit par HE Daokuan, Presse de l'Université populaire de Chine, 2003.

Giddens [Angleterre], *Les conséquences de la modernité*, traduit par TIAN He, Maison d'édition de Translin, 2011.

Giddens [Angleterre], *Modernité et identité propre*, traduit par ZHAO Xudong et FANG Wen, Pékin : Vie, lecture, nouvelles connaissances, 1998.

Main [Angleterre], *Loi ancienne*, traduit par SHEN Jingyi, Presse commerciale, 1995.

Bacon [Angleterre], *Nouveaux outils*, traduit par XU Baoyu, Presse commerciale, 1984.

George Zakadarsky [Angleterre], *Le destin ultime de l'humanité – Du paléolithique au futur de l'intelligence artificielle*, traduit par CHEN Chao, Presse CITIC, 2017.

Scott Morgan [Angleterre], *La grande prophétie de 2040 : le moteur high-tech et le nouvel ordre social*, traduit par WANG Feifei, Presse de l'industrie mécanique, 2017.

Adam Smith [Angleterre], *Théorie des sentiments moraux*, traduit par JIANG Ziqiang *et al.*, Presse commerciale, 2015.

ZHONG Wei, *Monnaie numérique : fintech et reconfiguration monétaire*, Presse CITIC, 2017.

II. Journaux chinois

IDM Chef observateur des affaires courantes, « "Digital People" est le métapoint de la transformation numérique des villes », *Leadership Décision Information*, n° 3, 2021.

BA Shusong, ZHANG Daichao et ZHU Yuanqian, « L'état actuel du développement et les tendances de la monnaie numérique mondiale », *Recherche sur le développement financier*, n° 11, 2020.

BAI Jinfu et BAI Xi, « Le nouveau paysage de la concurrence monétaire et des monnaies numériques des banques centrales », *Explorations de la théorie financière*, n° 3, 2020.

BAO Jianyun, « Monnaie numérique souveraine, innovation technologique financière et réforme du système monétaire international – Également sur l'émission, la circulation et l'internationalisation du RMB numérique », *Forum des peuples – Frontière académique*, n° 2, 2020.

BAO Jing, FAN Ziteng et JIA Kai, « Recherche sur la forme de gouvernance du gouvernement numérique : analyse conceptuelle et cadre hiérarchique », *E-Gouvernement*, n° 11, 2020.

BU Su, « Le problème de la « discrimination algorithmique » en intelligence artificielle et ses critères d'examen », *Journal de l'Université de Shanxi (édition philosophie et sciences sociales)*, n° 4, 2019.

BU Wei et Ren Juan, « Au-delà de la fracture numérique : développer une éducation à la culture numérique socialement inclusive », *Journalisme et écriture*, n° 10, 2020.

CAI Weiping, « Crise de confiance due aux rumeurs en ligne », *Journal de l'Université de technologie de Changchun (édition des sciences sociales)*, n° 2, 2014.

CAO Hongli et HUANG Zhongyi, « Chaîne de blocs : construire une infrastructure pour l'économie numérique », *Sécurité du cyberespace*, n° 10, 2019.

CAO Peijie et YU Shengquan, « La proposition des aborigènes numériques, la situation actuelle de la recherche et le développement futur », *Journal of Electro-Chemical Education Research*, n° 4, 2012.

ZENG Jian, « Examen historique et réflexion sur la conscience des droits civils en Chine », *Journal de l'Université de Guizhou (édition des sciences sociales)*, n° 1, 2001.

ZENG Weihe, « La construction du réseau de relations de la communauté de gouvernance sociale », *Journal of Reading River*, n° 1, 2020.

ZHA Xiaogang et ZHOU Zheng, « Modalités et principes pour la fourniture efficace de biens publics à plusieurs niveaux », *Perspectives internationales*, n° 6, 2014.

CHEN Chuan, « Intégration spatiale dans la société en réseau – Réalisation et reproduction de l'espace virtuel », *Sciences sociales de Tianjin*, n° 3, 2016.

CHEN Guang, « La voie de la percée des technologies clés en Chine dans le cadre de la "nouvelle guerre froide" en science et technologie », *Science et technologie innovantes*, n° 5, 2020.

CHEN Hongbing, « Sur la frontière du crime dans les actes technologiquement neutres », *Journal de l'université de Nantong (édition sciences sociales)*, n° 1, 2019.

CHEN Lixu, « La société moderne a besoin à la fois d'un contrat et d'une conscience », *Observation et réflexion*, n° 1, 1999.

CHEN Peng, « L'essence et les implications philosophiques de la chaîne de blocs », *Science et société*, n° 3, 2020.

CHEN Shiwei, « Gouvernance éthique de l'aliénation technologique des mégadonnées », *Études en dialectique naturelle*, n° 1, 2016.

CHEN Xixi, « La communauté de la destinée humaine : un examen de la révolution scientifique et technologique en tant que dimension », *Mongolia Social Science (édition chinoise)*, n° 5, 2018.

CHEN Xiangguang et HUANG Zeqing, « Le mécanisme de formation des ancrages monétaires et leur maintien de la qualité monétaire – et sur l'ancrage de la monnaie numérique », *Journal de l'Université populaire de Chine*, n° 4, 2018.

CHEN Yan et ZHANG Ping, « La connotation, les caractéristiques et la tendance du développement de la mondialisation numérique », *Tribune du Peuple*, n° 13, 2021.

CHEN Zhen et WANG Guiling, « Bilan et perspectives du développement de la métaéthique occidentale au cours des cent dernières années », *Dynamique philosophique*, n° 11, 2020.

CHEN Zhigang, « L'économie immatérielle et le changement social », *Études marxistes*, n° 6, 2007.

CHEN Zhong, « Une réflexion existentielle sur "Ce qui est possible avec des règles" », *Sud-est académique*, n° 3, 2004.

CHENG Junqing et XUE Junqiang, « Une exploration de la nature du travail numérique dans le contexte de la critique de l'économie politique de Marx », *Réforme et stratégie*, n° 11, 2020.

CHENG Gui, « Réflexions sur l'internationalisation du RMB pour favoriser la réforme de la gouvernance financière mondiale », *Journal de l'université de finance et d'économie de Lanzhou*, n° 6, 2019.

CHENG Yawen, « Ordre conventionnel et conflit hétéronormatif : une interprétation alternative de la théorie du "choc des civilisations" de Huntington », *Europe*, n° 6, 1998.

CONG Bin, « Conscience de la règle, esprit du contrat et pratique de la règle de droit », *Assemblée populaire nationale de Chine*, n° 15, 2016.

CUI Jiuqiang *et al.*, « L'état actuel du développement de l'identité numérique basée sur la chaîne de blocs », *Sécurité du cyberespace*, n° 6, 2020.

CUI Jiuqiang *et al.*, « Construire un nouveau système de confiance numérique à l'ère de l'économie numérique », *Sécurité de l'information et secret des communications*, n° 10, 2020.

DAI Lina Dai, « Bilan et perspectives de la gouvernance internationale dans le cyberespace en 2018 », *Sécurité de l'information et secret des communications*, n° 1, 2019.

DAI Changzheng et BAO Jing, « Gouvernance gouvernementale numérique – un examen basé sur l'évolution des formes sociales », *Administration chinoise*, n° 9, 2017.

DING Fang et Jiaodi, « L'application de la technologie Chaîne de blocs dans le "gouvernement numérique" », *Journal économique et commercial de la Chine (Volume moyen)*, n° 3, 2020.

DU Chaoyun et YE Fang, « Changements dans le système monétaire international sous le dilemme de l'action collective – selon la perspective des biens publics mondiaux », *Études financières internationales*, n° 10, 2010.

DU Junfei, « Tour de Babel numérique : Ruminations sur la communauté de la gouvernance sociale en réseau », *Communication contemporaine*, n° 1, 2020.

DUAN Ke, « Les caractéristiques dimensionnelles du leadership à l'ère numérique et la voie de l'amélioration », *Leadership Science*, n° 16, 2020.

FAN Dongping, « Exploration de la philosophie systématique de la complexité et de la pensée systémique », *Philosophie moderne*, n° 4, 2020.

FENG Ziyi, « La mondialisation, le développement et la construction de la civilisation », *Sciences sociales du Shandong*, n° 5, 2014.

FU Yuhui, « L'ère de l'Internet post-mobile : une nouvelle étape de l'intégration de la civilisation numérique », *Le monde de l'Internet*, n° 6, 2011.

GAO Hongmin et LI Gang, « Fintech, monnaie numérique et reconstruction du système financier mondial », *Forum académique*, n° 2, 2020.

GAO Qiqi, « Recherche sur la chaîne de blocs de souveraineté et la chaîne de blocs mondiale », *Économie et politique mondiales*, n° 10, 2020.

GAO Xianqin, « Un aperçu de l'étude du comportement altruiste », *Journal de Heihe*, n° 1, 2010.

GAO Zhaoming, « L'explication de la crise de confiance par la modernité », *Études académiques*, n° 4, 2002.

GUI Wangsheng et ZENG Jing, « Le fantôme du relativisme moral dans le contexte de la cyberculture », *Chronique des sciences sociales*, n° 3, 2015.

HAO Guoqiang, « De la confiance personnelle à la confiance algorithmique : une étude sur la technologie chaîne de blocs et la construction d'un système de crédit social », *Journal de l'Université normale de Nanning (édition philosophie et sciences sociales)*, n° 1, 2020.

HE Dexu, YU Jingjing et HAN Yangyang, « L'impact de la fintech sur la politique monétaire », *China Finance*, n° 24, 2019.

HE Renlong, « Explorer la gouvernance de la sécurité des jumeaux numériques à l'ère de l'Internet "5G + industriel" », *Sécurité de l'information en Chine*, n° 11, 2019.

HU Wei, « Sur les conflits internationaux de l'après-guerre froide : une critique du "paradigme civilisationnel" », *Revue Fudan (édition des sciences sociales)*, n° 3, 1995.

HUANG Huang, « Le gouvernement numérique : politiques, caractéristiques et concepts », *Études sur la gouvernance*, n° 3, 2020.

HUANG Huang, ZHAO Qian et ZHANG Ruixin, « Sur l'ouverture des données gouvernementales et la divulgation d'informations – Réflexion et reconstruction des points de vue existants », *Administration chinoise*, n° 11, 2016.

HUANG Jingqiu et DENG Bojun, « L'évolution historique de la communauté de la destinée humaine depuis la forme spatiale du numérique », *Science Social de Yunnan*, n° 6, 2019.

HUANG Li, « La chaîne de blocs au service de la gouvernance locale », *Manuscrit Red Flag*, n° 24, 2020.

HUANG Mingtong, « La théorie du "Zhi Liang Zhi" de Yangming et la civilisation sociale », *Journal du Collège de Guiyang (édition sciences sociales)*, n° 4, 2019.

HUANG Xuwei, « L'affaire de la contrefaçon Fasttrack et la théorie de l'innocence technologique », *Éditions de Chine*, n° 23, 2016.

JIA Wenshan, « Le paradigme unique de la transformation de la civilisation chinoise », *Forum du peuple*, n° 16, 2016.

JIANG Tao et WANG Rui, « La transmutation du leadership – Le leadership à l'ère du numérique », *Le scientifique de la gestion (édition pratique)*, n° 10, 2011.

JIANG Xianliang, « Le bien et le mal de la "neutralité technologique" », *Xiaokang*, n° 33, 2018.

JIANG Ouxiang, ZHANG Leilei et LIU Dezheng, « Un aperçu du Bitcoin, du Libera et des monnaies numériques des banques centrales », *Fintech Times*, n° 2, 2020.

JIANG Xianfu, « La reproduction historique de l'État de droit à l'époque moderne : une nouvelle théorie de l'affirmation de Main "de l'identité au contrat" », *Système juridique et développement social*, n° 2, 2000.

JIAO Weiling et PEI Lei, « Recherche sur les raisons, les modèles et les contre-mesures rentables des produits numériques "gratuits" », *Modern Intelligence*, n° 8, 2017.

JIN Yongzhu *et al.*, « "Sagesse et confiance" : nouvelle dynamique de construction de la communauté sociale de base dans le contexte de la révolution numérique : une étude de cas de la communauté de Shannan dans la ville de Guiyang », *Journal Zhongzhou*, n° 1, 2020.

KANG Ning, « Entre identité et contrat – le caractère transitoire des guildes médiévales en Europe dans le processus de civilisation juridique », *Études d'histoire des systèmes juridiques étrangers*, n° 00, 2017.

KUANG Jinsong et PENG Wenbin, « La technologie Chaîne de blocs stimule le développement de l'économie numérique : logique théorique et orientation stratégique », *Social Science*, n° 9, 2020.

KUANG Ye et YAN Xiaoli, « L'intention réelle de la stratégie américaine d'identité de confiance dans le cyberespace », *Sécurité et technologie de l'information*, n° 11, 2012.

LAI Zhongxian, « Longchang éclaire la conscience et nourrit la nature dans la pratique – Sur le noyau et la nature des études Yangming », *Journal Zhongzhou*, n° 3, 2010.

LE Daiyun, « Le nouvel humanisme au XXIᵉ siècle », *Académique Mensuel*, n° 1, 2008.

LI Chenggui, « La construction et le fonctionnement de "l'esprit comme raison" », *Academia*, n° 8, 2020.

LI Chenggui, « Comment "l'esprit est une raison" est devenu la pierre angulaire de la théorie de l'esprit de Wang Yangming : l'héritage de Wang Yangming et l'argument de "l'esprit est une raison" », *Journal du Collège de Guiyang (édition des sciences sociales)*, n° 6, 2020.

LI Da, « Le système de gouvernance sociale de la Chine dans la nouvelle ère : histoire, pratique et objectifs », *Science sociale de Chongqing*, n° 5, 2020.

LI Guojie, « Le partage des données : une condition préalable à la modernisation du système de gouvernance nationale à l'ère des mégadonnées », *Semaine des technologies de l'information en Chine*, n° 32, 2014.

LI Lujun, « L'esprit du contrat et la civilisation judiciaire », *Forum de loi*, n° 6, 2018.

LI Sheng, « La "fracture numérique" : une nouvelle perspective pour l'analyse contemporaine des classes sociales », *Société*, n° 6, 2006.

LI Weirui et JIA Zhi, « Chaîne de blocs peut devenir la pierre angulaire de la civilisation numérique », *Guizhou contemporain*, n° 22, 2019.

LI Xiaoju, « La transformation contemporaine du paradigme de la civilisation et le changement des valeurs », *Forum de Fujian (édition sciences humaines et sociales)*, n° 12, 2006.

LI Ye, « Les normes éthiques et le problème du relativisme moral dans le monde moderne », *Journal de l'Université de Shenzhen (édition sciences humaines et sociales)*, n° 4, 2017.

LI Yi, « La tendance de développement de la "société numérique", les caractéristiques de l'époque et la croissance de l'industrie », *Journal de l'école du parti du Comité municipal de Hangzhou du Parti communiste chinois*, n° 5, 2019.

LI Zenggang, « Biens publics mondiaux : Définitions, classifications et leur mise à disposition », *Revue économique*, n° 1, 2006.

LI Changjiang, « Une discussion préliminaire sur la connotation de l'économie numérique », *E-Government*, n° 9, 2017.

LIAN Yuming, « Salut à la nouvelle ère – L'utilisation de la technologie de gouvernance basée sur la chaîne de blocs de souveraineté dans la démocratie consultative », *CCPPC Chine*, n° 6, 2018.

LIAN Yuming, « La signification particulière de la chaîne de blocs de souveraineté pour la gouvernance mondiale de l'Internet », *Journal du Collège de Guiyang (édition sciences sociales)*, n° 3, 2020.

LIANG Zhiping, « De l'identité au contrat : une révolution dans les relations sociales – Réflexions sur la lecture de l'ouvrage de Main intitulé "Ancient Law" », *Lire*, n° 6, 1986.

LIN Xi et GUO Sujian, « Injustice algorithmique et éthique des mégadonnées », *Sciences sociales*, n° 8, 2020.

LIU Dongmin et SONG Shuang, « Monnaies numériques, paiements transfrontaliers et transformation du système monétaire international », *Forum financier*, n° 11, 2020.

LIU Huanzhi et DONG Xingpei, « Sur l'amélioration de la crise de confiance virtuelle en ligne », *Journal de l'Université des nationalités du Yunnan (édition philosophie et sciences sociales)*, n° 2, 2017.

LIU Jun, « La dimension numérique de l'internationalisation du RMB », *Finance Expo*, n° 9, 2020.

LIU Ke et LIU Zhiyong, « La chute de la responsabilité : la douleur de l'échec de l'éthique de l'information à l'ère des mégadonnées », *Journal de l'Université des sciences et technologies de Shandong (édition sciences sociales)*, n° 5, 2017.

LIU Kui, « Risque global, sagesse éthique et le tournant éthique dans la foi contemporaine », *Études en éthique*, n° 3, 2012.

LIU Shangxi, LI Chengwei, « Redéfinir les biens publics en fonction du risque public », *Études fiscales*, n° 8, 2018.

LIU Xiaohong et LIU Kui, « Interprétation de la complexité de la société du risque », *Recherche sur la gestion des technologies*, n° 13, 2013.

LIU Ying, « De l'identité au contrat et du contrat à l'identité – Exploration d'un modèle de progrès social en Chine », *Sciences sociales de Tianjin*, n° 4, 2005.

LIU Yun, « L'ordre des normes et le désordre de la chaîne de blocs », *La normalisation populaire*, n° 3, 2018.

LIU Zhenye, « Organisations internationales multilatérales et organisations non gouvernementales : Déficiences et compléments de légitimité », *Enseignement et recherche*, n° 8, 2007.

LONG Sheng, « Théorie et pratique du positionnement du droit civil de l'identité numérique : centrage sur les pays Chine-ASEAN », *Journal de l'université du Guangxi (édition philosophie et sciences sociales)*, n° 6, 2019.

LONG Ping, « Explorer la transformation des natifs numériques en citoyens numériques », *Études comparatives sur l'innovation culturelle*, n° 13, 2018.

LONG Rongyuan et YANG Guanhua, « Recherche sur les droits numériques, le système des droits numériques et la loi sur les droits numériques », *Science, technologie et droit*, n° 5, 2018.

LU Minfeng, « Une étude sur la technologie de chaîne de blocs et la reconstruction du système de crédit social », *Journal de Lanzhou*, n° 3, 2020.

LU Yingni, « La "micro-information" apporte un monde fragmenté », *People's Digest*, n° 11, 2014.

LUAN Qun, « Pratiquer la technologie pour le bien, construire une barrière morale ferme pour l'intelligence artificielle de confiance », *Démocratie et Sciences*, n° 6, 2019.

LUO Dameng et XU Xiaozong, « De "l'identité" au "contrat" : l'absence et la reconstruction de la citoyenneté paysanne dans la Chine contemporaine », *Études sur les partis et les gouvernements*, n° 1, 2016.

MA Liang, « Motivation, capacité et performance des applications des mégadonnées dans le secteur public : revue théorique et perspectives de recherche », *E-Gouvernement*, n° 3, 2016.

MA Changshan, « La logique de la gouvernance dans la société numérique et son déploiement de l'État de droit », *Legal Science (Journal de l'Université de sciences politiques et de droit du Nord-Ouest)*, n° 5, 2020.

MENG Qingguo et GUAN Xin, « Sur la connotation, la valeur et la réalisation des performances de l'e-gouvernance », *Forum administratif*, n° 7, 2015.

MENG Tianguang et LI Feng, « Interaction politique dans le cyberespace : demandes des citoyens et réactivité du gouvernement – une analyse des mégadonnées basée sur une plate-forme nationale de questionnement politique en ligne », *Journal de l'université Tsinghua (édition philosophie et sciences sociales)*, n° 3, 2015.

MENG Tianguang et ZHANG Xiaojin, « Mégadonnées-driven et amélioration de la capacité de gouvernance du gouvernement : un cadre théorique et une innovation de modèle », *Journal de l'Université d'aéronautique et d'astronautique de Beijing (édition des sciences sociales)*, n° 1, 2018.

MENG Tianguang et ZHAO Juan, « Gouvernement réactif axé sur le réseau : la prolifération institutionnelle et le modèle opérationnel du questionnement en ligne », *Journal du collège administratif de Shanghai*, n° 3, 2018.

MOU Chunbo, WEI Liurong, « Recherche sur la voie de développement des nouvelles infrastructures », *Les TIC et la politique*, n° 1, 2021.

NIU Qingyan, « Le dilemme de l'aliénation de la technologie moderne et la réponse éthique à la personnification de la technologie », *Journal de l'Université forestière de Nanjing (édition sciences humaines et sociales)*, n° 1, 2012.

PAN Qin, « Le développement de la science de l'intelligence artificielle du point de vue de la théorie du système de complexité », *Science sociale de Hubei*, n° 1, 2010.

PEI Qingqi, MA Delin et ZHANG Leping, « Chaîne de blocs et la reconstruction numérique de la gouvernance sociale », *Journal de l'Université normale du Xinjiang (édition philosophie et sciences sociales)*, n° 5, 2020.

PENG Bo, « Sur le leadership numérique : la gouvernance nationale à l'ère de la technologie numérique », *Forum du peuple – Frontière académique*, n° 15, 2020.

PENG Lan, « Connexions et contre-connexions : le balancement des lois de l'Internet », *Journalisme international*, n° 2, 2019.

PENG Ningyuan, « Le caractère unilatéral de l'hypothèse de "l'homme rationnel" dans l'économie occidentale », *Fortune Times*, n° 12, 2020.

PENG Wensheng, « Les implications monétaires de la fintech », *Revue financière de Tsinghua*, n° 9, 2017.

QIN Yaqing, « Théorie culturelle de la politique mondiale – Structures culturelles, unités culturelles et forces culturelles », *Économie et politique mondiales*, n° 4, 2003.

QIN Ying, « Sur la nature des biens publics – et les limites de la théorie des biens publics », *L'Économiste*, n° 3, 2006.

REN Jiantao, « Quintessence : la révolution technologique et le grand changement dans la gouvernance nationale », *Sciences sociales de Jiangsu*, n° 5, 2020.

SHAO Huaming et HOU Chen, « L'internationalisation du RMB : situation actuelle et options de parcours – l'histoire de l'internationalisation du dollar américain comme référence », *Sciences financières*, n° 11, 2015.

SI Xiao, YAN Deli et DAI Jianjun, « La technologie au service du bien : les nouvelles applications technologiques et leur impact », *Time Business & Economics*, n° 22, 2019.

SONG Guiwu et WANG Zhenyu, « L'altruisme : une sorte d'équilibre de la navigation d'intérêt », *Sciences sociales verticales*, n° 1, 2005.

SONG Xianrong et ZHANG Meng, « Recherche sur les problèmes techniques de l'authentification d'identité de confiance en réseau », *Sécurité du cyberespace*, n° 3, 2018.

SUN Shuai, « Analyse de la différenciation des classes en ligne à partir du modèle de développement de la fracture numérique », *Recherche sur les nouveaux médias*, n° 22, 2019.

SUN Xuxin, LUO Yue *et al.*, « La culture numérique à l'ère de la mondialisation : connotation et mesure », *Informations sur l'éducation mondiale*, n° 8, 2020.

TANG Huangfeng, « Les risques inhérents au léviathan numérique et à la gouvernance des données », *Exploration et controverse*, n° 5, 2018.

TANG Tao, « La route vers le développement de la société numérique estonienne », *Informatisation de Shanghai*, n° 7, 2018.

WANG Dong et JIA Zifang, « Les tendances de la mondialisation sous la double influence de l'épidémie de pneumonie de Covid-19 et du progrès technologique », *Forum international*, n° 1, 2021.

WANG Haiming, « Une nouvelle exploration de l'altruisme », *Journal Qilu*, n° 5, 2004.

WANG Jianmin, « Le maintien des relations dans la société chinoise au cours de la période de transition – De la "confiance de connaissance" à la "confiance institutionnelle" », *Science sociale de Gansu*, n° 6, 2005.

WANG Jing, « La "citoyenneté numérique" arrive chez nous », *Conférence consultative politique de Chine*, n° 13, 2017.

WANG Jing, « Ouvrir une nouvelle ère du monde numérique », *Manuscrit Hongqi*, n° 1, 2020.

WANG Junni, « Le changement et l'évolution du régime juridique monétaire international », *Exposition juridique*, n° 3, 2019.

WANG Junsheng *et al.*, « Recherche sur l'application du système de chaîne d'identité numérique », *Recherche et application des technologies de la communication électrique*, n° 5, 2019.

WANG Xu et JIA Yuanxin, « La concurrence internationale des devises dans le contexte de la numérisation et ses implications pour l'internationalisation du RMB », *Southern Finance*, n° 5, 2020.

WANG Yanfei et ZHU Yu, « Examen des études théoriques sur le développement du comportement altruiste », *Journal de l'Université de technologie de la Chine du Sud (édition des sciences sociales)*, n° 4, 2003.

WANG Youmei, « L'inclusion numérique à l'ère de l'information : une nouvelle perspective sur l'intégration sociale de la nouvelle génération de travailleurs migrants », *Communauté de l'information de Chine*, n° 9, 2010.

Wang Zhikai, « Saisir l'ancrage et la nouvelle dynamique de la stratégie du "double cycle" », *National Governance Weekly*, n° 3-4, janvier 2021.

WANG Zhiping, « Un bilan de la recherche sur l'éthique universelle », *Mise à jour de la philosophie*, n° 1, 2000.

WANG Zhongyuan, « Une analyse de la pensée d'amélioration sociale de Wang Yangming dans "Zhi Liang Zhi" », *Rechercher*, n° 1, 2016.

WEI Bo, « Explorer la voie chinoise vers la gouvernance inclusive », *Forum des peuples*, n° 29, 2020.

WEI Liuwei et Yuval Harari [Israël], « Pourquoi la technologie favorise l'autocratie », *World Science*, n° 12, 2018.

WEI Xiaoqiang, « Systèmes de télétravail basés sur la confiance zéro : recherche et mise en œuvre d'un modèle de sécurité », *Recherche sur la sécurité de l'information*, n° 4, 2020.

WEI Yanjie, « Une analyse de l'incertitude juridique », *Exposition de droit*, n° 25, 2020.

WEN Tingxiao et LIU Xuan, « La "théorie du nouvel ordre" de David Weinberg et ses implications pour les organisations du savoir », *Bibliothèque*, n° 3, 2013.

WU Meichuan et ZHANG Yantao, « La publicité du programme de gouvernance mondiale de la Chine », *Perspectives théoriques*, n° 1, 2021.

WU Xiaokun, « Reconstruire les <connexions sociales> : comment Internet affecte l'ordre fondateur de la société chinoise », *Dongyue Luncong*, n° 7, 2019.

WU Xinhui, « La confiance numérique et la reconstruction de la confiance dans la société numérique », *Apprentissage et pratique*, n° 10, 2020.

WU Zhen, « La théorie du "savoir et faire" comme éthique de la conscience – Centrée sur "Une pensée qui se déplace est un savoir et un faire" », *Academic Monthly*, n° 5, 2018.

WU Jie, LI Runzhen et CHENG Shouhua, « Du désordre à l'ordre – La non-linéarité comme source de dynamique pour ordonner la structure des systèmes », *Revue des sciences du système*, n° 1, 2008.

WU Wei, « La théorie du Zhi Liang Zhi – Une étude préliminaire de l'idéologie de l'esprit de Yang Ming », *Gestion de l'enseignement supérieur*, n° 4, 2010.

XIA Tao et SHAO Renli, « Reconceptualiser le "paradigme de la civilisation" », *Forum académique*, n° 3, 2007.

XIAO Yuanqi, « La nature et l'avenir de la monnaie », *Recherche sur la réglementation financière*, n° 1, 2020.

XIE Jungui et CHEN Jun, « La fracture numérique – Le fossé entre riches et pauvres et sa modération », *Science sociale de Hunan*, n° 3, 2003.

XIE Wenyu, « Conscience et Lumières : la question du droit de juger le vrai et le bien », *Journal de la recherche de la vérité*, n° 1, 2008.

XIONG Xiaoguo, « Léviathan numérique et hétérotopie numérique : une exploration philosophique du dilemme de la modernité dans l'existence humaine à l'ère numérique », *Journal de l'Université des sciences et des technologies de Wuhan (édition scientifique et sociale)*, n° 3, 2021.

XU Ruichao, « La stratégie d'inclusion numérique du gouvernement britannique et ses implications », *Travail de bibliothèque et de renseignement*, n° 5, 2017.

YAN Deli, « La technologie au service du bien : les nouvelles applications technologiques et leur impact », *Technologie chinoise*, n° 5, 2019.

YAN Kunru, « Une exploration de l'incertitude du risque et de sa révision des croyances », *Études en philosophie des sciences et des technologies*, n° 2, 2017.

YAN Cunsheng, « Explorer les fondements humains du droit – Le véritable sens de la jurisprudence naturelle occidentale », *Journal de l'Université de sciences politiques et de droit de l'Est de la Chine*, n° 5, 2005.

YANG Daoyu, « La signification épistémologique de "l'esprit comme raison" », *Journal Zhongzhou*, n° 5, 2015.

YANG Feng, « Gouvernance mondiale de l'Internet, biens publics et voie chinoise », *Enseignement et recherche*, n° 9, 2016.

YANG Guangbin, « La proposition et l'exploration de la politique mondiale », *Journal de l'Université Renmin de Chine*, n° 1, 2021.

YANG Guangbin, « La politique chinoise dans la grande transformation de l'ordre mondial », *Politique chinoise*, Troisième série 2020.

YANG Zhenshan et CHEN Jian, « L'égalité de statut et la jurisprudence civile moderne – Comprendre le droit civil du point de vue du droit humain », *Sciences juridiques*, n° 2, 1998.

YAO Yuan et REN Yuzhong, « L'interaction de l' "activation" et de l' "absorption" : un modèle chinois de gouvernance sociale vers la démocratie consultative », *Journal de l'Université de Pékin (édition Philosophie Science sociale)*, n° 2, 2013.

YE Xiaowen, « "L'homme de demain" : deux grands axes d'observation – Une vision sociale et humaine de la modernisation de la traction », *La Tribune du Peuple*, n° 32, 2020.

YE Xiaowen, « Le consensus culturel de la communauté de la destinée humaine », *Journal de l'Université normale du Xinjiang (édition Philosophie Science sociale)*, n° 37, 2016.

YU Shuangbo *et al.*, « L'application de l'architecture de confiance zéro dans les systèmes de confiance en réseau », *Technologie de la communication*, n° 10, 2020.

YU Yugang, « Interprétation jurisprudentielle de la proposition "Du contrat à l'identité" », *Revue de jurisprudence de l'université de Zhongshan*, n° 1, 2012.

YU Keping, « Introduction à la gouvernance mondiale », *Marxisme et Réalité*, n° 1, 2002.

YU Jianxing et REN Zetao, « La gouvernance collaborative dans la construction sociale en Chine contemporaine : un cadre analytique », *Academic Monthly*, n° 8, 2012.

YUN Yanhui, « Léviathan numérique : un nouveau type de crise dans la société de l'information », *Journal de l'école du parti du Comité central du Parti communiste chinois*, n° 3, 2015.

ZANG Chao et XU Jia, « *Les trois vecteurs de la promotion du leadership gouvernemental à l'ère numérique* », *Sciences du leadership*, n° 20, 2020.

ZHANG Chenggang, « L'ère de la chaîne de blocs : développement technologique, changement social et défis en matière de risques », *Forum des citoyens – Frontières académiques*, n° 12, 2018.

ZHANG Endian, « La discrimination anti-algorithmique : Réflexions théoriques et constructions institutionnelles », *Journal de l'Université des sciences et technologies de Huazhong (édition Science sociale)*, n° 5, 2020.

ZHANG Fan et LIU Xinmei, « Une analyse comparative des caractéristiques des produits de réseau, des produits d'information, des produits de connaissance et des produits numériques », *Recherche sur la gestion des sciences et des technologies*, n° 8, 2007.

ZHANG Han, « La transformation de la civilisation humaine et la renaissance de la civilisation chinoise à partir d'un paradigme civilisationnel », *Journal de l'Université de Zhengzhou (édition Philosophie-Science sociale)*, n° 6, 2005.

ZHANG Hua, « Communautés de survie numériques et transcendance morale », *Éthique et civilisation*, n° 6, 2008.

ZHANG Jingyu et LI Zhihong, « Une enquête sur l'aliénation de l'identité numérique », *Études sur la dialectique naturelle*, n° 9, 2018.

ZHANG Lixin et ZHANG Xiaoyan, « De la transformation des natifs du numérique en citoyens numériques », *L'éducation électronique en Chine*, n° 10, 2015.

ZHANG Tao, « La réglementation juridique du biais algorithmique dans les systèmes automatisés », *Journal de l'Université de technologie de Dalian (édition Science sociale)*, n° 4, 2020.

ZHANG Xiaojun, « Le dilemme et l'issue de la gouvernance internationale dans le cyberespace – sur la base de la construction d'un mécanisme de gouvernance globale hybride sur le terrain », *Revue de droit*, n° 4, 2015.

ZHANG Xinhong, « L'innovation dans la gouvernance sociale appelle une nouvelle infrastructure », *Semaine de l'informatisation de la Chine*, n° 15, 2020.

ZHANG Yifeng, « Chaîne de blocs : un nouvel outil pour construire un monde numérique », *Construction de technologies de l'information*, n° 11, 2018.

ZHAO Cheng, « La mondialisation et la civilisation des règles », *Journal de l'école du parti du Comité central du Parti communiste chinois*, n° 5, 2007.

ZHAO Dunhua, « Un examen méta-éthique des conditions de possibilité d'une éthique universelle », *Journal de l'Université de Pékin (Philosophie Science sociale)*, n° 4, 2000.

ZHAO Lei, « Du contrat à l'identité – Le crédit commercial sous l'angle des éléments de données », *Journal de l'université de Lanzhou (édition Science sociale)*, n° 5, 2020.

ZHAO Linlin, « Travail et justice à l'ère numérique », *Conseil académique de l'Université normale de Pékin (édition Science sociale)*, n° 1, 2020.

ZHENG Lei, « Une étude sur les données gouvernementales ouvertes : discernement conceptuel, facteurs clés et leurs interactions », *Gestion administrative de la Chine*, n° 11, 2015.

ZHENG Wanqing, « Construire une société contractuelle sous la tutelle de la conscience – Une discussion sur le produit moral de la règle de droit », *Observations et réflexions*, n° 2, 1999.

ZHENG Yushuang, « Décrypter l'énigme de la neutralité technologique – Révision de la jurisprudence sur les relations entre le droit et la technologie », *Journal de l'Université de sciences politiques et de droit de l'Est de la Chine*, n° 1, 2018.

ZHENG Yueping et LIU Meicen, « La situation actuelle et les problèmes du Pingu des données ouvertes – Une comparaison et une analyse basées sur l'évaluation des données ouvertes à l'étranger », *E-Government*, n° 8, 2016.

ZHENG Yunxiang *et al.*, « La base théorique et le système de culture de l'éducation à la citoyenneté numérique », *L'éducation électronique en Chine*, n° 5, 2020.

ZHI Zhenfeng, « L'approche de la gouvernance mondiale de l'Internet par la règle de droit », *Droit et développement social*, n° 1, 2017.

ZHONG Wei, « Un siècle de changements et de clairvoyance dans le système monétaire international », *Études financières internationales*, n° 4, 2001.

ZHOU Hongren, « La gouvernance dans un monde numérique », *Le monde de l'Internet*, n° 1, 2004.

ZHOU Xiaochuan, « Réflexions sur la réforme du système monétaire international », *Référence théorique*, n° 10, 2009.

ZHOU Yonglin, « La nature et l'avenir des crypto-monnaies », *China Finance*, n° 17, 2018.

ZHU Hong, « De la "pro-confiance" à la "relation de profit" : le changement de la confiance interpersonnelle – une étude empirique de l'état de la confiance interpersonnelle », *La mer de l'apprentissage*, n° 4, 2011.

ZOU Shunkang, « L'évolution de la dépendance et le développement de la personnalité morale – Le chemin de la pensée dans l'idée de Marx du développement complet et libre de l'homme », *Études en sciences sociales*, n° 5, 2015.

Dennis [Pays-Bas], « Gouverner le réseau comme un bien public mondial », *Sécurité de l'information en Chine*, n° 9, 2019.

Joseph Nye [États-Unis], « Complexes de mécanismes et gestion des activités des réseaux mondiaux », *Journal de l'université de Shantou (édition sciences humaines et sociales)*, n° 4, 2016.

Benoit Coray [Europe] et ZHAO Tingchen, « L'essor des monnaies numériques : défis pour le système monétaire international et le système financier », *Finance internationale*, n° 1, 2020.

Aldo Betrucci [Italien], « De l'identité au contrat et au système d'identité romain », traduit par XU Guodong, *Jurisprudence moderne*, n° 6, 1997.

Sean Sayers [Anglais], « Le travail dans la société industrielle moderne – Un examen autour du concept de travail de Marx », *Journal de l'Université de Nanjing (Philosophie – Sciences humaines – Sciences sociales)*, n° 1, 2007.

III. Journaux chinois

CHEN Xingliang, « Entre la technologie et le droit : commentaires sur le verdict de la première instance dans l'affaire Fasttrack », *Quotidien du tribunal du peuple*, 14 septembre 2016, p. 3.

CUI Wenjia, « La technologie au service du bien dépend des contraintes réglementaires et éthiques », *Quotidien du peuple de Pékin*, 10 mai 2019, p. 3.

GE Mengchao et WU Qiuyu, « RMB numérique : un nouveau choix pour les paiements », *Quotidien du peuple*, 18 janvier 2021, p. 18.

HE Huaihong, « Pourquoi je promeus "l'éthique du résultat" », *Quotidien du peuple de Pékin*, 20 février 2012, p. 6.

HU Daiguang, « Le pour et le contre de la mondialisation économique et ses contre-mesures », *Actualités de référence*, 26 juin 2000, p. 3.

Quotidien du peuple, « Le neuvième congrès national de l'Association chinoise pour la science et la technologie (CAST) s'est tenu à Pékin et Xi Jinping a prononcé un discours important », *Quotidien du peuple*, 31 mai 2016, p. 1.

Quotidien du peuple, « Xi Jinping assiste au Congrès international sur les sciences et technologies de l'ingénieur de 2014 et y prononce un discours liminaire », *Quotidien du peuple*, 4 juin 2014, p. 1.

WANG Jing, « Citoyenneté numérique et innovation en matière de gouvernance sociale », *Temps d'étude*, 30 août 2019, p. A3.

YAN Lianfu et XIE Fangfang, « Un bref examen des recherches menées par des chercheurs étrangers sur le travail numérique », *Science sociale chinoise*, 17 mai 2016, p. 2.

YOU Miao, « Les monnaies numériques des banques centrales sont devenues une nouvelle piste dans la compétition monétaire mondiale, et la concurrence devient de plus en plus féroce », *Study Times*, 24 juillet 2020, p. A2.

YUAN Lanfeng, « Plaider en faveur d'une guerre froide en matière de science et de technologie est une mesure trop faible », *Global Times*, 26 décembre 2020, p. 7.

ZHAO Lei et CAO Jianfeng, « La "Justice par les chiffres" est dans l'air », *Le Procureur du jour*, 22 janvier 2020, p. 3.

ZHANG Wenxian, « Pas de chiffres, pas de droits de l'homme », *Quotidien du peuple de Pékin*, 2 septembre 2019, p. 15.

ZHOU Wenzhang, « Parler de la pensée Internet », *Guangming Daily*, 9 avril 2016, p. 6.

ZHU Jiaming, « La transmission civilisationnelle de Jiaozi à la monnaie numérique », *L'Observateur économique*, 1er mars 2021, n° 1009.

IV. Autre littérature chinoise

Bureau du gouvernement populaire de la ville de Guiyang, *Développement et application de la chaîne de blocs à Guiyang (livre blanc)*, Maison d'édition du peuple de Guizhou, 2016.

JI Yanjing, « Qu'est-ce que la civilisation numérique ? », Science sociale chinoise, 2014, http://www.cssn.cn/zt/zt_xkzt/zt_wxzt/jnzgqgnjtgjhlw20zn/ztwz/jyjsmsszwm/201404/t20140417_1069965.shtml.

Rapport du Secrétaire général de l'ONU, « Une feuille de route pour la coopération numérique : mise en œuvre des recommandations du Groupe de haut niveau sur la coopération numérique », site web de l'ONU, 2020, https://www.un.org/zh/content/digital-cooperation-roadmap/.

LONG Rongyuan, « Le glossaire quotidien des termes technologiques – Monnaie numérique », le site officiel de Learning Strong, 2021, https://www.xuexi.cn/lgpage/detail/index.html?id=7285093362179956907&item_id=7285093362179956907.

LONG Rongyuan, « Le glossaire quotidien des termes technologiques – Identité numérique », le site officiel de Learning Strong, 2021, https://www.xuexi.cn/lgpage/detail/index.html?id=8471966451907701152&item_id=8471966451907701152

MENG Xianping, « Le développement libre et complet des êtres humains à l'ère des mégadonnées et l'analyse des voies réalistes », dans les *Actes de la conférence annuelle 2015 de la Société chinoise pour le socialisme scientifique,* du Comité professionnel du socialisme mondial contemporain, de l'École du Parti du Comité municipal du PCC de Zhaoqing et du Collège administratif de Zhaoqing, 2015.

Institut de recherche sur l'industrie de la prospective, « Analyse de l'état de développement, des scénarios d'application et des cas d'entreprise typiques du jumeau numérique IA + », Le site officiel de l'Institut de recherche sur l'industrie de la prospective, 2021, https://bg.qianzhan.com/report/detail/210623143190679.html#read.

PENG Bo, « La lutte contre les épidémies marque l'entrée de la Chine dans l'ère des technologies numériques », Phoenix News, 2020, https://ishare.ifeng.com/c/s/7x3W4kLyUOV.

XI Jinping, « Partager la responsabilité de l'époque pour le développement mondial – Discours liminaire lors de la cérémonie d'ouverture de la réunion annuelle 2017 du Forum économique mondial », Xinhua, 2017, http://www.xinhuanet.com/mrdx/2017-01/18/c_135992405.htm.

XI Jinping, « Construire la deuxième décennie d'or de la coopération des BRICS », Xinhua, 2017, http://www.xinhuanet.com//politics/2017-09/03/c_1121596338.htm.

XI Jinping, « Construire ensemble un meilleur avenir – Discours liminaire au sommet des chefs d'entreprise de l'APEC », Xinhua, 2018, http://www.xinhuanet.com/world/2018-11/17/c_1123728402.htm.

XI Jinping, « Surmonter ensemble les difficultés, créer un avenir avec le destin – Discours-programme vidéo à la cérémonie d'ouverture de la conférence annuelle du Forum de Boao pour l'Asie 2021 », Xinhua, 2021, http://www.xinhuanet.com/mrdx/2021-04/21/c_139896352.htm.

XI Jinping, « Se donner la main pour construire un nouveau partenariat pour une coopération gagnant-gagnant et bâtir une communauté de destin humain avec un seul cœur », Peuple, 2015, http://politics.people.com.cn/n/2015/0929/c1024-27644905.html.

YIN Ziwen, « Contrats et identité : l'évolution des idées des systèmes juridiques traditionnels aux systèmes modernes », Site officiel de l'Institut de droit comparé, Université de sciences politiques et de droit de Chine, 2013, http://bjfxyjy.cupl.edu.cn/info/1029/1287.htm.

ZHANG Yuxiong, « Une brève introduction à la transformation du modèle de gouvernance des villes jumelles numériques », site officiel de l'Académie chinoise de recherche sur l'information et la communication, 2017, http://www.caict.ac.cn/kxyj/caictgd/201804/t20180428_159729.htm.

Académie chinoise des technologies de l'information et des communications, « Livre blanc sur les villes jumelles numériques (2020) », Le site officiel de l'Académie chinoise de recherche sur l'information et la communication, 2020, http://www.caict.ac.cn/kxyj/qwfb/bps/202012/P020201217506214048036.pdf.

Académie chinoise de l'information et de la communication – Institut de recherche sur l'informatique en nuage et les mégadonnées, Tencent Cloud Computing (Beijing) Co., Ltd., « Rapport "peau bleue" sur la sécurité de la confiance zéro (2021) à l'ère du numérique », site officiel de l'académie chinoise de l'information et de la communication, 2021, http://www.caict.ac.cn/kxyj/qwfb/ztbg/202105/.P020210521756837772388.pdf.

China Mobile Research Institute, « Rapport de recherche sur l'identité numérique basée sur la chaîne de blocs (2020) », WeChat officiel de la CCIM, 2020, https://mp.weixin.qq.com/s/M6eWtv54fjowJbCqC1DCzg.

ZHU Jiaming, « Chaîne de blocs et reconstruction de l'ordre mondial – Discours lors de la conférence mondiale 2020 sur l'innovation et le développement de la chaîne de blocs », Ganzhou, Jiangxi, 2020.

V. Monographies en langues étrangères et leurs œuvres dérivées

Aristotle. *Politics*. Kitchenner : Batoche Books, 1993.

Bell D. *Communitarianism and Its Critic*. Oxford : Clarendon Press, 1993.

Tapscott, D. "Old chestnuts and new spurs" // Etzioni A. *New communitarian thinking : persons, virtues, institutions, and communities*. Charlottesville : The University of Virginia, 1995.

Etzioni A. *The Spirit of Community : Rights, Responsibilities, and the Communitarian Agenda*. New York : Crown Publishers, 1993.

Grusky D. B. *Social Stratification : Class, Race, and Gender in Sociological Perspective*. Boulder : Westview Press, 2008.

Ian Goldin. *Divided Nations : Why Global Governance is Failing, and What We Can do about It*. Oxford : Oxford University Press, 2013.

Jenks B. « The United Nations and Global Public Goods : Historical Contributions and Future Challenges » // Carbonnier, G. *International Development Policy : Aid, Emerging Economies and Global Policies*. London : Palgrave Macmillan, 2012.

Mancur Olson. *The Logic of Collective Action : Public Goods and the Theory of Groups*. Cambridge : Harvard University Press, 1965.

Marie T. Henehan, John Vasquez. « The Changing Probability of International War, 1986-1992 ». // Raimo Vayrynen ed. *The Waning of Major War : Theories and Debates*. London and New York : Routledge, 2006.

Pippa Norris, *Digital Divide : Civic Engagement, Information Poverty and the Internet Worldwide*. New York : Cambridge University Press, 2001.

Selznick P. « Social justice : a communitarian perspective » // Etzioni A. *The Essential Communitarian Reader*. Lanham : Rowman & Littlefield Publishers, Inc., 1998.

Tapscott, D. *The Digital Economy : Promise and Peril in the Age of Networked Intelligence*. New York : McGraw Hill, 1995.

Wieland J. « Global Standards as Global Public Goods and Social Safeguards » // Josef Wieland. *Governance Ethics : Global Value Creation, Economic Organization and Normativity*. Boston, MA : Springer, 2014.

Wuthnow R. « Between the state and market : voluntarism and the difference it makes » // Etzioni A. *Rights and the Common Good : the Communitarian Perspective*. New York : St. Martin's Press, 1995.

VI. Revues de langues étrangères

David J. Rothkopf. « Cyberpoliti : The Changing Nature of Power in the Information Age ». *Journal of International Affairs*, 1998, 51(2).

Development Committee. « Poverty Reduction and Global Public Goods : Issues for the World Bank in Supporting Global Collective Action ». *World Bank*, 2000, (16).

Dong He, Habermeier K F, Leckow R B *et al.* « Virtual Currencies and Beyond : Initial Considerations ». *IMF Staff Discussion Note*, 2016, 16(03).

Farah B. « A value based mégadonnées maturity model ». *Journal of Management Policy and Practice*, 2017, 18(01).

Jiabao Lin, Yaobin Lu, Bin Wang *et al.* « The role of inter-channel trust transfer in establishing mobile commerce trust ». *Electronic Commerce Research and Applications*, 2011, 10(6).

John Eriksson, Giampiero Giacomello. « The Information Revolution, Security, and International Relations : (IR) Relevant Theory ». *International Political Science Review*, 2006, 27(3).

Jonathan Burston, Nick Dyer-Witheford and Alison Hearn. « Digital labour : workers, authors, citizens ». *Ephemera*, 2010, (3/4).

Kevin A. Meehanp. « The Continuing Conundrum of International Internet Jurisdiction ». *Intl & Comp. L. Rev*, 2008, 31(2).

Kristan Stoddart. « UK Cyber Security and Critical National Infrastructure Protection ». *International Affairs*, 2016, 92(5).

Paul A. Samuelson. « The Pure Theory of Public Expenditure ». *The Review of Economics and Statistics*, 1954, 36(4).

Puschmann T. « Fintech ». *Business & Information Systems Engineering*, 2017, (59).

R. H. Graveson. « The Movement from Status to Contract ». *The Modern Law Review*, 1941, (4).

Richard Cooper. « Prolegomena to the Choice of an International Monetary System ». *International Organization*, 1975, 29(1).

Ripberger J. T. « Capturing curiosity : using Internet search trends to measure public attentiveness ». *Policy Studies Journal*, 2011, 39(02).

Ronald McKinnon. « Currency Substitution and Instability in the World Dollar Standard ». *American Economic Review*, 1984, 74(5).

Stewart, K. J. « Trust transfer on the World WideWeb ». *Organization Science*, 2003, (14).

Stoker G. « Governance as theory : five propositions ». *International Social Science Journal*, 1998, 50(155).

Tiziana Terranova. « Free Labour : Producing Culture for the Digital Ecomomy ». *Social Text*, 2000, (2).

VII. Autre littérature de langues étrangères

Libra association members. "An Introduction to Libra". Libra association members. 2019. https://sls.gmu.edu/pfrt/wp-content/uploads/sites/54/2020/02/LibraWhitePaper_en_US-Rev0723.pdf.

WSIS, "Tunis Agenda for the Information Society". World Summit on the Information Society. 2005. https://www.itu.int/net/wsis/docs2/tunis/off/6rev1.html.

Yuval Noah Harari. "The World After Coronavirus". Financial Times. 2020. https://www.ft.com/content/19d90308-6858-11ea-a3c9-1fe6fedcca75.

INDEX TERMINOLOGIQUE

A

Actifs numériques, 57, 93, 94, 95
Action collective, 18, 24, 47, 49
A la conscience, 230
Aliénation technologique, 199
Altruisme, 156, 157, 158, 178, 226, 227, 228, 231, 232, 263, 265, 274, 275, 279, 281, 285, 292
Argent métallique, 72
Argent physique, 71
Auto-stop, 18

B

Banque asiatique d'investissement, 126
Biais algorithmique, 202
Bien-être numérique, 157
Biens publics, 12, 14, 15, 17, 18, 19, 20, 23, 24, 25, 26, 27, 28, 29, 30, 31, 32, 33, 34, 47, 48, 49, 51, 67, 68, 156
Biens publics mondiaux, 12, 14, 15, 17, 18, 23, 24, 25, 26, 27, 28, 29, 31, 32, 33, 34, 47, 48, 49, 68
Biens publics numériques, 27, 28, 30, 31, 32, 34
Biens supra-publics, 11

Bitcoin, 55, 62, 75, 77, 86, 88, 89, 90, 91, 92, 93, 99, 101, 108, 111, 118, 123, 206, 278

C

Capitalisme des données, 271
Centrisme culturel, 253, 266
Cercle de connaissances, 145
Chaîne de blocs, 11, 27, 28, 30, 31, 34, 51, 52, 53, 54, 55, 56, 57, 58, 59, 60, 61, 62, 63, 64, 65, 66, 67, 68, 70, 74, 75, 76, 78, 80, 81, 82, 83, 85, 86, 87, 88, 89, 90, 95, 96, 97, 98, 107, 108, 110, 113, 114, 115, 116, 117, 123, 124, 126, 131, 132, 146, 149, 150, 153, 159, 160, 161, 180, 181, 206, 209, 215, 218, 219, 220, 221, 222, 223, 224, 225, 226, 248, 254, 260, 261, 262, 263, 265, 266, 267, 268, 269, 270, 271, 272, 276, 278, 279, 280, 284, 285, 289
Chaîne de blocs de souveraineté, 60, 86, 108, 132, 225, 226, 266, 276, 278, 279, 280, 284, 285, 289
Chaîne d'identité de confiance, 146
Chaîne d'identité numérique, 147
Chaînes d'identité, 146
Cinquième espace, 31

Citoyenneté numérique, 153, 155, 157, 159, 161, 162, 163, 165, 166, 167, 168, 169, 170

Civilisation agraire, 70, 216, 218

Civilisation chinoise, 252, 253, 254, 258, 266, 281, 283, 284, 285, 289, 292

Civilisation de l'Internet, 256, 257, 258, 259, 260, 261, 262, 268, 272, 276, 277, 281, 287, 290, 294

Civilisation industrielle, 15, 45, 67, 70, 148, 188, 218, 222, 235, 248, 252, 253, 254, 255, 256, 257, 258, 259, 262, 264, 265, 266, 274, 276, 280, 282, 283, 284, 285, 286, 287, 288

Civilisation numérique, 34, 45, 55, 67, 68, 146, 148, 158, 204, 235, 248, 260, 261, 262, 264, 265, 266, 267, 268, 269, 271, 272, 273, 274, 275, 276, 277, 278, 279, 280, 281, 282, 283, 285, 287, 288, 289, 290, 294

Classe moyenne numérique, 176, 186

Collectivisme, 285

Communauté de la destinée humaine, 228, 245, 284

Communauté de la gouvernance sociale numérique, 187, 188

Communauté monétaire, 130, 131, 132

Communautés numériques, 171, 172, 178

Compétence numérique, 166, 169, 170

Compétences numériques, 165, 169, 174, 176

Compétitivité, 13, 118, 166, 167

Compétitivité numérique, 166, 167

Confiance, 12, 28, 39, 40, 45, 51, 53, 54, 55, 56, 61, 65, 66, 68, 70, 78, 80, 86, 87, 90, 99, 114, 123, 133, 134, 141, 142, 143, 144, 145, 146, 147, 148, 149, 150, 151, 152, 160, 161, 164, 185, 187, 200, 214, 221, 222, 227, 233, 235, 261, 262, 265, 285

Confiance institutionnelle, 143, 144, 146, 148

Confiance numérique, 146, 147, 148, 221

Congestion des données, 267, 270

Conscience globale, 167

Consensus, 13, 14, 17, 34, 47, 51, 52, 57, 58, 59, 60, 61, 62, 83, 110, 117, 119, 129, 136, 141, 146, 184, 194, 195, 201, 220, 221, 225, 226, 260, 265, 275, 276, 278, 279, 280, 291, 292, 293, 294

Contrats intelligents, 55, 57, 83, 146, 221, 261, 278

Coût marginal, 25, 43, 44

Créativité numérique, 166, 167

Crédit, 44, 45, 50, 67, 70, 71, 73, 75, 78, 79, 80, 81, 83, 84, 85, 86, 87, 88, 89, 90, 98, 100, 104, 105, 107, 108, 109, 110, 117, 118, 121, 129, 137, 144, 155, 160, 162, 220, 223

Crédit national, 73, 85, 86, 98, 107, 108, 109, 121, 129

Crédit souverain, 107, 109, 110, 117

Crédit technologique, 85

Crise de confiance, 40, 145, 146

Croyances écologiques, 15

Culture numérique, 117, 165, 166, 169, 170, 171, 176, 185

Cyber souveraineté, 43

Cycle de vie des données, 273

Cygne noir, 26, 204

D

Darwinisme numérique, 220

Déficit de développement, 12

Déficit de gouvernance, 12, 46

Déficit de paix, 12

Discrimination algorithmique, 201, 202, 241

Données en bloc, 267, 268

Données ponctuelles, 267, 268, 271

Droit de partager, 158, 266, 276, 290, 292

Droits de l'homme numériques, 157, 281, 288, 289, 292

Droits des données, 272, 273

Droits numériques, 158, 214, 266, 273, 274, 275, 276, 279, 287, 290, 291, 292

E

Éléments de données, 15, 65

Ère du remixage, 209

Ère numérique, 28, 43, 45, 55, 62, 68, 75, 102, 117, 120, 123, 124, 134, 137, 146, 157, 159, 169, 170, 175, 182, 192, 194, 197, 200, 207, 210, 214, 218, 222, 238, 241, 245, 273, 275, 291, 292

Espace Internet, 27, 30, 47

Esprit comme raison, 229

Esprit du contrat, 227

État d'équilibre de Lindahl, 29

États souverains, 18, 24, 25, 29, 31, 47, 59, 60, 89, 108, 132

Éthique du partage, 292

Éthique mondiale, 281, 293

Éthique numérique, 166, 208, 293

Éthique universelle dans le monde numérique, 293, 294

Évolution des données, 271

Exclusion numérique, 185, 186

Explosion des données, 267

F

Fracture numérique, 173, 174, 175, 241, 244, 277

Fragmentation numérique, 204

G

Gouvernance de l'intelligence numérique, 181

Gouvernance de l'Internet, 31, 46, 47, 48

Gouvernance du cyberespace, 41, 47, 150

Gouvernance financière, 75, 108, 110, 122, 123, 124, 132

Gouvernance financière internationale, 108, 132

Gouvernance inclusive, 186

Gouvernance partagée, 59, 60, 62, 225

Gouvernement numérique, 150, 164, 171, 181, 219, 223, 224, 225, 275, 290

Grande convergence des civilisations, 253

Grand livre distribué, 51, 99, 261

Guerre commerciale numérique, 201

Guerre de l'information, 175

Guerre froide numérique, 197, 200

H

Hégémonie algorithmique, 203

Homme rationnel, 259, 265

Hypothèse de l'homme économique, 274

I

Identité, 31, 40, 53, 56, 58, 60, 61, 65, 106, 133, 134, 135, 136, 137, 138, 139, 140, 141, 145, 146, 147, 149, 150, 151, 152, 153, 159, 160, 161, 162, 164, 172, 177, 186, 227, 262, 273

Identité de confiance, 146, 149, 150

Identité de la règle, 58

Identité numérique, 133

Identité sociale, 186

Incertitude, 12, 19, 26, 27, 40, 55, 134, 139, 140, 182, 191, 193, 194, 195, 196, 202, 205, 210, 217, 229, 267, 269, 291

Inclusion technologique, 184, 185

Inégalité numérique, 12, 175, 176

Inestimable, 41

Injustice algorithmique, 197, 201

Innocence technologique, 236, 237

Institutions financières, 75

Intégration transfrontalière, 63, 218

Intelligence artificielle, 40, 62, 66, 75, 76, 80, 119, 152, 160, 161, 162, 163, 180, 181, 183, 200, 206, 222, 235, 236, 239, 254, 260, 261, 264, 270, 277, 278, 285

Intelligent, 35, 55, 57, 74, 77, 83, 119, 139, 140, 146, 159, 163, 179, 180, 181, 182, 183, 184, 201, 203, 221, 222, 223, 224, 235, 238, 260, 261, 278, 291

Intelligents, 55, 57, 83, 146, 159, 203, 221, 261, 278

Internationalisation de la monnaie, 16, 120

Internationalisation du RMB, 109, 110, 119, 120, 121, 122, 123, 124, 125, 126, 128

Internet de la valeur, 50, 51

Internet de l'ordre, 50

J

Jumeaux numériques, 153, 179, 180, 182

Justice algorithmique, 203

Justice numérique, 238, 241, 242, 243, 244, 246, 281, 292
Justice substantielle, 135, 138, 245

L

La technologie au service du bien, 226, 237
Leadership numérique, 170
Léviathan numérique, 204, 205, 207
Loi sur les droits numériques, 275

M

Marchés financiers, 76, 104, 107, 117, 121
Matérialisme, 144, 228, 280, 286
Méthodes de paiement mondiales, 74
Mise en réseau, 63, 120, 134, 139, 222
Modèle de confiance zéro, 150
Monde numérique, 32, 42, 50, 52, 57, 62, 63, 97, 139, 145, 153, 157, 167, 170, 183, 184, 192, 203, 219, 221, 222, 238, 241, 242, 260, 261, 262, 264, 268, 272, 273, 275, 276, 279, 280, 282, 283, 285, 286, 287, 288, 290, 291, 292, 293, 294
Mondialisation numérique, 15, 243
Mondialisme, 17, 24
Monnaie numérique, 15, 31, 71, 74, 75, 76, 82, 83, 87, 88, 89, 90, 92, 97, 98, 102, 103, 104, 105, 107, 108, 110, 111, 112, 113, 114, 115, 116, 118, 119, 123, 125, 126, 130, 131, 132, 206, 262, 264, 273
Monnaie numérique cryptographique, 71, 88, 98
Monnaie numérique souveraine, 102, 107, 110, 118, 125, 131, 132
Monnaie virtuelle, 74, 75, 89, 116
Multilatéralisme, 12, 32, 33, 280

N

Nations unies, 17, 23, 27, 29, 30, 33, 47, 56
Ne jamais faire le mal, 233, 234, 277
Neutralité technologique, 237
Non compétitifs, 20
Non-exclusivité, 25, 31
Nouveaux biens publics mondiaux, 27, 29, 33, 34
Nouvel humanisme, 285, 288, 289

Nouvelle infrastructure numérique, 183
Nouvelle révolution monétaire, 90
Nouvelle révolution technologique, 248, 281, 285, 286, 287, 288, 289, 294
Numérisation, 63, 87, 104, 108, 110, 112, 115, 119, 120, 121, 127, 134, 139, 149, 152, 153, 157, 159, 164, 170, 171, 184, 185, 186, 188, 192, 221, 222, 223, 266, 272
Numérisation des actifs, 87

O

Ordre civilisationnel, 16, 271, 272, 277, 280, 284, 289
Ordre social, 53, 55, 135, 141, 142, 143, 144, 145, 187, 192, 214, 215, 222, 226, 241, 272
Organisations partagées, 270

P

Paiements électroniques, 74
Paiements transfrontaliers, 102, 116, 118, 130
Partage, 14, 31, 33, 34, 42, 49, 50, 51, 57, 61, 62, 67, 87, 142, 155, 156, 157, 158, 160, 168, 175, 177, 183, 187, 188, 206, 223, 224, 265, 266, 267, 271, 273, 275, 276, 279, 281, 290, 292, 294
Pensée de chaîne de blocs, 57, 58
Pensée industrialisée, 257, 259, 263, 265
Pensée Internet, 43, 51, 57, 259, 265
Perception de l'identité, 141
Personnes physiques, 139
Pièces stables, 99
Pluralisme, 15, 24, 143, 187
Principe de simplicité, 193, 194
Produits Internet, 44
Produits numériques, 160, 245
Publicité, 24

R

Rationalité spirituelle, 15
Recul technologique, 198
Règle de la conscience, 226, 227
Relations entre les données, 157, 270

Responsabilité globale, 293
Révolution Internet, 34, 40, 46
Révolution monétaire, 70, 90, 93
Révolution numérique, 28, 68, 221, 242
Rhinocéros gris, 27, 204
RMB numérique, 102, 103, 104, 105, 108,
    109, 121, 124, 125, 126, 128, 132
Robotique, 138, 139, 140, 271
Route de la soie numérique, 119, 120

S
Sans frontières, 41, 42, 45, 96, 156, 269
Science de la complexité, 193
Sensibilisation au numérique, 166, 167
Services financiers, 76, 78, 79, 80, 81, 92, 95
Société numérique, 28, 50, 134, 145, 152,
    153, 156, 158, 165, 168, 169, 170, 172,
    174, 181, 183, 184, 185, 194, 212, 214,
    217, 219, 220, 221, 222, 223, 225, 227,
    228, 236, 242, 275, 290, 294
Sociétés agricoles, 134
Souveraineté des données, 158, 272, 273,
    279
Stratification sociale, 172, 175
Super souveraine, 97
Système de Bretton Woods, 81, 82, 84, 85,
    87
Système de gouvernance mondiale, 28, 33,
    49, 59, 60, 290
Système de la Jamaïque, 82

Système monétaire international, 16, 75, 81,
    82, 84, 85, 88, 108, 109, 110, 111, 117,
    118, 119, 121, 123, 124, 125, 126, 127,
    129, 130, 131, 132
Système monétaire mondial, 83, 87, 105,
    129, 130

T
Technologie de gouvernance, 180, 181, 182,
    225, 226
Technologie financière, 67, 74, 76, 78, 80, 81,
    111, 121
Technologie numérique, 15, 71, 81, 102, 104,
    117, 147, 155, 158, 165, 168, 170, 171,
    172, 173, 175, 181, 183, 204, 206, 207,
    208, 219, 220, 222, 224, 225, 232, 242,
    243, 244, 245, 248, 260, 261, 267, 270,
    272, 277, 280, 282, 288, 289, 294
Théorie des jeux de données, 271
Théorie du choc des civilisations, 248, 250
Tour de Babel numérique, 186, 187
Tout numérique, 64
Travail numérique, 245
Trouble, 148, 215

V
virtualité, 42

Y
Yangming Xinxue, 228, 266

POSTFACE

En décembre 2016, le Bureau d'information du gouvernement populaire de Guiyang a pris l'initiative de publier la déclaration locale sur le développement de la chaîne de blocs. Il s'agit du livre blanc intitulé « Développement et Application de la chaîne de blocs de Guiyang », qui propose de manière créative un nouveau concept de « chaîne de blocs de souveraineté ». Par la suite, le Comité d'examen des termes scientifiques et techniques a approuvé et publié « Dix nouveaux termes pour les mégadonnées » lors de l'exposition internationale de l'industrie des mégadonnées en Chine en mai 2017, et la « chaîne de blocs de souveraineté » a été choisie comme terme scientifique et technologique de la Chine. Entre-temps, *Données en bloc 3.0* est lancée à l'échelle mondiale, avec pour thème « l'Internet de l'ordre et la chaîne de blocs de souveraineté », qui examine la technologie de la gouvernance en passant de la gouvernance technologique à la gouvernance institutionnelle. En 2018, dix ans exactement après l'introduction du concept de la chaîne de blocs, la technologie de la chaîne de blocs commence à se réveiller et à recevoir une attention sans précédent. L'année 2019 sera la première année de mise en œuvre de la chaîne de blocs, et celle-ci a été officiellement élevée à la hauteur de la stratégie nationale. En mai 2020, le livre blanc *Technologie et applications de la chaîne de blocs de souveraineté de Guiyang* a été présenté à la Foire numérique sans fin – Global Communication Initiative 2020. En décembre 2020, le professeur Lian Yuming a prononcé un discours liminaire lors du « Xiong'an en 2020 – Forum sur la chaîne de blocs », mettant en avant pour la première fois l'importante affirmation selon laquelle « la chaîne de blocs est un super produit public basé sur la civilisation numérique », enrichissant encore la connotation et l'extension du concept de « chaîne de blocs de souveraineté ». Après plusieurs années d'efforts, la chaîne de blocs de souveraineté a fait de nouvelles percées en matière d'innovation théorique, de développement technologique et de culture de scénarios, et le grand projet devient progressivement une réalité.

En 2020, le gouvernement populaire de la ville de Guiyang et l'université du Zhejiang ont organisé la cérémonie de première de la *Chaîne de blocs de souveraineté 1.0 : Internet de l'ordre et communauté de destin pour l'humanité*, qui a suscité de vives réactions dans le monde entier et a été rapportée par de nombreux médias chinois d'outre-mer et des médias grand public nationaux. Le vice-président de l'université du Zhejiang, He Lianzhen, a assisté à l'événement et a prononcé un discours, affirmant pleinement l'innovation théorique significative de la *Chaîne de blocs de souveraineté 1.0*, qui « se situe à un niveau élevé, est innovant et profond dans sa planification, et est contemporain, original et de premier plan, prescrivant des remèdes innovants pour la gouvernance mondiale ». La *Chaîne de blocs de souveraineté 1.0* est une autre réalisation innovante majeure lancée par le Laboratoire clé de la stratégie des mégadonnées sur la base de recherches théoriques sur les données en bloc et le droit des données. Il s'agit d'une réponse positive au discours du secrétaire général Xi Jinping consistant à « doubler les efforts pour faire de notre pays le chef de file de la théorie dans le domaine émergent de la chaîne de blocs, occuper les sommets de l'innovation et de la commande et obtenir de nouveaux avantages industriels ». Le livre propose d'abord la loi de base du développement de l'Internet, à savoir l'évolution de l'Internet de l'information à l'Internet de la valeur, puis à l'Internet de l'ordre ; deuxièmement, les trois nouvelles théories, dont la théorie de souveraineté numérique, la théorie de confiance sociale et le contrat intelligent, sont mises en avant ; troisièmement, il aborde l'importance de la technologie au service du bien social et de la théorie de l'esprit de Wang Yangming pour construire la communauté de destin pour l'humanité.

La *Chaîne de blocs de souveraineté 2.0* est une continuation et un approfondissement de la *Chaîne de blocs de souveraineté 1.0*. Les idées principales sont les suivantes : premièrement, la chaîne de blocs est un produit supra-public basé sur la civilisation numérique ; deuxièmement, l'Internet est une forme avancée de la civilisation industrielle et son noyau est la connexion ; la chaîne de blocs est un symbole important de la civilisation numérique et son essence est la reconstruction ; troisièmement, la monnaie numérique, l'identité numérique et l'ordre numérique permettent d'avancer vers une nouvelle ère de la civilisation numérique. La discussion, la recherche approfondie et la rédaction concentrée du livre ont été organisées par le Laboratoire clé de la stratégie des mégadonnées. Lian Yuming en propose l'idée générale et le point de vue fondamental, ainsi que la conception globale du système-cadre. Long Rongyuan et Xiao Lianchun en affinent les grandes lignes et le thème. Les rédacteurs responsables sont Lian Yuming, Zhu Yinghui, Song Qing, Wu Jianzhong, Zhang Tao, Long Rongyuan, Song Xixian, Xiao Lianchun, Zou Tao, Chen Wei, Yang Zhou, Zhong Xue, Shen Xudong, Yang Lu, Xi Jinting et Li Chengxi. Long Rongyuan est responsable de la mise en harmonie des chapitres. Chen Gang propose de nombreux points de vue importants, instructifs et anticipateurs pour ce livre. Zhao Deming, membre du comité permanent du comité provincial du Guizhou, secrétaire du comité municipal de Guiyang et secrétaire du comité de travail du parti de la nouvelle zone de Gui'an, Chen Yan, vice-président du comité provincial de Guiyang de la CCPPC, secrétaire adjoint du comité municipal de Guiyang, maire de Guiyang, secrétaire adjoint du comité de travail du parti et directeur du comité de gestion de la nouvelle zone de Gui'an, Ma Ningyu, secrétaire adjoint du comité municipal du parti du Guizhou et directeur de l'Administration provinciale de développement des mégadonnées du Guizhou, Liu Benli, membre du comité permanent du comité municipal de Guiyang et secrétaire général du comité municipal, Zhang Jibing, secrétaire adjoint du comité de travail du parti et directeur adjoint du comité de gestion de la nouvelle zone de Gui'an, et Mao Yinqiang, membre du comité de travail du parti, directeur adjoint du comité de gestion de la nouvelle zone de Gui'an et membre du groupe du parti du gouvernement municipal de Guiyang (fonctions cumulées) ont apporté de nombreuses idées et réflexions constructives à ce livre. La laboratoire clé de la stratégie des mégadonnée a organisé respectivement le Forum du groupe de réflexion sur la Chine numérique et le symposium sur la chaîne de blocs de souveraineté. Des experts et des universitaires et d'autres institutions, dont Mei Tao (Jingdong Group), Luo Yihong (Académie des sciences sociales du Guizhou), Zhang Xiaoping (Centre d'évaluation des sciences et des technologies du Guizhou), Wang Weimin (Association pour la promotion du développement des mégadonnées du Guizhou), Huang Mingfeng (Guizhou – Cloud Big Data), Yang Shiping (Université du Guizhou), Zhou Jilie (Académie de police du Guizhou), Chen Feng (Institut des technologies de l'information de Guiyang), Zhang Jinfang (Institut des technologies de l'information de Guiyang) et Bai Yu (Université de Guiyang), ont échangé leurs points de vue sur des sujets liés au livre et ont apporté des éclairages de différentes perspectives. Les membres du groupe d'experts de la base de recherche à l'Université du Zhejiang du Laboratoire clé de la stratégie des mégadonnées, dont Le professeur Ben Shenglin, le professeur Yang Xiaohu, le professeur Li Youxing, le professeur Zhao Jun, le professeur Zheng Xiaolin, le professeur Chen Zongshi, le professeur Yang Lihong et le Dr Ruidong Zhang, professeur titulaire de systèmes d'information informatique à l'université du Wisconsin-Eau Claire, aux États-Unis. Ensemble, ils ont examiné le manuscrit et fait de nombreuses suggestions constructives pour la révision. Ce livre est la cristallisation d'une sagesse collective. Les dirigeants et les éditeurs de la Zhejiang University Press méritent ici des remerciements particuliers. Son président, Chu Chaofu, avec une réflexion prospective, une vision unique et un courage surhumain, a vivement salué le livre et a apporté son soutien à sa publication. Il a organisé de nombreux éditeurs pour planifier, éditer, corriger et concevoir le livre avec soin. Ce n'est qu'ainsi que le livre pourra rencontrer les lecteurs comme prévu.

Nous sommes dans une ère où des révolutions technologiques et des changements industriels convergent et s'entremêlent les uns avec les autres dans un nouveau cycle. La chaîne de blocs est la plus grande migration numérique de l'histoire humaine et est considérée comme la prochaine génération de technologie révolutionnaire après la machine à vapeur, l'électricité et l'Internet. Si la machine à vapeur a libéré la productivité sociale, que l'électricité a résolu les besoins fondamentaux des gens et que l'Internet a changé la façon dont l'information est transmise, la chaîne de blocs, en tant que « machine de confiance », changera complètement la façon dont la valeur est transmise et le mécanisme de construction de l'ordre de toute la société humaine. La fusion de l'Internet et de la chaîne de blocs reconfigurera une nouvelle génération de cyberespace, formant un réseau de chaînes mutuelles – la méthode de connexion du monde futur. Il s'agit non seulement d'une force motrice importante pour l'économie numérique, mais aussi d'une force importante pour la construction de la future société numérique et de la Chine numérique.

En tant que technologie de gouvernance qui contient en elle-même l'équité, la justice et le partage du consensus, la chaîne de blocs devrait être un remède au dilemme actuel. Elle apporte de nouvelles idées pour la gouvernance mondiale et la libération de la valeur des éléments de données, ainsi qu'une nouvelle façon d'établir un réseau de coopération de confiance entre les entités industrielles, et devrait jouer un rôle de plus en plus important dans la reprise mondiale après la pandémie. Il est prévisible que la chaîne de blocs, en particulier la chaîne de blocs de souveraineté, sera non seulement considérée comme une nouvelle force motrice pour tirer le développement économique, mais aussi comme un nouveau support pour promouvoir la modernisation du système de gouvernance et de la capacité de gouvernance. Nous espérons que notre réflexion pourra servir de référence pour l'application de la technologie de la gouvernance, l'innovation du système de gouvernance et le fonctionnement des scénarios de gouvernance. La chaîne de blocs est une technologie et un sujet brûlants, et les points de vue et la compréhension actuels à son sujet ne sont pas cohérents. Dans le cadre de la compilation de ce livre, nous faisons de notre mieux pour rassembler la littérature la plus récente et absorber les dernières idées pour enrichir les idées de ce livre. Néanmoins, en raison du niveau, des capacités académiques et des connaissances limités, ainsi que des domaines variés et complexes impliqués dans ce livre, nos opinions ne sont pas impeccables, et il y a inévitablement des omissions et des erreurs dans le livre, en particulier dans la littérature et les sources citées. N'hésitez pas à proposer vos critiques et conseils.

Laboratoire clé de la stratégie des mégadonnée
Mai 2021